可剪切便携版

范围超大的城市地图
台北（正面）
高雄／台中／台南（反面）

台北近郊
漫步之基础知识⋯⋯⋯⋯⋯⋯ 141
转转台北近郊的老街⋯⋯⋯ 142

近郊景点
淡水⋯⋯⋯⋯⋯⋯⋯⋯⋯⋯⋯
新北投⋯⋯⋯⋯⋯⋯⋯⋯⋯⋯
阳明山⋯⋯⋯⋯⋯⋯⋯⋯⋯⋯
乌来⋯⋯⋯⋯⋯⋯⋯⋯⋯⋯⋯ 196
九份⋯⋯⋯⋯⋯⋯⋯⋯⋯⋯⋯ 197
野柳／金山⋯⋯⋯⋯⋯⋯⋯ 200
莺歌⋯⋯⋯⋯⋯⋯⋯⋯⋯⋯⋯ 205
三峡⋯⋯⋯⋯⋯⋯⋯⋯⋯⋯⋯ 166
新竹⋯⋯⋯⋯⋯⋯⋯⋯⋯⋯⋯ 168
基隆⋯⋯⋯⋯⋯⋯⋯⋯⋯⋯⋯ 170
宜兰⋯⋯⋯⋯⋯⋯⋯⋯⋯⋯⋯ 172
苏澳⋯⋯⋯⋯⋯⋯⋯⋯⋯⋯⋯ 174

台湾岛中部
[地图] 台湾岛中部⋯⋯⋯⋯ 176

台湾岛中西部
漫步之基础知识⋯⋯⋯⋯⋯ 179
台中⋯⋯⋯⋯⋯⋯⋯⋯⋯⋯⋯ 180
鹿港⋯⋯⋯⋯⋯⋯⋯⋯⋯⋯⋯ 186
鹿谷／冻顶⋯⋯⋯⋯⋯⋯⋯ 188
日月潭⋯⋯⋯⋯⋯⋯⋯⋯⋯⋯ 190
埔里⋯⋯⋯⋯⋯⋯⋯⋯⋯⋯⋯ 194

嘉义⋯⋯⋯⋯⋯⋯⋯⋯⋯⋯⋯
关子岭温泉⋯⋯⋯⋯⋯⋯⋯ 207

台湾岛中东部
漫步之基础知识⋯⋯⋯⋯⋯ 209
花莲⋯⋯⋯⋯⋯⋯⋯⋯⋯⋯⋯ 210
太鲁阁峡谷⋯⋯⋯⋯⋯⋯⋯ 215
台东⋯⋯⋯⋯⋯⋯⋯⋯⋯⋯⋯ 219
知本温泉⋯⋯⋯⋯⋯⋯⋯⋯⋯ 225
花东海岸公路／花东纵谷公路⋯ 227

台湾岛南部
[地图] 台湾岛南部⋯⋯⋯⋯ 230
漫步之基础知识⋯⋯⋯⋯⋯ 232
台南⋯⋯⋯⋯⋯⋯⋯⋯⋯⋯⋯ 233
高雄⋯⋯⋯⋯⋯⋯⋯⋯⋯⋯⋯ 244
垦丁⋯⋯⋯⋯⋯⋯⋯⋯⋯⋯⋯ 260

台湾其他景点

- 金门岛……………………………… 264
- 澎湖岛……………………………… 267
- 兰屿岛……………………………… 270
- 绿岛(火烧岛)…………………… 271

旅行信息
【出发准备篇】

- 研究出发日期一览表……………… 274
- 办理赴台旅游手续………………… 276
- 预订酒店…………………………… 280
- 检查携带物品……………………… 282
- 机场指南
  - 北京首都国际机场……………… 284
  - 上海浦东机场…………………… 286
  - 广州白云国际机场……………… 288

旅行信息
【当地行动篇】

- 回程的准备工作和手续…………… 290
- 桃园国际机场……………………… 292
- 高雄国际机场……………………… 296
- 台湾主要城市间的交通图………… 297
- 台湾省交通
  - 省内航线………………………… 298
  - 从台北到其他主要城市………… 299
  - 灵活利用铁路…………………… 300
  - 火车票的购买方法……………… 303
  - 出租车…………………………… 305
  - 长途巴士………………………… 306
- 实用信息
  - 电话／邮政／传真／网络…… 308
  - 水／电／洗手间／小费……… 309
- 如何实现愉快旅程………………… 310

- 索引………………………………… 312

秘藏情报

- 如何避免打车时的突发状况…… 49
- 永康街里高密度的精致小店…… 64
- 八里的十三行博物馆……………… 149
- 特色小吃——海鲜油炸品……… 150
- 情系台湾茶叶
  - 坪林茶业博物馆………………… 155
- 又一条金矿街——金瓜石……… 161
- 九族文化村………………………… 193
- 阿里山森林铁路…………………… 203
- 遥远的玉山………………………… 204
- 卑南人的大猎祭…………………… 221
- 主题型民宿………………………… 224
- 小琉球……………………………… 230
- 台南小吃…………………………… 238
- 大受欢迎的台湾高尔夫球场…… 240
- 乘船巡游"水都"高雄…………… 248
- 旗津／鼓山………………………… 252
- 去往黑鲔鱼圣地——东港……… 254
- 丰富的海上运动…………………… 272

温馨提示

- 台北市内·街头漫步注意事项… 39
- 乘台湾高铁去南部吧……………… 302

小知识

- 台湾少数民族抗击日本殖民统治… 196
- 台湾的少数民族…………………… 218

本书使用指南

●货币符号
TWD（New TaiWan Dollar，简写为NT$），法定称谓为新台币，其基本单位为圆（简作元）。1元人民币≈5.0元新台币（2015年3月）

●地图符号
- H…酒店
- R…餐厅
- S…商店
- …茶馆&咖啡馆
- …足底按摩
- N…夜店
- E…娱乐
- M…美术馆、博物馆
- …邮政局
- X…派出所、警察局
- …学校
- …机场
- …医院
- …寺庙
- …温泉、冷泉
- …观光咨询处
- …高尔夫球场
- ▲…山
- …公交站
- ———铁路
- ----MRT（路线由不同颜色表示）

- 该色的建筑物表示宾馆
- 该色的建筑物表示购物中心
- 该色的建筑物表示景点

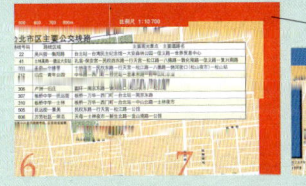

卷首剪切地图的使用方法
红框，地图正面，为台北市地图
蓝框，地图反面，为高雄、台中、台南地图
正文中的●剪切地图-10，p.57-K表示在红框台北市地图的10区域内和内文第57页的地图K区都标注了此地。

●路线符号
前往街道区域的路线，由以下图标来表示交通工具。

✈ 飞机　🚆 火车　🚌 公交车　🚖 出租车　⛴ 船舶

●宾馆营业指南符号
宾馆的介绍栏里，用以下图标来表示设备、服务项目。

S 货币兑换　　餐厅　　咖啡厅　　酒吧　　商店
泳池　　客房LAN　　冰箱　　电吹风　　温泉

●餐厅介绍栏中的预算是按照一人份计算的，不包含饮料。信息栏里的 M 表示餐单上的用语，国 表示店内使用语。中=中文、英=英语。L.O是指点菜截止时间。预400元~表示400元起（本书里的货币单位元，如无特别标示均指台湾新台币） 营~17:00表示17:00之前
●请注意景点、餐厅、商店的全年无休标记，不包括春节（正月／1月下旬到2月上旬）、除夕等传统节日。
●宾馆介绍栏的房费基本是以S=单人房、T=双人房计算，通常包含10%的服务费。有些宾馆的房费包括SU=套房、D=大床房。
●房费、营业时间、固定休息日、电话号码、交通工具等各种信息时有变动。考虑到信息的变更，重要信息还应以当地为准。
● FREE 表示免费电话。

了解台湾

旅行基本信息

概况

地理

台湾是中国第一大岛,位于中国东南沿海的大陆架上。台湾东临太平洋,东北邻琉球群岛,南界巴士海峡,西隔台湾海峡与福建相望,最窄处仅为130公里。台湾海峡呈东北向西南走向,北通东海,南接南海,长约200海里,宽70~221海里,平均宽度约108海里,是中国海上交通要道,也是国际海上交通要道。

面积

台湾本岛面积为35 873平方公里,大约相当于北京市面积的两倍多一点儿。

海岸线

台湾四面环海,海岸线总长达1600公里。因地处寒暖流交界处,渔业资源丰富。东部沿海岸峻水深,渔期终年不绝;西部海底为大陆架的延伸,较为平坦,近海渔业、养殖业都比较发达。远洋渔业也很发达。

人口

据台湾有关方面统计,台湾省人口总数约为2334万人;人口自然增长率约为3.9‰。台湾人口主要集中在西部平原,东部人口仅占全部人口的4%。总人口密度平均每平方公里约600人,但台北市的人口密度达到每平方公里1万多人。

资源

台湾有丰富的水力、森林、渔业资源,但其他自然资源有限,自产能源只有少量煤,天然气,金、银、铜、铁等金属矿产也较少,主要储藏于北部火山岩地区及中央山脉。

语言文字

台湾文化是中华文化的一部分,台湾的语言与文字也是汉语汉字的一部分。目前,台湾普遍使用普通话,即台湾民众所谓的"国语",主要方言是闽南语与客家语,同时还有由战后大陆移民带来的大陆各地方言,另外还有台湾少数民族各族群语言。据不完全统计,在台湾2334万人口中,讲闽南语的人数1500多万,讲客家语的人数大约450万,讲其他汉语的大约220万。台湾"国语"普及率甚高。

台湾使用的文字为繁体汉字,与大陆实行文字改革后的简化字有所区别。随着两岸交流与交往的不断增加,这种差别有缩小的趋势,台湾已有越来越多的人使用简体字,这有利于两岸的文化交流与文字语言的统一。

民 族

台湾居民中,汉族约占总人口的98%;少数民族约占2%,大约有43万人。

宗 教

盛行佛教和道教,但具体的区域划分比较模糊,两者兼容的情况相对较多。台湾佛教徒约有800万人,道教徒约有755万人,这两个数字其实也具有相当程度的重叠性。基督教和伊斯兰教在台湾不算普遍,但也有不少人信仰。

节 日

台湾比较重视中华民族传统节日,一年中的传统节日主要有4个,即春节、清明节、端午节、中秋节。除清明节为公历4月5日外,其余三个节日都按农历计算,分别为农历1月1日、农历5月5日、农历8月15日。

【以2015年为例】

春节	2月19日
清明节	4月5日
端午节	6月20日
中秋节	9月27日

【2015年以后】

	春节	端午节	中秋节
2016	2月8日	6月9日	9月15日
2017	1月28日	5月30日	10月4日
2018	2月16日	6月18日	9月24日

旅行信息

气候和服装

台湾的北半部为亚热带气候，南半部为热带气候。全年平均气温约为22℃，但冬季仍有冷空气逼近，在高山等地区有必要做好防寒工作。

春季（3月至5月），晴天略感炎热，但雨天相对较冷。最好准备长袖薄衬衫配开襟毛线衣。另外，这一季节多雨，折叠伞是必不可少的旅行用具。

夏季（6月至9月），是梅雨和台风的季节。晴天平均气温30℃以上，湿度较大。光线较强，注意防晒，最好准备太阳帽、太阳镜、衬衣等。

秋季（10月至11月），晴朗日子多，最适宜旅行。白天适宜穿T恤加薄外套。

冬季（12月至次年2月），夜晚和雨天相对寒冷，需要穿外套和秋衣。由于大部分场所没有暖气，要准备夹克衫等衣物以防万一。

时 间

台湾与北京位于同一时区，同为格林尼治标准时间（GMT）+8小时，目前没有夏令时间，与北京时间没有时差。

飞行时间

从北京直飞台北航程约3小时；从上海直飞台北航程约1小时45分钟。多降落台北桃园国际机场。

货 币

台湾的法定流通货币为"新台币"，单位是"圆"，一般都写作"元"，口语中常称"块"。货币符号为"TWD"或"NT$"、"NTD"。1元人民币约合5.0元新台币（以2015年3月为参考）。

新台币纸币有面值2000元、1000元、500元、200元、100元五种，硬币有50元、20元、10元、5元、1元五种。

货币兑换·ATM

在台湾，可在各大银行兑换货币。除银行外，还可在机场、酒店、百货大楼等的货币兑换柜台兑换。但是，与银行相比汇率较高。

银行营业时间是周一至周四的9:00~15:30，且多数银行周末及节假日休息。但是ATM机可24小时使用，多分布在银行以外的捷运站（MRT站）、百货大楼、便利店等。

小 费

几乎所有酒店和餐厅的费用都包含了10%的小费，基本上无须另付小费。

消费税（TRS，特定商品退税）

在台湾购物时，所购商品均需另加商品价5%的消费税。部分大型百货商店、品牌专卖店提供5%退税，要求同一天在同一家商店内购买满新台币3000元以上，持有效证件，正确填写退税单，可前往退税柜台当场办理退税手续，也可在离台日到机场办理退税事宜。

电压与插头

台湾的电压为110V/60Hz，与大陆不同，大陆为220V/50Hz。如果电器标示电压及频率为100~240V/50~60Hz，则不用更改设定电压或使用变压器即可直接使用，电器本身会自动进行调整。但是除此之外的小型电子产品还是使用变压器比较安全。

台湾的插头样式为双扁式，用美标插头转换器转换。

邮 政

寄往大陆的航空信件，明信片是10元（新台币，下同），书信10元至13元不等（超出规定重量则每10克加9元），5~7日到达。紧急情况可选择30元的快递。如果是寄包裹，可选择数日到达的EMS（邮政特快专递），500克以内的书本邮资340元，商品则450元。

投递的时候，注意绿色邮筒为平信，红色邮筒为限时专送及航空邮件。

公用电话

公用电话以电话卡或IC电话卡为主。要注意的是电话卡又分为横插入和竖插入两种类型，且不可交替使用。

度量衡

买茶或水果时使用"斤"、"两"作单位多于"十克"。1斤=16两，1斤=600克，1两相当于37.5克。

水、洗手间

自来水不可饮用。酒店多配有电插式水壶，只要把水烧开就可以了。街头便利店有矿泉水供应。

洗手间也称为"化妆间"、"厕所"、"卫生间"。公共洗手间又称"公厕"，有些公厕卫生条件不太好。大酒店、百货大楼、台北捷运站（MTR站）的洗手间干净好用。

马桶与大陆一样，都是水冲式。要注意的是卫生纸不可置于便器内，需扔到旁边的卫生桶内。

洗衣店

酒店和街头都有洗衣店，一般上午拿过去第二天就洗好了。另外，街头也有投币式洗衣店，有些酒店还设有免费洗衣房。

网 络

台湾各大酒店几乎都配有电脑，可在当地轻而易举地收集信息，但要注意网上会有过期或错误信息。（参照p.280）

中国台湾网
http://travel.taiwan.cn

台湾岛旅游网
http://www.taiwandao.tw

台湾旅游网
http://taiwan.bytravel.cn

国台办
http://www.gwytb.gov.cn

海峡两岸关系协会
http://www.arats.com.cn

从大陆打到台湾　例：对方电话号码为02（台北市区号）-1234-5678

拨打方法

国际冠码	地区代码	区号 ※去0	电话号码
00 ▶	886 ▶	2 ▶	12345678

从台湾打到大陆　例：对方电话号码为010（北京市区号）-1234-5678

拨打方法

国际冠码	国家代码	区号 ※去0	电话号码
00 ▶	86 ▶	10 ▶	12345678

台北新捷运（MRT）——内湖线已开通
连接松山机场更便利

台北市内近年开通了一条新捷运路线——内湖线。在原有MRT木栅线的中山中学站的基础上延长，和木栅线合并成为木栅内湖线或文湖线（请参照MRT路线图）。设有松山机场站，便于乘坐台湾省内的各航班路线。此外，港墘站下车后步行3分钟就能看到台湾最大规模的批发市场——台北鲜花市场，也可零售，有时间不妨逛逛。

Transportation
更便捷的交通

台北转运站（台北巴士客运站）
改建后的长途巴士客运站

台北站的北侧，就是通往各个大小城市的长途巴士始发站"台北转运站"，于2009年秋正式投入使用，位于台北站周边地区开发后建成的巨大高楼内部，呈立体站形式。1楼是售票处，2~4层是候车室，设有各个客运公司的出口。但是，台北始发的长途巴士不都在此出发，像国道客运台北总站、国光客运台北东站和西站至今仍在使用中，所以出发前要事先确定好具体的始发站位置。

开通至埔里的高速公路6号线

直达台湾正中心

　　台湾西侧南北走向的高速公路3号线，朝中央山脉方向进入东部的高速公路6号线全线开通，实现了台北或高雄至台湾中部埔里的直达。被誉为"台湾地理中心碑"的埔里就位于台湾的正中心，也是极具人气的旅游胜地——日月潭的入口。到自然景观丰富的埔里，体验一下不同于都市风情的台湾田园生活也是不错的选择。

高雄捷运（MRT）2号线全线开通

景点几乎都在线路圈内

　　贯穿高雄街道南北方向的红线、东西走向的橘线已经开通，两线交会于市中心的美丽岛站。2号线的开通，实现了前往高铁（新干线）左营站、台铁高雄站、高雄国际机场等地路线的便利化。同时MRT线路圈内囊括了爱河周边、莲池潭、西子湾的旗津地区以及市中心的繁华街道、观光胜地和商品购物街等。

了解台湾　13　更便捷的交通

日月潭空中索道的开通

空中眺望日月潭的美景

　　魅力旅游风景区——日月潭，向来就是台湾备受瞩目的旅游胜地；传承了台湾少数民族风俗和历史的九族文化村，被誉为生态博物馆。恶劣的交通情况，也挡不住游客们对于这两个一山之隔却魅力四射的旅游胜地的热情。如今有了空中索道，翻山跨湖更是不在话下。乘坐这种新型的交通工具在空中眺望日月潭的绝妙美景吸引了不少前来游玩的人们。

台湾哪里好玩

台湾，包括本岛和主要海峡群岛在内，面积约3.6万平方公里。其中本岛南北长394公里，东西长144公里，比海南省略大一点儿。自高铁（新干线）开通以来，台中、台南、高雄

●台北市内（p.38~）

在大都市台北，你可以游览市内景点、品尝各类美食、购物，甚至是享受足浴和美体按摩。还有，别错过市内各个区域的繁华夜市哦。

●魅力之处
- 参观台北故宫博物院
- 巡游市内、郊区的名胜古迹
- 边走边吃的路边摊
- 夜市美食街　●购物　●美体按摩、足浴

台北市内，台北101

●台湾岛中西部（p.178~）

西部有阿里山和日月潭两大观光地。除此之外，台中、鹿港、埔里等地还有魅力老街和温泉。此外，在日月潭附近的九族文化村，可以了解台湾少数民族的风俗习惯。作为茶叶生产基地，附近的茶馆也很多。

●魅力之处
- 日月潭、阿里山观光　●地方城市观光
- 温泉、少数民族文化　●台中茶艺馆

九族文化村

●台湾其他景点（p.263~）

与厦门近在咫尺的金门岛、马祖岛以及旅游胜地澎湖列岛、远望如红色人头的兰屿岛、海岸处有温泉的绿岛等，入眼便是碧蓝的大海和新鲜的海鲜，还可体味淳朴的民风。让你忘记时间，在岛上优哉地享受假期。

●魅力之处
- 巡游旅游胜地　●海上运动

澎湖岛，纱港

金门岛

澎湖岛

台湾岛中西部
日月潭/台湾最大的湖泊

阿里山/森林铁道和神木

玉山/台湾第一

台中

台南

台湾岛南部

高雄/海港城市的风景　★高雄

垦丁/热带旅游胜地

魅力台湾游，观光、美食、购物，一个也不能少。是不是已经迫不及待了？那就赶紧整理一下旅游路线马上出发吧。

等西南部各地的交通情况有所改善。本岛中央东部形成陡峭的中央山脉，东西间的交通方式多以飞机和巴士为主。主要城市间的交通时刻表请参照p.297。

●台北近郊（p.140~）

台北近郊一日游的地方，魅力景点也不少。异国风情的海港、奇岩耸立的海岸线、植物丰富的自然公园、少数民族居住的山间温泉地、台湾最大的陶器之都、继承了古老风情的老街等。如果你厌烦了城市的喧闹，那就来这里休憩一会儿吧。

黄昏，在有名的淡水河岸边

●魅力之处
●可乘坐MRT前往淡水、新北投温泉 ●个性老街一日游——九份、莺歌 ●温泉、旅游胜地

●台湾岛中东部（p.208~）

大理石断崖连绵不绝的太鲁阁峡谷，是台湾东部最大的观光景点。另外，苏澳到台东的海岸线和莲花到台东的山脉间都有观光景点和温泉，还有一望无垠的田野风光，以及台湾的"温泉之王"——知本温泉。

太鲁阁峡谷的入口

●魅力之处
●太鲁阁峡谷 ●地方城市观光 ●温泉、少数民族文化 ●巡游旅游胜地 ●漂流

●台湾岛南部（p.229~）

历史遗迹丰富的故都台南，美味小吃也是鼎鼎有名。台湾第二大城市高雄，作为港口城市而极具人气。观光景点有爱河周边和旗津地区。台湾的最南端——垦丁是台湾最具代表性的海滨胜地，即使进入12月，海水也相当温暖，有着令人期待的白色沙滩和碧蓝大海。

台南，大天后宫的妈祖诞生节

●魅力之处
●巡游台南，品尝美味小吃
●高雄市内美食餐厅
●高雄市内购物
●高雄郊区观光胜地 ●垦丁观光胜地
●海上运动

台南，台南公园

★"台湾新八景"

潇洒地方游

台北出发　游玩路线计划

乘坐台湾高铁，舒适又便捷

❶ 高铁　　前往台南、高雄

3天2夜游

从台北到台南，乘坐台湾高铁只需1小时50分钟，到高雄则要2个小时。便捷的交通可以让您轻松享受观光乐趣。

第一天	早上	从台北站乘坐高铁前往台南站，然后打车直奔安平古堡观光。
	白天	打车回到台湾高铁台南站，在附近解决中饭。下午去赤嵌楼、祭典武庙、大天后宫等景点观光。
	晚上	游夜市品台南小吃。当晚宿台南。
第二天	早上	乘坐高铁前往左营站（15分钟）。参观车站附近的莲池潭、龙虎塔、孔庙等。
	白天	乘坐MRT前往西仔湾站（20分钟），再乘渡轮至旗津。中午吃海鲜，然后在周边地区观光。
	晚上	黄昏时返回西仔湾看日落。然后打车前往爱河畔，边看夜景边吃晚饭。晚上观光夜市，当晚宿高雄。
第三天	早上	中午之前，乘坐爱河观光船观光，体验水都的浪漫。
	白天	午饭后，乘坐高铁从左营站出发返回台北。

观光酒店＋出租车的豪华游

❷ 高铁&出租车　　日月潭&九族文化村

2天1夜游

日月潭是旅游胜地，附近设有高速公路，交通十分便捷。不如奢侈一把，体验一下日月潭的高级观光酒店吧。

第一天	早上	从台北站出发乘坐高铁前往台中站（1小时），然后打车前往日月潭（50分钟），在湖边吃午餐。
	白天	订好房间，乘坐观光船、湖畔漫步、酒店泳池游泳等。
	晚上	在酒店就餐后，游玩酒店娱乐设施。当晚宿日月潭景区酒店。
第二天	白天	打车前往九族文化村（10分钟）。村里就餐后，打车返回高铁台中站，回台北。

台湾好玩的地方可不止有台北。因为台湾大小与海南差不多，所以以台北为起点进行周边地区1~2天的观光旅行，会为旅行增添无穷的乐趣。再者离开台北，到其他小地方还能体验到当地特有的民俗风情。在这里，我们将介绍4条漫步观光路线，供您参考。

台湾观光巴士，安心又便捷

❸ 台铁特快&观光巴士

2天1夜游

花莲&太鲁阁溪谷

太鲁阁峡谷，两岸悬崖万仞，连绵20公里，是台湾代表性的旅游胜地。其入口处可以乘坐花莲出发的观光巴士，游览太鲁阁需1天。

第一天 早上　乘坐台北站始发的"太鲁阁"号前往花莲站（2小时），然后打车到花莲海洋公园。
　　　　白天　黄昏时返回花莲订酒店，并预约第二天的观光巴士游。
　　　　晚上　漫步花莲街头，品尝各种小吃。当晚宿花莲。

第二天 早上　早上观光巴士会来酒店接人，前往太鲁阁观光。
　　　　白天　下车后可游玩太鲁阁，边走边看。报团人员可在天祥的酒店用餐。黄昏时返回酒店。
　　　　晚上　从花莲站乘坐"太鲁阁"号或"自强"号回台北。

飞入另一番天地，大快朵颐海鲜料理

❹ 飞机&租赁自行车

3天2夜游

澎湖列岛观光

澎湖岛上独特的自然风光是台湾本岛所没有的。观光旅游资源丰富且交通便捷，时刻做好迎接游客的准备，这就是澎湖岛。

第一天 早上　从台北松山机场乘坐台湾省内航班前往澎湖岛（1小时）。选择酒店或家庭旅馆的班车到达住所。放下行李后去自行车租赁店租自行车。
　　　　白天　在马公的餐厅就餐。参观市内景点，去观音亭看日落。
　　　　晚上　在餐厅品尝当地风味料理。当晚宿澎湖岛。

第二天 早上+白天　天气晴朗时，可乘坐观光船去七美岛一日游。如果海浪过高或者淡季会出现不出船的情况。这时，可以在港内游览船品尝牡蛎炭火自助烧烤。另外，可以骑车游览直到岛的西端（单程25公里）。
　　　　晚上　在马公的餐厅品尝海鲜料理。当晚宿澎湖岛。

第三天 早上　中午之前参观卖鱼市场等，然后坐车返回。
　　　　白天　乘坐酒店或家庭旅馆的班车前往机场。回到台北松山机场。

游在台湾

站前漫步和沿线观景

台铁支线之旅

台湾铁路（简称台铁）沿线一路满是怀旧风光，让人倍感乡愁和心灵上的安逸。连时间都过得漫不经心，这样优哉游哉的旅行怎能不让人动心？现在就为您介绍3条线路吧。

平溪线

路　线　★ 在台北站乘坐台铁前往瑞芳站，并在此站换乘平溪线。可在第二站台购买平溪线的车票。车费30元。"一日游车票"54元，可随时上下车。台北到瑞芳需50多分钟，瑞芳到菁桐需50多分钟。每小时都发车。

瀑布　灯笼　老街

穿越十分镇的平溪线火车是不需要电缆的老火车

平溪线是台湾高铁的一条支线，总长12.9公里。这条沿溪流而走的线路，一路是田野农家风光。该线路的建造最早用于运送煤炭，之前沿线有不少炭坑。东部干线以宜兰县的三貂岭站为起点，沿基隆河直到菁桐站。

每年正月十五，当地会举行有名的"天灯节"，即用写好心愿的纸糊成孔明灯，然后放飞天空。祭典当天，十分站一带热闹非凡。无数孔明灯飞舞夜空，宛如仙境，浪漫至极。

平溪地区被誉为"瀑布村"，自然风光令人赞叹不已。中途在十分站或平溪站下车，去眼镜瀑布和吊桥走走看看，也是非常惬意的选择。

凉爽的十分瀑布和吊桥

走过四广潭吊桥,前往眼镜瀑布的路上,就能看到奔走在溪谷的列车身影。从列车上可一睹台湾最大瀑布的全貌。对于该景,可以咨询十分旅游服务中心。

上:吊桥和平溪线并排,可以眺望眼镜瀑布
右:走四广潭吊桥,漫步周边,感觉特棒

放飞孔明灯

十分站的老街有几家卖孔明灯的店铺。灯的颜色依据许愿内容而不同,可以请店员帮忙放飞。平常的日子也可以放,所以一定要试一试。

点火后孔明灯就会鼓起来,所以事先要紧紧抓住灯罩

眼看着孔明灯向高空飘去

推荐 一饱眼福路线

如果午后走完平溪线,就回基隆吧。游览完庙口夜市,还有充裕的时间回台北。

菁桐 → 瑞芳 → 基隆 → 台北

平溪线约50分钟 | 基隆客运巴士约1小时 | (参照p.170) | 台铁西部干线约1小时

线路上的生活片段

十分站站台附近以及沿线都分布着杂货店、食堂和孔明灯店。由于不是全包围式,列车有点儿街头电车的感觉,穿越一排又一排的民居,这或许就是铁路支线的魅力吧。

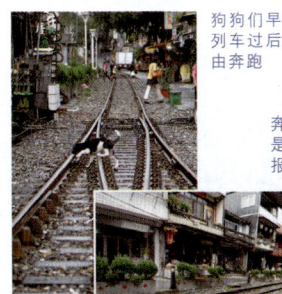

狗狗们早已习惯了在列车过后的铁轨上自由奔跑

奔跑的列车也是沿途居民的报时器

悠久历史的菁桐站

平溪线铁路的终点站还是1929年建立的日式木制站台。附近有菁桐矿业生活体验馆、茶馆和老街等。

菁桐站是婚纱照拍摄的热门地带

车站附近有个出售纪念品的菁桐站故事馆。老街的房子一般都小巧别致

肉羹汤里盛满了这里的特产——笋

菁桐老街招牌菜——杨家鸡卷

游在台湾　台铁支线之旅

内湾线

路　线 ★ 台北站乘坐自强号至新竹站约1小时10分钟，再坐巴士或打车到竹东站需10分钟，然后从竹东站出发乘坐内湾线至内湾站需25分钟。

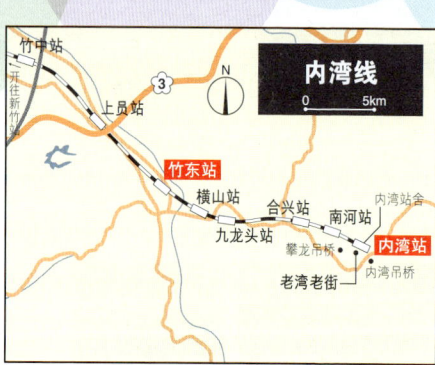

与吊桥相媲美的风景和客家料理

乡愁的味道。只有一节列车在行驶

内湾线，即新竹市延伸至内陆的铁路线，全长27.9公里。当初以运输沿线的石灰、木材、水泥为主，近年来以输送游客为主，供游客观看萤火虫或参观客家人的老街——内湾等。如今的新竹—竹东线之间停运，成为独立路线。

内湾吊桥和攀龙吊桥

从老街出发，步行5分钟就是内湾吊桥。溪流风景以外，每年野姜花开花期这里就是一大片白色的花之海。沿溪流而下，两边栽种着樱花和油桐花，前方便是攀龙吊桥。

走过内湾吊桥，眼前突然出现具有异国风情的木屋咖啡街

内湾老街里的正宗客家菜

车站前就是内湾老街的起点。客家人的街道自然是聚集了众多客家菜馆。多油、多盐、略带酸味是客家菜的风味。野姜花粽子、酸菜、草饼都是有名的小吃，五谷杂粮炮制的"擂茶"味道独特。

一到周末，老街就成了一日游台北旅客的天堂，熙熙攘攘，好不热闹

隐隐的生姜香，野姜花炒板条

攀龙吊桥比较窄，是木板搭成的正宗吊桥。旁边竖有告示牌"一次最多可走10人"

集集线

路　线 ▶★ 台北站到高铁台中站约1小时。邻接台铁新乌日站出发，经由二水站的区间快速车转车，到达车埕站约1小时40分钟。

绿色隧道和悠然自得的田野车站

集集线的始发站二水站到车埕站共29.7公里。沿线是绿野仙踪似的田园地带，窗外是香蕉园和浊水溪，还有并驰而行的绿色隧道。终点站车埕站有重现当年制材业盛行时期的主题设施——"林道班"。建议在集集线中途下车，然后租辆自行车环游。

集集线上奔跑着绘有沿线风景装饰的列车

满眼的绿海和农作物

集集站前有许多打着"租赁脚踏车"招牌的自行车租赁店。在这里租辆自行车，去转一转绿色隧道和武昌宫、神木等。

集集站和龙泉站之间的绿色隧道，蜿蜒5公里的行道树——樟树

地摊香蕉品种繁多。许多是在其他地方品尝不到的。其中首推又香又酸的皇后蕉

地震的痕迹和复兴

集集是台湾1999年9月21日"9·21大地震"的震源地，埔里等周边地区都受到了重创。尽管处于复兴重建中，仍随处可见地震遗留下的创痕。

只剩屋顶的武昌宫，当年地震的威力可见一斑

集集站漂亮的木质车站也毁于地震，现为按原貌重建的车站

台铁支线之旅

游在台湾

丰富多样的美味佳肴品评

品尝特色美食

在台湾生活打拼的人们来自于五湖四海,因而为台湾带来了各种丰盛的美味佳肴。难得来趟台湾,怎能错过和美食的约会?让我们一起感受舌尖上的浪漫吧。

台菜

台菜,即台湾菜,属于福建地区的闽菜。通常以猪肉和海鲜为主,味道清淡,多以酱油调味。

● **香肠**
台湾香肠微甜多汁,具有独特香味。

● **乌鱼子**
腌制干鱼子和切片萝卜搭配食用。

● **咸蛤仔**
酱油腌制的蚬蛤。口味重,适宜做下酒菜。

● **虾卷**
馅为虾肉的春卷。外酥里嫩,喜爱虾的你千万不要错过。

● **蚵仔煎**
牡蛎馅的鸡蛋卷。路边摊和餐馆里的味道可谓各有千秋。

● **花枝丸**
乌贼丸子。吃起来弹性十足。

● 咸酥虾
油炸大虾。可连皮带肉食用。

● 三杯软丝
酱油煮乌贼,与"三杯鸡"齐名,是台湾名菜。

● 卤肉
炖猪肉,又名"东坡肉"。入口即化的猪肉实在是大美味了。

● 蟹仔米糕
螃蟹蒸糯米饭。超豪华美食。

游在台湾

品尝特色美食

● 佛跳墙
鲍鱼、鱼翅、干贝等焖熬而成,可谓是"汤中之王"。

● 卤猪脚
炖猪蹄。富含骨胶原,是女人养颜美容的圣品。

● 四神汤
猪肠汤。营养足足,身体棒棒!

梅子餐厅

经营各种台湾菜。想要尝遍以上美食的您,这里可是首选,而且味道上乘。

该店的老板娘会亲自恭迎您的到来

面

不光面的种类和味道齐全，其配料也能让你大饱眼福，营养更是实实在在。即使是同一种面，各家也都有各家的味道，边比边吃，乐趣无穷。

●阳春面
全素拉面。好面就是简简单单！

●牛肉面
炖烂的牛肉加上微辣的酱汤，简直就是绝配！

●麻酱面
微辣，却带有浓郁的芝麻味。

●米台目
糯米制作的米线，好吃得不得了。

汤

比起品尝汤的美味，欣赏汤中的食材更别有一番风味。汤本身只是加了盐的清汤，如果您喜好辣味，建议加点辣椒酱。

●虱目鱼汤
汤里盛满虱目鱼的半截鱼肚肉，直勾你的食欲。

●酸辣汤
深受欢迎的汤品。充满魅力的酸辣口味。

● 担仔面
地道的台湾面哦！一定要品尝下！

● 拌面
属于无汤、干拌面的类型。

● 虱目鱼面
一次就能享受鱼肉和鱼丸两种不同风格的美味哦。

● 刀削面
一定要观赏师傅的削面功夫。

● 虱目鱼丸汤
鱼肉做成丸子的汤。鲜得不得了。

● 贡丸汤
较大鱼肉的丸子汤。

● 蚵仔汤
带有弹性的牡蛎的汤，味道很特别哦。

游在台湾

25

品尝特色美食

饭·饼·包子

在米饭上加点小菜，类似盖浇饭，虽然量比较小，但可以一次品尝多种风味。饼是油煎或蒸上薄薄一层的小麦粉。至于包子，就是统称包着各种馅料、由小麦粉做皮的面点。

●米糕
韧劲十足的糯米和鱼肉松的完美结合。

●鸡肉饭
摆有鸡肉丝的盖饭，味道比较清淡。

●卤肉饭
台湾指定饭！一切精华都浓缩在卤肉上了。

●芋糕
糯米粉和芋头制作而成的团子，咸味。

●虱目鱼粥
清淡却容易入口的粥。

●竹筒油饭
炒好的糯米放入竹筒蒸，再加点香菇和猪肉。

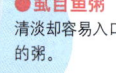
●豆沙粽
甜糯米加豆沙馅。

● 葱油饼
轻轻咬下酥脆的饼皮，满嘴都是葱油的美味。

● 润饼
薄薄的皮里塞满了各种馅料，属于春卷的一种。

● 生煎包
皮薄、酥脆，一口下去鲜美的汁水就会溢满你的舌尖。

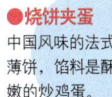

● 烧饼夹蛋
中国风味的法式薄饼，馅料是酥嫩的炒鸡蛋。

● 油条烧饼
烧饼夹油条，双层美味。

● 汉堡
夹有熏猪肉和鸡蛋的台式汉堡。

● 割包
台式汉堡，夹着炖猪肉，肥而不腻。

● 寿桃
寓意长寿的桃子模样的馒头，可爱得很。

小吃

说到台湾美食，肯定少不了小吃啦。台湾小吃有点快餐的感觉，但品种繁多，味道更是各有千秋。这里介绍的小吃，虽然登不了台面，但值得一尝。

● **卤味**
代表台湾味道。食材多样，自由选择。

● **臭豆腐**
虽然臭，一旦习惯就会爱上它。

● **甜不辣**
各种味道的丸子和素食。

● **烤香蕉**
南方独有的小吃。炭烧香蕉也是相当美味的。

● **花枝羹**
乌贼切块，淋上酱油炖。口感爽脆。

● **萝卜蛋**
夹有萝卜干和鲜葱的鸡蛋饼。

● **鸭头**
尽管不太赏心悦目，但味道绝对第一。

点心

台湾的甜点美味又营养。尤其餐后甜点可是台湾美女最喜爱的，品种多得令人眼花缭乱。

● **鲜奶嫩豆花**
乳白的牛奶里浮着滑嫩的豆花，甜而不腻，好评如潮。

● **双鲜撞奶**
加冰的黑糖牛奶里放入杏仁、仙草和芋圆。

● **泡泡冰**
士林特色小吃，软绵绵的刨冰，添加各种水果。

● **珍珠奶茶**
奶茶加粉圆。

● **洛神冻饮**
名叫洛神的花茶。

● **水果牛奶冰**
沙冰上放有草莓、奇异果和杧果冰激凌。

● **黑糖麻薯**
糯米团子，撒上大把大把的花生粉。

● **花生冰**
花生冰激凌，口感浓郁，回味无穷。

● **杧果冰**
冰激凌与杧果粒的绝配。

● **花生糖**
麦芽糖糕，撒上大把大把的花生粉，类似牛轧糖的口感。

游在台湾　品尝特色美食

水果

台湾盛产大量南方水果,且品种多样。要是喜欢吃杧果,建议5~8月去品尝。

● **火龙果(红色果肉)**
成熟于5~8月,比白果肉要厚实,更甜。

● **火龙果(白色果肉)**
形状怪异,口感类似不酸的奇异果。

● **芭乐**
石榴。美白又美容,酸酸甜甜很清爽。

● **香蕉**
又胖又短的台式香蕉,甜得有点黏牙。

● **杨桃**
星形浆果。表皮呈鲜橙色,即可食用,香甜美味。

● **莲雾**
在台湾很有人气。盛产时间是2~9月。口味介于梨和苹果之间。

● **百香果**
果肉酸甜,剖开即食。图为黑色品种。

● **释迦**
荔枝(形如释迦头)。成熟于11月~次年2月。表皮呈黑色,即可食用。果实白色,味道香甜。

● **龙眼**
成熟于7~10月。味道较荔枝爽口。

● **木瓜**
生果肉可入菜。具有美颜功效,极受女性欢迎。

品种多样的台湾杧果

台湾杧果主要有爱文、金煌、土杧果3种。其中爱文杧果口感浓郁香甜,略带酸味,深受欢迎。

6月上旬是杧果丰收的旺季。近来,在台湾农作物出口中,杧果和乌龙茶均名列前茅,成为热销产品。其中,玉井就是杧果产地中心。

访问玉井前,想象着一眼望去,到处挂满了沉甸甸的红色杧果。但事实上,杧果都被细心呵护在袋子里,不允许触摸,真的是精心培养啊。

寻味地方美食

游在台湾

台湾各地方的特色风味美食也是不容错过的。即便能在台北吃得到，但正宗的好味道还是要去当地品尝啦。去云游四方的时候，可别忘记带上自己的胃哦！

高雄

拥有美味海鲜的高雄，其招牌菜可是鸭肉哦。最有名气的当归鸭，就是用中草药熬制而成的独特药膳鸭汤。黑溜溜的药汤虽带点药味，却是滋养圣品。

● **鸭血糕**
不是鸭子的血，是浸有猪血的米糕。

● **当归鸭**
中草药熬制而成的鸭肉汤。也可加面食用。

● **黑轮**
高雄风味的杂烩。类似炸胡萝卜鱼肉饼的黑轮，却有鱼肉的口感。

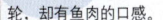

● **鸭肉饭**
鸭肉切丝的盖饭，比鸡肉饭味道要浓。

● **猪蹄**
台湾到处可见的美食，不过还是要属南边的味道最好。

游在台湾　31　寻味地方美食

台南

享有台湾"小吃宝库"的美誉。如今风靡台北的各类经典小吃多起源于台南。吃最正宗的小吃,享受独一无二的美味非这里莫属。

● **虾仁肉圆**
肉丸皮薄却富有弹性,虾仁筋道,甜辣可口,简直是绝配。

● **担仔面**
老字号的担仔面可是极品。

● **八宝肉粽**
台湾的大粽子?不,浓缩的才是精华。

花莲

台湾的东部和西部是盛产海鲜的地方。被誉为"山海天堂"的花莲,因离海港较近,海鲜小吃自然不在话下。牡蛎、蛤仔等新鲜贝类是菜单上的招牌菜。花莲的蚵仔煎更是经典美味。

● **蚵仔煎**
新鲜的牡蛎煎鸡蛋,酱汁有着独特的风味。

● **馄饨**
在花莲深受好评。

● **蛤蜊汤**
新鲜蛤蜊,加葱姜熬制而成,清淡却不失美味。

内湾

当地居民多为从福建省来到台湾的客家人。内湾线的终点,即客家村,到处都是烹饪客家菜的餐馆和食材店。客家菜多数味道浓郁,是下饭的好菜。

● **野姜花炒板条**
客家菜常以姜花为食材,与宽面条炒在一起。

● **梅菜扣肉**
猪肉切片铺在腌芥菜卜蒸煮而成。

● **客家小炒**
用豆干、猪肉、乌贼和大葱等爆炒而成,是客家菜中的必点菜。

● **姜丝炒大肠**
猪大肠炒姜丝,搭配白米饭容易下饭。

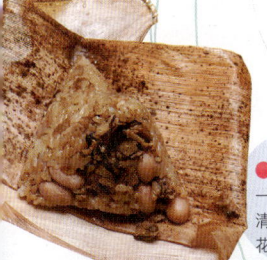

● **野姜花招牌粽**
一口下去,一股生姜的清香,还有满满一嘴的花生、猪肉和香菇。

● **擂茶**
将花生、芝麻、枸杞等食材碾碎之后,加抹茶、米香,开水冲泡而成的大碗茶。

● **野姜花野生粽**
黑米和糯米的完美结合。

游在台湾　33　寻味地方美食

士林

台湾美食怎能少得了夜市？在台湾最大的夜市——士林夜市里，各种小吃应有尽有。可以在这里一家换一家地大饱口福，一定要尝尝大肠包小肠和鸡排。

●大肠包小肠
糯米肠夹台湾香肠，是热狗吗？

●炒米粉
不分男女老少皆宜的炒米粉。

●天妇罗
类似油炸馅饼。

●肉圆
类似葛粉糕口感的面皮包着肉馅，淋上甜辣酱。

●鱿鱼羹
回锅煮鱿鱼干，带有独特的嚼劲。

●鸡排
士林夜市的招牌小吃——大个炸鸡排。

台湾岛北部

台湾岛地图

P.36-37

- 台北桃园国际机场
- 台北101/曾是世界最高摩天大楼
- 台北故宫博物院/馆藏甚丰的博物馆
- 基隆
- 台北
- 桃园县
- 台北县
- **台北市内**
- 新竹
- **台北近郊**
- 新竹县
- 宜兰县
- 苗栗县
- 台中县
- **台湾岛中东部**
- ★ 太鲁阁峡谷
- 太鲁阁/壮丽的大理石溪谷
- 台中
- 中山高速公路
- **台湾岛中西部**
- 日月潭
- 台湾潭/大湖泊
- 日月潭
- 彰化县
- 云林县
- 台湾高速铁路
- 南投县
- 花莲县
- 花莲
- ★ 阿里山/森林铁路和神木
- 澎湖岛
- 嘉义
- 嘉义县
- ▲ 玉山
- 阿里山
- ★ 玉山/台湾最高峰
- 台南县
- 高雄县
- 台东县
- 台南
- **台湾岛南部**
- 高雄
- 高雄港都风光
- 屏东县
- 台东
- 高雄国际机场
- 绿岛（火烧岛）
- 冲北岩 黄尾屿
- 钓鱼岛 赤尾屿
- 冲南岩 北小岛
- 南小岛
- 钓鱼岛及其附属岛屿
- 兰屿岛
- ★ 垦丁/热带观光胜地
- 垦丁

台北市内

漫步之基础知识	39
区域概况	40
街头漫步参考路线	42
市内交通	
捷运（MRT）	46
出租车	49
公交车	50
市内地图	
台北中心地区	52
台北站／西门町／龙山寺	54
中山北路	56
善导寺／忠孝新生／忠孝复兴	58
忠孝敦化／市政府	60
市内景点	
台北站（车站）南部	62
永康街	65
西门町／龙山寺	66
中山北路	68
圆山周边	70
迪化街	72
公馆	73
忠孝新生／忠孝复兴	74
信义／市政府	76
士林	78
天母	80
木栅／猫空	81
［特辑］游在台北	90
餐厅	100
商店	117
酒店	130

台北市内

漫步之基础知识

让我们随心所欲漫步在充满活力的台北街头吧

台湾最大的城市——台北

台北市，台湾最大的城市，南北约28公里，东西约21公里，总面积约271.8平方公里，现居住人口约268.6万（截止到2013年12月）。

市区划分12个行政区，往北是新北投温泉的北投区；阳明山、天母和台北故宫博物院在士林区；新兴高级住宅区亮相内湖区；酒店集中在中山区；迪化街在大同区；国内航班机场在松山区；台北的发祥地——下町在万华区；政治、行政中心在中正区；大安区的北部是百货大楼，南部是大学城；新兴开发区——台北101在信义区；自然风光在南岗区；文山区则有动物园和观光茶园。

先来了解一下台湾街道的布局

台湾的街道，包括台北在内，道路的名字就直接用来表示住所地名，而且不管走哪条路都在同一个大道里转悠。孙中山倡导的"三民主义"中的民族、民权、民生等类似的路名很多。一般把大道叫做××路，接下来是××街，然后是××巷。

胡同、弄堂的地区就用××段××号来划分。也有不用段，直接用××一路、××二路加以区分的。××号本是南北走向的街道，西侧（面朝北左边）是偶数，东侧是奇数。东西走向的街道，北侧（面朝东左边）是偶数，南侧是奇数。

台北市内的街道布局

漫步台北市内，台北站的南侧东西走向的是忠孝路，台北站的东侧南北走向的是中山路。两条大道的交叉处，又分为中山北路、中山南路、忠孝西路、忠孝东路。交叉口将整个区域划分为一段、二段等多条段数。其实台北市内几乎所有的大道都是由这两条大道划分而出的东西地段或南北地段。而且，为了方便游客，将东西走向的10条主要道路，以及环河南北路到基隆路的14条主要道路进行编号并加注英文缩写，这样既好记又容易确认自己所处的方位。

商店街和商业街的周边人行道上摆满了轻便摩托车

市区每年都要修整马路，更换沥青。施工地方较多，走路时要提高警惕

温馨提示

台北市内·街头漫步注意事项

漫步台北市内，要特别留心脚下的情况。马路与建筑物之间都设有拱廊，呈步行街开放。夏日遮阳、雨天挡雨，恰到好处。但是有些地方的地面会因为店铺不同而高低不一，容易出现缝隙。而且，摩托车的停放和地摊的摆设，会妨碍到正常的通行。

另外，要特别小心泥石板式地砖和有些小吃店门前的小道，因为油渍较多容易滑倒。但即便如此也不要冒着危险去走机动车道。像这样不太好走的拱廊，多分布在台北站西侧的老街里。

区域概况

台北市内的各个区域可谓个性十足。存留至今的老街、俨然整洁的商业街和热闹非凡的学生街等,每条都有各自的魅力。决定好逛街的内容,可是台北自由行的第一步哦。

士林(p.78)

该区域拥有台湾最大、最有名的夜市——士林夜市,此外蒋介石和宋美龄夫妇曾经居住过的士林官邸也是值得一去的景点之一。

迪化街(p.72)

台北最古老的批发街,至今仍存留不少干货、中药、茶和布料的批发店。号称"台北第一美味"的卤肉饭老字号和香火旺盛的霞海城隍庙都为该地积聚了不少人气。

西门町(p.66)

紧随时尚潮流的学生们的天堂,享有"台北原宿"的美称。电影院和面向年轻人的商店较多。其中整修之后的西门红楼,以其怀旧式风格吸引了各个年龄阶段的人们。

万华(p.66)

这里有代表台湾历史里程碑的龙山寺、充满生活气息的老街道等,还有与众不同的华西街观光夜市。蛇鳖汤、龟胶等补品店也很多。

永康街(p.65)

近年来最受关注的地区之一。"麻雀虽小,五脏俱全",这里有吃了还想吃的小笼包、杧果冰激凌及中式休闲服饰店等。逛累了,还可以去充满怀旧风格的茶馆或时尚气息的咖啡店小憩一下。

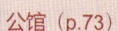

公馆(p.73)

依托台湾大学而兴起的学生街,以面向学生的书店、咖啡店为主,还有很多物美价廉的特色餐馆。

圆山周边（p.70）

紧挨基隆河，延伸至台北郊区的绿林地带。MRT圆山站周边有市立美术馆和孔庙等，基隆河北侧是忠烈祠和圆山大饭店等。该地还是2010年台湾花博会的总会场。

中山北路（p.68）

MRT中山站附近是高级酒店和品牌店商业区，聚集了不少如DFS（环球免税店）、新光三越、面向年轻人的IDEE等大型百货公司和购物中心。中山北路往北的道路两侧开满了拍摄个人写真的照相馆。要想尝试不同风格的造型，不妨去那儿走一走。而且，附近还有旧商贸市场和小吃街，如晴光市场和双城街夜市，可以边吃边逛。由于酒店较多，这里的按摩店"百花齐放"，竞争异常激烈。

忠孝新生／忠孝复兴（p.74）

百货大楼、时尚高楼、银行鳞次栉比的流行前沿地带。MRT板南线、木栅线、内湖线（文山内湖线）都在忠孝复兴站换乘。两个SOGO和24小时营业的诚品书店也在这里。

信义／市政府（p.76）

作为台北新开发的中心地带——信义，以超高楼台北101为中心，周边布满了新光三越、优衣库、诚品书店旗舰店等大型店铺，节假日时更是热闹非凡。该地区还设有世界贸易中心、市政府等。

台北站南部（p.62）

车站南侧就是新光三越、NOVA、统一元气馆等百货大楼以及IT&趣味专卖店等。再往南是以"总统府"为首的官厅街。附近有二二八和平纪念公园和台湾博物馆，是观光购物的好去处。另外便宜的小餐馆也不少。

潇洒捷运（MRT）游

可乘坐MRT到达本页介绍的任何一处。MRT推出了1日自由行的"ONE DAY PASS"，以及MRT、公交均可使用的付费式交通IC卡"悠游卡"，在车站售票窗口或自动售票机上都能购买到，充分利用可以省下不少钱和精力呢。

自娱自乐

街头漫步参考路线

台北的街道变化多端，富有魅力。
多走几次就有心得。
这里推荐4条短暂停留也能尽情游玩的路线。

1 台北经典1日游！"贪心"路线

边吃边逛式漫步
老街、新街、夜市，一次搞定。

MRT板南线龙山寺站

9:00 龙山寺

从早到晚前来寺里参拜的人络绎不绝。不妨从这里开始一日游吧。(p.67)

乘坐MRT板南线龙山寺站至西门站换乘，小南门线到达中正纪念堂站，再步行25分钟或打车15分钟。

10:00 中正纪念堂

坐落在公园里的纪念碑。不感兴趣的话可以去海鲜、干货丰富的南门市场逛逛。

步行15分钟或打车5分钟

11:30 鼎泰丰

鼎泰丰的小笼包供不应求，早点儿去排队才是明智之举。就在永康街入口处。(p.106)

附近走走

13:00 永康街

无论是时尚的咖啡店还是花哨的中式杂货店，永康公园附近的店铺可谓各有精彩。走累了就去转一转吧。(p.65)

打车15分钟

16:00 台北101

台北101的89层观景台可是观光胜地。夕阳西下，夜幕降临时的风景很美。(p.77)

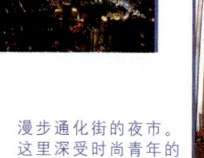

打车10分钟

19:00 临江街观光夜市

漫步通化街的夜市。这里深受时尚青年的欢迎。(p.77)

像台北人一样游台北

购物&浪漫夜景
囊括各个人气街道,潇洒漫步。

MRT淡水线西门町

11:00 西门町

这里深受年轻人的欢迎,更是文艺杂货的天堂。(p.66)

MRT板南线西门站→台北站5分钟

13:00 微风车站

台北站二层的餐饮街。微风广场有各种主题的餐饮分类区域。

MRT淡水线台北站至中山站,再步行15分钟

14:30 洗头按摩

饭后来场台式头皮按摩和洗头,放松又清爽。所需时间约1小时。(p.96)

MRT淡水线中山站至淡水站需35分钟

16:00 淡水

台北郊外淡水的夕阳特别的美,是台北人约会的指定地点。附近就是小吃街,边走边吃,岂不乐哉!(p.146)

MRT淡水线淡水站至剑潭站需25分钟

20:00 士林夜市

台北人的夜生活还没结束,贪嘴之余再逛街购物,士林夜市会让你忘记了时间的存在。(p.78)

市内温馨小贴士——做到这些,你就是台北的"漫步达人"!

1. 牢记地址里的街道名、北路和南路、西路和东路。
2. 将MRT路线图画在脑子里。
3. 一枚"悠游卡",捷运、巴士任你游。
4. 团体行动不妨多考虑打车。

自娱自乐

雨天也外出的 1 日游

3

台北多雨
即便如此也可以拥有充实的一日游哦。

中心街出发打车20分钟

9:00 台北故宫博物院

整修后的台北故宫博物院，还设置了咖啡店和购物部，参观时间更宽裕。(p.83)

打车30分钟

12:00 圆山大饭店／金龙餐厅

圆山大饭店的金龙餐厅推出下午茶服务，要是能坐在窗边一边眺望基隆河一边就餐最好了。

MRT淡水线剑潭站至民权西路站，然后步行30分钟或打车15分钟

14:00 照相馆一条街

中山北路二段号称"照相馆一条街"。给自己拍套个性写真留作纪念吧。(p.97)

MRT淡水线民权西路站至台北站换乘板南线，到达善导寺站，然后步行20分钟或打车10分钟

18:00 茶馆／德也茶吃

台湾的茶馆几乎都是边品茶边尝小吃，忘却时间，悠然自得，这便是茶馆的魅力。(p.93)

MRT板南线善导寺站至台北站换乘淡水线至双连站，然后步行15分钟

MRT板南线善导寺站至西门站，然后步行3分钟

20:00 台北戏棚 **20:00 西门红楼**

怀旧风格的魅力建筑物西门红楼，也会上演台湾的现代剧。(p.67)

上演中国传统剧目的剧场。每周五、周六公演，上演时间2小时。(p.69)

深入台湾，探索台湾人健康的秘密

4

市场漫步&轻松片刻
逛累了吧，那就去喝喝茶，做个足底按摩

MRT中山站步行20分钟

9:30 迪化街

历史悠久的批发街。"中药店一条街"、"海产一条街"等，个性十足，附近还有"布料一条街"——永乐市场。(p.72)

步行20分钟，或打车5分钟

10:30 豆花庄（宁夏路）

台北人最爱去的豆花屋。以大豆为原料的豆花可是健康甜品。配料可自选。

步行30分钟，或MRT淡水线双连站至民权西路站然后步行15分钟或打车10分钟

12:00 晴光市场

散发着怀旧气息的当地市场，一边和当地人聊聊天一边在这里吃个便饭吧。

步行30分钟或打车10分钟

14:00 行天宫

参观完供奉三国英雄关羽的行天宫，可去宫前地下通道里的小巷逛逛。(p.69)

MRT木栅线中山中学站至动物园站下车。打车至木栅观光茶园需40分钟

16:00 木栅／猫空

茶馆就设在小山丘的斜面上，可以边欣赏台北夜景边聊聊旅游心得。(p.81)

打车至MRT，再从木栅线动物园站至忠孝复兴站需35分钟

20:00 足底按摩

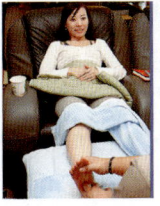

本着"不把今天的疲劳带到明天"的理念。回酒店之前做个足底按摩解解疲劳吧。(p.94)

市内交通／捷运（MRT）
便利的捷运是旅行者的得力助手

MRT资讯
使用MRT时，必须牢记以下几点。

MRT车票的有效期
MRT车票，只限于当天有效，但是在同一站逗留15分钟以上，或者同条线路逗留2小时以上，出站时必须追加额外车费。而且，在磁场强烈的地方车票的性能会失效，追加额外车费是在所难免的。

无票乘车要受罚
如果无票坐车被抓到，就要支付原有车费及其50倍的罚金。

乘车时要禁食
乘坐MRT时，禁止嚼口香糖和槟榔。车内和禁食区禁止食用所有东西，包括饮料。乱丢垃圾和纸屑也是不允许的。违反以上条款者将被处以1500~7500元罚金。

便利的地下街
台北站和塔城街的交会处有个全长825米的地下街"台北地下街City Mall"，里面分布了近200家店铺，包括流行品、杂货和电脑部件的商店及棚式地摊等。另外，MRT台北站到淡水线双连站之间也有一个依托Event广场的多功能地下街"中山地下街Easy Mall"，很适合下雨天逛街。

捷运（MRT）路线（请参考p.48路线图）

MRT是Mass Rapid Transit的简称，作为一种新型的交通工具，在当地又被称为捷运。其主要线路有以下几条：台北中心部古亭站至西北郊外淡水站的淡水线；古亭站南下新店的新店线（由于在同一条支线上，两线合并统称淡水—新店线）；南港至西南永宁、横穿中心部的板南线（又称南港—永宁线）；中山中学站南下至动物园站的木栅线；中山中学站同支线至南港展览馆的内湖线（合并后统称文山内湖线）；南势角至古亭，后与北投同支线的中和线；西门至古亭的小南门线；北投至新北投的新北投支线；小碧潭至七张的小碧潭支线。MRT在市内多为地铁形式，在郊区多为轻轨形式。文山内湖线的市区线路呈单轨列车的高架桥形式。MRT的营业时间为6时至24时，不受城市交通拥挤的局限，购票简单，是旅行者最易使用的便捷交通工具。

地上行驶中的捷运（MRT）

捷运（MRT）车票的种类

● IC单程票（IC票）
只限于单程使用。为硬币般大小的塑料票。进站时，将IC票放到检票机的接触口，出站时再投入到检票机的回收口即可。只限当天使用。

● 悠游卡（IC卡）
可重复使用的IC卡。一张500元，包括卡费100元和车费400元。使用悠游卡乘坐MRT可享受8折优惠。卡内余额不多时可到自动充值机充值。

不需要时，直接退还到车站窗口可。所退金额为卡费100元+剩余金额-手续费20元（使用5次以上可免手续费）。退卡期限是以最后充值日算起的两年半以内，如果经常来台湾的话还是随身携带比较好。

● 悠游卡1日游
该卡可在一天之内无限次乘坐MRT，使用期限到当天MRT停运时间为止。一张200元，包含50元卡费，无充值功能。使用后3天之内归还可退回50元卡费。

捷运（MRT）

捷运车票购买方式

●IC单程票（IC票）

车站区域内设有手触式自动售票机，查看路线图，确定运费后按照售票机上1→3处的售票提示购买即可，操作十分简单：
①按1选择金额和购票数；
②在2投递口投放硬币或纸币；
③从3拿取IC票及找零。

●悠游卡（IC卡）

悠游卡，即付费式IC卡，使用便利，可在车站区域内的触屏式自动售票机／付费机处购买，也可到车站售票窗口或便利店等处购买。
①点触屏幕，选择新购买（购买悠游卡）；
②投入纸币；
③取卡。

IC单程票的售票机

悠游卡售卡机兼充值机

检票口的进出站

●进站

进站时，将IC票或悠游卡轻触自动检票机的感应屏（有票和卡的图案提示）。经传感器感知后，"嘀"的一声检票机的门就开了。

●出站

出站时，单程票的IC票要插入投入口回收。悠游卡只需在触屏上刷卡就可以了。液晶屏幕上会显示出卡内余额。

检票口为自动门

出站时车票要回收

捷运还能运自行车

自行车也是台北市内主要的交通工具。郊区建有环城车道，为了配合这一工程，MRT的有些车站允许自行车上车，但仅限周六、周日或节假日。可带车进入的MRT车站都设有电梯，另外MRT路线图上也标有自行车图标。

余额不足时

悠游卡余额不足时，可以赊账一次，但仅限一次。出站后别忘了充值以防停用。

悠游卡充值

充值机上以现金付款方式充值。步骤如下：
①将悠游卡放在1的位置上；
②标记2有两处，将纸币塞入下面的标记2；
③确认画面上的金额后，按"下一步"；
④需要收据的可按"列印"，收据就从标记3出来。

悠游卡乘公交车有优惠

悠游卡可通用捷运和市内公交车。除MRT独享8折优惠外，1小时内连续乘坐MRT和公交车，可享受乘公交车（在同一区间）8折优惠。

允许自行车进入的车站会在电梯上贴有图标

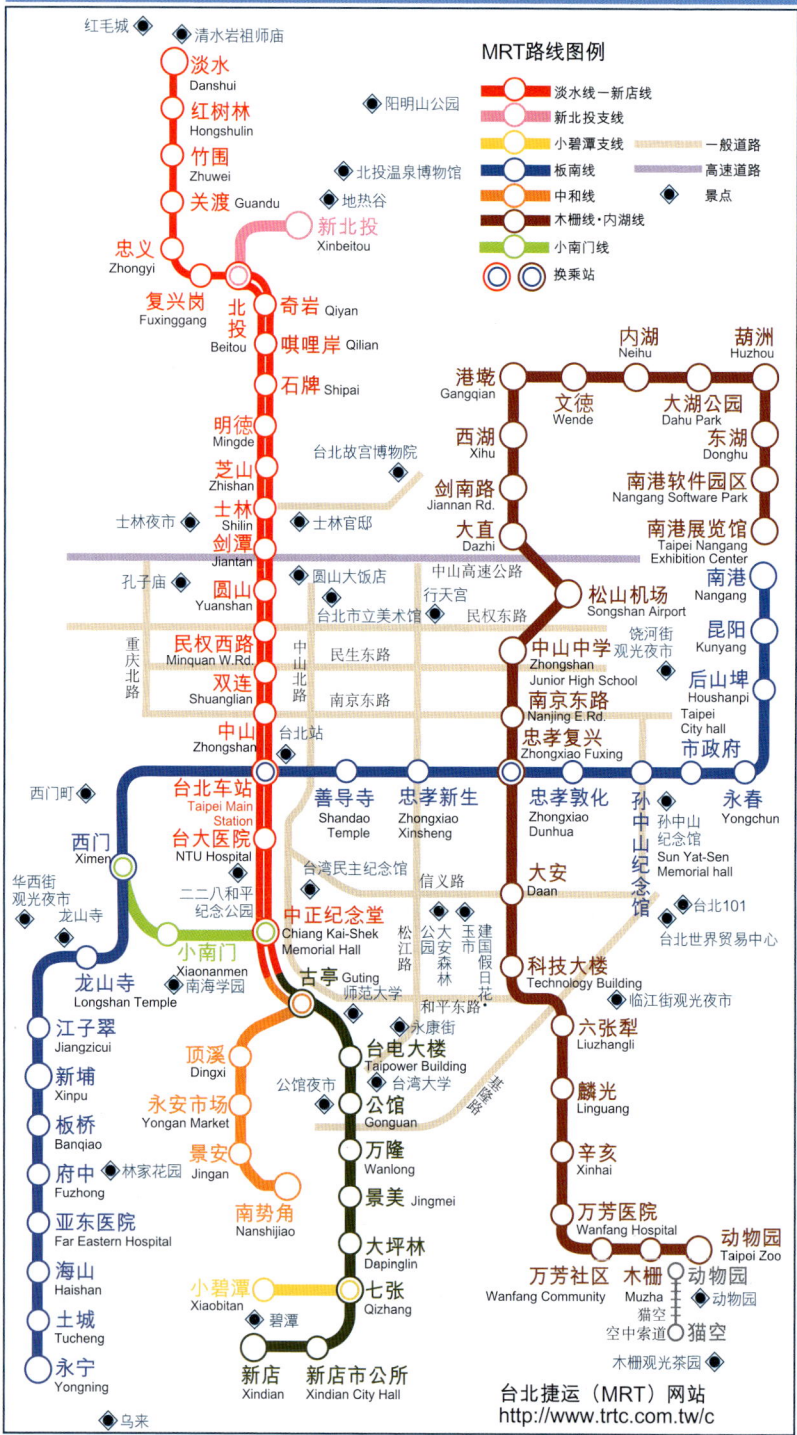

市内交通／出租车

出租车使用指南

台北市内的出租车（计程车）

台湾的出租车因外表是鲜艳的黄色，所以被称为"小黄"，另外车顶载有"计程车"的指示灯，容易辨认。以小型车为主，也有5人同乘的中型车。打车方式也是招手即停。车费便宜，无论是逛市内还是游郊外都十分便捷。特别是3~4人的小团体前往目的地观光，打车有时比坐公交车还要快捷和便宜。

●打车费

台北的出租车费用，是起步价1.25公里以内70元，之后每250米加5元，时速5公里以下每1分40秒加5元。而且，夜间时段（23:00~6:00）要多收20%的服务费和20元的附加费。无线预约和使用后备厢均加收10元。

在桃园国际机场打车需要加算特别费用。车上的计价器上贴有加算费用表。如果是去酒店，从机场出发费用在1000~1300元。

郊外远行或观光路线包车1天需要商量具体费用，大约4000~5000元。

无线出租车资讯

●出租车团体
FREE 0800-055850（24小时，仅限中文）
台北市政府联合18家无线出租车公司成立的服务团体。

●无线出租车公司
台湾大车队
☎405-888-888
手机号码55688
大爱计程车
☎02-8787-3002
手机号码808667

乘车时的注意事项

交通负荷量较大的台北，轻骑穿梭在交通堵塞的车堆里是常有的事，所以上下车时一定要注意先确认后方无人再开门。

秘藏情报

如何避免打车时的突发状况

一般，对于旅行者而言，使用公交车和火车的机会更多些。但在台北，和捷运并驾齐驱的便捷交通工具当属出租车。即便在多车道的大街上，只要向司机说清楚目的地，司机一般会特意选道，把你送到目的地的正前方。由于多数情况下游客都是第一次游台湾，免不了会遇到些麻烦。

防止突发状况的首要原则就是尽量选择干净的车子。一般正规出租车公司的车子比较干净。停放在酒店和车站前的正规出租车候车站的车也是可以放心的。相反，观光地以及酒店旁边那种拉客的出租车最好不要乘坐。

另外一个常识是，女性夜间单独一人打车是不安全的。如果深夜一定要出门的话，请餐厅或酒店帮忙叫出租车比较好。也可以打电话给正规出租车公司预约。装有GPS的出租车，都有公司的定位系统锁定，可以安心乘坐。

做好安全对策，避免突发状况，才能真正享受旅行的乐趣哦。

市内交通／公交车

掌控市内公交车，便宜又便利

洪水般的摩托车

台湾最流行的大众交通工具是摩托车。穿梭在城市角落的摩托车数不胜数，遇到高峰期，2、3车道几乎是摩托车的天下。而且这些摩托车时常乱停乱放在路边或人行道上，给行人带来不少麻烦，所以在人行道走路时要小心。

公交路线向导

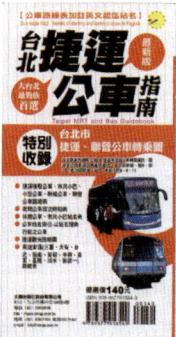

该书详细记载了台北市内和近郊所有的公交车路线，以及主要地区的公交车停靠站。也有MRT站之间的换乘信息，是旅者必不可少的工具书。书店、便利店均有销售。

市内公交车

初到台湾的人可能会觉得坐公交有点难，如果来台湾的次数多了，不妨试一试市内公交车。公交车路线遍布市内各个角落，可以说没有公交车到不了的地方。

● 确认目的地的路线号

想要尝试一下的话，建议选择那些一目了然的路线。比如台北站到天母，或台北故宫博物院到台北站等。公交站的标牌上都印有公交号和路线图。

市内公交车是通过路线号码识别的

市内公交车的乘坐方式

● 悠游卡畅享公交车

乘坐市内公交车时，可以使用捷运公交通用的悠游卡，十分便利。

如果乘坐无人售票公交车，可以上车前买票也可以下车前买票，使用悠游卡时，和乘坐捷运一样，上下车时都需要刷卡。市内路线的车费按照距离长短有15元、30元、45元3种。市内一般都是15元，到郊区追加的车费则是各种各样。也有坐车时拿票，下车前连同车费一起交给司机的。

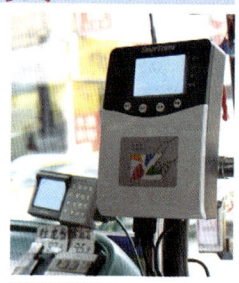

在这里刷悠游卡

有些公交车是投币式付费，由于无法找零，坐车前最好随身准备些零钱。

● 朝目标公交车打手势

台北公交车的路线容易重复，等车的时候碰到不同路线的公交车就不要去管它，如果是同路线的公交车就招手示意一下，和打车的手势一样。

● 车内广播和下车方法

几乎所有的公交车内都设有报站广播，可要仔细听哦。下车前最好事先通知一下司机，例如按下车门附近的下车铃或拉车窗上的绳索。

新型公交车的标志一目了然

温馨小贴士
- 台北市内交通工具最便宜的是公交车,但路线复杂,初次乘坐最好选择简单易行的区域。
- 想要成为台北市内"公交达人"的话,就买本《台北捷运公交车指南》吧。
- 碰到自己要坐的公交车,要记得招手示意。

台北市的公交车路线

台北市内公交车线路分属不同公交车公司,显得有些混杂。而且公交车站或者重要停靠站的站名都是小地名,不太容易看懂。不过每条路线都设有标牌,清楚地指示该线的公交车号。所以最好事先确定自己要坐的公交车号。

●台北市内公交车的主要路线

台北市内的公交车路线贯穿市区的东西南北,因而比较长。有些公交车路线的区域包含观光景点,好好利用的话,比起打车能省下不少钱呢。

无障碍公交车专用线

台北市内的民权路、南京路、仁爱路、信义路、中山路、松江路、新生南路、敦化路的部分区域设有公交车专用线,交通拥挤时也能无障碍通行,比打车快多了。

公交车号	路线区域	区内主要观光景点・主要路名
22	吴兴街至衡阳路	台北站—二二八和平公园—大安森林公园—信义路—世界贸易中心
41	士林高商至仁爱医院	孔庙・保安宫—民权西路—行天宫—松江路—敦化南路—信义路—复光南路
203	天母至北峰里	士林夜市—民权路—行天宫—松江路—八德路—饶河街观光夜市—松山站
212	旧庄至青年公园	中华路—西门町—台北站—忠孝西东路—孙中山纪念馆
285	麟光新村至荣总	天母—士林夜市—民权东路—行天宫—敦化北路
306	泸洲至旧庄	圆环—南京西东路—饶河街口(松山夜市)—松山站
307	板桥中学至抚远街	板桥—万华—西门町—台北站—南京东路
310	板桥中学至士林	板桥—龙山寺—西门町—台北站—中山北路—士林夜市
505	抚远街至景美	民西东路—行天宫—光华商场—松江路—公馆
606	万芳社区至荣总	天母—士林夜市—新生北路—金山南路—公馆

●台北市内到郊外的主要公交车路线

台北市内出发至郊区观光景点的专用公交车,其路线多设在MRT站周边的公交车站上,很方便。

公交车号	路线区域	区内MRT站・主要观光景点
230	捷运北投站至阳明山	北投站—北投公园—阳投公路—阳明山
260	东园至阳明山	西门站—台北站—剑潭站—士林站—士林官邸—阳明山
601	东园至天母	西门站—台北站—芝山站—石牌站—天母
660	圆环至深坑	台北站—古亭站—景美站—木栅站—深坑
705/706	台北至三峡	永宁站—三峡
908	捷运景安至三峡	景安站—北二高速—三峡
910	捷运府中站至三峡	府中站—新埔站—高速公路—三峡
912	捷运市政府站至深坑	市政府站—快速道路—深坑
917	捷运永宁站至莺歌	永宁站—北二高速—陶瓷博物馆—莺歌
1062	台北至金瓜石	中兴复兴站—高速—瑞芳—九份—金瓜石
1601	台北至乌来	新店站—乌来
1602	台北至坪林	新店站—坪林

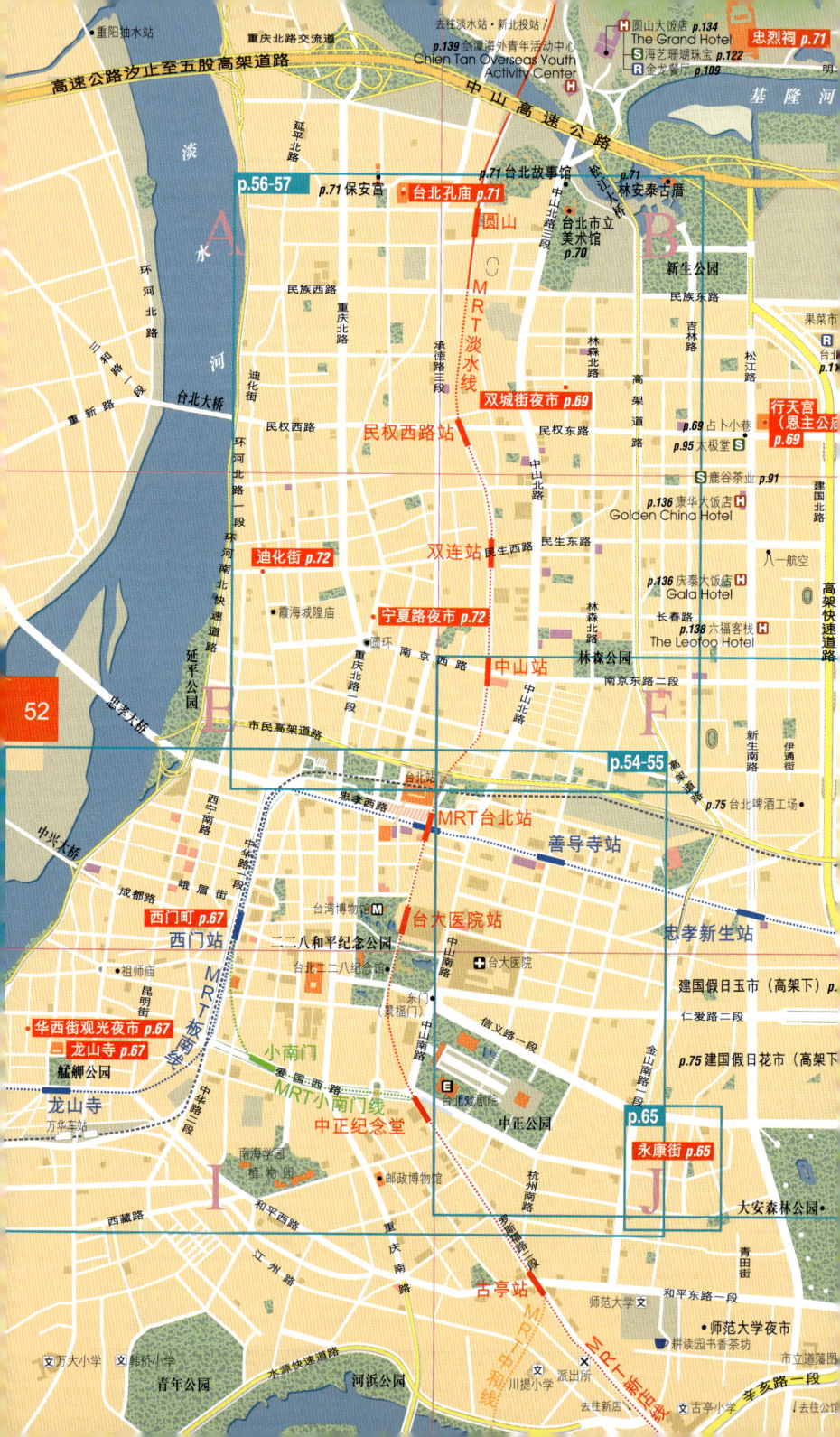

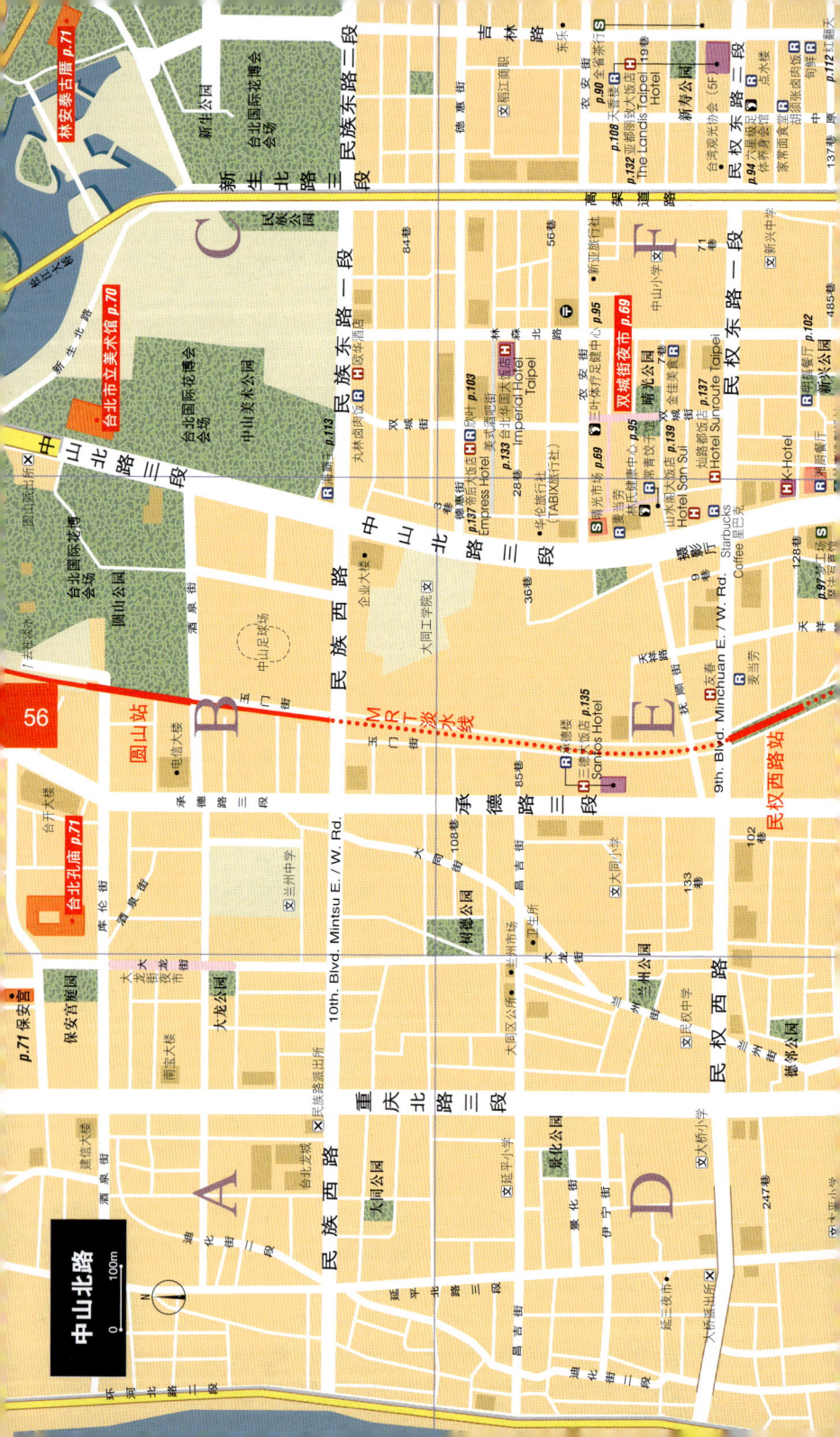

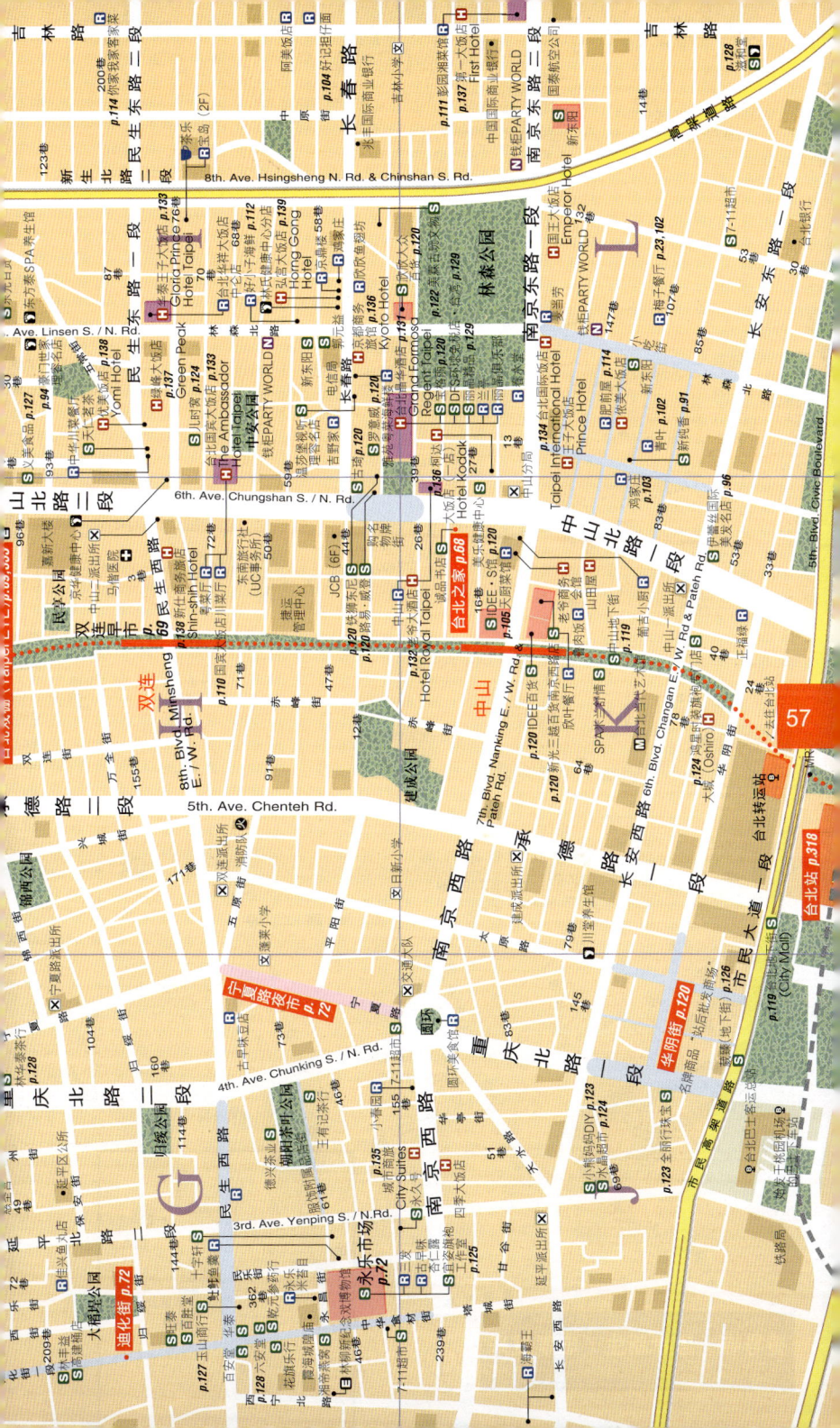

台北站（车站）南部

MAP ● 剪切地图·9·10·16·17，p.54·55

上：台湾音乐厅／下：台北二二八纪念馆

路 线
台北站至孙中山史迹纪念馆需步行3分钟，至二二八和平纪念馆公园需步行7分钟。

漫步小贴士

趣味指数
观光 ★★★★★
边走边吃 ★★★
购物 ★★★
交通便利指数
步行 ★★★★★

打车 ★★★
MRT ★★★
周边情况
穿越车站附近陈旧的老街，去二二八和平纪念公园、中正纪念堂走一走看一看，需要2~3小时。一路上不同景象的街道，别有风趣。

街·道·布·局

反映台北历史的街道
历史建筑集中地区

　　台北站站前南侧耸立着设有新光三越百货（百货商店）的新光摩天大楼，与市东的台北101并驾齐驱的西面标志性建筑，记住它们，以后找路就方便了。

　　站前往西就是西门町，那里汇集了各种专卖店。预备校街（南阳街，有许多便宜的餐馆）、书店街（重庆南路）、布料街（宝庆路、博爱路）、鞋包和服装店街、市场街（沅陵路、衡阳路）、照相店和音响设备店街（博爱路、汉口路）、金银店街（衡阳路）等，都是个性十足的街道。

　　站前往南直走就是台湾博物馆、台北二二八纪念馆的二二八和平公园以及机关建筑群，和专卖店的陈旧老街形成鲜明的对照。这里离中正纪念堂（旧台湾民主纪念馆）的自由广场（中正纪念公园）很近。

　　或许你会注意到该区域的建筑风格分为多种。完全模仿西洋风格建造的西洋建筑物，典型的中式建筑物以及现代摩登建筑物。类似这样风格截然不同的建筑群给游客留下了深刻的印象，而现代建筑群又体现着台北经济发展的成就。

　　很少有人会去公园里或官厅街小憩一下，不过可以去台北二二八纪念公园旁边的咖啡厅露天阳台坐一坐。

景・点

孙中山史迹纪念馆
MAP●剪切地图-10 p.55-D

纪念伟大的革命先行者孙中山先生的地方

　　这一历史遗迹是孙中山先生于1913年、1914年两度来台时的下榻处，也可以说是孙中山先生革命生涯的重要驿站，现已作为纪念馆向游客开放。内辟有两个大厅，陈列着孙中山先生的相关遗物和资料。纪念馆又叫"逸仙公园"，主建筑是一座日式房屋，环境雅致、幽静。

★台北站下车步行3分钟
开 9:00~11:30，14:00~16:30，公园8:00~17:00
休 周一（节假日的第二天）　NTS 免费
HP http://www.yatsen.gov.tw/

台湾故事馆
MAP●剪切地图-9 p.55-C

重现台湾的流金岁月

　　位于台湾站前的购物中心统一元气馆的地下2层，仿照20世纪60年代的台湾风貌建设的回忆馆，重现当时的商店、旅馆、邮政局、民房、路边摊等老街风光。可以在里面的餐馆、路边摊就餐。

★台北站南面出口对面
开 10:30~20:30（最晚入场时间20:00）
休 无休
NTS 200元
HP http://www.taiwanstoryland.com.tw/

意外发现这里还是情侣约会的胜地

二二八和平纪念公园
MAP●剪切地图-16 p.55-G

台北站附近的绿化公园

　　离台北站较近的绿化公园。穿越台北站旁的南阳街便是。6万平方米的公园内，设有莲池（椰子树和中国宫殿式的东屋）、健康道等。台北二二八纪念馆、台湾博物馆也在公园里。早晨还能看到市民们练气功、打太极拳的景象呢。

★MRT台大医院站下车步行2分钟
台北二二八纪念馆　开 10:00~17:00　休 周一（节假日的第二天）　NTS 20元
HP http://228.culture.gov.tw/

对历史感兴趣的人不可错过二二八纪念馆。照片为公园内的二二八纪念碑

台湾博物馆
MAP●剪切地图-16 p.55-C

展品丰富、多样的博物馆

　　这个展览面积达三千多平方米的博物馆，分地上三层、地下一层，保存有许多与台湾相关的历史、文字资料，珍贵化石等，展品众多，可谓涵盖了人类学、地质学、动物学、植物学四大范畴。

★二二八和平纪念公园内
开 10:00~17:00　休 周一、除夕、春节、12月的第一周　NTS 20元　HP http://www.ntm.gov.tw/

壮观的台湾博物馆的入口处设有圆柱

南门市场

观光后，购买特产好去处

位于大厦中的市场，宛如一脚踏进寻常百姓的世界。1层是干货和加工类食品，地下层是生鲜品，2层是日用杂货品。虾干、贝干、鱿鱼干、糕点果脯等，特产商品应有尽有。

MAP●剪切地图-24 p.55-K

★MRT中正纪念堂站下车步行1分钟
开 7:00~18:00　休 周一

清晨起营业，便于购买特产

秘藏情报

永康街里高密度的精致小店

热闹与宁静共存的街道——永康街，最适合白天慵散地闲逛。永康街的魅力就在于那些个性十足的精致小店——无须过问店铺内容，老板们的品位就实实在在地展现在你面前。要是想带点小礼物回去，不妨去那里淘一淘吧。

小笼包铺、刨冰店、有名的中国茶馆、餐厅或各式各样的小吃店，娱乐休闲样样具备。而且继续向南就是昭和町的文物市场，如果对古代用品或古董店感兴趣就去瞧一瞧吧。不过这里可不同于夜市，关店时间比较早。

出售中国杂货的圆融坊（上左）、茶艺馆回留（上右）等，一排排的魅力精品店和饮食店

永康街

MAP ● 剪切地图-25, p.65

路 线

MRT淡水线中正纪念堂站或者古亭站下车步行15分钟。但离MRT站较远，打车更方便。向司机说明"信义路二段、永康街入口"就会把你送到鼎泰丰门前。

聚集了各类餐厅、茶艺馆等包装艳丽的饮食店，还有许多出售杂货的店铺

漫步小贴士

趣味指数
观光 ★★★
边走边吃 ★★★★★
购物 ★★★★

交通便利指数
步行 ★★★★★

周边情况
从信义路进入永康街或丽水街，两者之间的区域就是中心区，逛逛精品店和杂货店，再去茶艺馆喝杯茶，悠然自得地打发2~3小时的时光。

街·道·布·局

到有小笼包名店的街道漫步最棒

曾经是住宅区的宁静一角，如今成就了一片个性十足又不乏时尚的小店。位于大道信义路上的永康街和丽水街之间的区域，十分好走。差不多处于中心位置的永康公园算是休憩点。再往南就是古董一条街，也是一条趣味横生的小道，然后就一直走到MRT的古亭站坐车。

轻松休闲的李尧棉衣店 (p.124)

永康公园

MAP ● 剪切地图-25, p.65

和朋友碰头的好地方

位于永康街中心位置的永康公园，有点类似街道里的小绿洲，至今仍是游客游览永康街的集合地点。周围也是零零散散地开着几家餐厅、茶馆和精品店等。

西门町／龙山寺

MAP ● 剪切地图·15·16·22，p.54

★ ◀·············· 路　线

台北站到MRT板南线的西门站只需3分钟、到龙山寺需5分钟。

漫步
小贴士

趣味指数
观光　　★★★★★
边走边吃　★★★★
购物　　★★★

交通便利指数
MRT　　★★★★★
步行　　★★★★
打车　　★★★

周边情况
沿着深受年轻人欢迎的西门町往南走就是龙山寺，一路的旧城风光，肯定让你流连忘返。步行也就30分钟。连接龙山寺和万华的就是欢乐街。不过晚上还是不要一个人逛华西街附近比较好。

上：西门町街边的模仿秀／下左：龙山寺内的晚上／下右：西门红楼

街·道·布·局

青春动感的时尚街和复古风格的怀旧街完美结合，活力与喧闹的地域

西门町是日据时期的地名，沿用至今。除此之外，还有兴行街和欢乐街。"二战"之后，这儿就作为电影娱乐街和时尚街迅速发展起来。有名的兴行街就是战后从上海迁移而来的人经营起来的。当时中华路附近多以接待官员和军人的餐馆、商店为主，现在已有所减少。

如今的西门町是80后、90后年轻人淘宝的时尚之街。自从诚品书店（店内设有设计品牌店和咖啡店等）进驻之后，整条街的气质有所提高。整修后的历史建筑——西门红楼，以剧院的形式再次活跃在人们的视野中，古典、现代剧目竞相上演，热情洋溢。

18世纪因淡水河贸易而发展起来的万华是台北的发源地，独特的旧城风貌风韵犹存。历史悠久的龙山寺附近是浩浩荡荡的夜市街，其中华西街观光夜市因蛇料理打响招牌，极具人气。

龙山寺周边多以佛具店（西园路）和打金店为主，而台铁万华站前的周边（大理街）是一排排的时装店，令人大饱眼福。还有家具一条街（长沙街），廉价出售二手自行车、家电或部件的马路（康定路）等，让你逛得津津有味。

清晨的龙山寺

景点

西门町
MAP●剪切地图-15 p.54-A

台北电影街

中华路西面起,到驻有Rotary成都路的北面,这一段路统称"西门町"。既有诚品书店、万年商业大楼等大型百货店,也有以年轻顾客为主的特色服装店和时尚饰品店。而且,该街还是电影院、KTV、保龄球等娱乐场所的天下,总是聚集着不少年轻人,热闹非凡。

★MRT西门站下车步行1分钟

电影街每天都设路边摊,人气超旺

电器音响街
MAP●剪切地图-16 p.54-B

优惠购买音响设备

沿着中华街,从汉口街到MRT西门站这一区域可谓是电器音响一条街,且价格便宜。也有不少日本制造的数码产品,说不定会有惊喜的发现哦。

★MRT西门站下车步行2分钟

西门红楼
MAP●剪切地图-16 p.54-F

重修后的红砖房

重修后的西门红楼呈西式建筑风格,外观呈八角形,于1908年作为公营市场而建设。现改造成文艺交流所,设有展厅、茶餐厅、创意精品店等。2层的剧场每周不定期地上演音乐会或戏剧。周六、周日的夜晚,创作市场和街边生活也是热闹非凡。

★MRT西门站下车步行2分钟
开 11:00~21:30、周五周六至22:00　休 周一
HP http://www.redhouse.org.tw/

龙山寺
MAP●剪切地图-15 p.54-E

历史悠久的幽雅寺庙

建于1738年,拥有台北最古老的历史。曾因天灾战火而倒塌,现在所看到的建筑是"二战"后重建的。

寺庙的本尊,除了正堂摆放的观世音菩萨,还有普贤菩萨和台湾妈祖、关帝、送子娘娘等。当年正堂因战火而深受重创,唯独观世音菩萨毫发无伤,人们奔走相告,视为菩萨显灵。

★MRT龙山寺站下车步行3分钟
开 6:00~22:00　休 无休　NT$ 无
HP http://www.lungshan.org.tw/

华西街观光夜市
MAP●剪切地图-15 p.54-E

老台北味道的夜市

华西街夜市因有许多以去毒壮阳为招牌的蛇店和鳖店而闻名,其实早年是因为附近的花街而出名。整条夜市都是棚式摊位,一家连着一家,极具小吃街的亲和力。龙山寺到夜市入口,一路上的路边摊,招揽顾客的叫卖声此起彼伏。

★MRT龙山寺站下车步行3分钟

气派的古式牌楼

青草巷
MAP●剪切地图-15 p.54-E

到处弥漫着草药的清香

龙山寺的东侧,西昌街起就是经营草药的市场,俗称"青草巷"。这里的新鲜草药多来自台湾各地,有兴趣可以尝一尝草药料理和榨汁。

★MRT龙山寺站下车步行7分钟

中山北路

MAP ● 剪切地图-3·10, p.56·57

  路线

台北站乘坐MRT淡水线至中山站需2分钟,至双连站需4分钟,至民权西路站需6分钟。

漫步小贴士

乐趣指数
观光　★★★★★
边走边吃　★★★★
购物　★★★

交通便利指数
步行　★★★★★
打车　★★★
MRT　★★★

周边情况
　　台北站往北延至中山北路,与MRT淡水线一致。两站之间距离较短,适宜MRT+步行。台北站到MRT双连站之间有地下购物街——中山地下街。

上:台北戏棚附近有一家中国古典戏剧院/下左:中山北路的步行街,绿树成荫,十分整洁/下右:两层白色西式建筑的台北之家

  街·道·布·局

宁静的氛围、深厚的文化底蕴讲述台北故事

　　台北站往北延伸至中山北路是晶华酒店等高级酒店和高级料理店、世界知名品牌店的天堂,散发着宁静的气息。周五、周六的晚上,上演各类剧目的台北戏棚可是和明星合影的绝佳地点,同时还能一睹中国古典艺术的风采。附近设有许多变身照相馆。

　　中山北路东侧的林森北路以及周边散落着不少餐馆、酒吧、小吃店,一到晚上就熙熙攘攘。

　　MRT双连站周边有个早市,聚集了不少大众餐馆,一片寻常百姓的亲切之感。这一带的足底按摩和美体SPA口碑都不错,如果住在这里,就能享受漫步台北夜景的乐趣了。

离松江路的行天宫和占卜小巷有点距离,可以打车前往,十分便利。

 景·点

台北之家

MAP ● 剪切地图-10 p.57-K

白宫式建筑的文化发源地

　　原是美国驻台公使官邸的所在地,后因侯孝贤导演的电影《悲情城市》而重修。拥有美丽庭院的白宫式建筑内部设有"咖啡时光"、"红气球"等浪漫地带。迷你电影院——光点电影院时常上演高档次的艺术电影。台北之家的中庭是开放式咖啡店,温馨浪漫。

★MRT中山站下车步行5分钟

店铺情况不一　每月第一小周一

HP http://www.spot.org.tw/

台北戏棚（Taipei EYE）

MAP ● 剪切地图-3 p.57-H

体验京剧的魅力

京剧、狮子舞、少数民族舞蹈、杂技等节目轮番上演，五彩缤纷。开演前，还能在大厅观赏到大厅演员化妆的流程以及传统乐器的演奏。如果有兴趣就赶紧预约吧。

可以与表演者合影

★MRT双连站、民权西路站下车步行5分钟
开 周五、周六上演时间为20:00~21:30
HP http://www.taipeieye.com/

双连早市

MAP ● 剪切地图-3 p.57-H

活力无限的平民市场

位于MRT淡水线的双连站前往民权西路站方向的步行街上的市场。狭窄的人行道上摆满了新鲜水果、蔬菜、杂货，甚至还有布料店，吸引了众多客源，生机盎然。双连站附近还设有相应的早餐摊位。

★MRT双连站前
开 8:00至午后
休 无休

这里的水果可以论斤卖也可论个卖

行天宫（恩主公庙）

MAP ● 剪切地图-4 p.52-B

供奉战神和财神的关帝庙

位于商业街的一角。供奉《三国志》中家喻户晓的武将关羽。作为战神的关羽，首次提出使用账本和算盘，又被人称为财神。前来参拜的香客络绎不绝，庙内也是香烟缭绕，缕缕不绝。

★MRT民权西路站下车步行15分钟
开 4:00~22:30 休 无休 NT$ 无

占卜小巷

MAP ● 剪切地图-4 p.52-B

地下通道汇集了近20家占卜算卦的小店

行天宫前的恩主公地下道（民权东路二段和松江路的交汇点的地下通道），又称"占卜小巷"，那里聚集了手相、面相、米粒算命等各种占卜形式。

★MRT民权西路站下车步行15分钟
开 10:00~19:00前后（占卜师自定）

占卜小巷的客源也不少

双城街夜市

MAP p.56-F

从早到晚的小吃世界

昼夜交替的夜市小吃街，即便是早上也有美味的小吃供应。白天的摊位比较整洁干净，设有桌椅，规模小却适合初次游逛夜市的游客。旁边就是固定市场——晴光市场。

★MRT民权西路站下车步行7分钟
开 8:00~16:00, 16:00~24:00

圆山周边

MAP p.52

上：祈祷病愈和长寿的保安宫／下左：可观赏到礼兵交接式的忠烈祠／下右：幽静肃穆的林安泰古厝

★‥‥‥‥‥ 路　线

台北站乘坐MRT淡水线至圆山站需6分钟，至剑潭站需8分钟。

漫步小贴士

乐趣指数
观光　★★★★★
边走边吃　★
购物　★

交通便利指数
步行　★★★★
打车　★★★
MRT　★★★

周边情况
从MRT淡水线圆山站步行也可到达基隆河南侧的景点，如果是过基隆河还是打车比较方便。

·· 街·道·布·局

穿越浓密的绿野仙踪，眼前展现出中国宫殿式的建筑

　　MRT淡水线圆山站的西侧是台北孔庙、保安宫，散发着中国悠久历史的浓郁气息。东侧的绿化公园下去就是台北市立美术馆、台北故事馆、林安泰古厝等景点，是个打发时光悠哉漫步的好去处。抬头便能近距离望见松山机场起飞降落的飞机。2010年台北国际花博会就是在这个地区举办的，该区的整体规划正在改进中。

　　相隔基隆河的北侧是有礼兵交接仪式的忠烈祠（祭典将士亡灵的祀庙）。中国宫殿式的建筑，和周围的苍松古树相得益彰。

　　北部是剑潭山、剑潭公园、北安公园以及政府、军事机构。附近还有自然风景优美的圆山风景区，内部建有朱红圆柱的豪华圆山大饭店。

景·点

台北市立美术馆

MAP p.56-C

展示台北的现代艺术

　　连同地下室共6层的大型美术馆，建筑风格也是四四方方具有近代艺术感，入口处设有雕塑花园。该馆以台湾的现代艺术为中心，展示海内外各类作品。中庭处是露天咖啡馆和博物馆商店。

★MRT圆山站下车步行8分钟
开 9:30~17:30（周六至21:30）
休 周一（节日开馆，次日休馆）
NT$ 30元（周六17:30后免费）
HP http://www.tfam.museum/

台北故事馆

MAP p.52-B

简洁大方的魅力西洋馆

1914年，台北茶商陈朝骏建造英国都铎王朝式洋馆作为自己的社交场所，现已成为展示台湾文化和生活的博物馆。同时博物馆商店出售居住在台湾的艺术家的作品。

★MRT圆山站下车步行10分钟
开 10:00~18:00
休 周一 NT$ 50元
HP http://www.storyhouse.com.tw/

华丽的英式风格建筑

保安宫

MAP p.56-A

治愈百病的神明

孔庙附近的保安宫，供奉着医药神明保生大帝。每天都有大量市民前来参拜，祈求治愈疾病。还有1日7次的道士作法。

★MRT圆山站下车步行8分钟
开 6:00~10:30
休 无休
NT$ 免费

大改造之后再现原有雄姿

台北孔庙

MAP p.56-B

优美的孔庙

供奉中国人引以为豪的圣人——孔子的祀庙。创建于清朝光绪五年（1879），2008年完成改造工程。占地面积宽广，以曲阜本庙为蓝本建立。每年9月28日孔子的诞辰日举行盛大的祭孔大典。

★MRT圆山站下车步行7分钟
开 周二至周六 8:30~21:00，周日、节日~17:00
休 周一
NT$ 免费 HP http://www.ct.taipei.gov.tw/

忠烈祠

MAP p.52-B

一丝不苟的礼兵交接仪式

祠内正殿建筑形式模仿北京故宫太和殿。

正门前每小时都会举行礼兵交接仪式。礼兵们一动不动地站在那里，让人产生时间静止的错觉。可以拍照合影，但要注意不要碰触士兵的身体和枪。

★MRT剑潭站下车打车10分钟
开 9:00~17:00 休 典礼时 NT$ 免费

林安泰古厝

MAP p.56-C

清代时期的传统民居建筑

1800年所建的传统闽式居民建筑，由福建省移民台湾的富家林氏家族所建，再现了当时上流社会的生活现状，被誉为台湾的文化财产。内部陈列的家具也展现当时原貌。同美术馆一样，是婚照拍摄的热门地点，随处可见身着旗袍的新娘。也是情侣晚上约会的胜地，路边擺有各类地摊。

★MRT圆山站下车打车5分钟
开 9:00~19:00（11月至次年4月）
休 周一 NT$ 免费

迪化街

MAP ● 剪切地图-2、p.57-G

★ ·········· 路　线

台北站打车至迪化街需8分钟。乘坐MRT淡水线至中山站、双连站需步行20分钟。

漫步小贴士

乐指指数
购物 ★★★★★
边走边吃 ★★★★
观光 ★★★

交通便利指数
步行 ★★★★★

周边情况
干货店、中草药店并驾齐驱的迪化街，全长1公里，最适合悠然漫步。

上：迪化街上的干货、中草药等批发店／下左：裁缝手艺极佳的永乐市场／下右：每天年轻游客络绎不绝的霞海城隍庙

街·道·布·局

淡水河沿岸发迹的批发街
众多美味的小吃店

塔城街延至迪化街加上周边街道就是干货、中华食材、糕点、中草药等批发街。春节前，前来采购正月里必要的装饰品、食材、糕点、礼物等物品的人们把这里挤得水泄不通，不过平常的日子不会如此拥挤。

迪化街南入口是永乐市场。这一带可谓是布料批发一条街。永乐市场里还有裁缝店，周边小吃店也很多。旁边就是求姻缘的霞海城隍庙。淡水河沿岸设有堤坝无法眺望江河，可以从大稻埕码头的水门走到河岸。那里有一个小公园，让人回忆当年的川港故事。另外，重庆北路的朝阳茶叶公园周边也有不少茶业批发店。

景·点

永乐市场

MAP ● 剪切地图-2 p.57-G

挤满了布料批发店

正如正式名称"永乐布业批发市场"所示，2层是布料批发店，3层是裁缝店，在2层买完布后可直接去3层做衣服。一件大概3500元。

★MRT中山站、双连站下车步行15分钟
开 9:00~18:00（店铺自定）

宁夏路夜市

MAP ● 剪切地图-2 p.57-G

享受横扫小吃地摊的乐趣

台北站打车10分钟就到，是值得一去的小型夜市。这里的小吃种类丰富，物美价廉。

★MRT双连站下车步行10分钟　开 18:00~24:00

公馆

MAP p.73

路线
台北站乘坐MRT新店线至公馆站需9分钟

漫步小贴士

乐趣指数
观光 ★★★★
边走边吃 ★★★★
购物 ★★★

交通便利指数
步行 ★★★★★

周边情况
附近是两所公立大学，经常能看到外国留学生。师范大学到公馆步行需20分钟。

上：台湾大学内／下：公馆夜市的摊位

街·道·布·局

学生街道
激情四射

台北代表性的学生街。台湾大学的新生南路三段和罗斯福路四段周边有很多书店，便宜的大众餐馆、茶餐厅等，很有学生街的味道。另外还有吸引年轻人，集时尚、娱乐、美食为一体的街道。

罗斯福路四段的公馆地区分布着密密麻麻的服饰店、鞋店、CD店、餐馆等各种店铺。晚上的路边摊也成就了公馆夜市。泰国、越南、韩国等亚洲美味的餐馆是当地一大特色。新生南路二段多以书店为主，其中出售西洋书、台湾文化、历史书的书店较多，也不乏一些个性书店。

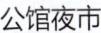
景·点

公馆夜市

MAP p.73

属于学生们的夜市

时尚饰品、鞋子、手机等服务年轻客户的专卖店街道上，一到晚上也是路边摊的天下。菜单品种丰富多彩，西点也好甜品也罢，深受年轻人的欢迎。夜市外面就是水源市场，近来跑去自来水博物馆约会的男女青年也不少。

★MRT公馆站下车步行2分钟

忠孝新生／忠孝复兴

MAP●剪切地图-18·19，p58·59

★ **路　线**

台北站乘坐MRT板南线至忠孝新生站需5分钟，至忠孝复兴站需7分钟。

 漫步小贴士

乐趣指数
观光　★★★★
边走边吃　★★★
购物　★★★

交通便利指数
步行　★★
打车　★★★★
MRT　★★★★

周边情况
乘坐MRT从台北站到忠孝复兴站，要经过三站。由于景点分布较散，打车更便捷。

上：华山文化园区利用旧厂改建而成的著名商业街／下左：高架桥下停车场一到周末便是建国假日玉市／下右：年轻人喜爱的电脑街——八德路

街·道·布·局

台北市街的中心区。充满绿意的自然气息和蕴含历史气息的街道

　　台北市街是指西面以台北站为中心的旧市中心，东面以台北101为象征的新市中心的两大繁华街道。两街的中部就是忠孝复兴／忠孝敦化站地带。

　　台北站乘坐MRT板南线，过两站就是忠孝新生站。附近有以电脑街闻名的八德路、光华商场、古董市场，还有华山文化园区以及台湾啤酒工厂。

　　忠孝新生站和忠孝复兴站的中间区域是呈南北走向的建国路。那里的高架桥停车场一到周六、周日就成了建国假日玉市／花市。

　　忠孝复兴站是市内南北走向MRT木栅线的换乘站。站前就是SOGO复兴店，十分醒目。作为商业中心地带，大型银行的建筑也是格外抢眼。木栅线和新开通的内湖线合并，南至台湾动物园以及木栅／猫空，北至松山机场，是条利用价值极高的路线。乘坐奔跑在高架桥上的MRT眺望台北全景，是何等惬意之事啊！忠孝敦化站也是聚集高级商店的购物中心。

景·点

八德路电脑街

MAP●剪切地图-11 p.58-F

御宅族的理想之地

　　台北道路多呈东西南北走向，斜交叉的八德路是很少有的。忠孝新生站附近的八德路一段就是有名的电脑一条街，以新装潢的光华商场为中心（光华数位新天地）。

★MRT忠孝新生站下车步行3分钟
开 11:00~22:00（店主自定）

华山文化园区

MAP ● 剪切地图-18 p.58-F

都市里的绿洲——工厂旧址

穿越热闹的八德路电脑街就是广场，里面竖立着大型建筑物，甚至还有烟囱。这里原是酒厂遗址，重新整修工厂和仓库的建筑物后再租赁出去，就是现在的华山文化园区。

★MRT忠孝新生站下车步行7分钟
开 9:00~22:00（依据具体情况）
休 周一
HP http://www.huashan1914.com/

旧厂里的烟囱高高耸立，给人时光流逝的沧桑感

建国假日玉市／花市

MAP ● 剪切地图-18·19 p.59-G、K

每周六、周日开放的市场

位于建国南路高架桥下的停车场上，北侧是玉市，南侧是花市。玉市一般出售玉、香木工艺品、各种茶壶、陶器以及茶叶等。玉市里的玉器虽称不上上等货色，但买来送人还是不错的。

★MRT木栅线大安站下车步行10分钟
开 周六、周日10:00~18:00

袖珍博物馆

MAP ● 剪切地图-11 p.59-C

梦幻空间

世界上为数不多的玩偶之家博物馆，喜欢迷你世界的人可千万不要错过。"白金汉宫"的士兵仪式，浪漫气息的"玫瑰屋"等，都是令人疯狂着迷

的收藏品。

★MRT忠孝新生站下车步行15分钟
开 10:00~18:00（入馆至17:00）
休 周一（节日时次日）、农历年末的2天
NT$ 180元
HP http://www.mmot.com.tw/

台湾啤酒工场

MAP ● 剪切地图-11 p.59-C

享受新鲜制成的啤酒

工场内部的陈旧建筑当作文化财产被保存下来，部分仓库改造成啤酒店。其中"364仓库餐厅"不但能吃到正宗的台湾菜、体验现场乐队的表演，还能品尝到新鲜酿制的台湾啤酒。

★MRT忠孝新生站下车步行10分钟
开 啤酒厂8:00~16:00、346仓库餐厅17:30~24:00
休 无休
HP http://www.ttl.com.tw/

辽宁街夜市

MAP ● 剪切地图-12 p.59-D

道路两侧的小吃店

没有路边摊夜市的喧闹，相反给人一种安静祥和的氛围，适宜初次尝试夜市的游客。有许多口碑极佳的老字号店铺，因而又被誉为"美食夜市"。

★MRT忠孝复兴站下车步行7分钟
开 18:00~22:00

信义／市政府

MAP ●剪切地图-21·28、p.60·61

★ ········● 路　线

台北站乘坐MRT板南线至国父纪念馆需9分钟，至市政府站需11分钟。市政府站下车至台北101需10分钟。

 漫步
小贴士

乐趣指数
观光　　★★★★★
边走边吃　★★★★
购物　　★★★★
交通便利指数
步行　　★★★★
MRT　　★★★★
周边情况
台北101为中心的信义区的景点不超500米外。如果漫步闲逛，2小时就够了。

上：台北101的购物中心／下左：背面街道有服饰店和餐馆／下右：灯火通明的台北101，格外迷人

##

台北市街东部中心
新市中心的标志──台北101

MRT孙中山纪念馆站前就是孙中山纪念馆。周边是个广场，一到周末就是全家游玩的好去处。

想去台北101的可以在市政府站下车。这一带是台北市街的东部中心地带──信义区。高楼大厦拔地而起，鳞次栉比。其中台北101既是台北的标志性建筑物，又是游客们流连忘返的热门景点。市政府站至台北101的一路上耸立着新光三越百货大楼群、诚品书店信义旗舰店、商务中心优衣库等。台北世界贸易中心每周六、周日还会举行盛大的活动，吸引了大量各地游客和年轻人。

##

台北小巨蛋

MAP ●剪切地图-13
p.60-A

台北首个多功能圆顶体育馆

能容纳1.5万人的台北首个多功能圆顶体育馆。仿台北101瞭望台圆顶构造，十分惹眼。除了作为各种球赛、滑冰等竞技类比赛的使用场所外，这里还是演唱会、音乐会的举办现场。之所以命名为"小巨蛋"，是因为预计在其旁边还将建立一个圆顶球场──大巨蛋。小巨蛋还时常举办啤酒节、美食节等活动，为当地市民增添了不少乐趣。

★MRT木栅线南京东路站下车步行10分钟

孙中山纪念馆

MAP●剪切地图-21 p.60-F

纪念孙中山

馆内设有孙中山相关物品的陈列室，还有可容纳2600人的会展厅、图书馆等文化设施。占地4万平方米的宽敞空间，是节假日市民休闲的好去处。

★MRT孙中山纪念馆站下车步行2分钟
开 9:00~19:00　休 农历年末年初　NTS 免费
HP http://www.yatsen.gov.tw/

周边的草坪适宜散步

台北101

MAP●剪切地图-28 p.61-K

超速电梯至观景台

以508米高度而引以为豪的台北101，其中88层的观景台可以360度全方位观赏台北全景，其中央内部则安装了巨大的球体抗震装置。为方便游客观赏，该层还设有水吧、礼品部以及提供语音讲解器等。售票处设在5层的购物中心，可直接坐电梯直达观景台，只需37秒。

好似一株直冲云霄的青竹

★MRT市政府站下车步行10分钟
开 10:00~22:00　休 无休　NTS 350元
HP http://www.tfc101.com.tw/

台北世界贸易中心

MAP●剪切地图-28 p.60-J

象征台北经济发展的地标性大楼

大楼1052室是产品展示厅，该层的会展大厅经常举办各种展销会。

★MRT市政府站下车步行10分钟
HP http://www.twtc.com.tw/

五分埔

MAP p.61-D

价廉物美的潮人服饰集散地

台铁松山站向南就是服饰类的批发市场。从MRT后山埤站下车更近。作为台湾最大的成衣批发市场，狭窄的道路两旁抬眼即是望不到边的服饰店铺，出售的服饰款型众多、设计新颖。虽然店铺杂乱，较少高档商品，但对于业内行家来说，仔细挑选还是能淘到不少好货的。

★MRT后山埤站下车步行7分钟
开 12:00~23:00（店主自定）　休 无休（店主自定）

饶河观光夜市

MAP p.61-D

寺庙与夜市的完美结合

夜市入口处就是清朝时建造的松山慈裕宫——妈祖庙。华灯初上时，逛完壮观的妈祖庙，就直接投入到台北东部最大夜市的人潮中去吧。

★松山站下车步行2分钟
开 17:00~24:00

可以参拜夜市旁的妈祖庙

临江街观光夜市

MAP●剪切地图-27 p.60-I

潮流摊贩的云集地

又名通化街夜市。以店铺式的各种面类和小吃为主，也不乏服装饰品等时尚地带，朴素的氛围深受年轻女性的欢迎。

★MRT六张犁站下车步行10分钟
开 18:00~24:00

士林

MAP p.37-C、p.79

路　线

台北站乘坐MRT淡水线至剑潭站需8分钟。

漫步小贴士

乐趣指数
边走边吃　★★★★★
观光　★★★
购物　★★

交通便利指数
步行　★★★★

周边情况
　　士林夜市可是游客必去的景点之一。士林商业街两旁店铺云集，人潮汹涌，光走就要两三个小时。其中两处地段可谓是美食的天下。

上：MRT剑潭站前的美食广场。有100多家美食店／下左：许多在大陆吃不到的风味小吃／下右：士林官邸

街·道·布·局

台北百姓的生活缩影
现代台湾的精华版一目了然

　　士林区大学、专科学校较多，早在日据时期，这里便是日语教育的发源地（芝山岩学堂）。如今的士林区域范围更广。最吸引游客的当属该区的夜市，这可是台北夜生活不可缺少的一部分。

　　MRT淡水线的剑潭站到士林站之间的西侧一带，以大东路为中心的商业街一直延伸至郊区。比起高等商品来，这里的生活用品倒是品种齐全、物美价廉，还能从中一睹到台湾普通百姓的生活姿态呢。加之学校较多，瞄准学生这一主要消费群体的时尚精品店、小吃餐馆等也是"遍地开花"，生意兴隆。

　　每当华灯升起，各家摊贩纷纷开张，台北市内最盛大的夜市——士林夜市瞬间步入繁华时刻。士林夜市的中心地带是服饰类等时尚小店，美食街已搬迁至MRT剑潭站前的美食广场，昼夜开放。算不上华丽甚至有点脏乱的商业街，却令人兴趣盎然。如果你以为这就是台湾真实的一面，那就大错特错了。附近可是竖立着无数整洁而又摩登的公寓楼。

　　从这儿往东就是剑潭山／圆山风景区、中国宫殿式的圆山大饭店、士林官邸（已故蒋介石夫妇的官邸）。优美的自然风光、脏乱传统的平民生活、以及科技、时尚，现代台湾所有的一切都浓缩在此。漫步白天的士林，不似夜市的喧闹，却别有一番风味。

士林夜市 / 士林夜市美食广场
MAP p.79

绝对不能错过士林夜市里的特色小吃

夕阳西下，士林街道的大东路夜市开始隆重登场。该路两旁是鳞次栉比的商店，随着马路中央的摊位纷纷开张，原以为不太好走的商业街却令人流连忘返，乐在其中。只要是来台北的游客，谁都想见识一下台北最有名的小吃街。

原先的小吃街，现更名为美食广场搬迁至MRT剑潭站前。

★MRT剑潭站下车步行3分钟

开 17:00~24:00

在剑潭站站台上也能看到美食广场

顺益"台湾原住民博物馆"
MAP p.37-C

介绍台湾"原住民"的文化

该博物馆从多个角度介绍了台湾"原住民"的文化。地下一层至地上三层设有生活用品、民族服饰、工艺品等展厅。影像图书馆的一角设有触屏式，并配有外语服务。

★台北站坐公交30分钟，至台北故宫博物院下车步行3分钟

开 9:00~17:00　休 周一以及每年1月20日至2月20日　NT$ 150元　HP http://www.museum.org.tw/

士林官邸
MAP p.79

蒋介石的纪念官邸旧址

前身是日据时期的园艺考点，后改建为蒋介石的官邸。蒋介石去世后归其夫人使用，直到1996年对外开放。园内设有日本庭院、中国庭院、欧式庭院、奇石展览馆等，可谓"花木扶疏，绿荫遮天"。

★MRT士林站下车步行8分钟

开 8:30~17:00，周日、节日8:00~19:00，花季至22:00

休 无休　NT$ 免费

HP www.lungshan.org.tw/

美丽华百乐园
MAP p.37-C

坐大型摩天轮眺望台北市内

6层高达100米的大型购物中心大阪阪急百货大楼旁边就是亚洲屈指可数的大型摩天轮，可将台北市内全景尽收眼底。还有最新的IMAX银幕电影院。

★MRT剑潭站下车乘坐免费接送巴士10分钟

开 11:00~22:00，观光车至24:00　休 无休

NT$ 观光车150元、假日200元

HP http://www.miramar.com.tw/

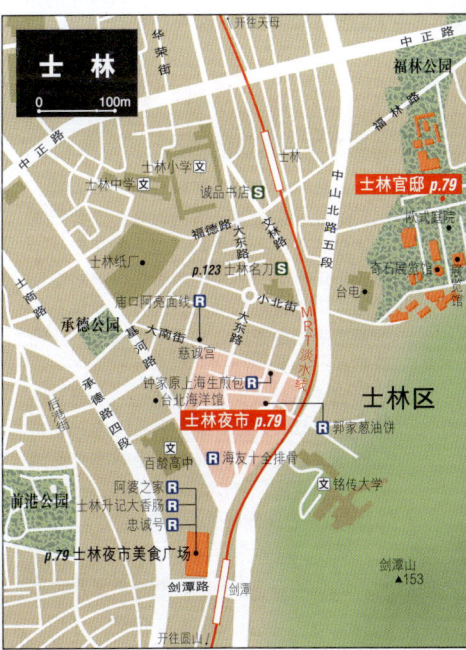

天母

MAP p.37-C, p.80

★ ···········**路　线**

台北站乘坐MRT淡水线至芝山站需12分钟，打车需10分钟。

 漫步小贴士

乐趣指数
边走边吃　★★★★
观光　　　★★★★
购物　　　★★

交通便利指数
步行　★★★★
打车　★★★

周边情况
　　天母的主要街道是指天母西路和东路。相隔不过1公里，一路的餐馆和商店，光是随便看看就要2小时，要是再买点什么就需要3~4小时了。

上：古董家具装饰的店铺，天母商业街的特色之一／下左：天母西路的购物橱窗／下右：诚品书店和海外知名品牌店的一角

街·道·布·局

华丽又不失恬静的街区

　　台北站往北12公里就是阳明山山脚。之前不过是条极其一般的山路，随着日本人学校和美国人学校的迁至，周边定居了不少护送孩子上下学的外国人，然后面向外国人消费群体的酒吧、餐厅、欧美品牌的商店等相继开张，一下子变身为高级商业街。

　　日式郊外式大型百货店——大叶高岛屋百货大楼，拥有高级时尚品牌店和咖啡店的诚品书店，以及难得一见的欧美品牌的个性专卖店、牛仔和二手服饰商店、首饰店等，可谓各类时尚商店云集。

　　餐厅也是种类齐全，尽显奢华，除高级法式大餐、意大利菜、韩国菜、日本菜餐厅等，还有不少个性餐馆，吸引了不少时尚人士的光顾。

木栅/猫空

MAP p.37-G、p.82

 路 线

台北站乘坐MRT板南线至忠孝复兴站换乘木栅线至动物园站需22分钟。动物园站打车至木栅观光茶园需10~15分钟。

漫步
小贴士

乐趣指数
观光 ★★★★
自然 ★★★★
边走边吃 ★★★

交通便利指数
打车 ★★★★
步行 ★★★

周边情况
乘坐MRT木栅线或打车30分钟后，便是绿树成荫的郊区。放眼望去就能看到台北101。

上：凌驾高台的指南宫/下左：台北市立动物园的熊猫/下右：遥望台北市街的木栅茶艺馆

去动物园和大熊猫"约会"完后再到观光茶园去小憩一会

木栅是指台北文山区东侧一带的宽广空地。那里山清水秀，古树参天，景色宜人。

台北市立动物园、道教宫殿——指南宫是木栅有名的旅游胜地。动物园里居住着憨态可爱的大熊猫，熊猫迷们千万不要错过了。

近来该区的猫空越来越受游客们的关注。猫空以台湾茶的名品——木栅铁观音和文山包种茶的产地而闻名，现已发展成茶园基地，其中不少是经营茶艺馆的观光茶园。指南路的沿途分布着大小近60家茶艺馆。

猫空因空中索道而备受关注，想去猫空的茶艺馆，直接在MRT动物园站打车即可。

指南宫
MAP p.82-B

台湾道教的圣地

创建于1890年的大型道教庙宇。供奉的是道教八仙之一的唐代道士——吕洞宾，故又名"仙公庙"。庙宇视野极佳，黄昏时眺望台北夜景简直是种享受。民间传说男女朋友不宜共游指南宫，否则会遭吕洞宾嫉妒而分离，为指南宫增添了不少神话色彩。

★MRT木栅线万芳医院站下坐580路公交至终点
HP http://chih-nan-temple.tw/

台北市立动物园

MAP p.82-A

和熊猫团团、圆圆约会吧

占地165公顷的动物园可谓东南亚面积最大的动物园。其最大特色在于没有任何围栏，尽量实现动物们的原生态饲养。本园的镇园之宝就是大陆赠送的成年熊猫"团团"和"圆圆"。由于限制熊猫馆的参观人数，一般需在动物园入口处拿取"大熊猫参观票"，在指定时间入馆参观。另外，玻璃建筑的蝴蝶馆也值得一看的。

★MRT木栅线动物园站下车
开 9:00~17:00（最后入场时间16:00）
休 无休（部分设施周一休息）
NTS 60元
☎ 02-2938-2300
HP http://www.zoo.gov.tw/

乘坐观光巴士游动物园更便利

木栅观光茶园

MAP p.82-B

观景台和茶园的绝妙组合

所谓观光茶园，就是兼顾喝茶、吃饭观光茶艺馆的茶园。台北市郊的木栅区域，自古就是铁观音和文山包种茶的产地，近来经营观光茶园的茶艺馆也多了起来。打车前往指南路，就会陆续看到形形色色的茶艺馆。有60多家，多半面朝台北市区依山而建，可以边吃饭边远眺市区全景。特别是观赏黄昏之后的夜景，再来杯茶，惬意地品茶、吃饭，胜似天堂。

★MRT木栅线动物园站下车打车10分钟

● 山水客（茶艺馆）

坐落在尾根筋的山水客，从他家的开放式阳台上眺望绝对是种享受。尤其是夏日黄昏后的夜景更迷人。

✉ 指南路三段40巷（天恩宫前） 开 全天 休 无休

NTS 开水费+茶叶费 ☎ 02-2234-1239

● 绿续缘（茶艺馆）

馆内改造成中式庭园，玻璃地板的下面是回廊式的水池，里面还有鲤鱼。每个茶室都是一个独立的小包厢，让人格外放松。

✉ 指南路三段38巷16号（空中索道站前）
开 11:00至次日2:00（周末至次日5:00） 休 周一
NTS 开水费120元/人+茶叶费 ☎ 02-2936-7089

黄昏后的台北夜景美轮美奂

特辑 游在台北

文化艺术的圣殿
台北故宫博物院

台湾岛北部·台北市内

台北故宫博物院
National Palace Musium

MAP p.37-C

✉ 士林区至善路二段221号
☎ 02-2881-2021
🌐 http://www.npm.gov.tw/
🕘 9:00~17:00（入场时间至16:30）
　夏季周六夜间开放17:00~20:30（未满30岁学生凭学生证免费入场）
休 无休
NT$ 160元（6岁以下儿童、残疾人士及其陪同者一人免费）

※图书馆1层的特别展厅需另付门票。
※入馆后可出馆一次前往图书馆和庭院，然后再回馆（再入馆时需持当日门票的副券作凭证）。

路线
🚇 台北站搭乘MRT淡水线至士林站需10分钟
🚌 士林站坐公交255路、304路、红30路、迷你公交18路、19路至台北故宫博物院需10分钟
🚕 市区打车需20~30分钟，车费250元以上。士林站打车需10分钟，车费100元以上

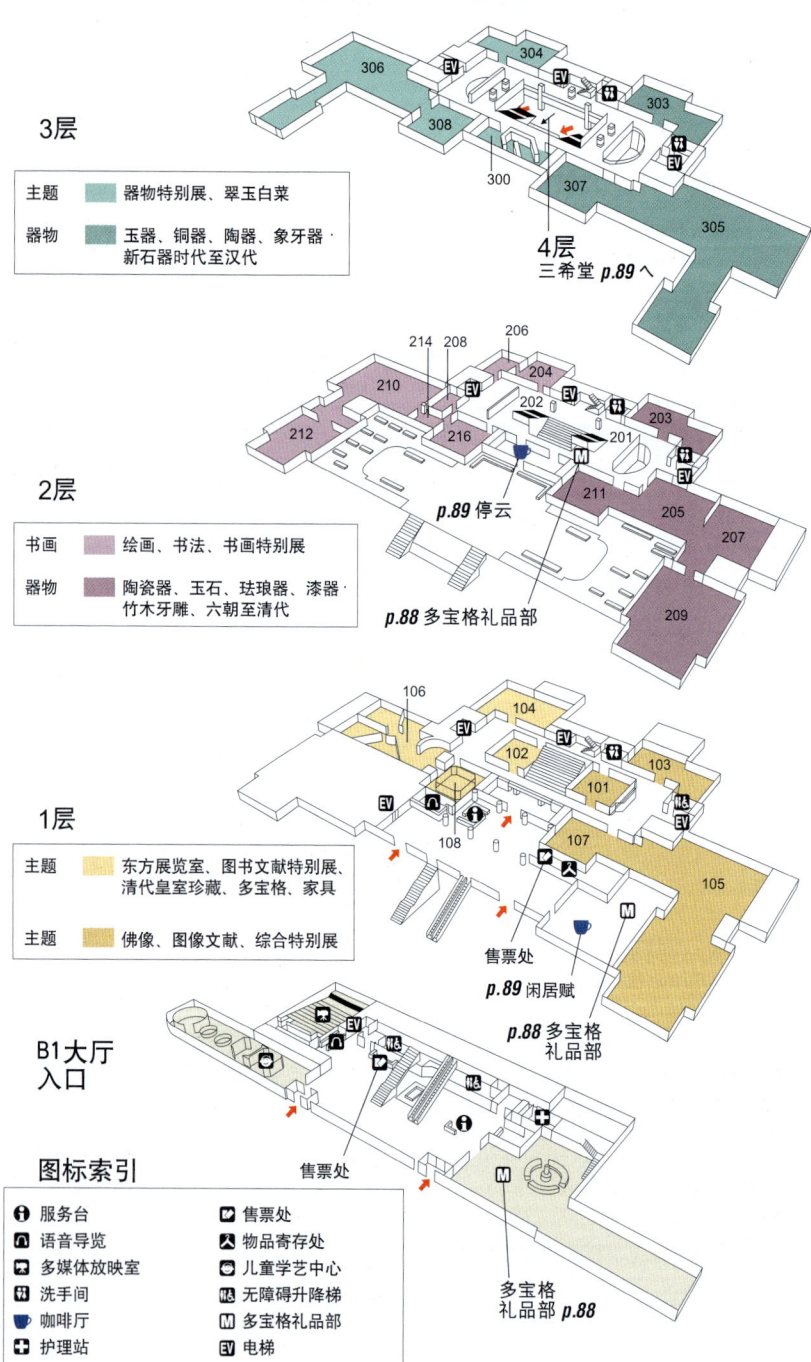

印有怀素《自叙帖》的天窗

走进故宫

与巴黎卢浮宫美术馆、伦敦大英博物馆并驾齐驱的台北故宫博物院，收藏了以明清皇帝珍藏品为中心的很多中国文物。这些宝物历经抗日战争、解放战争而幸免于难，最后被运送到了台湾。而且，常设展示厅里的文物不过是其中的一小部分。

西周时代的毛公鼎。内部刻有497个字的金文

据说光是定期交换展示的文物，"要想全部观赏完至少需要30年"。可见这里典藏的珍宝数量是多么的庞大。传言台北故宫博物院的后山有一个叫"洞仓"的文物保险库，至今仍有许多还处于密封状态的文物长眠在此。

从台北市中心出发前往故宫，可在MRT士林站坐公交或打车，十分便利。下车便是刻有孙中山挥毫的"天下为公"牌坊，前方就是故宫本馆。登上刻有美丽浮雕的白色石梯往1层入口处走去，不禁令人联想到北京的紫禁城。地下1层的售票处专供团体票，个人旅行者可通过楼梯或电梯到1层售票处购票。

这里特别推荐的是入口中央的玻璃天花板，被誉为故宫印象的景点——唐代书法家怀素记载自身经历的《自叙帖》印花。天气好的时候，晴天黑字相互映衬，不禁令人感叹书法的精湛之处。

与奇珍异宝相遇的幸福时刻

清楚明了介绍馆内展示的布局

明代官窑青花蟠龙天球瓶（摄影：台北故宫博物院）

故宫所展示的文物，皆出自历代皇帝的收藏品，自然是奇珍异宝。要想不紧不慢地全部欣赏完毕，恐怕一天都不够。参观方式多种多样，每一楼层的宝物都是按照时间顺序展示，宝物的价值显而易见。也就是从3层、2层、1层，越往下走，宝物在中国历史潮流中的艺术位置就越低。

但是也别太匆忙，先到1层的导览大厅去看一看吧。透过这里的嵌壁展示图，可以更快地掌握中国的历史进程。伴随着中国历史的脚步，带着一份大概的总体意识，让我们投身于3层的古代至汉代的世界中去吧。

3层的展品主要为青铜器和玉。其中以刻有金文的散氏盘和毛公鼎为镇馆之宝。根据当时记载的文字，只允许一部分人有权使用，被推测为权力的象征。古代人坚信在青铜器上刻字可以向神灵传达愿望，甚至永世轮回。这里的金文不久因为秦始皇的文字统一政策，以汉字形式传遍大江南北，最终衍变成我们现在所使用的汉字。这样一种不畏惧时间的连绵与流逝，广泛使用并流传至今的文字力量，的确令人肃然起敬。新的故宫品牌，就是以金文体的创意为主题设计的。

故宫里最有名的玉制白菜

玉器展品中以新石器时代的玉琮和汉代的玉辟邪最受关注。

内圆外方的玉琮，表现了古代中国的宇宙观是"天圆地方"。另外汉代的玉辟邪是3D动画片的主角之一。3层还展示了故宫最有名的宝物"翠玉白菜"。起初，你会为这小小一株利用天然石色精雕细琢而成的白菜惊叹。可之后的肉形石，简直就是天然形成的"东坡肉"，让你赞叹不已。

收藏品甚丰

2层展览室以陶瓷器为主。尤其是宋代青瓷、白瓷的收藏，其数量、水准非常高。宋代瓷器的造型一般简单高雅，其中"青瓷花式温碗""青瓷无纹水仙盆"等文物的青色，美得惊心动魄。其他还有耀州

翠玉白菜（摄影：台北故宫博物院）

窑的橄榄绿青瓷、龙泉窑的翡翠色青瓷、景德镇的"影青"青白瓷等珍品。定窑以"白瓷"出名，"白瓷印花牡丹百折盘"等印花浮雕更是美不胜收。

到了明代，开始流行用各种色彩描绘华丽图案的陶瓷器。其中添加钴的青色、白色，色彩明艳，对比强烈的陶瓷器是明代主要代表作。另外，色彩绘制也有"斗彩花鸟高足杯""斗彩鸡钢杯"等名作。

紫檀多宝格方匣
（摄影：台北故宫博物院）

盒其本身就是一件精美的艺术品。"竹丝缠枝花卉纹多宝格圆盒""紫檀多宝格方匣"等，连30厘米都不到的四方形构造，自身就精雕细刻，很有欣赏价值。1层其他展厅还有艺匠两代人花费100年心血雕刻而成的"象牙透雕套球"等，历代名作数不胜数。

斗彩鸡钢杯（摄影：台北故宫博物院）

2层还设有书画展厅。这里的照明不会损坏字画，而且展品每3个月就要更新一次，所以渴望观摩的人最好事先在主页上查明资料。故宫的宋代书画收藏品档次也不差于陶瓷器，可谓世界至宝。光是能欣赏到这些世界顶级的收藏也不枉来故宫一游。

皇帝喜爱的玩具也是工艺品

1层的展览室摆放的是被誉为皇帝玩具盒的"多宝格"。那是皇帝用来收藏小玉器、玻璃器、珐琅等小物件的百宝盒，而且盒子的大小正好符合物件的大小，凝聚了独特匠心的百宝

台北故宫博物院不光有中国文物的展示厅，还不时推出特别展厅，开展组织广泛介绍海外艺术的电影节、音乐会等活动。院外晶华酒店旗下的高级餐厅——故宫晶华，无论餐厅设计还是菜式创新都不乏文化、艺术的双重结合，该亮点吸引了不少游客的眼球。

7000平方米的中式庭院

台北故宫博物院的南侧是巨大的中式庭院——至善园。巧夺天工的木雕门、东晋书法家王羲之的铜像和龙池、南宋样式的小桥等，令人流连忘返。入园费20元，凭当日台北故宫博物院门票的半票即可参观。但要注意的是，与故宫的全年无休不同，这里周一是闭院日。

至善园是一座郁郁葱葱的中式庭院

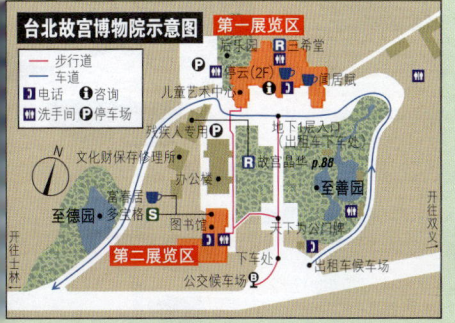

3D动画

台北故宫博物院投资制造的3D动画片《国宝总动员》（13分钟），为别具一格的故宫增添了一抹绚丽的色彩。故事梗概为导游图封面上的3个主题角色，定窑白瓷的婴儿枕、玉辟邪和玉鸭深夜在故宫介绍各种文物。

儿童艺术中心

位于台北故宫博物院地下1层的儿童艺术中心，其目的在于引导孩子们对故宫各类展览品的理解。触摸感应式人偶等凝聚了不少工作人员的心血。

休憩处

台北故宫博物院内设有"闲居赋""停云""三希堂"雅名的咖啡厅，院外则有提供餐饮的"故宫晶华"，保证游客在故宫内一整天的游览。

故宫晶华

位于台北故宫博物院的旁边，由晶华国际酒店集团经营的餐厅。其中以故宫文物"翠玉白菜""肉形石""多宝格"等故宫珍宝为原型的"国宝宴"系列套餐，可谓是食趣十足，回味无穷。也可去地下层品尝台湾小吃，那里的价格比楼上更合理些。

琳琅满目的新颖小礼品

博物馆礼品部

台北故宫博物院1层的咖啡厅内、2层以及地下1层共有3处博物馆礼品部，但属地下1层礼品部的商品最多最丰富。图鉴、仿造品等必买物就不必多言了，这里还要推荐头巾、T恤、马克杯等独具风韵的礼品。

天球仪纹样的手镯

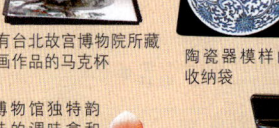

印有台北故宫博物院所藏绘画作品的马克杯

陶瓷器模样的收纳袋

博物馆独特韵味的调味盒和厨房计时器

在宽敞的礼品部悠闲购物

闲居赋

位于1层售票处旁的咖啡厅。以台北故宫博物院所藏绘画为模板设计的壁纸装饰四周,内部还设有博物馆礼品处,且数月更换一次展示主题。除咖啡、红茶以外,还提供三明治、浓汤等快餐。

停云

位于2层的明亮白色基调咖啡厅。装修时尚,却以明代书法家文徵明的号——"停云"为店名。除了咖啡、红茶,还能品尝曲奇、华夫饼、蛋糕等。特别推荐玫瑰或黄春菊的花茶。

三希堂

来台北故宫博物院一定要造访4层的三希堂。以清代乾隆帝的书斋为主题的沉稳设计,供应"三清茶""莲心茶"等皇帝专用的茶饮,果然是别具一格的享受。这里还提供皇帝专享的糕点和小吃。

除茶以外,还有八宝窝窝头、小笼包等宫廷糕点,养生,别有一番风趣

台湾岛北部・台北市内

89

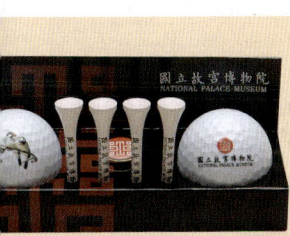
印有台北故宫博物院的高尔夫球

陶器复制品和可爱的人偶挂坠

台北故宫博物院的文物邮票令人心动

珍宝——翠玉白菜的复制品

台北故宫博物院特有糕点

邮政局

地下1层的博物院礼品店旁边就是邮政局。一不小心礼品买太多了,可以从这直接寄回去。

特辑 游在台北

来杯台湾茶，小憩一下

> 台湾是乌龙茶的第一大产地。不同于绿茶，乌龙茶是经过发酵的茶叶。正是发酵程度和制作方式的不同，乌龙茶独特的清香和味道成为茶叶家族中的一朵奇葩。茶叶专卖店提供免费试尝，还不赶紧去尝一尝？

台湾茶的代表

中国茶叶的名称，可谓千奇百怪。其实多数是以产地、品种和特色混搭而成。例如冻顶、文山、木栅、梨山是产地，乌龙（青心乌龙钟）、铁观音、金萱、翠玉是品种名。高山茶是在海拔1000米以上的地方种植出来的高级茶的总称。

文山包种茶

产于台北近郊文山。发酵程度低，色泽翠绿，香气清新，味道清淡。

冻顶乌龙茶

产于鹿谷乡冻顶，台湾的代表性茶。揉捏而成的固态卷形茶叶，口味甘甜，略带苦涩，饮后齿颊留香。

木栅铁观音

产于台北近郊猫空的木栅。两度发酵，茶叶曲卷紧结，文火烘焙，色泽带黑，香气浓郁持久。

阿里山高山茶

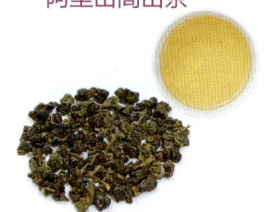

阿里山高山地带出产的乌龙茶。揉捏而成的固态卷形茶叶，颜色为深绿色，气味清香，入口甘醇。

东方美人茶

接近红茶味道的高度发酵茶。茶身五色相见为特点。叶蝉吸食后自然发酵，不使用任何农药。

全省茶行

推荐阿里山高山茶

拥有台湾茶名产地——阿里山茶田和工厂的高级茶专卖店。品种有阿里山高山茶、阿里山金萱茶、冻顶乌龙茶、文山包种茶、东方美人茶等。冷水冲泡也无苦涩的超级好喝高山茶，其中春茶、冬茶为优。

MAP 剪切地图-4, p.56-F
吉林路
中国茶

吉林路279号1F
02-2594-1155
9:00~21:00
周三（当天节日则正常营业）
中、日、英
http://www.zensyotea.com.tw/

搭配台湾茶的各种茶点

茶文化发达的台湾，茶点更是丰富多彩。一般以瓜果干的蜜饯和印糕为主。

● 柠果干　干燥处理后的柠果肉

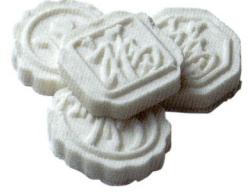
● 杏仁糕　添加杏仁的印糕

● 乌龙梅　乌龙茶腌渍的梅子

● 凤梨酥　菠萝味的糕点

● 瓜子　干炒南瓜、西瓜的种子

● 香菇饼　炸香菇片

● 莲子干　干燥处理后的莲子

新纯香

MAP ● 剪切地图-10、p.57-L
林森公园周边
中国茶

边试饮边购买

有专设的试饮角。可边听茶叶的讲解边选心仪的茶叶。其中金萱茶和茉莉花茶最受欢迎。还有许多茶点品种可供选择，如茶梅、甘莲子和凤梨糕等。

☎ 中山北路一段105巷13-1号
☎ 02-2543-2932
🕐 10:00~23:00（周日~22:00）
休 无休
HP http://www.taiwangoodtea.com.tw/

华泰茶庄

MAP ● 剪切地图-16、p.54-B
台北站南部
中国茶

台湾第一老茶铺

历经百年之久的老店铺，在好茶族里口碑极佳。茶叶品种多样，且都有品质鉴定书。茶庄空闲时可免费试饮。

☎ 博爱路69号
☎ 02-2311-4081
🕐 9:00~21:00
休 无休
语 中、日、英

鹿谷茶业

MAP ● 剪切地图-4、p.52-F
吉林路周边
中国茶

悠然挑选台湾名茶

经营冻顶乌龙茶、阿里山乌龙茶、高山茶、东方美人茶、铁观音茶、茉莉花茶等台湾各地名茶以及茶壶等茶具。店内环境优雅，可一边与店主畅谈一边试饮、选购茶叶。从吉林路进入锦州街即可。

☎ 锦州街179号
☎ 02-2561-5382
🕐 9:00~22:30
休 无休
语 中、英
HP http://lu-tea.myweb.hinet.net/

中式泡茶

在茶艺馆里，可一边轻松聊天，一边品茶吃茶点。你也可以自己准备茶具泡茶，享受难得的静心。了解泡茶的步骤，就能体会到其中的无穷乐趣。其中，水温和时间是泡茶的关键。乌龙茶开水冲泡即可。第一道茶需浸泡40~50秒。如果茶味过淡，可延长泡茶时间，如果茶味过浓，则可缩短泡茶时间。好茶叶一般可冲泡七八回，相当惬意。

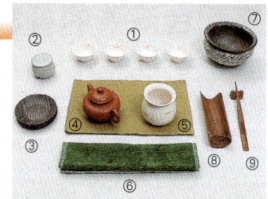

茶具不多，却能泡出好茶来
① 茶杯　② 茶罐　③ 茶托　④ 茶壶
⑤ 茶海　⑥ 茶巾　⑦ 水盂　⑧ 茶荷
⑨ 茶匙

1 往茶壶里注入7分水，烫茶壶。

2 烫完茶壶，将水移往杯中，烫茶杯。余下的温水倒入水盂。

3 左手拿茶荷，右手将茶罐的茶叶倒到茶荷中。慢慢抖动茶罐，每次不过少量茶叶。

4 用茶匙将茶叶拨入茶壶，在茶壶底形成小山为宜。

冶堂

购物　**感受中国茶的底蕴文化**

网罗文山包种茶、高山乌龙茶、冻顶乌龙茶、铁观音茶、东方美人茶等各种台湾茶。茶壶、茶杯、茶匙等茶具均为高贵典雅的手工制品。整个店铺呈现出中国茶深厚的文化底蕴。

MAP ● 剪切地图-25、p.65
永康街中央
中国茶・茶器

- 永康街31巷20-2号1楼
- 02-3393-8988
- 13:00~22:00
- 无休
- 中

回留

购物　**感受世外桃源自然风**

仿佛一脚踏入世外桃源，远离了都市尘嚣。土与木的丰富应用，营造出别样的温馨感，这正是店家的贴心之处。店里经营精油、茶具、食具等杂货和茶叶。还设有露天座椅，提供饮食。其中首推蔬菜麻酱面。

MAP ● 剪切地图-25、p.65
永康街中央
茶艺馆・素食

- 永康街31巷9号
- 02-2392-6707
- 11:30~22:00
- 农历的除夕
- 300元~
- 中、英　中、英

5 散开茶叶后注入开水。首次冲泡的茶水不宜饮用，应移到茶海，温茶海。

6 现在开始正式泡茶——第一泡（注水时，茶壶要低、稳）

7 浸茶期间（约50秒），将温茶海和茶杯的水倒入水盂。

8 将茶壶内的第一泡茶水倒入茶海。以便将茶海的水均一地注入每个茶杯。

9 茶杯注水后，装入茶托，按顺序从右往左为面前客人放茶。

10

奇古堂之讲习会

一心追求好茶的奇古堂的店主沈甫翰先生介绍反复冲泡都不失味道的无农药栽培的高级茶。手持巴掌大的独特茶具的他，引导游客进入中国茶的世界。

- 仁爱路三段160号（福华大饭店B1F）
- 02-2706-6247
- 8:00～22:00
- 休 无休

MAP 剪切地图-19、p.59-L

台湾岛北部·游在台北

93

来杯台湾茶，小憩一下

德也茶吃

MAP 剪切地图-17、p.55-D
台北站南部

优雅的茶馆，美味的宫廷糕点

简朴的明朝设计风格的茶艺馆。尝尝茶叶料理和北京宫廷糕点，看看精致茶具。宫廷糕点的美味不在话下，制作样式也别具一格。周一至周五的下午茶套餐只要179元。

茶艺馆

- 镇江街3-1号
- 02-2396-8036
- 10:00～24:00
- 休 无休
- 200元～ 宫廷糕点90元/碟
- 语 中、英

玥饮轩

MAP p.73
公馆

明亮温馨的店铺

位于学生街、公馆的时尚茶馆。注重品茶和饮食，其中奶茶火锅很有名。提供精选台湾高山乌龙茶，以及杯中开花的工艺茶。另外这里还有乌龙茶拿铁、乌龙茶卡布奇诺等。

茶艺馆

- 温州街80号
- 02-8369-3963
- 11:00～24:00（周六、周日11:00至次日2:00）
- 休 无休
- M 中 语 中、英

天堂般享受的按摩

特辑 游在台北

到台湾怎能不去体验按摩店？那可是消除旅途疲劳的人间天堂。所到之处均有不同类型的按摩店，如果不放心可以选择按摩连锁店。

面部美容按摩

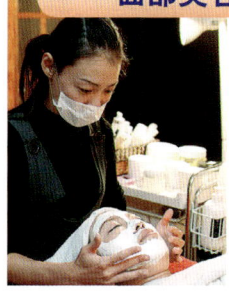

台北面部美容按摩，让客人满意而归，且价格适中。

巴厘岛式经典养生会馆

MAP ● 剪切地图-15、p.54-B
MRT西门站附近

全身美容

南国氛围下的轻松
购物

时尚的馆内，呈现巴厘岛式的南国风光。可享受美甲、脸部美容、足底和全身的精油按摩全套服务。也提供男性精油和脸部美容按摩。另外，傍晚上门可以欣赏到店内的扬琴演奏。

NT$ 足底按摩（40分钟）500元
全身精油美容按摩（70分钟）1500元
✉ 昆明街82号
☎ 02-6630-8080 ⏰ 11:00至次日3:00
休 无休 语 中

六星级足底养身会馆（台北民权会馆店）

MAP ● 剪切地图-4、p.56-F
民权东路 / 新生北路

足底按摩

让人放心的大型连锁店
购物

台北最大的足底按摩连锁店。按摩师均取得台湾足体协会的结业证书，技术一流。足浴使用的12种中草药都是来自合作农户系统培养的草药。

NT$ 足底按摩（40分钟）600元
全身按摩（60分钟）1000元
✉ 民权东路二段28号
☎ 02-2100-1818 ⏰ 10:00至次日4:00
休 无休 语 中 HP http://www.footmassage.com.tw/

豪门世家理容名店

MAP ● 剪切地图-3、p.57-I
MRT双连站

按摩

一脚踏入愉悦世界
购物

想不想挑战一下这里的脚踏式按摩？用脚踩按背部、屁股、大腿等奇妙的快感，在其他地方可是很难享受到的。建议腰酸背痛者尝试一下。通过热敷，即用多条蒸热的毛巾重叠置于背上，可促进全身的血液循环，达到消除疲劳的功效。

NT$ 全身按摩（90分钟）1500元
全身按摩加热敷（120分钟）2000元
✉ 林森北路410号B1
☎ 02-2562-8855 ⏰ 24小时营业
休 无休 语 中

足底按摩

进行足底按摩可通过刺激脚底穴位,达到排除体内废物和毒素的功效。比起治疗,消除疲劳来得更见效。

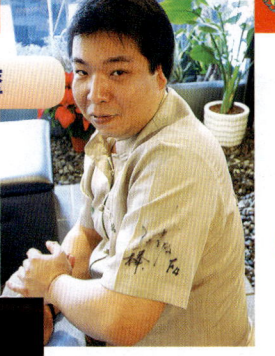

脚踏式按摩

初见以为是随意踩踏,其实不然,其按摩效果超乎想象,十分舒服。

去除角质

专用小刀去除脚底角质,和足底按摩是配套服务。

精油按摩

使用精油等按摩脸部和全身。和桑拿、热敷配套使用,效果更好。

台湾岛北部・台北市内

95 天堂般享受的按摩

三叶体疗足健中心

MAP p.56-F
MRT双连站
按摩

观光完后来这里休息一下吧

位于主要街道中山北路二段的离路地内的按摩店。提供足底、全身、淋巴按摩等服务,价格公道。离MRT双连站和中山站较近,即使夜间晚回也方便。

- 足底按摩(40分钟)450元
- 全身按摩(70分钟)900元
- 中山北路二段65巷28号
- 02-2599-5760
- 13:00至次日1:00
- 无休 中、日

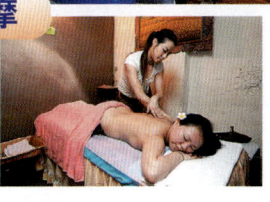

林式健康中心

MAP p.56-F
MRT民权西路站
按摩

享受专业人士的按摩

位于MRT民权西路站附近,晴光市场小楼里的4层,带有平民味道的治疗院。专业按摩师的穴位按摩,效果相当明显,并提供健康咨询。每个疗程只要15分钟,深受当地人欢迎。

- 足底按摩(15分钟)250元
- 全身按摩(15分钟)250元;30分钟;450元)
- 农安街2巷18号4F
- 02-2595-4271 8:00~23:00
- 无休 中、日、英

太极堂

MAP ●剪切地图-4,p.52-B
民权路、松江路
按摩

淋巴按摩最受欢迎

位于行天宫的斜对面,全体人员都经专业培训技术一流,深受游客的喜爱,也是当地的人气店。排毒、减肥效果明显的淋巴按摩最有名。台北市内6家分店。最好提前预约。

- 足底按摩(30分钟)550元
- 全身按摩(60分钟)1000元
- 民权东路二段134号
- 02-2571-2017
- 9:30~23:00
- 无休 中、日、英

洗头

消除旅行疲劳从台式洗头做起。

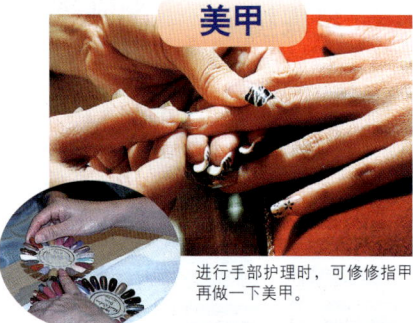

美甲

进行手部护理时,可修修指甲再做一下美甲。

维纳斯美容舒压生活馆

MAP 剪切地图-20、p.60-I
MRT忠孝敦化站

美体美容

装修豪华尽显奢侈

购物 拥有专业设备的豪华美容美体馆。德国制造的美容机,可进行脸部美容按摩和瘦身按摩等。欧式蒸汽桑拿、超音波泳池、精品店及餐厅的完整设施,专为女性顾客提供服务。

- 入场费(含桑拿)500元
- 足底按摩(30分钟)500元
- 精油按摩(50分钟)1000元
- 仁爱路四段112巷5号B1
- 02-2705-2002　24小时
- 无休

伊蕾丝国际美发名店

MAP ●剪切地图-10、p.57-K
MRT中山站

美体美容

接待室般的稳重店铺

购物 古色古香的家具摆放使得店铺整体感觉轻松舒畅。头皮精油按摩采用100%纯天然精油,并按照头皮状况选用对应精油。只需10分钟。然后清洗,再抹其他精油,使头发更加柔顺亮泽。

- 吹洗350元
- 精油按摩900元
- 长安东路一段2号2-3楼
- 02-2562-5068
- 0952-125122　9:00~19:00
- 周日　语中、日

曼都发型美容(信义总店)

MAP 剪切地图-26、p.59-L
MRT大安站

美体美容

随处可见的连锁店

购物 台湾美发沙龙连锁店。洗头、美甲、吹头的专业人员轮流进行服务,使人感觉便捷舒适。最享受的当属头皮按摩,也有精油头皮按摩。

- 吹洗180元~
- 信义路四段58号
- 02-2707-1040
- 8:20~20:00
- 无休
- 语中

凯瑞莎儿艺术指甲造型(KARI SHARE)

MAP ●剪切地图-20、p.60-E
MRT忠孝敦化站

美甲沙龙

不同于普通沙龙

购物 台湾最大规模的护甲美甲专业店。台北市内价格相对便宜。手部护理、护甲美甲、脚部护理深受台北时尚达人的欢迎。服务员均为女性,提供色彩、质地多样的选择模板。

- 护甲1050元~　美甲525元~
- 复兴南路一段135巷27号2F
- 02-8773-6551
- 10:30~21:30(入店截止时间19:30)
- (周日至19:00(入店截止时间17:30))
- 无休　中、日、英

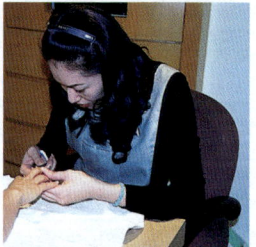

个性写真，你就是名模

摄影工作室

提供专业发型设计、化妆、服饰及摄影，打造全新自我的个性写真就在摄影工作室。位于中山北路二段附近。专业摄影加专业造型设计，室内影棚或外景拍摄均可。另外提供服装、发型及首饰进行造型改变，还有专业的姿势指导。因场景数、照片数不同而价格浮动较大，一般工作室摄影为服装2套、照片30张，底片费再加邮寄只要5000~6000元，相对比较便宜。

台湾岛北部・台北市内

①和朋友一起合拍②提供专业的发型化妆设计（照片提供者：铃鹿造型设计）③表情、姿势的专业指导④提供自拍快照

铃鹿造型设计

MAP◯剪切地图-3、p.56-F
中山北路
摄影工作室

购物　多样选择更开心

提供豪华系、优雅系、浪漫系等多层次摄影，提供丰富的服装和首饰。舞台服装华丽，化妆技术高超。适合朋友合拍或拍家族写真。

- 中山北路二段125-2号2F
- 02-2551-2337 / 0935-220-553、0935-224-667
- 9:00~17:00
- 无休　中、日、英
- http://www.suzuka.com.tw/

梦工场魔法写真馆

MAP◯剪切地图-3、p.56-E
中山北路
摄影工作室

购物　大场地工作室

200平方米的工作室，拍摄背景古色古香，品味高雅，深受好评。化妆、发型、背景的任意组合目录，供顾客自由选择。也可拍摄外景的纪念写真。

- 中山北路二段126号
- 02-2521-1755　FAX 02-2567-3790
- 10:00~19:00
- 周二　中、日
- http://www.dreamwedding.com.tw/

旗袍大体验

"中国风"时尚旋风横扫世界。如果在台湾购买,也有专业裁缝为你量身打造。

有些店铺如果旅游前期去定做的话,回家之前就能拿到成品。

唐装风格的休闲衬衣(声声慢 p.125)

传统中国鞋,也可定做(小格格鞋坊 p.125)

摩登设计的旗袍人气高(声声慢 p.125)

如何定做旗袍

既然要定做旗袍,当然是要做一件称心如意的啦。

关键在于有没有试样。试样前的半成品和最后的成品又需要多久?在旅行期间拿到最后的成品固然好,但最好能到现场去试一下。如果实在没有时间,有些店提供在当地完成试样,成品日后送到顾客所在地服务。含试样在内的半成品的制作时间,快一点的店只要3天,一般的店需要1周。加上刺绣,时间会更久。旗袍的滚边要呈左右对称的整体效果,挑选要慎重。另外,一般的店也提供男式唐装定做。

将自己的要求如实相告

带有刺绣的高级旗袍

定做时,可以自由选择裙子开衩的深度和合适的款式

我要台湾特产

自己都想要的东东，送给别人肯定更受欢迎。既然如此，咱们就赶紧购物吧。台湾可是价廉物美特产的天堂哦。

台湾岛北部·台北市内

99 旗袍大体验／我要台湾特产

撕下即可组装成立体摆设的纸类民间工艺的明信片

中国风的香袋。精致又典雅的小礼品

台北市立动物园提供熊猫玩偶。动物园的礼品部有许多跟熊猫相关的商品

高速公路服务站常见的槟榔女模型。以扭蛋形式出售

鲻鱼卵加工而成的乌鱼子，被誉为300年传统的高级美食。适宜馈赠好酒者

选用心仪的印材雕刻样本体或各种书法体的印章。可在当天完工

老字号的糕点，味道醇正地道，是送礼的不二之选。台湾特有食品中也有不少有趣的。上为凤梨酥，下为铁蛋（熏制鹌鹑蛋）

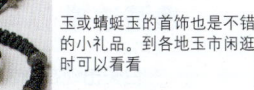

玉或蜻蜓玉的首饰也是不错的小礼品。到各地玉市闲逛时可以看看

买茶选台湾产的高山乌龙茶最佳。也可搭配茶具赠送亲友

餐厅 RESTAURANT

- 建议人数多的去餐厅，人数少的去街头小吃店或大众食堂。
- 台湾餐馆的菜量很足，点菜时最好遵循"一人一道菜"的原则。

台湾美食排行榜

餐厅类型和预算金额

台湾美食可谓生机勃勃。除了台湾地方菜馆和其他中国地方菜馆，还有日本、欧美餐厅以及面店。小吃街或街头，台式小吃更是遍地开花，展示着台湾当地的美食文化。自由行的乐趣之一不正是探寻美食吗？让我们一起享受台湾的各类美食吧。

台湾餐馆的形式多样，其中有以下5大分类：高级餐厅、中级餐厅、大众食堂、路边摊发展起来的小吃店以及路边摊。预算按顺序依次递减，而人数是决定去哪里就餐的重要因素。一个人用餐还是几个人或者一群人，然后按照这个标准选餐馆。

●高级餐厅　人均预算700元

位于高级酒店或高级餐饮街的店。店内豪华整洁，圆桌几张，有些店还提供包厢。至少两人以上就餐。推出法式大餐那般以盘子上菜的套餐系列餐厅越来越多，可以避免只点一道招牌菜或只点一道最便宜的菜。服务质量自然一流，但有时顾客较多，最好提前预约。

●中级餐厅　人均预算300~700元

比较随意就餐的餐厅。身着制服的服务员，服务礼仪都很到位。店内装修不是太豪华，圆桌较少。最低人数在2人以上。适宜家族共餐或志同道合的朋友们一起享用美食。

●大众食堂　人均预算100~300元

没有专门的隔墙或玻璃窗、门什么的。桌椅摆放在过道上，更多的人会选择在外面就餐。一般以面条、盖饭为主，有1~3道招牌菜。以一人一菜的形式点菜比较合算。另外简易自助餐也比较多，一个人吃饭也不怕。

●小吃店　人均预算30~150元

店铺与路边摊合二为一的形式较多，顶多能进10人的小型店铺。多是路边摊发展起来的店铺，基本以面类或路边小吃为主。1个人也能吃。要是一群人一拥而上，反而会给其他食客带来不便。适宜简单吃点午饭等。

●路边摊　人均预算30~150元

白天出现在办公街的弄堂里，进入傍晚就纷纷在夜市的美食街摆摊招揽生意。以观光地数量最多。在美食街，原则上是允许食客携带其他摊铺小吃进入店铺食用的。要是想在逛街时解解馋，晚饭后不妨顺道过来走走，很多都是经营台湾特色小吃。人数随意，1人至多人均可。

人少可以去提供套餐系列的餐厅

五彩缤纷的美食世界　早饭和中国菜系

●随处可见的早餐店

台湾人几乎都不在家里吃早餐，习惯去附近的早餐店吃早餐，但绝大多数还是边走边吃去上班或上学，所以在写字楼周围也会有许多早餐店。早餐店的种类也很多，有豆浆店、汉堡店、粥店、凉面（只加麻酱的拌面）店等。类似快餐店一样写有各种菜单任君挑选，而且多是现场制作。

饭团

饼、油条

咸豆浆

八宝粥

早餐店一般清晨4点就开门，在中午前结束营业。但也有些店还会在傍晚开业一直到深夜，提供夜宵服务。

●吃遍中国菜系

因为地理和历史原因，不少大陆人迁移至台湾，其中也包括那些烹饪手艺极佳的师傅们。和大陆本地菜不分上下的料理店多得很，简直可以说这里也是中国美食的荟聚之地。其中最具代表的是北京菜、广东菜、四川菜、上海菜，此外还有湖南菜、云南菜、杭州菜、天津菜以及近来人气极高的内蒙古火锅等。

北京菜　　　　　四川菜

北京烤鸭　　　　宫保鸡丁

广东菜　　　　　上海菜

原汁鲍鱼　　　　红烧猪蹄

餐厅营业时间、休息日及预订

餐厅的营业时间多为11:00~15:00，晚上17:00~21:00，倒是小吃店和快餐店时间比较余裕，早上很早，晚上很晚。路边摊几乎都是晚上6点开始营业。

尽管大多数店铺写有年中无休，但要注意除夕和春节这两天大都休息。

酒店内部的餐厅或高级料理店，需要包厢时一定要提前预约。

青叶

气氛愉快的名店

MAP● 剪切地图-10、p.57-K
中山北路
台湾菜

台湾菜的老字号店铺。将最具代表性的台湾菜合成图片式菜单,深受各地食客的欢迎。传统套餐是以鸡、猪、鱼为主料的9道菜,4人份2800元。也有面类等小吃。其他分店在安和路一段和微风广场一带。

✉ 中山北路一段105巷10号
☎ 02-2551-7957
营 11:00～14:30、17:00～22:30
休 无休　预 500元～　红烧豆腐198元
M　语 中、日、英
HP http://www.aoba.com.tw/

明福餐厅

享受上等的美味

MAP● 剪切地图-3、p.56-F
中山北路
台湾菜

鲍鱼、鱼翅、干贝等高级食材一起慢火炖成的"佛跳墙",在这家名店一般要价3000元以上(需提前半天预订)。据说熬制的汤水连神仙都要越墙而来尝一尝。外表是普通的大众食堂,只有VIP食客才能享受上等美味。

✉ 中山北路二段137巷18-1号
☎ 02-2562-9287
营 11:30～14:30、17:30～21:30
休 无休
预 1000元～　烧乌参700元
M　语 中、日

野菜山菌、北海刺参等

梅子餐厅

日本人经营的台湾老字号

MAP● 剪切地图-10、p.57-L
林森公园附近
台湾菜

最受欢迎的菜要属蟹米糕(将螃蟹的鲜美浸透到糯米饭里)和使用新鲜鱼贝制作的菜。会根据采购的不同而推荐不同的菜。其中担仔面和卤肉饭等这样的台湾招牌菜也广受好评。(p.22~23参照)

✉ 林森北路107巷1号
☎ 02-2521-3200
营 11:00～14:00 (L.O) 16:50至次日1:30 (L.O)、周日16:50至次日1:30 (L.O)
休 无休　预 390元～　担仔面60元
M　语 中、日、英

芙蓉绣球、担仔面、荫汁蚵

兰花厅

台南风味

MAP● 剪切地图-12、p.59-D
南京东路
台湾菜

采用独特手法,改良台南夜市小吃,制作出口感上乘的菜。菜的品种很多,有菜脯蛋(有萝卜干的摊鸡蛋)、甘酱蚬(酱油腌蚬)等大众熟知的菜名,还有醉鸡(老酒腌渍鸡肉)、虾卷(油炸虾仁卷)等也很不错。

✉ 南京东路三段255号(兄弟大坂店2F)
☎ 02-2712-3456
营 11:00～15:00、17:00～22:30
休 无休　预 350元 (平均)
M　语 中、日、英

虾卷(油炸虾仁卷)

茂园

台湾家庭私房菜的老字号

MAP● 剪切地图-12、p.59-C
长安东路
台湾菜

每日的菜单根据市场的供货和季节的变化而更新。也就是说没有指定的菜单,客人可以根据店里的食材或黑板(上有菜名)来点菜。经常被台湾人称赞"有家的味道"。

✉ 长安东路二段185号
☎ 02-2752-8587
营 11:30～14:00、17:00～22:00
休 无休
预 400元～
M　语 中、日

欣叶

MAP p.56-F
中山北路周边

台湾菜

总是座无虚席的人气店

从1977年经营台湾菜的小店起步，如今已发展成为拥有十多家铺子的大店。店内设有近500个座位，十分宽敞。不少当地人携全家前来捧场，再加上旅行者，可谓门庭若市。据说店里有1/3的客人是游客。下午一点才开始营业，不妨来这里吃下午茶。一般中餐人均消费400元左右，晚餐人均消费600元左右。热门菜有金钱虾饼（油炸虾仁丸子）、花枝丸（100%的墨鱼肉糜，纯手工制作）等。新光三越百货西南店台北101店也有分店。

花枝丸（墨鱼丸）

双城街34-1号
02-2596-3255　11:00～次日1:00
无休　450元（平均）金钱虾饼（1个）70元
中・日・英
http://www.shinyeh.com.tw/

番薯粥

炒苦瓜

鸡家庄

MAP 剪切地图-10, p.57-K
中山北路

台湾菜

经营鸡肉料理30年以上

1974年创业。正如店名一样，是一家以鸡肉为主的餐馆。大众式的平凡小店，却有着其他店都望尘莫及的3道独特风味的经典菜：鸡家豆腐（锅具是鸡型的陶器）、麻油鸡、三味鸡。总店在长春路55号。

中山北路一段105巷9号
02-2541-8261
11:00～22:00
无休　380元～　三味鸡（小）420元
／语 中・日・英

吃饭食堂

MAP 剪切地图-25, p.65
永康街

台湾菜

总是人潮拥挤的大众食堂

客人都赞不绝口的猪肉炖芋头，"有种家的味道"。店铺菜系设计，以清淡为主，但选用丰富食材烹饪的台湾菜还是值得尝试的。甜点油炸野芋头值得一尝。菜单上还标有S和M（分量大小），可供选择。

永康街8巷5号
02-2322-2632
11:30～14:00，17:00～21:10
无休
300元～
中・日・英　语 中

度小月

MAP 剪切地图-20, p.60-E
忠孝东路

台湾菜

台南老字号——担仔面

小小的碗里塞满了面条和米粉，再淋上一层卤肉臊子，这就是台南乡土料理的代表菜了。总店位于台南台北，这家是分店。一碗面50多元，加香肠、卤蛋也不过100元。无须花费多少就能品尝到正宗的好味道，这也许就是老字号的魅力吧。

忠孝东路四段216巷8弄12号
02-2773-1244
11:30至次日1:00，周日11:00～21:30
无休　50元～
中・日・英　语 中

金蓬莱

MAP p.80 天母　台湾菜

传统味道"佛跳墙"，肌肤光滑的秘密

坚守20世纪40年代初期开创的传统味道，历经3代传人的老字号店铺。主料是油炸猪排的蓬莱排骨酥、高级干贝、鲨鱼皮等食材精心炖煮而成的极富胶原蛋白的"佛跳墙"是这里的招牌菜。尽管鱼翅料理价位高得吓人，但无论是食材的选料还是精心烹饪都是物有所值的，也难怪当地人如此支持。以略带甘甜的台湾芋头为原料的香炸芋条，以及肉汁满溢的肉丝蛋炒饭也是人气菜哦。由于使用的蔬菜多为平时难得一见的蔬菜，点菜时可以让服务员推荐一下。如果你已经等不及了，请记得要事先预订哦。

- 天母东路101号
- 02-2871-1517
- 11:30～14:00、17:30～21:00
- 周一　预1000元～　佛跳墙700元～　蓬莱排骨酥150元～
- 中、日、英　语中
- http://hipage.hinet.net/golden-formosa/

上：佛跳墙／下左：蓬莱排骨酥／下右：热炒竹笋

好记担仔面

MAP 剪切地图-4、p.57-I 吉林路　台湾菜

新鲜食材+传统秘制配方

每天都有大量来自台湾各地的食材运送到台北。招牌菜担仔面150元算不上贵，怎么连好记豆腐都要卖120元？这豆腐不仅外表华丽，里面的内涵也是真材实料，肯定让你吃了还想吃。不过离MRT站有点距离，还是打车来更方便些。

- 吉林路79号
- 02-2521-5999
- 11:30至次日2:00
- 除夕、元旦
- 400元～
- 中、英　语中、日、英

小牛家食堂

MAP 剪切地图-17、p.58-I 中正纪念公园附近　台湾菜

红曲腌渍的炸猪排美味无比

一碟30元的小碟菜、面、盖浇饭等，十分朴素的台湾菜，深得当地人的欢迎。小碟菜有红曲腌渍的秘制炸猪排和时令炒菜。红曲是酿酒和制作酱油时所使用的一种麦曲，在台湾菜中被当作调味料，十分好用。

- 杭州南路一段143巷2号
- 02-2357-7915
- 11:30～14:30、16:30～20:00
- 100元～　牛肉丼见饭100元
- 中、日

排骨大王

MAP 剪切地图-15、p.54-E 西门町　台湾大众料理

一心一意经营近半个世纪的街角老店

排骨通指油炸带骨头的猪肉。该店引以为豪的另一款菜——排骨萝卜汤可谓是台湾平民菜的代表之一。开业以来已有60多年的历史，但店主仍希望能守住这个味道一直做下去。这也吸引了更多的人前来光顾。

- 贵阳街二段115-17号
- 02-2331-1790
- 9:00～20:00
- 不定休
- 70元～　萝卜排骨汤70元
- 中、日

涂姆埔里小吃

MAP p.80 天母

台湾菜

炒甘蔗笋

品尝台湾的地方菜

该店专门经营游人难得能吃到的埔里地方菜。所用食材均是甘蔗芯、豆荚、百合根等充满野趣的食物。热门菜有咸猪肉（用盐腌渍的猪肉）和炒溪虾等。还有埔里特产的米粉、面条和台湾绍兴酒。周六、周日就餐需预订。

- 天母东路8巷65号
- 02-2875-6552
- 11:30~14:00、17:00~21:00
- 无休　300元～　米粉90元　半天花炒肉280元
- M／语中、日

天厨菜馆

MAP ● 剪切地图-10、p.57-K 中山北路

北京菜

以北京烤鸭而闻名的北京菜餐馆

该店经营北京烤鸭等正宗中国北方菜。多以游客为主。还有其他口感上乘的菜，如鱼羊双鲜（鱼肉炖羊肉）、天厨老豆腐（鲍鱼、香菇等炖豆腐）等，只有在这里才能吃得到。如果想吃北京烤鸭，最好四五个人一起来。

- 南京西路1号3F、4F
- 02-2563-2171
- 11:00~14:00、17:00~21:00
- 无休
- 700元～　北京烤鸭900元
- 中、英　语中、日、英

北平西来顺

MAP ● 剪切地图-25、p.65 永康街

北京菜

朴实的店铺、怀旧的味道

想去附近的中国菜馆就试试这家平民版的北京菜店铺吧。除了涮羊肉和酸菜火锅，还有北方各地的乡土菜，也不乏饺子和小笼包，好吃又不贵。

- 金山南路二段5号
- 02-2391-9904
- 11:00~14:00、16:30~21:00
- 无休　200元（平均）　涮羊肉580元　家常小菜50元～
- M中、日、英　语中、日

北平都一处

MAP ● 剪切地图-21、p.60-F 孙中山纪念馆周边

北京菜

快餐式的北京菜

创于1949年，以出售烧饼（撒有芝麻的圆形烧饼）等北京点心为主的名店。褡裢火烧里面夹有熏鸡肉，绝对让你食欲大增。再来杯冰镇山楂汁，这就是北京的风味快餐。其他还有酱肉（用盐腌渍的猪肉）等。

- 仁爱路四段506号
- 02-2729-7853
- 11:00~14:00、17:00~21:00
- 无休
- 400元～　褡裢火烧200元
- M／语中、日、英

京兆尹

MAP ● 剪切地图-19、p.59-L 敦化南路周边

北京菜

宫廷糕点和北京传统小吃

因宫廷糕点而出名的北京糕点店。游客喜欢在这里享用下午茶，即宫廷糕点+茶的套餐组合，有250元、320元两种。这里的火锅、小笼包等都是素食型。之前推荐的宫廷糕点也是不添加任何化学成分的纯天然食品。

- 四维路18号
- 02-2701-3225
- 10:30~21:30
- 无休　300元～
- M中、日、英　语中、英、日
- HP http://www.kingjoin.com.tw/

围炉酸菜白肉火锅

MAP 剪切地图-20、p.60-E
敦化南路周边

东北火锅

夏天吃才叫爽的火锅

台北也刮起了一阵夏天吃火锅的流行风。当然是在空调房里，不然谁愿意大汗淋漓地吃火锅呢？只有这家店经营中国北方的火锅——酸菜白肉火锅。店里的装修也是中式风格，古色古香，绝对让你有种想大吃一场的冲动。而且这里的菜单都配有图片。

✉ 仁爱路四段345巷4弄36号
☎ 02-2752-9439
🕐 11:30～14:00、17:30～21:30
休 无休　预 L 400元～／锅（3人份）1000元～
M 中、日　语 中

四五六上海菜馆

MAP 剪切地图-20、p.60-I
敦化南路周边

上海菜

上海味道

据说该店的店主是从上海经香港迁移至台湾的正宗上海人。实际上在台湾开上海菜馆的老板，有不少是上海人。或许正因为和上海有着千丝万缕的联系，才能成就两代上海人吧。这家店被誉为引领整条街的上海现代风味的优质餐馆。

✉ 仁爱路四段112巷17号
☎ 02-2709-5335
🕐 11:00～14:00、17:00～21:00
休 每月第2、4个周一　预 预算500元～　酒酿油爆虾360元
M 中　语 中、英

三鱼食府

MAP 剪切地图-17、p.58-E
仁爱路

上海菜

无公害蔬菜、不添加任何食用香精

烹饪台湾菜"笋"的金牌师傅——许仁堂师傅的店。严选上等无公害蔬菜等食材精心烹饪的菜肴凝聚了蔬菜、鱼贝、肉类等素材的精华味道。无论是蟹酱浓郁的蟹粉豆腐，还是简单的红曲炒饭，每一道菜的口感都细腻又恰到好处。而且餐馆氛围也十分舒适。

✉ 绍兴南街15-1号
☎ 02-2327-8309
🕐 11:30～14:30 (L.O)、17:30～21:30
休 周一　预 预算400元～　蟹粉豆腐420元
M 无税　语 中、日

连调味料都是精心调制

上海乡村

MAP 剪切地图-18、p.58-F
仁爱路

上海菜

价廉量足

该店的上海菜价格适中，虽比不上高级餐厅那样高雅的氛围，但绝对是实用主义至上，烹饪不失水准。每盘菜分量十足，上菜的速度也恰到好处。人气菜肴有清炒虾仁、无锡排骨、烤方乌参等。

✉ 仁爱路二段67号B1
☎ 02-2322-3333
🕐 11:00～14:00、17:00～21:30
休 无休
预 350元～　烤方乌参1000元
M ／语 中、英

鼎泰丰

MAP 剪切地图-25、p.65
永康街

上海菜

座无虚席的小吃店

这是一家在日本、美国等海外都闻名的上海点心店，自然是宾客满盈。即便躲开高峰期，也要做好等待的准备。其中最受欢迎的小笼汤包只有周六、周日的9:00～10:00供应。忠孝东路西段有2号店。

✉ 信义路二段194号
☎ 02-2321-8927
🕐 11:00～21:00（周六、周日9:00～）
休 无休
预 350元～　小笼包180元
M ／语 中、英
HP http://www.dintaifung.com.tw/

永康街高记

代表永康街的正宗上海点心店

出品汤饱满而不腻、皮透明而不破的上海小笼包等160多种点心的老字号店铺。自1950年作为台北首家上海点心店开业以来始终立于不败之地。其他还有面类、鱼贝类的蒸饺等江浙风味的小吃。各类小吃均可外卖。

MAP ○ 剪切地图-25、p.65
永康街

上海菜

- 永康街3号
- 02-2341-9971
- 10:00~22:00（周六、周日、节日8:30~）
- 休 无休　预 200元~　小笼包180元
- M 中、日、英　语 中、日
- HP http://www.kao-chi.com/

美食店的招牌菜

明月汤包

吃了还想吃的小笼包

要想惬意地享受小笼包的美味，赶紧到附近的分店去看一看吧。店主热门推荐鸡肉小笼包，一笼8个110元，口感柔嫩，汤汁丰富。也可以试试这家的鸡汤和其他绿色的清蒸蔬菜。

MAP ○ 剪切地图-27、p.53-K
临江街观光夜景附近

点心

- 基隆路二段162-4号
- 02-2736-7192
- 11:00~14:00、17:00~21:00
- 休 春节休
- 预 400元~
- M 中、日　语 中

赶紧打车去品尝佳肴吧

上海小吃

实力第一，店面第二

轻松享用上海菜的大众餐馆。以面食、点心和小碟菜肴为主，适合下午茶、夜宵，或者想一次性尝尽所有美味菜肴的时候也不妨来这里。这里还供应虾腰炒面、雪菜肉丝面、蟹壳黄、小笼包等。

MAP ○ 剪切地图-19、p.59-H
敦化南路周边

上海菜

- 仁爱路四段71巷14号
- 02-2741-6260
- 9:00~21:00
- 休 无休
- 预 100元~　虾腰炒面120元
- M 中、日、英　语 中

红豆食府

极品炒梭子蟹

位于环球商业大楼地下一层的上海菜馆，有清炒河虾仁和酱爆青蟹炒年糕等100多种菜式。台北共有SOGO忠孝馆、敦化馆等5家分店。

MAP ○ 剪切地图-5、p.53-G
民生东路

上海菜

- 民生东路三段129号B1
- 02-8770-6969
- 11:30~14:30、17:30~21:30
- 休 无休　预 450元~　酱爆青蟹炒年糕780元　M 中、日、英
- HP http://www.shanghaishanghai.com.tw/

点水楼南京店

美味鱼肉的江浙菜式名店

以苏州、杭州江南地方菜而闻名的餐馆，其中小笼包的美味更是人尽皆知。怀宁街的分店中还开设了挑战手工制作小笼包的"小笼包教室"（需预约，包含材料费共600元）。怎么样，不想尝尝自己的手艺吗？

MAP ○ 剪切地图-13、p.60-A
南京东路

江南菜

- 南京东路四段61号
- 02-8712-6689
- 11:00~14:00、17:00~22:00
- 休 无休　预 800元~
- M 中、日　语 中、日
- HP http://www.dianshuilou.com.tw/

名店的小笼包总是别具一格

点水楼复兴店

MAP 剪切地图-19、p.59-G
MRT忠孝复兴站前

江南菜

江南风味的独特菜式

这里的特色菜——小笼包属于皮薄馅淡型。翡翠小笼包、蟹黄汤包等新品小笼包味道上乘，另外葱烤鲫鱼、四喜烤麸、桂花芋头等20多种江南风味的独特菜肴也值得一尝。其中，熬制36小时汤水都不浑浊的砂锅火腿（鸡腿）汤更是极品。

✉ 忠孝东路三段300号（SOGO复兴馆11F）☎ 02-8772-5089
⏰ 11:00~22:00，周六、周日11:00~22:30
休 无休　预 400元~
M 中、日　语 中、日

天香楼

MAP 剪切地图-4、p.56-F
民权东路

杭州菜

感受杭州菜里的中国历史

可以说在台北，只有这里才能吃到正宗的拥有中国历史的杭州菜。杭州菜的招牌菜有酸酸甜甜的西湖醋鱼、豆腐皮包肉末的炸响铃、红烧猪肉制成的东坡肉，每样都是精心烹饪，精致装盘。

✉ 民权东路二段41号（亚都丽致大饭店B1）
☎ 02-2597-1234
⏰ 12:00~14:30、18:00~22:00
休 无休　预 周一至周五L600元、D1300元　M / 语 中

银翼餐厅

MAP 剪切地图-24、p.65
永康街

淮扬菜（扬州）

台北难得的长江流域餐馆

聚集了长江流域传统菜式的餐馆。1960年开店，如今已是台北老店之一，店内装潢也是古色古香，一股怀旧风格。葱开煨面、小笼汤包、肴肉风鸡（扬州风味炖鸡）等都是人气菜肴。

✉ 金山南路二段18巷2F
☎ 02-2341-7799
⏰ 10:00~14:00、17:00~21:00
休 无休　预 500元~　小笼汤包160元　肴肉风鸡330元
M 中　语 中、日、英

秀兰小吃

MAP 剪切地图-25、p.65
永康街

江浙家庭菜

主妇烹饪的家常菜

该店是主妇经营的家常菜，已有20多年的历史。在餐饮业竞争异常激烈的台北，该店始终以新鲜的材料亲手烹饪而赢得好口碑。不过受材料的限制，价格可没家常菜那样便宜。民生东路三段也有分店。

✉ 信义路二段198巷5-5号
☎ 02-2394-3905
⏰ 11:30~14:30、17:30~21:30
休 周一　预 500元~　萝卜牛肉350元　红葱烤排骨600元
M 中、日、英　语 中、英

王朝

MAP 剪切地图-10、p.55-C
台北站南部

广东菜

台北站前吃饭照样便捷又舒适

位于台北站前南侧的台北恺撒大饭店3楼的广东菜餐厅。饭店内部的餐厅规模中等，但220多平方米的宽敞仍旧能容下140人就餐。谁说不可以在豪华房间内悠闲吃饭？考虑到食材的新鲜度，这里每3个月更换一次菜单。

✉ 忠孝西路一段38号（台北恺撒大饭店3F）
☎ 02-2311-5150（内线2332）
⏰ 11:00~14:30、17:00~21:00
休 无休　预 800元
M / 语 中、日、英

金龙餐厅

MAP p.52-B
中山北路
广东菜

接待国宾的级别

台湾最具代表性的酒店之一，圆山大酒店内的正宗广东菜馆，因曾被用来接待国宾而名声大振。菜单品种丰富，可以尝试这里所有的经典菜。午饭时间也提供下午茶，点心每碟只要100~120元，深受欢迎。

中山北路四段1巷1号（圆山大饭店别馆2F）
2886-1818（内线1263、4）
11:00~14:30、18:00~22:00
无休　L800~1000元／D1400元
中、日、英

正宗广式下午茶

大三元酒楼

MAP ●剪切地图-16、p.55-G
衡阳路
广东菜

必尝海鲜焗木瓜

高级广东菜餐厅。有套餐也有下午茶，适合2~3人食用。海鲜焗木瓜是这里的特色。木瓜的香甜和海鲜的酱汁完美地融合在一起，给你全新的味觉感受。

衡阳路46号
02-2381-7180　11:00~14:00、17:30~21:00　农历春节3天·元旦
饮茶300元～　用餐100元～　海鲜焗木瓜300元　日、英
HP http://www.3coins.com.tw/

强烈推荐海鲜焗木瓜（左手前方）

怡园

MAP ●剪切地图-5、p.53-G
民生东路
广东菜

欧式情调的广东菜

位于西华饭店2层。光顾这里的客人多为欧美商人，广东菜多少改良成欧美风味。据说连英国首相丘吉尔都赞不绝口。在这里可以品尝到香橙烤鸭片等特色创意菜，不过仍以广式海鲜菜肴居多。

民生东路三段111号（台北西华饭店2F）
02-2718-1188
11:30~14:30、18:00~22:00
无休　980元～　脆皮鸡（半只）520元　中、日、英

广东楼

MAP ●剪切地图-13、p.60-A
敦化北路
广东菜（饮茶）

酒店里的港式自助下午茶颇有人气

白天399元起、晚上560元起的港式自助下午茶，在当地颇具人气。大厅中央的桌子上摆满了一排排蒸笼，里面都是馅料不一的蒸饺、包子等，热气腾腾。大盘子里是20多种煮炒类小吃，还有不少港式糕点。

敦化北路100号（王朝大酒店3F）
02-2715-0077
11:30~14:30（周六、周日11:00~）、18:00~21:30　无休
L399元～、D499元～
中、英

新同乐餐厅

MAP ●剪切地图-26、p.59-L
敦化南路
广东菜

新鲜美味的三大极品

以鱼翅、燕窝、鲍鱼三大高级食材烹饪却保持它们的原汁原味而闻名的高级餐厅。使用高级中国火腿和蟹肉等熬制8小时以上的红烧排翅以及椰杏汁燕窝、原汁鲍鱼等菜样相当热门。

敦化南路二段34号
02-2700-1818
11:30~14:00、17:30~22:00
无休　L1980元／D2880元～红烧排翅1750元　原汁鲍鱼1750元
中、日、英

国宾大饭店川菜厅

在时髦餐厅里挑战辣川菜

位于中山北路对面的国宾大饭店12层的四川菜餐厅。自1975年开张以来,其高级感和讲究度在台北的川菜业中可谓首屈一指。极品菜肴有挂炉烤鸭和宫保虾仁,不过挂炉烤鸭要提前预订。

MAP 剪切地图-3、p.57-H
中山北路

四川菜

- 中山北路二段63号（国宾大饭店12F）
- 02-2551-1111
- 11:30~14:00、17:30~21:00
- 无休　500~800元　L550元（4人以上）　怪味鸡360元
- 中、英　中、日、英

骥园川菜

四川砂锅名店

以砂锅土鸡而闻名的川菜店,浓郁的川菜口感吸引了不少当地人。砂锅排翅是这里的招牌菜,回锅肉和鱼香茄子也极具人气。砂锅分量较足,适合多人食用。

MAP 剪切地图-26、p.59-L
敦化南路

四川菜

- 敦化南路一段324号
- 02-2708-3110
- 11:30~14:00、17:30~21:30
- 无休　700元　L 550元~
- 砂锅土鸡2160元
- 中、英　中、日、英

四川吴抄手

体验四川名菜

1950年开业的老店,深受欢迎的四川菜馆。在海外知名度也很高。据说日本电视台曾多次采访介绍。所谓"抄手"就是馄饨的四川方言。像红油抄手、粉蒸排骨、茄子田鸡等川菜的经典菜肴简直让人目不暇接。

MAP 剪切地图-20、p.60-E
忠孝东路

四川菜

- 忠孝东路四段250号-3
- 02-2772-1707
- 11:30~14:30、17:30~21:30
- 无休
- 500元　茄子田鸡380元
- /　中、日、英
- http://www.chilihouse.htm.tw/

KiKi餐厅

吸引年轻人的餐馆

宣扬正宗川味的川菜馆。推荐猪肉糜、大葱爆炒的辣味苍蝇头、四川风味的油炸豆腐包蛋汁的老皮嫩肉等。该店的老板是台湾电视台的3位人气女星,餐厅到处洋溢着时尚气息。

MAP 剪切地图-12、p.59-D
复兴南路

四川菜

- 复兴南路一段28号
- 02-2752-2781
- 11:50~15:00、17:15~23:00
- 无休
- 400元~　老皮嫩肉200元
- /　中、英

蜀鱼馆老店

川味浓郁

别看门面陈旧不堪,却是人人称道的美食店。来这里的客人多是四川籍台湾人,或许这里的川味更有家乡味。豆瓣鲤鱼等鱼为主料的菜肴居多。

MAP 剪切地图-18、p.59-G
建国假日玉市周边

四川菜

- 建国南路一段198号
- 02-2711-5501
- 11:00~14:00、17:00~21:00
- 周一
- 350元
- /　中

福州新利大雅餐厅

MAP ○ 剪切地图-15、p.54-F
西门町
福州菜

福州包子俘虏甜食党

以福州风味为中心的地方菜馆。福州海鲜、河鲜较多，菜单也多以此类为主料。其中腰花海蜇、红糟鳗鱼、海鲜米粉等颇具人气。还有各种福州小点心（包子等）。

- 西宁南路155号3F
- 02-2331-3931
- 11:00～14:00、17:00～21:00
- 休 无休
- 预 110元～
- M 中　语 中、日

彭园湘菜馆

MAP ○ 剪切地图-11、p.58-B
林森公园周边
湘南菜

深受好评的湖南菜

台北的湖南菜餐馆很多，彭园就是代表之一。光台北就有4家分店，其他地区有7家。其中南京东路的第一大饭店2层分店地理位置优越，吸引了不少游客前来光顾。彭家豆腐、蜜瓜鸽盅等味道独特，深受好评。

- 南京东路二段63号（第一大饭店2F） 02-2541-9102　林森北路380号（本店）02-2551-9157　11:30～14:00、17:30～21:00　休 无休　预 750元～　彭家豆腐240元。
- M 中　语 中、日、英

人和园云南菜

MAP ○ 剪切地图-3、p.57-I
中山北路周边
云南菜

在台北爱上云南菜

在台北为数不多的云南菜馆里，这家可谓是最出名的了。自1956年开业以来，其独特的美味就俘虏了当地人的味觉。大耳朵（猪耳朵凉拌菜）、过桥米线、鸡油豌豆、牛肉干粑等，都是香味四溢的云南味道。

- 锦州街16号
- 02-2536-4459
- 11:30～14:00、17:30～21:00
- 休 无休　400元　大薄片208元　过桥面128元
- M 中、日　语 中、日、英

鸡油豌豆

钰善阁

MAP ○ 剪切地图-10、p.55-D
北平东路
素食菜

精致的餐馆里品尝素食怀石

随着季节交替而更换的食材完全是纯天然的，为日本的怀石料理带来素食新体验。白天推出680元、980元套餐，晚上推出周一至周四的680元、周五至周日的980元套餐。完全不含肉质的素食对身体更有好处。和日本的怀石料理口感不一，却给人视觉上的完美享受。记得要提前预订。

- 北平路14号
- 02-2394-5155
- 11:30～14:00、17:30～21:00
- 休 无休
- 预 680元～
- M 中、日、英　语 中、英

随缘居

MAP ○ 剪切地图-19、p.59-H
大安路
素食菜

年轻女性中的人气素食店

一家不选用任何肉类的素食餐厅。或许是为了保持美好体形，店里女性食客居多。蘑菇代替贝肉、大豆加工成鱼片等素食新颖独特。推荐菜肴为清蒸明虾。该店也兼营茶艺馆。

- 南京东路4段2F
- 02-2716-0018
- 10:00～22:00（14:00～17:00是下午茶时间）
- 休 无休　150元～
- M 中　语 中、日、英

欣叶101食艺轩

MAP ● 剪切地图-28、p.61-K
信义台北101内

新台湾菜

观景美食餐厅一位难求

位于台北的标志性建筑台北101的85层。由于可以一边俯视台北美景一边享用美餐而极受追捧。其中预订晚餐最难，因为台北的夜景实在是太美了。2层有接待处，可乘坐专用电梯直达，VIP级的待遇。该店是台湾菜的人气店欣叶的分店。

- 信义路五段7号（台北101 8 5F）
- 02-8101-0185
- 11:30～15:00、17:30～22:00
- 无休
- 佛跳墙晚餐套餐1680元
- 中、日、英
- http://www.shinyeh.com.tw/

馥园餐厅

MAP ● 剪切地图-18、p.58-F
MRT忠孝新生站附近

新中国菜

装潢豪华，菜肴一流

模仿中国明代八角楼阁式建筑而夺人眼球。一旦跨入其中，肯定会为里面宫廷式的优雅装潢而赞叹。取中国料理之精华精心烹饪的独特菜肴，以高级食材和华丽的装盘为特色。需提前预订。想在奢华的氛围中品尝一流的佳肴，非此地不可。

- 临沂街17号
- 02-2321-0279
- 11:30～14:30、17:30～22:00
- 无休 L880元～ / D1880元～
- 中、日、英
- http://www.fuyuan.com.tw/

龙涎居

MAP p.73
公馆

药膳

轻松享用药膳料理

专营鸡汤的药膳馆。如果觉得身体乏力，或是因感冒而咽喉肿痛，或是想要肌肤变得更细腻光滑等，这里可是准备了具有各种功效的药膳汤供君选择。

- 罗斯福路三段316巷8弄12-1号
- 02-2368-7535
- 11:30～23:00
- 无休
- 120元～
- 中、日、英

红翻天

MAP ● 剪切地图-4、p.56-F
吉林路

海鲜料理

任君挑鱼烹饪

店门口放着各类鱼，任由顾客挑选后再烹饪的海鲜餐馆。这些鱼都是店主每日亲自去中央市场挑选的，绝对新鲜。如果是大鱼，可以选择一半清蒸、一半红烧两种烹饪方式。标示的价格已经包含料理费用。

- 吉林路239号
- 02-2537-1629
- 17:00～1:30
- 无休
- 200元～
- 中、英、日

好小子海鲜

MAP ● 剪切地图-3、p.57-I
林森北路

海鲜料理

店主会推荐时令海鲜

没有菜单，但店老板会根据客人的口味和季节来推荐菜肴。烤鲻鱼的包衣鱼白，外脆里嫩，美味无比。还有蚵仔煎，入口的牡蛎鲜嫩无比且富有弹性。即便是一样的食材，做法也是各不相同。总之，所有的烹饪方式都是为食材量身定做，让你吃得放心。

- 林森北路305号
- 02-2537-2093、2094
- 17:00至次日5:00
- 农历除夕至春节后2日
- 平均500元
- 中、日、英

海霸王

MAP 56-C
中山北路
海鲜料理（火锅）

夺人眼球的海霸王招牌

　　台湾人和观光客最喜爱的大型海鲜连锁店，价廉物美。2层高档的海鲜自助，让你一次吃遍各种口味的海鲜佳肴。白天统一498元1人，午后1点40分起是398元1人的下午茶，晚上598元1人（都需另算10％的服务费）。1层经营火锅，3、5、6层是宴会厅，7层是小吃馆以及全套海鲜餐厅，8层是VIP房间。7层平均预算300元以上，鱼翅套餐790元以上等。营业时间、预算每层多少有些差异。台北市内还有3家分店。

火焰海味
（烤鲑鱼和烤鳗鱼）

干贝珍珠蛤
（清蒸干贝和蛤蜊）

红蟳米糕
（糯米蒸螃蟹）

- 中山北路三段59号
- 02-2596-3141
- 11:30~14:00（周六、周日、节日11:00~）、17:30~21:30 2F11:30~16:30（周六、周日、节日11:00~）
- 休 无休
- 预 L498元+10％／D598元+10％（冷餐会）
- M 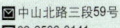 / 语 中、日、英

台湾岛北部・台北市内

113 餐厅

台南担仔面

MAP ●剪切地图-15、p.54-E
龙山寺
海鲜料理

用顶级食具享用高级海鲜

　　从最开始经营担仔面的小店，发展到如今总店和分店能容纳共计400人的豪华餐厅。经营台式、港式海鲜以及日式生鱼片、法式大餐。这些精致菜肴配上英国韦奇伍德牌的瓷杯瓷盘、维利尔斯银头筷子，法国的巴加拉水晶杯，气派而不失优雅。

- 华西街31号
- 02-2308-1123
- 11:30~14:00、17:00~22:00
- 休 无休
- 预 1500元
- 中 / 语 中、日、英

长脚海鲜屋

MAP p.80
天母
海鲜料理

"三流的服务"依旧让顾客满意而归

　　对于这家店的描述如下："一流的味道，二流的价格，三流的服务"。如店名所述，老板是个高个长脚，大有"王婆卖瓜、自卖自夸"的味道。市场关门他就下班，要的就是保证食材的新鲜，尽管店铺小却总是座无虚席。店里的特色是生鱼片和清蒸海鲜。

- 忠诚路二段140巷29号
- 02-2871-3141
- 12:00~15:00、17:00~21:00
- 休 周一，每月第1、3个周日
- 预 700元
- M 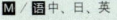 / 语 中、日

台北鱼市

MAP 52-B
行天宫周边
海鲜料理

去市场购买食材再请人烹饪

　　台北鱼市里一排排地摆着台湾近海鲜鱼、金枪鱼、伊势虾、牛蛙等，客人可以根据自己的喜好购买，然后拿到隔壁的餐馆烹饪即可。加工费每份100元以上，但素材便宜反而觉得很划算。餐馆也提供自家小菜。

- 民族东路410巷2弄18号
- 02-2503-8223
- 11:30~21:00（市场8:00~20:00）
- 休 无休
- 预 500元~
- 中 / 语 中、日

竹里馆

品味茶料理的好去处

这里有中国难得一见的茶叶料理。茶叶经油一煎，居然成就上等美味。普洱沙司里脊肉、红茶炒鸡肉、乌龙茶炒虾等不仅个性十足，连味道都令食客们赞不绝口。

MAP ○ 剪切地图-5、p.53-G
天行宫周边

茶叶菜

✉ 松江路182号2F
☎ 02-2567-8977
🕐 11:00～22:00
休 无休　预 500元～
M / 语 中、日
HP http://www.istea.com.tw/

你家我家客家菜

老字号客家菜

腌货及干货烹饪而成的清淡菜肴、分量十足的炖菜、甜辣炒菜等各类客家菜，让你过足瘾。黑猪小腿肉炖到入口就化的梅菜蹄膀，乌贼、猪肉和大葱混合炒的甜辣客家小炒等，都是下饭的好菜。

MAP ○ 剪切地图-4、p.57-I
吉林路

客家菜

✉ 吉林路135号
☎ 02-2561-1869
🕐 11:00～14:00、17:00～21:00
休 无休　预 600元～　梅菜蹄膀（小）350元
M 中　语 中、日、英

肥前屋

自家酿制极品酱汁

"味道货真价实"，受到在台日本人的一致推崇，而且比日本量多价格又便宜。店门前出现长队也是常有的事。在台北排队吃饭的餐馆可不多，等你尝完这里的烤鳗或许就会明白了。

MAP ○ 剪切地图-10、p.57-L
林森公园周边

日本菜

✉ 中山北路一段121巷13号1F
☎ 02-2561-7859
🕐 11:30～14:30、17:30～21:00
休 周一　预 300元～　烤鳗（大）240元（小）140元
M / 语 中、日

三四味屋

日式居酒屋，创新菜式挡不住口

设计理念源自日本喧闹街头的居酒屋。三四层打空的开放式店内，流淌着J-POP，宛如置身日本。开放式厨房的现场烹饪，将日式料理改良成台湾口味，如同店名。这里的生鱼片等海鲜极具人气。

MAP ○ 剪切地图-19、p.59-H
复兴南路周边

日本菜（鲜鱼）

✉ 复兴南路一段126巷1号3F
☎ 02-8773-4888
🕐 11:30～14:30、17:30～11:30
休 无休
预 700元～
M 中、英　语 中、日、英

坦都

台湾的印度菜馆

民生东路三段的小巷里有这样一家印度菜馆。70人的座位，怡然自得地摆在桌子边。咖喱鸡和烧烤香料鸡片是这里的招牌菜。

MAP ○ 剪切地图-5、p.53-G
民生东路周边

印度菜

✉ 合江街73巷10号
☎ 02-2509-9853
🕐 12:00～14:30、18:00～22:30
休 无休
预 500元～　烧烤香料鸡片 350元
M / 语 中、英

伟克商人（Trader Vic's）

MAP ● 剪切地图-5，p.53-G
民生东路
波利尼西亚料理

欢迎来到热带台北

经营波利尼西亚菜的餐厅。丛林般植物的装饰和专属乐队的现场表演，绝对的热带气氛。自1934年在加州福尼亚开张以来，美国以及亚欧地区已有23家店铺。人气菜肴有熏鸡等。

民生东路三段135号7F
02-2545-9999 11:30～14:30，17:30～23:00（周五至次日1:00）
休 无休 L 390～720元／D 800元～椒盐半乳鸡790元
M／语中、英

湄河

MAP ● 剪切地图-20，p.60-E
孙中山纪念馆周边
泰国、越南菜

台北的泰国、越南菜名店

湄河，即湄公河。开店10余年，其独特味道吸引了不少粉丝。除文化人和艺人，欧美人也不少。除了柠檬蒸鱼、凉拌生蚝（凉拌虾仁）等传统泰国菜，还有咖喱炒红（咖喱炒梭子蟹）等台式下酒菜。

延吉街157-3号
02-2752-3051
11:30～14:00，17:30～24:00
休 无休 预 600元～ 柠檬蒸鱼480元
M／语中、英

成吉思汗

MAP ● 剪切地图-12，p.59-C
南京东路
内蒙古菜

肉汁十足的自助餐

该店已有30年的历史，宽阔的店铺给人一种安宁的感觉。简易式的自助餐，相对便宜的价格也算是一种魅力。

南京东路三段176号 02-2711-4412
11:30～14:30，17:30～21:30
休 无休 预 周一至周五L340元～＋10%／D450元～＋10%，周六、周日、节日480元～＋10%
语 中、日、英

天香回味

MAP ● 剪切地图-10，p.58-A
MRT中山站付近
内蒙古菜

营养丰富的内蒙古火锅

流行辣（天香）与不辣（回味）2种汤底的火锅。特色在于汤底是由60多种天然植物熬制而成，其中的中草药含丰富的营养，汤汁浓厚，回味无穷。周末用餐需提前预订。

南京东路一段16号2F
02-2511-7275 11:30～24:00
休 12月31日、1月1日、1月2日
预 500元～ 天香回味锅汤底各300元，锅另算
M／语中、日、英
HP http://www.tansian.com.tw/

掌柜酒菜茶馆

MAP ● 剪切地图-18，p.59-K
建国假日花市周边
日本菜

名称花哨的怀旧风格建筑物

木质结构的酒吧，里面设有水池。利用日据时期的3间房屋改建而成，怀旧风格深受欢迎。名称花哨的鸡尾酒口味丰富。每晚营业至午夜3点，适宜来这里过夜生活。

济南路二段69号
02-2397-0881／02-2708-0777
17:30～次日3:00 休 无休 预 吃饭400元～ 鸡尾酒150元～
M／语中、日、英
HP http://www.bess269.com.tw/

人间泉五·泉

MAP 剪切地图-27、p.53-K
敦化南路周边
酒吧

石灯笼上的"芝麻开门"

走下宽敞的楼梯便是一扇大木门，将手按在石灯笼上，门瞬间即开，很有情趣。昏暗的店内，台吧、沙发席、桌席一一分开，简单而不失品位。无论吃饭还是喝酒，午夜仍是繁华景象。适宜夜生活。

- 安和路二段191号B1
- 02-2735-2288
- 11:45至次日2:00
- 无休
- 800元~　吃饭500~600元
- 语 中、英

PLUSH Lounge bar and club

MAP 剪切地图-14、p.60-B
京华城
酒吧

位于京华城12层的迪斯科

京华城圆顶12层有一家迪斯科，进门就能看到时髦的吧台和绚丽的舞池。晚上10点之后这里才真正进入繁华，直到午夜仍是激情四射。一周的闭门时间和入场费都不一样。周三是女士之夜，每位女顾客入场费只要100元（男性500~600元）。

- 八德路四段138号（京华城12F）
- 02-3762-1600
- 周三21:30~次日3:30、周五、周六21:30~次日4:30、周一、周二休
- 入场费100~700元
- 语 中、英

女娘的店

MAP p.80
天母
台湾式居酒屋

台湾菜的味觉历史

欧美风格现代化建筑鳞次栉比的天母，却有这家台式怀旧型的居酒屋大放异彩。10种以上的古早味火锅（台湾旧式火锅），凤梨苦瓜鸡等台湾独特风味菜肴期待你的品尝。晚9点以后的夜宵更是受人追捧。

- 天母东路97号
- 02-2873-8741
- 17:00至次日2:00（周六、周日11:30~14:00、17:30至次日2:00）
- 无休　350元~
- 中、日、英　语 中

阿才的店

MAP 剪切地图-19、p.59-H
仁爱路
台湾式居酒屋

才叔店，人气旺

老板是留着胡子的大叔，人称"才叔"。作为台湾怀旧风格的居酒屋，深受当地人和在台游人的追捧。熙熙攘攘的店里，总能看到油条蚵仔、醉鸡等招牌菜，再来杯啤酒，绝对是种享受。

- 仁爱路二段41巷17号
- 02-2356-9109
- 11:30~14:00、17:30至次日2:00
- 周日
- 200元~　醉鹅160元
- 中、日　语 中、日

DOZO Izakaya Dining Bar

MAP 剪切地图-20、p.60-F
光复南路
日式居酒屋

日式晚餐酒吧

店名DOZO就是日语的"请"，给人一种日式晚餐酒吧的感觉。菜单均由日籍厨师长制定并进行改良，符合台湾人的口味。在高大宽敞的空间里还有太鼓的现场演奏或其他音乐表演（周五、周六）。

- 光复南路102号1F
- 02-2778-1135
- 18:00至次日3:00（次日2:00L.O）
- 无休
- 500~800元　啤酒170元~
- 语 中、日、英

商店 SHOP

- 想要买到物美价廉的好东西,不妨来点农产品或食品。
- 一旦决定购买,千万别偷懒,"货比三家"才是关键。
- 若想迅速买到特产,百货大楼是首选。若是随便买买,那就去夜市、玉市逛逛吧。

专卖店一条街乐趣无穷 逛街、购物两全其美

●专卖店一条街

"欢迎光临!"在这声招呼中,让我们开始台湾"血拼"大购物吧。台北市内很早以前就出现了许多同行专卖店聚集一处的街道,让你逛街、购物两不误。

例如,食材和干货店并排的迪化街、相机数码产品集中的台北站南侧博爱路、电脑电子类产品齐全的八德路等都相当有名。另外,中山北路三段是婚庆礼服摄影一条街,临江夜市附近的基隆路一段是宠物销售一条街。还有面向年轻消费者的西门町、淘便宜衣服的五分埔、卖布料的永乐市场及周边地带,真是数也数不清。

无论哪里,中午11点开门的店铺居多,到了黄昏更是一片兴旺。要想体验购物的乐趣,建议你最好午后开始。不过要事先了解各地段的主要出售物品,才能事半功倍,轻松购物。

●购物广场不断涌现

不同于早年的专卖店一条街,一座座华丽的购物广场、时尚大楼不断涌现。台北101、微风广场、京华城等都是台北时尚人士的集中地。

●市场购物可"杀价"

在夜市、市场或路边摊购物时,记得要还价哦。特别是没有贴明价目的商品,可别傻乎乎地支付对方叫卖的价格。觉得价位过高,可以试着还还价。有时真还不了价,店主也会附赠一些小礼品。

只要你诚心杀价,对方一定会热情回应的。

台湾岛北部·台北市内

购物基础知识

●台湾的1斤是600克

走在马路上,时常能看到"每斤200元"、"每两30元"这样的价位表。注意,这里1斤=16两=600克,1两=37.5克。最近也有些店家实行千克制计算。

●8折和2折,哪个更实惠

如果碰到"2折",可不是"减2折"而是"减8折"的意思,那可是打着灯笼也找不到的大实惠。

●什么是"买三送一"

在特产店里常看到这样的招牌,意思是"买三个再送你一个"。没有价格上的优惠,数量上却有特别服务的销售方法在台湾很常见。

新光三越百货

台北站前的接头处

台北站前极其引人注目的高大建筑物——新光摩天大楼的内部是日式百货大楼。化妆品、时装、生活杂物、名牌等应有尽有。楼层分类照搬日本，方便游客购物。地下二层是食品街，地下一层是美食广场。除站前店还有新光三越百货信义新天地馆，每年新光三越百货都在不断地扩建新的高楼，现已有4家开业。

MAP ○ 剪切地图-9、p.55-C
台北站南部
百货店

站前店
✉ 忠孝西路一段66号
☎ 02-2388-5552
🕐 11:00~21:30（假日前一晚至22:00）
休 无休　语 中、英、日
HP http://www.skm.com.tw/

太平洋SOGO百货　忠孝馆

沿用SOGO的百货大楼

无论何时都是人潮拥挤，熙熙攘攘。国外的化妆品相对便宜些。地下二层是超级大卖场，12层是诚品书店。喜爱名牌的你一定要去敦化南路一段瞧一瞧，那里罗列了不少的世界名牌，"血拼"购物那里绝对值得一逛。

MAP ○ 剪切地图-19、p.59-H
忠孝东路
百货店

✉ 忠孝东路四段45号
☎ 02-2776-5555
🕐 11:00~21:30（假日前一晚至22:00，超市大卖场9:00开始营业）
休 无休　语 中、日
HP http://www.sogo.com.tw/

太平洋SOGO百货　复兴馆

翡翠色的墙壁引人注目

就在SOGO忠孝馆的斜对面，地下层与MRT忠孝复兴站相连，十分便利。地下层是特产卖场、咖啡厅和美食广场。1~9层主要经营服饰类、食具、家电等品牌商品。地下一层提供修鞋服务，8层是书店，10、11层则是各国料理餐馆。同其他SOGO百货相比，这里的特色是海外品牌店较多。

MAP ○ 剪切地图-19、p.59-H
忠孝东路
百货店

✉ 忠孝东路三段300号
☎ 02-2776-5555　FREE 0800-212002
🕐 11:00~21:30（假日前一晚至22:00，一部分9:00开始营业）
休 无休　语 中、日
HP http://www.sogo.com.tw/

台北101

被誉为世界第二的摩天大楼

高508米，享有世界第二高楼美誉的台北101（台北金融大楼），地下一层至四层都是购物区。开放式的层楼，引领时代潮流的美食广场、咖啡会馆、路易·威登等世界知名品牌近200多家店铺遍地开花。地下层是超级大卖场，吸引了不少台湾购物狂。5层有直达观景台的电梯。

MAP ○ 剪切地图-28、p.61-K
市政府周边
购物广场

✉ 市府路45号
☎ 02-8101-7777
🕐 B1~3F 11:00~21:30（周五、周六至22:00），4F 11:00~22:00
休 无休　语 中
HP http://www.taipei-101.com.tw/

京华城（Living Mall）

MAP 剪切地图-14、p.60-B
MRT忠孝复兴站5号出口前可搭乘免费豪华接驳巴士

购物广场

如宇宙飞船般的购物大楼

初次见到如此巨大的圆体建筑，让人产生人工卫星或宇宙飞船的错觉，其实那是一个大型购物大楼。1~7层是Mira百货，10~11层是诚品书店，10~12层是专卖店，吸引着各种层次的台北人。地下3层是美食广场。

- 八德路四段138号
- 02-3762-1888
- 11:00~21:30（周五、周六、节日前一天至22:30），B2·B3~22:00（周五、周六、节日前一天至22:30），诚品书店11:00~21:30（假日前一晚至22:30）
- 无休
- 中、英、日
- http://www.cpcity.com.tw/

微风广场（Breeze Center）

MAP 剪切地图-12、p.59-D
MRT忠孝复兴站

购物广场

电影院、超级大卖场

1层是海外品牌店，6层是加盟了东急HANDS的购物地带。电影院、进口食品超市及日本等各国料理餐馆等，一到周末就格外热闹。其中台湾饮料公司出品的黑松柜台，再现了1960年时的风貌。

- 复兴南路一段39号
- 0809-008888
- 11:00~21:30（周四、周五、周六至22:00）
- 无休
- 中、日、英
- http://www.breezecenter.com/

美丽华百乐园（Miramar Entertainment Park）

MAP p.37-C
剑潭周边

购物广场

坐着观光车购物

因摩天轮、前卫电影院而知名的美丽华百乐园，也是一个购物天堂。不仅有世界知名品牌，还有许多面向年轻消费者的商品，琳琅满目，令人目不暇接。其中也有杂货等生活用品的专卖店。地下层和6层都设有餐厅，极具人气。

- 敬业三路20号
- 02-2175-3456
- 11:00~22:00
- 无休
- 中、英、日
- http://www.miramar.com.tw/

远企购物中心（The Mall）

MAP p.53-K
敦化南路

购物广场

台湾早期的百货广场

敦化南路上引人注目的高层建筑远东国际大饭店和办公楼之间一座7层高的购物百货楼。1~6层以休闲服饰和精品时装为主。地下2层是食品大卖场和美食广场。

- 敦化南路二段203号
- 02-2378-6666
- 11:00~21:30
- 无休
- 中、英、日
- http://www.themall.com.tw/

台北地下街（City Mall）

MAP 剪切地图-9、10、p.55-C·D
台北站周边

购物广场

台北站周边的大型地下广场

台北站北侧市民大道地下的台北地下街，南侧忠孝西路地下的站前地下街，以及和车站相连的台北新世界、MRT中山站的中山地下街的Easy Mall等，无论哪里都遍布着时尚、杂货类的小店铺，且人来人往，非常热闹。

- 台北站周边
- 11:00~21:30（营业时间店主自定）
- 无休
- 中

万年商业大楼

MAP ●剪切地图-15, p.54-B
西门町
商场

时尚潮流会聚之地

位于西门町的中心地带，5层高的建筑物里挤满了时尚潮流的精品小店。主要分类为鞋子、手表、化妆品、首饰、照相馆以及日本特色的商品、动漫等。5层是个游乐场，每天傍晚聚集了不少年轻人，十分嘈杂。

✉ 西宁南路70号
🕐 11:00~21:30（平时下午2点开门的店铺居多）
休 无休（店主自定）
语 中、日（一部）

华阴街

MAP ●剪切地图-9, p.57-J
台北站周边
商场

台北站北侧的大型皮革制品批发街

日据时期发展起来的皮革制品批发街。如今是鞋子、包包、服饰等商品的天下。包包品种繁多，从皮革制品到手提箱、随身包、背包等都有。可以在那里买个装特产的手提箱。

✉ 华阴街（台北站北侧）
🕐 11:00~22:00（店主自定）
休 无休（店主自定）
语 中

其他主要百货大楼

西门町周边
■远东百货宝庆分公司 / MAP ●剪切地图-16, p.54-F
宝庆路32号 ☎ 02-2381-6088

台北站／中山北路周边
■新光三越百货南京西路店 / MAP ●剪切地图-10, p.57-K
南京西路12号 ☎ 02-2568-2868
■IDEE百货 / MAP ●剪切地图-10, p.57-K
南京西路14号 ☎ 02-2564-1111
■IDEE・S馆 / MAP ●剪切地图-10, p.57-K
南京西路15号 ☎ 02-2564-1111

南京东路／敦化北路周边
■环亚购物广场 / MAP ●剪切地图-12, p.59-D
南京东路三段337号 ☎ 02-2715-3777
■先施百货 / MAP ●剪切地图-12, p.59-D
庆城街1号 ☎ 02-2716-0716

忠孝东路・敦化南路周边
■太平洋SOGO百货敦化馆
MAP ●剪切地图-19, p.59-H
敦化南路一段246号 ☎ 02-2771-3171
■明曜百货 / MAP ●剪切地图-20, p.60-E
忠孝东路四段200号 ☎ 02-2777-1266

信义路周边
■新光三越百货信义新天地A8馆 / MAP ●剪切地图-21, p.61-G
松高路12号 ☎ 02-8780-9966
■新光三越百货信义新天地A11馆 / MAP ●剪切地图-21, p.61-G
松寿路11号 ☎ 02-8780-1000
■新光三越百货信义新天地A9馆 / MAP ●剪切地图-21, p.61-K
松寿路9号 ☎ 02-8780-5959
■新光三越百货信义新天地A4馆 / MAP ●剪切地图-21, p.61-G
松高路19号 ☎ 02-8789-5599

其他地区
■大叶高岛屋百货 / MAP p.80
士林区忠诚路二段55号 ☎ 02-2831-2345
■欣欣大众百货 / MAP ●剪切地图-10, p.57-L
林森北路247号 ☎ 02-2521-2211

高级品牌专卖店

如果你是个名牌热衷迷，不妨去晶华酒店的丽晶精品店去逛一逛，看一看。那里集中了许多世界知名品牌的商品。另外，中山北路和敦化南路也有许多高级品牌的专卖店。

■宝格丽 Bvlgari / MAP ●剪切地图-10, p.57-L
中山北路二段39巷3号B1（晶华酒店内B1）
☎ 02-2521-2048
■罗意威 Loewe / MAP ●剪切地图-3, p.57-I
中山北路二段45巷11号1F
☎ 02-2563-5988
■路易・威登 Louis Vuitton
MAP ●剪切地图-10, p.57-H
中山北路二段47号 ☎ 02-2523-0753
■古琦 Gucci / MAP ●剪切地图-3, p.57-I
中山北路二段49-3
☎ 02-2564-3234
■铁狮东尼 A.Testoni / MAP ●剪切地图-3, p.57-H
中山北路二段45巷3号1F
☎ 02-2536-8686

光华商场（光华数码新天地）

巨大商场，400家品牌

八德路、市民大道、新生北路的三角地带新建的6层高楼（光华数码新天地），将原有的光华商场和西宁电子商场合并在一起，成为一个拥有400多家电脑、电子产品、各种软件专卖店的大市场。

MAP 剪切地图-18、p.58-F
MRT忠孝新生站附近

电脑、电子机器

- 市民大道三段8号
- 11:00~21:30（店主自定）
- 原则上是每月第2、4个周二（店主自定）
- 语 中

统一元气馆

从硬件到软件，一应俱全

位于台北站的正南面，西邻新光三越百货购物广场。各大厂家的直营店和部件商店汇集一起，给人一种小而精的感觉。穿插着不少动漫玩偶、可爱型商品的店铺。5层是日式料理的美食街，地下就是台湾故事馆。

MAP 剪切地图-9、p.55-C
台北站前

电脑、电子机器

- 忠孝西路一段50号
- 02-6630-8289
- 11:00~22:00（周五、周六~22:30，周日、节日~21:30）
- 除夕 语 中
- HP www.kmall.com.tw

NOVA

电脑部件零售基地

位于台北站前的新光三越百货和馆前路相夹的西面。电脑零件店、数码产品等硬件系列的店铺共有120多家。在台湾，很多人都是使用组装机的。卖CD、DVD等媒体软件的店铺也不少。台中、新竹等地均有分店。

MAP 剪切地图-9、p.55-C
台北站前

电脑、电子机器

- 馆前路2号
- 02-2381-4833
- 11:00~22:00，周六10:30~22:30，周日、节日10:30~21:30
- 无休
- HP www.nova.com.tw

光华观光玉市

玉品、古董排排看

沿着市民大道和新生北路的夹角步行，就能看到一家家经营玉和古董的小店。从作为特产的廉价玉到价值连城的好玉和古董，交易范围很广。不过也是鱼目混杂，再加上不少古时道具的出售，对自己眼光不自信的人还是不要随便高价购入。

MAP 剪切地图-11、p.58-F
MRT忠孝新生站附近

古董

- 市民大道三段
- 11:00~21:00（店主自定）
- 无休（店主自定）
- 语 中

三晋古董商场

高级古董店一条街

MRT忠孝新生站出站北上至光华商场方向的新生南路，即可看到写有"三晋古董商场"字样的地下入口。地下层经营着近30多家古董店。以玉、佛像、陶器的店铺居多，也有砚、壶和青铜器店铺等。

MAP 剪切地图-18、p.58-F
MRT忠孝新生站附近

古董

- 新生南路一段
- 11:00~20:00（店主自定）
- 原则上是每月第2、4个周一（店主自定）
- 语 中

鹤浦院

MAP ● 剪切地图-25、p.65
永康街

古董

精致的中国古董店

位于永康街，展示、出售明代古董的店铺。老板兼古董收藏家张先生最爱纯金银的首饰及装饰品，而且每月都有新货展示。

- 永康街6巷8~1号
- 02-2392-8484
- 10:00~21:00
- 无休
- 中、英

中华工艺馆

MAP ● 剪切地图-17、p.55-H
台北站南部

工艺品

网罗台湾所有工艺品的直销店

从台湾各地淘来的民间工艺品及手工艺品，质量上乘，从地下1层一直摆放到3层。另外还有专门经营特产的百货店，质量有保证，不过价格略高些。

- 徐州路1号
- 02-2393-3655
- 9:00~17:30
- 无休　中、日、英
- http://www.handicraft.org.tw/

美霖古玩文物

MAP ● 剪切地图-11、p.57-L
新生北路

工艺品

寻找古老的工艺品

主要经营1960~1970年间制作的陶瓷器和书画。店内优雅地陈列着从数百元的首饰到数十万元的古董，吸引了不少顾客前来购买，此外还设有茶馆。

- 新生北路二段38号-1
- 02-2567-7711
- 8:30~18:00
- 无休
- 中、日

胜大庄

MAP ● 剪切地图-10、p.55-D
台北站附近

书法用品

书法和水墨画的器具专卖店

古色古香的店铺里，除了文房四宝——笔墨纸砚，还有笔筒、画集等出售。其中黄鼠狼和绵羊毛制成的"如意笔"和牛耳朵毛制成的毛笔等深受好评。地下层的古董以趣味性居多。

- 忠孝西路一段25号
- 02-2389-1212
- 10:30~20:30
- 无休
- 中、日、英

琉璃工房

MAP ● 剪切地图-26、p.59-L
敦化南路／天母

工艺品

国际琉璃工艺品展览

台湾电影女星杨惠姗退出影坛投身工艺品创作世界而设立的展览馆，相当有名。其琉璃工艺品深受日本、欧美关注。

- 敦化艺廊：敦化南路一段346号
- 02-2701-3165　无休
- 天母国际艺廊：天玉街7号
- 02-2873-0258
- 10:30~20:30　中、英

海艺珊瑚珠宝

MAP p.52-B
圆山

珠宝饰品

主营珊瑚首饰

以玉和珊瑚为材料，镶嵌在珍珠、水晶、陶瓷器等首饰或装饰品上的工艺品，涉及范围广，从特产到高级精品，应有尽有。隔壁是卖茶具的圆山茶行。

- 中山北路四段1号（圆山大饭店2F）
- 02-2885-3480
- 17:30~22:00
- 无休　中、英、日

大新银楼

台北豪门望族的御用店

曾是台北豪门望族太太们购买金银首饰的御用店。既可以买橱窗里的陈列品，也可以拿着金石玉器要求定做。

MAP ● 剪切地图-16、p.55-G
台北站南部

珠宝饰品

- 重庆南路一段82号
- 02-2311-5697
- 10:00~18:00
- 休 周日
- 语 中、英、日

全丽行珠宝

珠宝饰品批发街

珠宝饰品的批发商基本上都聚集在重庆北路。在这里，你会觉得像逛路边摊一样的惬意。不妨逛一逛这条批发街，看一看台湾风格的首饰，肯定让你大饱眼福。

MAP ● 剪切地图-9、p.57-J
重庆北路

杂货

- 重庆北路一段22、23号
- 02-2555-4475
- 10:00~20:00（周日至18:00）
- 休 无休
- 语 中、日

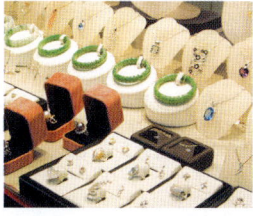

点石斋图章店

制作独特印章

享誉50多年传统的老字号印章店。纯手工制作，印相都看得到。玛瑙印章1200元起，水晶印章2000元左右，包含雕刻费，仅限3字以内。一般1~3天即可完工。

MAP ● 剪切地图-16、p.54-B
台北站南部

印章

- 沅陵街1-1号
- 02-2311-1606
- 9:00~19:30（周日12:00~）
- 休 无休
- 语 中

士林名刀

台北闻名的刀具店铺

位于台北市街北面，士林夜市附近的一家刀具专卖店。经营各种刀具，以菜刀为主。但要注意如果刀刃过长，安检时会被没收的。

MAP p.79
士林

刀具

- 文林路271号
- FAX 02-2882-3752
- 10:00~21:00
- 休 无休
- 语 中、英、日

小熊妈妈DIY

台湾风格的护身符

台湾最大的手工制品店。有串珠、工艺布等制作材料，以及财神、新婚夫妇的串珠护身符等。周边聚集了不少这样DIY的用品店。

MAP ● 剪切地图-9、p.57-J
台北站周

手工制品

- 延平北路一段51号
- 02-2550-8899
- 9:00~21:30
- 休 无休
- 语 中、日、英

彰艺坊古典戏偶工作室

布袋剧人偶店

这里展销传统布袋剧使用的人偶。服装、细节都极其考究，十分精美。其中每年推出的干支人偶系列广受好评。古董、新品均可购买。

MAP ● 剪切地图-20、p.60-E
敦化南路

布袋剧人偶

- 敦化南路一段245号（诚品书店敦南B1）
- 02-2775-5977（内735）
- 11:00~22:00（周五、周六至22:30）
- 休 无休 语 中、英

水晶超市

MAP● 剪切地图-9，p.57-J 台北站北

石头的世界
玉、杂货

经营天然石器。进门仿佛置身于水晶、玛瑙装饰品、首饰以及中国结的世界里，一派壮观气象。还能买到物美价廉的台湾特产，天然石串珠最低60元起。

- 郑州路87号
- 02-2555-0025
- 10:00~21:00
- 无休
- 中、英

波克

MAP● 剪切地图-19，p.59-L 敦化南路周边

中国结和陶瓷串珠批发店
杂货

专门批发中国结和陶瓷串珠等零部件，以及编织好的钥匙圈、装饰品。店铺里面可以看到编织中国结的全过程。这里的商品品种丰富，价格便宜。

- 东丰街35号
- 02-2702-8046
- 9:00~20:30
- 周日、节日
- 中、英

儿时窝

MAP● 剪切地图-3，p.57-I 中山北路

老板自己设计产品
杂货

小巧别致的店铺里，摆满了用纯银、18K金、富有古韵的玉和宝石等材料打制的耳环、手链、项链等。大部分款式都是留学日本的老板娘亲自设计的。

- 中山北路二段65巷9-3号
- 02-2561-4509
- 12:00~20:00
- 周日
- 中、日、英

鸿星时装旗袍专门店

MAP● 剪切地图-10，p.57-K MRT中山站附近

技艺精湛的裁缝师量身打造的旗袍
旗袍

正门小得让人差点错过这家店，却是游客眼里的知名店。老板萧先生是个集精湛手艺和传统设计于一身的老裁缝师。包括量身在内只要3天就能完成一套专属于你自己的旗袍。

- 长安西路38号
- 02-2541-0838
- 9:00~21:00
- 无休
- 中

李尧棉衣店

MAP● 剪切地图-25，p.65 永康街

休闲设计很受欢迎
中式服装

针对年轻消费者，出售现代版旗袍和小物件的店。传统与时尚完美结合的设计理念成就了休闲唐装的风靡。每一件衣服都融入了设计师独特的个性。强力推荐手工染制的纯棉连衣裙。

- 丽水街2号
- 02-2396-7843
- 11:30~21:30
- 无休
- 中、日、英

衣锦园

MAP● 剪切地图-25，p.65 永康街

休闲中式服装
中式服装

该店主打融入中式设计理念的棉质衬衣、连衣裙等。纯色衬衣1000元左右，含刺绣或手绘的要价更高。款式多样，也有男式上衣和衬衣。

- 永康街31-5号
- 02-2392-0399
- 11:00~21:00
- 无休
- 中、英

声声慢

MAP ○ 剪切地图-25、p.65
永康街
中式服装

时尚摩登的唐装

棉质、麻质外套1000~1900元，丝质2500元起。所谓摩登设计就是在旗袍上开个领子，令其具有礼服气派。该店还提供首饰、围巾、小物品等装饰品。

- 丽水街11-1号
- 02-2341-9422
- 12:00~21:30
- 无休
- 中、英

shawnyi

MAP ○ 剪切地图-28、p.61-K
台北101 购物中心二层
中式服装

台湾设计师的品牌

曾是巴黎服装发表会上的焦点，现已发展成在世界15个国家设有分店的台湾设计师的金字招牌。色彩艳丽且刺绣华丽的披巾、毛衣、连衣裙以及高额串珠织成的包包，美得令人陶醉。

- 市府路45号
- 02-8101-7692
- 周五至周四11:00~21:30，周五、周六、节日前一晚11:00~22:00
- 无休 中

小花园

MAP ○ 剪切地图-15、p.54-A
西门町
鞋

不由倾倒在鞋子的世界里

怀旧风格的店铺，摆满了绣花、珠片、亮片等款式的中式布鞋和拖鞋，与旗袍相得益彰。

- 峨嵋街70号1F
- 02-2311-0045
- 12:00~18:00
- 无休
- 中、日、英

小格格鞋坊

MAP ○ 剪切地图-15、p.54-F
MRT西门站附近
鞋

可爱又柔软的鞋子

中式鞋子专卖店。纯手工制作，轻便又柔软，而且价格适中。花刺绣、亮片刺绣等细节部分也十分精良。不少款式平时出门也能穿。还可手洗。

- 西宁南路96号
- 02-2370-9063
- 10:00~22:00
- 无休 日、中
- HP http://www.eb-shoes.com.tw/

帕沙米那

MAP p.61-D
五分埔
中式服装

平时也能穿的中国装

中式棉质外套和连衣裙的专卖店。传统的中式设计，配上可爱的贴花等。一件件款式不一又别具一格的时装，只有在批发店才有哦。

- 永吉路445巷3号
- 02-2769-3263
- 周一至周六13:00~22:00，周日13:00~20:00
- 无休 中

宜姿旗袍工作室

MAP ○ 剪切地图-9、p.57-G
迪化街永乐市场
旗袍

选材量身定做

永乐市场的3层有家旗袍裁缝店。只需2层买布、3层量身、最后定做三部曲即可拥有一套合身的旗袍。裁缝费3500~4500元（布料另算）。

- 迪化街一段21号永乐市场3F第6街3085室
- 02-2552-7700 10:00~18:00
- 周一、节日 中 HP http://tw.myblog/cloth-kingking/

圆融坊

MAP ● 剪切地图-25、p.65
永康街
杂货

发现好东西

刺绣的丝质小物件、包包、桌布以及纸巾盒等，这些传统又不失华丽的杂货此刻就展现在你的眼前。此外，店里还陈列着不少银制品、皮革制品、T恤和陶器类商品。

✉ 永康街2巷12-1号
☎ 02-2322-2981
🕐 11:00~21:00
休 无休
语 中、英、日

葳臻（地下街）

MAP ● 剪切地图-9、p.57-J
台北地下街
杂货

地段好，适合买礼品

由设计师陈慧娟设计，别具一格的中国古典美的纯手工包包专卖店。也有不少小物件，如化妆包、钱包等，价格200元起，最适合做礼品送人。

✉ 台北地下街53号
☎ 02-2559-9020
🕐 11:00~20:30
休 节日
语 中

诚品书店

MAP ● 剪切地图-21、p.61-G
MRT市政府站附近
书籍·杂货

CD、杂货俱全的台北最大书店

台北最大的图书连锁店，汇集各类书籍。市政府对面的信义店就是囊括图书30万种、100万册以上的旗舰店。台湾的时尚杂志、城市日志、观光导游手册吸引了众多旅行者。台湾不少书店的图书都有封套，无法阅读里面的内容，这里却是完全的开放式，并人性化地在各个场所摆放椅子供读者阅读。除了CD、电脑、经过严选的杂货等，还有迷你会场、儿童主题公园、餐厅等，足以让你度过愉悦的时光。

信义店（旗舰店）
✉ 松高路11号
☎ 02-8789-3388
🕐 书店10:00~24:00（周五、周六至次日2:00）B2、B1、1F、4F 11:00~22:00（周五、周六至23:00），5F 11:00~22:00
休 无休　语 中、英

敦南店　☎ 02-2775-5977
台北天母忠诚店　☎ 02-2873-0966
台北台大店　☎ 02-2362-6132
台北西门店　☎ 02-2388-6588
台北捷运店　☎ 02-2375-9488
士林店　☎ 02-8861-1827
忠孝SOGO店　☎ 02-2740-1399
剧场生活店　☎ 02-2393-5559
HP http://www.eslite.com/

登山友商店

MAP ● 剪切地图-10、p.55-D
台北站南部
登山用品

徒步、潜水用品这里统统有

经营帐篷、登山包等登山用品和野外商品的专卖店。要想徒步游台湾，这里可是提供必要工具的地方。除此之外，这里还提供登山地图和一些有用信息。

✉ 中山北路一段18号
☎ 02-2311-6027
🕐 10:00~21:30
休 周日
语 中、英、日

忠明自行车（捷安特民权店）

MAP ● 剪切地图-5、p.53-C
民权东路
自行车

捷安特专卖店

在台湾众多自行车品牌中，捷安特可是著名品牌。如果买了又暂时不用，可要求打包送到酒店。

✉ 民权东路130号
☎ 02-2545-1651
🕐 12:00~21:00
休 周日
语 中、英

台湾伞店

MAP p.73
公馆

台湾主题店

出售台湾相关物品

老板吴先生希望更多的台湾人能了解自己家乡的独特文化而开了这家店。他收集了历史、语言、民族等相关内容的书籍以及CD、磁带、明信片等一切与台湾有着千丝万缕联系的物品。

- 新生南路三段76巷6号1F
- 02-2362-5799
- 10:00～21:30
- 无休
- 中、英、日

台铁本铺

MAP ●剪切地图-9、p.55-C、p.318
台北站内

铁道主题店

怀旧式木制车站风格的小店

台北站内1层西侧一角的一家小店。作为台湾铁道直销店，这里陈列了铁道模型、车票、交通卡、T恤、带子等台铁迷喜欢的物品。你也可以购买铁道时刻表。隔壁就是车站便当房。

- 北平西路3号（台北站西3门）
- 02-237-3558（台北站）
- 8:00～20:00
- 无休
- 中

新东阳

MAP ●剪切地图-20、p.60-E
忠孝东路

食品店

台湾食品连锁店

台湾地区拥有数家连锁店的食品店，多设在机场、百货大楼里。干鱼子、猪肉干、牛肉干、肉松、香肠等都是真空包装，适合送人。

- 忠孝东路四段303号
- 02-2752-8806
- 8:30～22:00
- 无休　中
- http://www.hty.com.tw

义美食品

MAP ●剪切地图-3、p.57-I
中山北路

台湾糕点

坚持制作传统习俗的节日糕点

1934年成立之后奠定了台湾食品业的代表地位。在不断推出符合现代人口味的新品同时，仍坚持制作台湾传统习俗的节日糕点。市内有多家分店。

- 中山北路二段97号
- 02-2560-4977
- 10:00～22:00
- 无休
- 中

台北犁记饼店

MAP ●剪切地图-11、p58-B
MRT忠孝新生站附近

台湾糕点

超好吃的凤梨酥

于1894年创立的老字号店铺。招牌糕点凤梨酥最有名，是"不含任何添加剂、防腐剂，纯天然制作"的高品质象征。绿豆小月饼和太阳饼也是人气糕点。可以根据自己的喜好搭配购买。

- 长安东路二段73号
- 02-2506-2255
- 9:00～21:00（中秋节8:00～22:00）
- 无休　日、英、中
- http://www.taipeileechi.com.tw/

玉山商行

MAP ●剪切地图-2、p.57-G
民权西路

糖果

华丽的婚庆喜糖

中国的结婚仪式上，新郎新娘有发送喜糖的习俗。这家就是喜糖专卖店。把糖放入印有"双喜"的各种可爱造型的红袋子里，送人也不错哦。

- 民生东路368号
- 02-2559-1209
- 周一至周六9:30～20:00，周日10:00～18:30
- 无休　中、英

六安堂

质量有保证的食材和干果店

MAP ● 剪切地图-2、p.57-G
迪化街
干货

迪化街的百年老字号干货店。可以买到燕窝、干贝、鹿茸干等食材，还有花茶、中草药等。总之货品琳琅满目，令人目不暇接。因为是老字号，所以质量有保证。

- 迪化街一段75号
- 02-2559-8599
- 9:00~21:00
- 无休
- http://www.6an.com.tw

林华泰茶行

可零售的台湾茶批发店

MAP ● 剪切地图-2、p.57-G
重庆北路
台湾茶

台北市内的茶叶零售批发店。零售的话要150克起卖。说到购买批发茶叶的好处，那就是当面打开大型茶罐，确认茶香茶色后再购买。

- 重庆北路二段193号
- 02-2557-3506
- 7:30~21:00
- 无休
- 中、英、日

滋和堂

向旅行团供应中草药的药店

MAP ● 剪切地图-11、p.57-L
林森公园周边
中草药

建筑物1层是中医部（周日、节日休息）、足健部（足底按摩），2层是中草药大卖场，主要面向各国旅行团。

- 新生北路一段59号
- 02-2521-2308
- 9:00~22:00（中医部周六至18:00）
- 无休　语 中、日、英

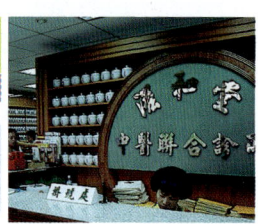

想不想试试？汉方化妆品

含有高丽人参的护肤水、加有珍珠的乳液等各式各样中草药配方的化妆品，这可是号称当年杨贵妃、慈禧都爱用的宫廷御品，现如今在屈臣氏、康是美、莎莎等连锁店都能轻松购得。一片面膜也就30元左右，一点儿也不贵。适合馈赠家人、朋友。

加有中草药和茶叶的药皂

富含玫瑰（左）、人参（右）精华的面膜　　左起分别为丝瓜化妆水、添加18种草药精华的乳液、添加儿茶素的去角质洗面奶

DFS
环球免税店

DFS Galleria Taiwan
MAP ● 剪切地图-10、p.57-L 中山北路

世界一流品牌

所谓DFS，就是以太平洋区域为中心的国际商品免税连锁店。DFS台北分店展销台就位于晶华酒店地下2层。开放式的楼层，奢侈品牌宛如百花争艳，令你目不暇接。太阳镜、围巾、时尚配饰、化妆品、香皂等都深受顾客欢迎。另外，中国特色的礼品也十分丰富，像玉器、茶具、旗袍、富有乡土人情的手工艺品以及明星食品凤梨糕等。

服务员待人接物都很讲礼节，服务很周到。食品部经常推出新品试吃，客人可以根据自己喜好品尝。

在当地购买的商品，其保质期或维修期的服务也是通用的。这样的贴心服务实在是不可多得。

少数民族的服装、小物品等品种丰富，光是看就让人兴趣盎然

聚集了香水、化妆品等国际一线品牌，购物简单便捷

● 服务周到

出示酒店的出租车发票可换取200元购物券，也提供大件行李寄存、外币兑换等各种服务，可让顾客安心购物。

免税店
✉ 中山北路二段39巷3号 晶华酒店B2
☎ 02-2522-9374
🕐 8:30～19:30
休 无休 语 中、日、英
HP http://www.dfsgalleria.com/

丽晶精品 Regent Galleria
MAP ● 剪切地图-10、p.57-L 中山北路

高级品牌的精品购物街

晶华酒店地下1层有一条有20余家高级品牌店的精品购物街。想看看香奈儿、普拉达等品牌时，建议去那里逛一逛。

✉ 中山北路二段39巷3号（晶华酒店B1）
☎ 02-2522-9366 🕐 10:00～21:00
休 无休 语 中、英、日(B1咨询中心)

升恒昌免税店（Everrich）
MAP ● 剪切地图-5、p.53-C 民权东路

免税店

交通便利的大型免税店

就在MRT中山中学站附近的民权东路边上。地下1层的宽敞空间里，陈列着高级品牌的时装、包包、鞋、首饰、化妆品等。除此之外，台湾本地的茶叶、工艺品、陶器也很多。凭机票和护照领取礼品券，可在机场的免税柜台换取小礼品一份。

✉ 民权东路三段72号B1
☎ 02-2502-8899
🕐 8:00～21:00
休 无休
语 中、日、英
HP http://www.everrich.com.tw/

酒店 HOTEL

- 宾馆费用基本以房间单位为准
- 多数酒店平时都有打折优惠活动，请事先在网上进行确认。
- 网上直接预订和宾馆官网预约的折扣是不一样的。

台北住宿　　适合自己旅行计划

● 档次

根据台北酒店的称谓，大致可分为以下几种等级。类似大饭店、饭店、酒店、宾馆这样称谓的多指国际观光酒店、观光酒店的等级；商务饭店这样带有"商务"二字的经济型酒店较多；旅社、旅馆等住宿等级就比较低，适合徒步旅行者或出差的公司职员。

豪华观光团几乎都入住国际观光酒店或观光酒店，而普通观光团则入住设备简单齐全的商务酒店。

● 交通

在台北，除了入住酒店，选择交通方式也是主要考虑的问题。如果你想节俭个人游，自然首选捷运（MRT）。台北市内的各大观光景点几乎都在MRT的运行范围之内。如果你是团体旅行又想提高效率，建议还是以打车为主，不要太拘泥于捷运。

桃园国际机场的航班也很方便。从机场到酒店的途径很多，比如酒店或旅行团的接送大巴、机场巴士（直达巴士）或直接打车也可以。个人游的情况下，千万别忘了确定机场大巴的站点，一般都在酒店附近。

● 费用和设备

台湾的酒店费用一般是以房间单位表示。有时单人房是指可供两人休息的大床客房。像单人房，在一流的国际观光酒店需8000元左右，一般的酒店或高级商务酒店需5000元左右，而普通商务酒店只要2000元左右。

设备方面需要注意的是有无浴缸。商务酒店和一般酒店多以淋浴的客房为主。按照台湾的生活习惯，这样的设备可算不上劣等。如果希望泡个澡，在预约时请明确要求。

再者，台湾公共建筑场所是禁止吸烟的，客房也不例外。吸烟最好去吸烟室或室外。

台北君悦大饭店　Grand Hyatt Taipei

 MAP ● 剪切地图-21 p.60-J
乘坐MRT板南线至市政府站下车步行10分钟

高高耸立在雅静的商务&高级购物区

台北101就耸立在酒店身后。入口处极其宽敞，大厅设计新颖，紧随潮流，开放式空间直达4层。所到之处都配备间接照明，整体感觉华丽优雅。客房布置豪华又不失温馨感。
另外，大饭店还设有高级SPA。

- 松寿路2号
- 02-2720-1234
- FAX 02-2720-1111
- S/T13000元～
- 856 中、日、英
- HP http://taipei.grand.hyatt.com/

MAP ○ 剪切地图-12、p.59-C
乘坐MRT木栅线到南京东路站下车步行10分钟

六福皇宫
The Westin Taipei

设备豪华的高级酒店

可谓是购物大楼和酒店鳞次栉比的南京东路上高级酒店。商务中心自然不在话下，泳池、健身房、桑拿房等都是最新设施。配有大理石浴缸的客房里准备了2套睡衣，让你享受舒适的高级待遇。酒店内部的餐厅都是台湾名店，喜爱传统风味美食的你可以尝一尝。

- 南京东路三段133号
- 02-8770-6565
- FAX 02-8770-6555
- S/T12500元~
- 288 中、日、英
- HP http://www.westin.com.tw/

MAP ○ 剪切地图-5、p.53-G
乘坐MRT木栅线至中山中学站下车步行10分钟

台北西华饭店
The Sherwood Taipei

稳重又豪华，典雅又高贵

外观稳重的现代建筑、典雅内敛的正门设计，无不展现出饭店含蓄的东方美。店内、客房以古典欧式风格混搭现代主义，极具艺术水准。明亮的室内装饰和建材，装点出气派、华丽的格调。西式设计的完美运用，令人身心愉悦。

- 民生东路三段111号
- 02-2718-1188
- FAX 02-2713-0707
- S/T12000元~
- 345 中、日、英
- HP http://www.sherwood.com.tw/

MAP ○ 剪切地图-10、p.57-L
乘坐MRT淡水线至中山站下车步行6分钟

台北晶华酒店
Grand Formosa Regent Taipei

宽敞明亮，奢华舒心

你定会被大厅以及内部延伸的咖啡厅、餐厅如此宽敞的空间而惊呆，楼层的开放式设计更是扩大了这一特点。大型的玻璃采光度极佳，给人明亮整洁的感觉。客房也大得奢侈。再加上服务员待客周到，的确是一个令人舒心的高级酒店。地下2层就是DFS免税店。

- 中山北路二段41号
- 02-2523-8000
- FAX 02-2523-2828
- S11000元~/T11500元~
- 538 中、日、英
- HP http://www.grandformosa.com.tw/

MAP ○ 剪切地图-17、p.55-D
乘坐MRT板南线至善导寺站下车步行1分钟

台北喜来登大饭店
Sheraton Taipei Hotel

位于台北站附近，去哪儿都便利

MRT善导寺站下车步行1分钟即到，去台北站也只需步行即可。不但交通便利，而且远离繁华地带，给人一片难得的宁静。近几年翻新完的店内，展现出优雅的中国文化元素。有广东菜、法式大餐、意大利菜、怀石料理、泰国菜等9家餐厅、酒吧，足以使客人满意而归。

- 忠孝东路一段12号
- 02-2321-5511 FAX 02-2394-4240
- S/W11000元~
- 688 中、日、英
- HP http://www.sheraton-taipei.com/

香格里拉台北远东国际大饭店
Shangri-La's Far Eastern Plaza Hotel Taipei

MAP ○ 剪切地图-27　p.53-K
乘坐MRT木栅线至六张犁站下车步行10分钟

位于摩登的双子大厦里

位于双子大厦43层高的新酒店，在台北市内耀眼夺目。客房视野极佳。酒店设计简洁大方，1层大厅十分漂亮。

✉ 敦化南路二段201号
☎ 02-2378-8888
FAX 02-2377-7777
NTR S10300元～/T10900元～
室 420　语 中、日、英
HP http://www.feph.com.tw/

台北富华大饭店
The Howard Plaza Hotel Taipei

MAP ○ 剪切地图-19　p.59-L
乘坐MRT板南线至忠孝复兴站下车步行7分钟

稳重而不失豪华的酒店

大厅内部中空处设有瀑布、喷泉，开放感强烈；客房配有中式家具，稳重端庄。市内和地方城市还有几座该系列的酒店。

✉ 仁爱路三段160号
☎ 02-2700-2323　FAX 02-2700-0729
NTR S/T9000元～
室 606　语 中、日、英
HP http://www.howard-hotels.com.tw/

老爷大酒店
Hotel Royal Taipei

MAP ○ 剪切地图-10　p.57-K
乘坐MRT淡水线至中山站下车步行5分钟

内外欧式风格

外观呈欧式风格的日航系酒店。近来刚翻新完，提供温水清洗马桶等舒适设备。设有日本料理店"中山"和推出下午茶的广东菜馆"明宫"。

✉ 中山北路二段37-1号
☎ 02-2542-3266
FAX 02-2543-4897
NTR S8800元～/T10000元～
室 202　语 中、日、英
HP http://www.royal-taipei.com.tw/

亚都丽致大饭店
The Landis Taipei Hotel

MAP ○ 剪切地图-4　p.56-F
乘坐MRT淡水线至民权西路站下车步行15分钟

台北最高级别的建筑风格

奢华的法式装修，营造出复古时期巴黎、纽约街头的浪漫气氛。

✉ 民权东路二段41号
☎ 02-2597-1234
FAX 02-2596-9223
NTR S/T8000元～
室 200　语 中、日、英
HP http://www.landistpe.com.tw/

长荣桂冠酒店（台北）
Evergreen Laurel Hotel (Taipei)

MAP ○ 剪切地图-11　p.58-B
乘坐MRT板南线至忠孝新生站下车步行10分钟

长荣航空旗下的豪华酒店，客房宽敞舒适

拥有43平方米以上的宽敞型客房的舒适酒店。羽绒的寝具和意大利直接进口的家具打造奢华享受，大理石的浴室令人愉悦。地下层有冰泥护肤疗养美体美容店。

✉ 松江路63号
☎ 02-2501-9988　FAX 02-2501-9966
NTR S8500元～/T10500元～
室 95　语 中、日、英
HP http://www.evergreen-hotels.com/

台北华国大饭店
Imperial Hotel Taipei

MAP p.56-F
乘坐MRT淡水线至民权西路站下车步行10分钟

安静、整洁的酒店

　　所见之处一片整洁的酒店。使用粉色、绿色的欧式装潢居多，明亮素雅。大厅人少安静。房客以外人员禁止入内的规定令人放心。客房配备温水清洁马桶。

- 林森北路600号
- 02-2596-5111　FAX 02-2592-7506
- S/T8000元~
- 288　中、日、英
- HP http://www.imperialhotel.com.tw/

王朝大酒店
Sunworld Dynasty Hotel Taipei

MAP 剪切地图-13　p.59-D
乘坐MRT木栅线至南京东路站下车步行10分钟

设计大胆，装修豪华

　　设计大胆的豪华酒店，中空大厅颇具魅力。里面的咖啡厅也极具开放感。内部卡其色基调的沉稳装潢、聚集国际品牌店铺的走廊，尽显"酒店中的城市"之感。

- 敦化北路100号
- 02-2719-7199　FAX 02-2545-9288
- S/T7200元~
- 730　中、日、英
- HP http://www.sunworlddynasty.com/

华泰王子大饭店
Gloria Prince Hotel Taipei

MAP 剪切地图-3　p.57-I
乘坐MRT淡水线至双连站下车步行10分钟

安心的设施+优质的服务

　　位于中山北路二段附近，日本人开的商店和餐馆较多的林森北路上。这里是日本的王子连锁酒店改装后的新面孔，客房装潢非常时尚。

- 林森北路369号
- 02-2581-8111
- FAX 02-2581-5811
- S/T7800元~
- 220　中、日、英
- HP http://www.gloriahotel.com/

国联大饭店
Taipei United Hotel

MAP 剪切地图-20　p.60-F
乘坐MRT板南线至国父纪念馆站下车步行3分钟

简单而不失温馨的酒店

　　半圆桶式的外观华丽耀眼，大厅整洁明亮。虽说位于台北市中心，却远离繁华街道，坐拥喧闹外的一份宁静。客房、餐厅设计简单大方。

- 光复南路200号
- 02-2773-1515
- 02-2741-2789
- S7400元~/T7800元~
- 243　中、日、英
- HP http://www.unitedhotel.com.tw/

台北国宾大饭店
The Ambassador Hotel Taipei

MAP 剪切地图-3　p.57-I
乘坐MRT淡水线至双连站下车步行7分钟

商务、观光两全其美的老牌酒店

　　台北老牌酒店之一，客房统一茶色系，木制装饰，温馨典雅。入住客人较多，设有商务中心。

- 中山北路二段63号
- 02-2551-1111　FAX 02-2561-7883
- S6500元~/T7400元~
- 426　中、日、英
- HP http://www.ambassadorhotel.com.tw/

台北商旅庆城馆
Les Suites Taipei

MAP ○ 剪切地图-12, p.59-D
乘坐MRT木栅线至南京东路站下车步行2分钟

魅力在于便捷的交通

魅力就在MRT南京东路站下车2分钟的便捷交通。作为商旅／商务酒店，设施、服务可谓是五星级别。客房、大厅舒适安逸，深受旅行者的好评。附赠早餐。

- 庆城街12号
- 02-8712-7589
- FAX 02-8712-7699
- S/T7500元～
- 84 语 中、日、英
- HP http://www.suitetpe.com.tw/

台北恺撒大酒店
Caesar Park Hotel Taipei

MAP ○ 剪切地图-10, p.55-C
台北站起步行3分钟

台北站正对面的高级酒店

位于台北站的正对面，临近统一元气馆、新光三越百货，十分便利。车站前的地下街直达酒店内部，下雨天也不愁。这家高级酒店的所有客房提供网络，可租借电脑。

- 忠孝西路一段38号
- 02-2311-5151
- FAX 02-2331-9944
- S/T7200元～
- 378 语 中、日、英
- HP http://www.caesarpark.com.tw/

美丽信花园酒店
Miramar Garden Taipei

MAP ○ 剪切地图-11, p.59-G
乘坐MRT板南线至忠孝新生站下车步行10分钟

时髦的都市派酒店

潇洒的欧式外观设计，极受女性欢迎的酒店。天花板高而宽广的客房比起国际标准绰绰有余。离台北商业街、购物街都比较近，适宜时髦的都市派商人和观光客入住。

- 市民大道三段83号
- 02-8772-8800 FAX 02-8772-1010
- S/T6000元～
- 203 语 中、日、英
- HP http://www.miramargarden.com.tw

台北国际饭店
Taipei International Hotel

MAP ○ 剪切地图-10, p.57-L
乘坐MRT淡水线至中山站下车步行5分钟

高级商务酒店

虽然是商务型酒店，却洋溢着贵族气息。超薄型大屏幕电视等设施很新式，提供变压器借用，客房舒适。附赠早餐，西式、日式、中式任君挑选。还设有下午茶餐厅，总之很方便。

- 南京东路一段66号
- 02-2562-7569
- FAX 02-6608-5777
- S6600元～/T7600元～
- 85 语 中、日、英
- HP http://www.htl.tw/

圆山大饭店
The Grand Hotel

MAP p.52-B
乘坐MRT淡水线至圆山站下车有专车接送需5分钟

体验皇室氛围的豪华世界

中国宫殿式的大型建筑物。周围是修整过的自然公园，环境清新优雅，是散步的绝佳之处。南侧客房可观望台北市街景致。

- 中山北路四段1号
- 02-2886-8888
- FAX 02-2885-2885
- S/T5700元～
- 489 语 中、日、英
- HP http://www.grand-hotel.org

神旺大饭店
San Want Hotel

MAP ○ 剪切地图-20　p.60-E
乘坐MRT板南线至忠孝敦化站下车步行1分钟

购物便利的酒店
　　位于时尚商业街忠孝东路的对面，交通便利。1层是餐厅，4层才是大厅，客房在5层以上。2、3层是正宗的潮州菜餐馆。

- 忠孝东路四段172号
- 02-2772-2121
- FAX 02-2721-0302
- NT S6000元~/T6800元~
- 268　中、日、英
- HP http://www.sanwant.com

城市商旅
City Suites

MAP ○ 剪切地图-9　p.57-G
乘坐MRT淡水线至中山站下车步行10分钟

让人满意的商务酒店
　　大客房、大型液晶电视、DVD、欧式风格的大浴池等，对于观光的人来说可是非常难得的舒适与温馨。位于迪化街和宁夏路附近，晚上逛逛夜市也不错。

- 南京西路169号
- 02-2550-7722
- FAX 02-2550-7733
- NT S/T5500元~
- 80　中、日、英
- HP http://www.citysuites.com.tw/

台北馥华商旅
Taipei Forward Hotel

MAP ○ 剪切地图-11　p.58-B
乘坐MRT板南线至忠孝新生站下车步行15分钟

时尚又不失温馨
　　更新后更加整洁大方的酒店。卡其色基调的清爽客房配有32英寸液晶电视。邻近南京东路、松江路，交通十分便利。酒店在街道内部，很安静。

- 中山区一江街3号
- 02-2511-8896
- FAX 02-2511-8897
- NT S/W4700元~
- 90　中、日、英
- HP http://www.fwhotel.tw/

三德大饭店
Santos Hotel

MAP p.56-E
乘坐MRT淡水线至民权西路站下车步行4分钟

温馨便利的酒店
　　耸立在居民街道承德路上的酒店，给人以家的温馨感。全部客房配备监控来访者电视监控系统等，保证居住安全。暖色调的装饰令人安心。离MRT车站较近，行动方便。

- 承德路三段49号
- 02-2596-3111
- FAX 02-2596-3120
- NT S/T4500元~
- 287　中、日、英
- HP http://www.santoshotel.com/

兄弟大饭店
Brother Hotel

MAP ○ 剪切地图-12　p.59-D
乘坐MRT木栅线至南京东路站下车步行1分钟

交通便利的老牌酒店
　　位于MRT木栅线南京东路站旁边，酒店前的公交站路线较多。酒店内的台湾菜馆——兰花厅很有名。附近的复兴北路是高级品牌店一条街。

- 南京东路三段255号
- 02-2712-3456
- FAX 02-2717-3334/2717-5657
- NT S4300元~/T5200元~
- 250　中、英、日
- HP http://www.brotherhotel.com.tw/

京都商务旅馆
Kyoto Hotel

MAP ○ 剪切地图-3　p.57-I
乘坐MRT淡水线至中山站下车步行7分钟

服务贴心、周到的旅馆
　　柜台服务人员可提供观光或商务服务,便利又安心。手工制作的早餐大受好评。这里的标语为"安全·清洁·亲切"。

✉ 长春路38号
☎ 02-2567-3366
FAX 02-2531-7490
NT$ S4300元～/T5200元～
室 40　语 中、英、日
HP http://www.kyotohotel.com.tw/

康华大饭店
Golden China Hotel

MAP ○ 剪切地图-4　p.52-F
乘坐MRT淡水线至民权西路站下车步行5分钟

金色酒店
　　高贵典雅的雪白外观,却设计了一个金色基调的大厅,不愧是"Golden Hotel"。周边旅行社较多,机场大巴途经酒店的松江路,对旅行者来说很方便。

✉ 松江路306号
☎ 02-2521-5151　FAX 02-2531-2914
NT$ S4000元～/T4500元～
室 215　语 中、日、英
HP http://www.golden-china.com.tw/

泰大店
Gala Hotel

MAP ○ 剪切地图-4　p.52-F
从MRT淡水线民板西路乘坐出租车5分钟

清新感十足的客房
　　酒店虽然略显小巧,但是西餐厅和中餐厅皆有,散发着高级感。经过重新装修之后,客房以白色为主色调,精致典雅,清新感十足。

✉ 松江路186号
☎ 02-2541-5511
FAX 02-2531-3831
NT$ S3800元～/T4200元～
室 160　语 中、日、英
HP http://www.galahotel.com.tw/

136

富圆国际商务饭店
Rich Garden Hotel

MAP ○ 剪切地图-15　p.54-F
乘坐MRT板南线至西门站下车步行5分钟

方便观光的商务酒店
　　位于观光的黄金地段,步行到繁华街道西门町只要5分钟,到龙山寺、华西街夜市以及中山纪念馆只要15分钟。酒店大厅、客房是简洁型的中式设计。

✉ 中华路一段178号
☎ 02-2388-7890
FAX 02-2388-9780
NT$ S4000元～
室 48　语 中、日、英
HP http://www.eigo.com.tw/

天成大饭店
Cosmos Hotel

MAP ○ 剪切地图-10　p.55-D
台北站起步行3分钟

离台北站最近的酒店
　　位于台北站南侧17层酒店,便于观光、购物和商务活动。1层是咖啡厅,2、3层是茶餐厅"江浙天成楼"。

✉ 忠孝西路一段43号
☎ 02-2361-7856　FAX 02-2311-8921
NT$ S3200元～/T4000元～
室 226　语 中、日、英
HP http://www.cosmos-hotel.com.tw/

柯达大饭店(一店)
Hotel Kodak I

MAP ○ 剪切地图-10　p.57-L
乘坐MRT淡水线至中山站下车步行5分钟

时尚的城市酒店
　　具有城市酒店气息的时尚酒店。位于中山北路附近,周边很安静。经改装后更加洁净。没有双人房,统一是单人房。

✉ 中山北路二段11巷1号
☎ 02-2542-2222
FAX 02-2543-5507
NT$ S3200元～/T4000元～
室 53　语 中、日、英
HP http://www.khotel.com.tw/

绿峰大饭店
Green Peak Hotel

MAP ● 剪切地图-3、p.57-l
乘坐MRT淡水线至双连站下车步行10分钟

适宜观光、商务活动

位于中山北路和林森北路相夹的一角，在MRT双连站和中山站的步行圈内，地段位置优越。周围有许多餐馆和按摩店，可享受台北夜生活。

- 中山北路二段77巷18号
- 02-2511-2611　FAX 02-2563-7865
- NTS S3000元/T4000元~
- 60 语 中、日、英
- HP http://www.greenpeakhotel.com.tw

第一大饭店
First Hotel

MAP ● 剪切地图-11、p.58-B
乘坐MRT淡水线至中山站下车步行10分钟

深受商务顾客的好评

如银行般稳重的大气建筑物，以商务顾客为主。2、3层餐厅分别经营湖南菜、上海菜。服务员朝气蓬勃，待人亲切。

- 南京东路二段63号
- 02-2541-8234
- FAX 02-2541-2411
- NTS S2900元~/T3600元~
- 189 语 中、英、日
- HP http://www.firsthoteltaipei.com/

灿路都饭店
Hotel Sunroute Taipei

MAP ● 剪切地图-3、p.56-F
乘坐MRT淡水线至民权西路站下车步行7分钟

具有日系酒店的宽松氛围

日本Sunroute连锁型酒店。规模不大，却整洁大方。服务员时常接待日本人。设有日本料理店。

- 民权东路一段9号
- 02-2597-3610　FAX 02-2597-6523
- NTS S2850元~/T4000元~
- 125 语 中、日、英
- HP http://www.sunroute-taipei.com/

帝后大饭店
Empress Hotel

MAP p.56-E
乘坐MRT淡水线至民权西路站下车打车5分钟

可静静休息的酒店

远离喧闹的酒店。大厅弥漫着阵阵暖意，可以边休息边等人。客房令人意外的豪华。入住前请确认房间是否只能淋浴而没有浴缸。

- 德惠街14号
- 02-2591-3261
- FAX 02-2592-2922
- NTS S2100元~/T2400元~
- 68 语 中、日、英
- HP http://www.empress.com.tw/

台北华丽饭店
Ferrary Hotel

MAP ● 剪切地图-15、p.54-E
乘坐MRT板南线至西门站下车步行8分钟

面向个人旅行的新型商务酒店

位于西门町和龙山寺附近的商务酒店。合理的价格、安全卫生的设施以及餐厅、会议厅、运动馆等无微不至的服务吸引了不少自由旅行的个人。

- 康定路41号
- 02-2381-8111
- FAX 02-2314-7055
- NTS S2690元~/T 2970元~
- 88 语 中、日、英
- HP http://www.f-hotel.com.tw/

台北碧瑶饭店
Hotel B

MAP ● 剪切地图-12、p.59-D
乘坐MRT板南线至忠孝新生站下车步行10分钟

窗外的夜景非常迷人

靠近繁华街道，位于喧闹地带的中型酒店。不过正前方有个公园，对面就是迷人的台北101夜景。最难得的是有机场大巴站点。全面改装后的房间更漂亮。

- 八德路2段367号
- 02-2781-3121
- FAX 02-2771-8796
- NTS S2380元~/T2730元~
- 84 语 中、日、英
- HP http://www.hotelb.com.tw/

台湾岛北部・台北市内　137　酒店

华华大饭店
Hotel Flowers Taipei

MAP○剪切地图-16、p.55-C
台北站步行7分钟

服务员友好又热情

　　柜台服务人员友好亲切的商务酒店。大厅旁的茶餐厅适合约会碰面。分店还有Doutor咖啡店。

✉ 汉口街一段19号（本馆）、36号（分馆）
☎ 02-2331-7392　FAX 02-2312-3800
NT$ S/T2400元～
🛏 200　语 中、日、英
HP http://www.hotel-flowers.jp/

国光大饭店
Good Ground Hotel

MAP○剪切地图-15、p.54-F
乘坐MRT板南线至西门站下车步行2分钟

活力四射的西门町酒店

　　酒店坐落于拥有众多餐馆和剧院、年轻人聚集的西门町。乘坐MRT从台北站只要5分钟，前往各个观光景点也十分便利。孤身一人的女子入住也很安全。

✉ 成都路27巷6号
☎ 02-2371-8616　FAX 02-2361-9197
NT$ S2200元/D2400元/T2600元
🛏 60　语 中、英、日
HP http://www.goodground.hotel.com.tw/

优美饭店
Yomi Hotel

MAP○剪切地图-3、p.57-I
乘坐MRT淡水线至双连站下车步行5分钟

榻榻米的客房更舒适

　　双人房的特色在于设有榻榻米，客房干净整洁，给人身心愉悦的感受。住宿费含早餐。

✉ 民生东路一段28号
☎ 02-2525-5678
FAX 02-2563-0564
NT$ S2180元～/T3180元～
🛏 63　语 中、英、日
HP http://www.yomihotel.com.tw/

138

六福客栈
The Leofoo Hotel

MAP○剪切地图-4、p.52-F
乘坐MRT木栅线至南京东路站下车步行5分钟

中式风格的酒店

　　设计风格以中式为主流，深受外国游客的喜爱。除中国古典式客房外，还有日式客房。自助式早餐还是免费的。

✉ 长春路168号
☎ 02-2507-3211
FAX 02-2508-2070
NT$ S2000元～/T2200元～
🛏 230　语 中、日、英
HP http://leofoo.com.tw/

凯统大饭店
KDM Hotel

MAP○剪切地图-18、p.58-F
乘坐MRT板南线至忠孝新生站下车步行1分钟

台北市中心的商务型酒店

　　1层以餐厅为主，里面才是酒店入口。长期入住者可以享受优惠折扣，客人以商务人士居多。酒店还引进了新式空气净化设备和水过滤系统。

✉ 忠孝东路三段8号（新生南路口）
☎ 02-2721-1162
FAX 02-2711-9096
NT$ S1980元～/T2580元～　🛏 84
语 中、日、英　HP http://www.kdmhotel.com.tw/

新仕商务旅店
Shin-shih Hotel

MAP○剪切地图-3、p.57-H
乘坐MRT淡水线至双连站下车步行2分钟

往返机场的交通便利

　　机场大巴的站点就在附近，午夜航班也不用担心交通问题。附近还有MRT双连站，以及小吃街、市场，是适合行动派的商务酒店。网上预约还可享受优惠。

✉ 民生西路8号
☎ 02-2562-7466
FAX 02-2542-1477
NT$ S1880元～/T2280元～
🛏 32　语 中、日、英
HP http://www.shin-shih.com.tw/

弘宫大饭店
Horng Gong Hotel

MAP ○ 剪切地图-3，p.57-I
乘坐MRT淡水线至中山站下车步行7分钟

每次入门都听到"欢迎光临"的声音
位于林森北路附近，客人多为日本商人。客房备有浴衣，大厅入口的自动门每次打开都可听到"欢迎光临"的声音。地下层有KTV。

- 长春路39号
- 02-2564-3106
- FAX 02-2563-7992
- NT$ S/T1800元~
- 39 语 中、日、英
- HP http://www.hg-hotel.com.tw/

山水阁大饭店
Hotel San Sui

MAP ○ 剪切地图-3，p.56-F
乘坐MRT淡水线至民权西路站下车步行6分钟

小巧却有家的感觉
入口虽然很小，里面却是整洁明亮。服务员也是亲切有加，让客人置身于家的氛围中。酒店前就是中山北路，打车很容易。酒店后面是林森北路。

- 中山北路二段181号
- 02-2597-1280
- FAX 02-2597-1288
- NT$ S1400元~/T1600元~
- 68
- 语 中、日

台北市基督教青年会（YMCA）
Taipei YMCA International Guest House

MAP ○ 剪切地图-17，p.55-C
台北站步行4分钟

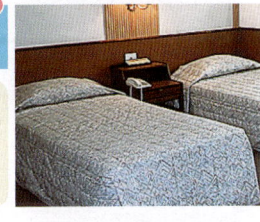

经济实惠、设备齐全
外观装修后更显大气。浴室、房间比想象中的明亮宽敞，设备齐全，价格实惠。可安心入住。

- 许昌街19号
- 02-2311-3201~8
- FAX 02-2311-3209
- NT$ S1800元~/T2200元~
- 84 语 中、英、日 C 可
- HP http://www.ymcataipei.org.tw/

剑潭海外青年活动中心
Chien Tan Overseas Youth Activity Center

MAP p.52-B
乘坐MRT淡水线至剑潭站下车步行10分钟

学生公寓式的公营宿舍
大学校园风格的墙砖搭建而成的时尚外墙。客房朴素整洁，没有单人房，有双人房至8人房的各种客房。还有带池小庭院和便利店。

- 中山北路四段16号
- 02-2885-2151
- FAX 02-2885-3360
- NT$ T1850元~
- 284 语 中、英、日
- HP http://www.cyh.org.tw/

台北国际青年旅社
Hostelling International Taipei YH

MAP ○ 剪切地图-9，p.55-C
台北站起步行3分钟

现代大楼里的集体宿舍
位于台北站前统一元气馆大楼的13层。13层至顶楼均为中空式设计，采光极佳。而且从13层眺望市内风景也是相当迷人。提供4人、6人、8人的宿舍。

- 忠孝西路一段50号13F-38
- 02-2388-0885
- FAX 02-6632-9288
- NT$ D490元~
- 语 中、英

大城
Oshiro

MAP ○ 剪切地图-10，p.57-K
台北站步行4分钟或MRT中山站步行3分钟

享受家一样的感觉
日本人大城先生经营的宿舍公寓。价格便宜，并免费提供一日两次的洗衣服务。自己洗衣则一次30元。房间均为4人间，浴室和洗手间公用。

- 长安西路78巷3弄4-1号3F、4F
- 02-2550-5063/5064
- NT$ 400元/床，2晚以上350元/床
- 语 中、日、英
- C 不可

台北近郊

漫步之基础知识 　　　　　141
转转台北近郊的老街 　　　142
近郊景点
　淡水 　　　　　　　　　146
　新北投 　　　　　　　　151
　阳明山 　　　　　　　　154
　乌来 　　　　　　　　　156
　九份 　　　　　　　　　158
　野柳／金山 　　　　　　162
　莺歌 　　　　　　　　　163
　三峡 　　　　　　　　　166
　新竹 　　　　　　　　　168
　基隆 　　　　　　　　　170
　宜兰 　　　　　　　　　172
　苏澳 　　　　　　　　　174

台北近郊

漫步之基础知识

如果有时间,不妨远离台北的喧嚣,到其他地方去探寻台湾的魅力吧

大海、高山、温泉,和大自然亲密接触

乘坐MRT、列车或巴士30分钟后就出了台北。进入近郊,你肯定会被大自然的辽阔所震惊。踏入郊外,为台北之旅增添一抹清新而又富有情趣的浪漫吧。

台北站乘坐MRT淡水线至淡水,展现在你眼前的便是夕阳无限美的小港城镇。西班牙人遗留的建筑物散发着异国他乡的奇妙味道;新鲜的鱼贝美食让你食欲大增。淡水线转新北投支线至新北投,就是台湾古老的温泉地。距离台北很近,温泉一日游的观光设备十分完善。

台北北部的阳明山,可是山樱、杜鹃等争奇斗艳的赏花名地。那里风光明媚,温泉遍布周围。提到温泉,就不得不说乌来温泉。坐着电车走访泰雅人的文化村,享受温泉一日游的乐趣。再往北就是以奇岩闻名的野柳、拥有海水浴场的金山等,一直到达海边。

台北乘坐东部干线列车前往国际港基隆,需40分钟左右。出站步行约10分钟便到了有名的奠基宫附近的夜市,可边走边吃海鲜料理。因电影《悲情城市》的拍摄而一跃成名的九份,也位于北部海岸线,近来因被誉为"宫崎骏导演的动画电影《千与千寻》中最符合剧情场景的地方"而人气大增。昔日金矿繁荣的景象和宽广的急斜面等独特风景为旅途增添了不少情趣。

高铁(新干线)的开通,便利了台北与新竹的连接。因半导体产业而繁荣起来的历史悠久老街,住了许多客家人和日本人,也是有名的米粉产地。

展现台湾工艺、历史、文化的老街

台北近郊至今留存着不少反映过去繁华景象的老屋和街道。

距离台北30分钟路程的莺歌,拥有台湾最大的陶器街。生活着大小共60家以上的窑户,整条街都是一房紧连一房的陶瓷器店。莺歌旁边就是以祖师庙的壮美雕刻而闻名的三峡。

以臭豆腐闻名的深坑、巨大陀螺坐镇的大溪等都是经典之地。要想真正体验台湾的历史和风俗,这些拥有独特文化和特产名菜的地方可千万不能错过。

新北投的北投温泉亲水公园

乌来温泉老街

台北近郊其他景点

台北近郊有一个再现世界各国标志性建筑的主题公园,里面的展品均为原建筑的1/25的尺寸,以及设有小人国和台湾唯一的野生动物园的游乐园——六福村等。带孩子的家庭游或情侣游,不妨去那里逛一逛。

小人国和六福村

转转台北近郊的老街

大溪　三峡　深坑

　　所谓老街，是指那些由于位于寺庙门前或铁路沿岸、曾经繁荣过并遗留着历史建筑和生活气息的街道的总称。不仅风景独特，当地盛产的东西和文化都极具经典之处，可以说是风情万种。

　　街道上林立的建筑物等无不弥漫着怀旧气息，深藏不露的特色菜肴也是对昔日台湾的重温。现在就来介绍一下近来最富人气的老街吧（可当天回台北）。

MAP p.36-F、143

巨大陀螺的 大溪老街

拥有52千克的巨大陀螺和特色食品——豆干的老街

　　遗留着美丽廊街的大溪和平老街，曾经作为樟脑的产地、木材的加工地以及依靠大汉溪的水运成为物资集散地而兴旺起来。宽4.5米左右的商业街如今依然井然有序。廊街和各种独具匠心的欧式浮雕构造，不禁令人回想起昔日曾有的辉煌。商店多为27米深的细长式构造，兼容民宅。1997年开始实施街道美化政策，以趣味性为宗旨改造成新的观光点，逐渐受到人们的关注。为延续木材加工过程中诞生的转陀螺传统，老街居民会向游客展示转动巨大陀螺的技巧。

★ .... 路线

🚆 台北站乘坐台铁自强号到桃园站需30分钟，经过地下通道前往桃园站南口桃园客运站，再坐桃园客运大巴前往大溪需20分钟（每10~20分钟发车）。

漫步点滴

　　和平路的和平老街是保存完好的老街。从桃园客运站向郁郁葱葱的大溪公园走去，是要经过和平老街的。漫步完和平老街和中央路老街，再返回客运站，前后大概3小时。

在和平老街中央的富仁宫前，可以看到转巨大陀螺的场景。无论大人小孩都十分爱玩

和平路上坐落着90余家店铺。以经营佛龛的木雕家居店铺居多，为观光地增添了不少活力；有经营以日本昭和时期为主题的奢华玩具、商品包装、海报等的寻根楼；还有开设在台湾历史建筑物里，经营以祭典为主题的纸工艺品等礼品的达文西瓜艺文馆、茶馆等，百看不厌。达文西瓜的老板可是玩陀螺的高手之一，周末或节假日总会露两手展示展示。

●大溪特产豆干

豆腐加点辣椒酱熬制而成大溪的特产豆干。和平路上有数家80余年历史的正宗黄日香豆干店。初见时会被它黝黑的外表吓到，可是尝一口就满嘴止不住的豆腐香。这种熬制后干燥再熏制的食品，利于保存，送人再好不过了。

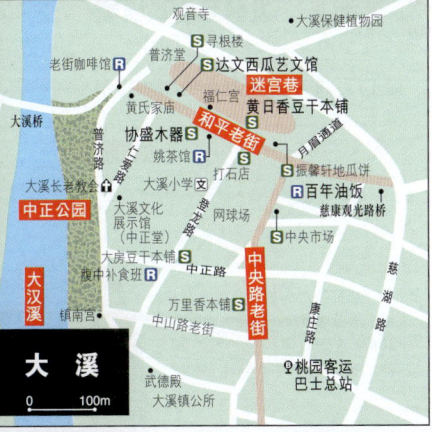

走路走累了，不妨来点特产豆干（上）或麦芽糖（下）休息一下

MAP p.36-F、p.167

魅力砖瓦墙的**三峡老街**

100余家店铺重现风采

三峡老街，曾因水运兴起，带来樟脑、茶叶以及蓝靛产业的发展，逐渐形成繁华的聚落市街。曾一度达到顶峰——富裕街，衍生出现在的街景容貌。尽管经历过大起大落，如今整建以后的老街，重现旧日典雅风貌，拱廊的传统红砖建筑，散发着浓浓古意，也洋溢着新的活力。

路　线

🚉 台北站乘坐台铁区间车至莺歌站需25分钟，再打车前往三峡老街需10分钟。如果从莺歌站坐桃园客运大巴只需15分钟，在三峡小学下车步行5分钟即可。MRT板桥线永宁站1出口出站坐705路、706路或916路公交25分钟后，在三峡小学下车。

漫步点滴

老街的入口有个警察署。临街就是清水祖师庙的散步圈。虽然从台北过来玩最多只需半天，但在这里待上一整天也是十分惬意的。

MAP p.37-G

臭豆腐的**深坑老街**

集顺庙门前街的发酵豆腐顶呱呱

深坑老街最出名的就是臭豆腐。附近盛产的豆腐，采用传统的盐卤加工成深坑的著名小吃。一到周末，这里就聚集了各地慕名而来的游客。老街入口有一株被誉为"深坑神树"的大榆树，枝叶繁茂，茂密的树荫几乎遮住了整个路口。街道两旁多为店铺，经营的小吃也是品种繁多，适合边吃边逛。其中有家人气店叫"古早庙豆腐美食料理"。想要吃清淡点的不妨试试"兜福工厂"的豆腐冰激凌或者酸梅汤。

路　线

🚉 乘坐MRT木栅线到木栅站下车坐660路、666路公交30分钟后在深坑下车。660路公交又途经MRT淡水线公馆站。或者直接从木栅线打车20分钟即到。

漫步点滴

祭拜关帝的集顺庙的乐趣之一就在于顺道漫步，以庙为中心方圆200米范围以内，绕一圈需20分钟，那里的夜市热闹到晚上8点。

● 三峡历史文物馆

过去是三峡行政部门，如今改建成三峡历史文物馆，展示有关这条街的贵重资料。1层的艺术作品会定期更换。2层是常设展览厅，展示有关三峡的历史资料和历史文物。

★祖师庙出发步行3分钟
开 9:00～17:00　休 周一
NT$ 免费

华灯初上的三峡老街令人浮想联翩

● 三角涌碧螺春茶坊

茶农直销三峡特产碧螺春和龙井茶等。自产茶都是荣获最优等级的。这些茶店的前身多为废屋，可提供餐饮。

★祖师庙出发步行3分钟　开 10:00～20:00

● 三峡蓝染展示中心

为培育和发展三峡蓝染产业，当地政府举办的三峡蓝染的相关历史和工程的展览。除了购买展示的作品外，还可亲身体验蓝染的艺术美。蓝染干燥需要1小时，等候期间可以去老街附近转转。

★三峡历史文物馆旁边

直接把老房子当作露天阳台，风情万种

三峡曾经的中心产业——蓝染

● 深坑黄氏永安居

这个大型三合院住宅建于1912年，随着黄氏家族成员的增加而扩建房屋形成现在如此宏伟的规模。其名"永安居"代表着人们祈祷自己能永远平安地生活下去。

★深坑公交站出发步行3分钟左右
开 仅限周六、周日、节日9:00～17:00

臭豆腐的豆腐卤烧（左）和油炸豆腐（右）

● 臭豆腐

臭豆腐是将豆腐浸泡在植物汁液和石灰等混杂在一起的卤水里，发酵一个晚上后的产物。发酵食品具有独特的臭味，制成油炸豆腐或豆腐卤烧等，蘸点豆瓣酱或泡菜、香菜一起食用，色香味俱全。初次试吃首选油炸豆腐。

馆内重现昔日生活场景

淡水

MAP p.36-B, p.147

★ ······▶ 路　线

🚇 台北站乘坐MRT淡水线40分钟后在终点站下车。

漫步小贴士

趣味指数
观光　★★★★★
边走边吃　★★★★
文化　★★★★
交通便利指数
步行　★★★★★
巴士　★★★
周边情况
　　除了主要的观光景点，漫步昔日老街和河岸榆树林也是相当不错的选择。可以边逛特色小吃街边吃海鲜，然后享受黄昏的火烧云和美丽的夜景。

上：河滨道路上坐满了观看淡水河日落美景的人们
下左：红砖建筑的豪华红毛城／下右：对岸渡轮到达码头

街道布局

**台北乘坐MRT只要40分钟
谁都期待的观光景点**

　　淡水河的河口附近就是广阔的淡水街，因水边眺望夕阳无限美而人气大增。与此相映衬的就是位于淡水街西端的红毛城。多数观光景点都聚集在MRT淡水站和红毛城之间。车站前延伸的中正路和河岸的河滨路上，密密麻麻地一字排开出售民间手工艺品和特产的礼品店以及餐饮店。

　　说到游淡水的乐趣，就是小港城镇特有的鱼贝类小吃街，让你边吃边逛不亦乐乎。想尝尝海鲜的人，可以乘坐经车站前和红毛城前的R26路公交，直奔淡水渔人码头（车站出发只需10分钟）。现在这儿也是约会的超人气地带。时间充足的话，不妨坐渡轮到对岸的八里去看一看。

推荐 淡水路线

下午3点开始，边逛商店边优哉散步，去榕堤眺望夕阳美景。

MRT淡水站
 步行15分钟

出站往西走河滨道路。可逛逛那里的小吃店和特产店。

榕堤
 步行15分钟

榕树覆盖整个淡水河堤坝，是观赏夕阳西下的绝佳景点。附近有美味的咖啡店。

中正路
 步行15分钟

在咖啡店休息一下，下一步前往中正路，然后从中正路经由淡水老街返回车站。

淡水老街
 步行15分钟

途中也可在红楼就餐，然后坐车至MRT剑潭站，到士林美食街。

MRT淡水街

红毛城

MAP p.147-A

记载着台湾历史上重要时刻的遗迹

  这幢红砖建筑,最先是侵占台湾的西班牙人建造的军事要塞,在荷兰人侵占后,被当时的台湾人称之为红毛城。(红毛是旧时台湾人对荷兰人的一种称呼。)之后英国借着淡水开港将其做为自己的领事馆,再后来又成为美国驻台公使馆所在地。可以说,这一战略要地记载了台湾历史上那些重要的时刻。现在的红毛城已对外开放。从城上的望楼台可遥望到淡水河、观音山等景点。

★淡水站出发步行20分钟,在红毛城下车
开 9:30~18:00(庭院至22:00)
休 周一　NT$ 60元

牛津学堂

MAP p.147-A

东西洋结合的建筑

  真理大学内的红砖牛津学堂(理学堂大书院),是由加拿大传教士马偕博士于1880年设立的台湾第一所西洋教育学校。因感怀其故乡加拿大牛津郡乡亲之盛情襄赞,故取名为"牛津学堂"。

★红毛城出发步行3分钟(真理大学内)
开 开学期间　休 休学日　NT$ 免费

清水岩祖师庙

MAP p.147-B

台湾首屈一指的奇特建筑

  庙堂的屋顶有"双龙抢珠"的美丽装饰,在台湾庙宇里是不可多见的。内部也是精雕细琢。这座庙宇原是纪念清水祖师,也就是在干旱之际拯救人们于水深火热之中的宋代僧人——陈昭应。据说在灾难来临之际,这座人像的鼻子就会脱落。

★淡水站出发步行10分钟

台湾岛北部・台北近郊

淡水

河滨道路

MAP p.147-A

淡水河沿岸的美丽步行街

人称"台湾威尼斯"的淡水，有一处景色迷人的沿岸步行街。一到周末，路边摊纷纷出摊，加上游客们人来人往，拥挤不堪。要想随心所欲地一面欣赏美景一面散步还是选在平时比较好。

★淡水站下车步行2分钟

河面反射出的耀眼光芒，在道路上洒下迷人的光影。

★淡水站下车步行10分钟

淡水渔人码头

MAP p.36-B

台北人的人气约会场所

淡水的新观光景点，有点类似圣弗朗西斯科的渔人码头。这里还是最受恋人们欢迎的地带，据说两个人一起走过这座白色的"恋人桥"就会永远幸福地在一起。白天的大桥美丽壮观，等到华灯初上，大桥在夜景的映衬下更显诱惑。在如此浪漫的氛围中，你可以一边欣赏美景一边在附近的餐馆品尝海鲜。

★从淡水站乘坐R26公交约10分钟，或者从淡水渡船码头乘坐轮渡约7分钟

榕堤八角亭

MAP p.147-A

形态奇特的观光咨询处

从河滨道路起就进入榕堤了，那里有个造型奇特的榕堤八角亭。一层部分是红砖建筑的四角形，二层则成了八角形木制黑瓦的建筑物。这是过去淡水郡建设的3个海港指挥亭（海上保安局）之一，如今改建成观光咨询处。

★淡水站下车步行10分钟

淡水老街

MAP p.147-B

淡水特产小吃

淡水站起延伸的中正路，又叫淡水老街。想要品尝淡水特色小吃，自然非它莫属。铁蛋、鱼丸、酸梅汤、"阿给"等淡水特色小吃就不用说了，台湾传统糕点和南国水果也足够让你大饱口福。

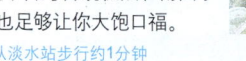

★从淡水站步行约1分钟

榕堤

MAP p.147-A

南国风情的榕树街

沿河滨道路往红毛城方向走，道路右侧是一排排榕树组成的行道树，景象壮观，也是河滨道路中一道最美的风景线——榕堤。天气好的时候，从枝干垂下来的气生根宛如茶色的窗帘，映衬着淡水

可口鱼丸

MAP p.147-A
淡水站下车步行10分钟

小吃店（鱼丸）

淡水味道=鱼丸+肉包？
餐馆

经营淡水特产——鱼丸（鱼肉团子）的店铺菜单里居然惊现肉包，有点令人摸不着头脑。不过边喝新鲜鱼丸汤边大口嚼肉包是这里的饮食风俗。你也可以直接打包，坐在淡水河岸慢慢吃。

🏠 中正路232号
☎ 02-2623-3579
🕐 8:00～20:00
休 不定
预 35元~
M 中 语 中、日

领事馆

MAP p.147-A
红毛城下车步行1分钟

咖啡馆

红毛城附近的时髦餐厅
餐馆

位于红毛城和中正路之间，一个素雅的茶餐厅。朝淡水河畔方向有一个露天阳台，可以坐在那里小憩一下，顺便欣赏河岸的风景。除了130元的冰咖啡，还提供华夫饼干。

🏠 中正路257号
☎ 02-2622-8529
🕐 10:30～24:00（节假日前一天至次日2:00）休 无休
预 110元~
M 中、英 语 中、日、英

海湾咖啡馆

MAP p.147-A
淡水站下车步行20分钟

咖啡馆

夜景、饮食一次搞定的咖啡馆
餐馆

位于榕堤西端的咖啡馆。可将对岸的八里风光一览无余的露天阳台极具人气。蓝天白云下的景色令人赏心悦目，但映照夜景的湖面更是美轮美奂。绍兴醉鸡等菜肴别具一格。不过2层不属于该店。

🏠 中正路241-1号2F
☎ 02-2620-0448
🕐 10:00～24:00（节假日前一天至次日2:00）休 无休
预 300元~（饮料130元~）
C 不可
M / 语 中、英

VIEW

MAP p.147-A
淡水站下车步行15分钟

咖啡馆

迷人的夕照美景就在这里
餐馆

榕堤中间有一座造型可爱的咖啡馆。榕树荫天然形成的露天席位是摄影的最佳景点。来杯新鲜的水果茶（200元），然后吹着河风，在悠闲的时光中，欣赏夕阳沉落的美景，令人心旷神怡。

🏠 中正路21巷底5号
☎ 02-2626-0390
🕐 11:00～23:00、周六~24:00
休 无休
预 150元~
C 不可
M 中、英 语 中、英

台湾岛北部・台北近郊

149

淡水

秘藏情报

八里的十三行博物馆

沿着河滨道路有一个渡轮码头，开往对岸八里或渔人码头，有点旅游观光船的味道。八里有个十三行博物馆，展示凯达格兰人的祖先遗迹和出土器物等。博物馆的外形是有点接近未来风的全新设计，曾荣获台湾建筑奖以及远东建筑杰出设计奖，值得一看。

●渡轮　NTS 淡水—八里　20元、八里—渔人码头　50元、淡水—渔人码头　50元
●十三行博物馆　MAP p.36-B
开 11月至次年4月　平时・节日9:30～17:00（周六、周日至18:00）、4月至10月　平时・节日9:30～18:00（周六、周日至19:00）　休 周一　NTS 100元

红楼

MAP p.147-A
淡水站下车步行12分钟
海鲜餐馆·咖啡馆

浪漫西洋建筑+极品海鲜

清朝台湾开港时,淡水作为国际商业港而兴旺发达。红楼就是1899年大富豪李怡和为自己建造的西洋式豪华别墅,双层式阳台设计在当时可谓别具一格。2000年改造成餐厅。1层大厅,2层宴会包厢。3层有个深受恋人们喜爱的咖啡厅,在那里情侣们可以一起欣赏淡水河的夜景。这里的菜肴优雅不俗,尽显奢华。荤食类菜肴强烈推荐海鲜料理。380元的豆酥鳕鱼(豆酥蒸鳕鱼)和280元的贵妃醉草虾(老酒腌渍河虾)可谓精品。

三民街2巷6号
02-8631-1168 FAX 02-2621-8288
11:00~22:00
无休 预400元~ M 中、英、日
语 中、日

黄金软壳蟹(炒软壳)、番木瓜汤、油炸银丝卷

上:红楼招牌菜——豆酥鳕鱼
下:华灯初上时的建筑

三协成糕饼铺

MAP p.147-A
淡水站下车步行12分钟
台湾糕点

传统喜饼糕点

自古八里就有姑娘出嫁时,给村里的每个人发送喜饼的风俗习惯。三协成糕饼铺是最先经营婚礼糕点的铺子。特别推荐冬瓜肉饼(砂糖腌渍的冬瓜嵌入猪肉馅)。

淡金路24号
02-8626-1133
9:00~21:00
无休
中、日 C 不可

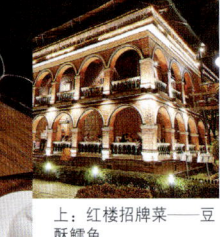

阿香阿给

MAP p.147-A
淡水站下车步行7分钟
小吃

源于日语发音的油炸豆腐

淡水特产,阿给的老字号店铺。日语的"油炸豆腐"发音为"阿布拉给",简称"阿给"。清蒸塞满粉丝的油炸豆腐,蘸点甜辣酱即可食用。

中正路11巷26-10号
0911-330630
10:30~21:00
无休
中、日 C 不可

秘藏情报

特色小吃——海鲜油炸品

只有周六、周日,河滨道路沿岸的海鲜油炸品小吃铺才会出摊。从淡水港打捞来的章鱼或小沙丁鱼等鱼贝类海鲜直接当场制作成海鲜油炸品,好吃又新鲜。各种海鲜摆放在你眼前,让你大饱口福。

煮熟后的章鱼,别有一番风味

新北投

MAP p.37-C, p.152

★←·········· 路　线

台北站乘坐淡水线30~40分钟后至新北投站下车。也可在北投站换乘支线，3分钟后到达新北投。

漫步小贴士

趣味指数
自然　★★★★★
文化　★★★★
观光　★★
交通便利指数
步行　★★★★★
周边情况
　　新北投站出发，登上一个缓坡，步行5分钟后就是北投温泉博物馆，到北投温泉亲水公园露天浴池需步行7分钟。到地热谷10分钟，春天酒店20分钟，北投文物馆30分钟。不妨在这里泡个温泉再回去。

上：北投温泉亲水公园露天浴池／下：位于北投公园中的北投温泉博物馆。1层大浴场遗迹等值得一看

区·域·规·划

捷运MRT
温泉一日游之地

　　自MRT开通以及温泉博物馆、公营露天温泉开张后，再次吸引了不少人的眼球。如今，在推进台北市、北投区住民一体化进程的同时，实现北投全地区的社区生涯学习中心化。另外，大屯山缆车计划等健全的观光地发展也在推进中。台北乘坐MRT到新北投只要30分钟，由于交通便利也常常被当作台北观光的住宿地。MRT站出口处有咨询中心。

景·点

地热谷

MAP p.152-B

带有硫黄味的新北投温泉

　　从地底冒出来的温泉冲破沼泽地的泥土，那情景宛如地狱谷。周围弥漫着浓厚的硫黄味。沿着步行道绕沼泽地一圈后，再到温泉与河水的交界处泡泡脚，堪称完美享受。入口附近是出售温泉蛋的小吃店。

★新北投站下车步行12分钟
开 9:00~17:00　休 周一　 免费

不断冒着热气的地热谷（上），地热谷入口处有个历史悠久的单人浴场（左）

北投温泉博物馆

MAP p.152-A

残留日据时期的面貌

　　世界上难得一见的温泉博物馆，一层砖瓦、二层木质结构的建筑物，前身是1913年建造的公众浴场。后在淡江大学建筑系的日本教授的指导下进行修复工程。馆内修复并保存了浴场时代的浴槽和大会场，此外还专设北投历史、风俗和特产的展厅。周围铺有草坪，其优美的姿态在公园里也是引人瞩目的。

★新北站下车步行5分钟
☎02-2893-9981
开 9:00～17:00
休 周一、节日
NT$ 免费

龙乃汤

MAP p.152-A

深受当地人喜欢的浴池

　　很早就存在的温泉浴池。房屋虽然陈旧，却拥有北投高质量的青温泉，深受当地人的喜爱。

★新北站下车步行6分钟 开 6:30～21:00
休 无休 NT$ 90元

温泉属强酸性。有男女分开的公共浴场和家族浴场

北投温泉亲水公园/露天浴场

MAP p.152-A

穿泳衣的露天温泉公园

　　走过北投温泉博物馆，2分钟左右就能看到一扇豪华的木制门，那就是露天浴场的入口。与其说露天浴场，不如说温泉泳池更贴切些。是家庭游玩的好地方，但有时间限制。

★新北投站下车步行7分钟
开 5:30～7:45、8:30～11:15、12:00～14:45、15:30～18:15、19:00～21:45
休 无休 NT$ 40元（只限身着泳衣）

水都温泉会馆

MAP p.152-B

别具一格的超酷房屋

　　集蒸箱、瀑布温泉、喷气馆、露天温泉等各种设备于一体的疗养馆。有强水流设备，可按摩肩部、背部，另外还有温泉乐团独一无二的现场演奏。

★新北投下车步行12分钟
开 8:00～24:00 休 无休 NT$ 平时399元，假日499元（2小时，之后每30分钟加收150元）

房顶的露天温泉和疗养设备男女共用。提供美体美容、按摩等服务

新北投温泉

美代温泉饭店

MAP p.152-B

一次搞掂北投三色温泉

位于地热谷附近,沿河而建的温泉旅馆。泡浴以1小时为单位,客房住户则以2小时为单位。最神奇的地方在于可一次享受北投地底涌出的三色温泉:青温泉、白温泉、冷水泉。用肌肤感受一下立刻就能体会到它们的不同之处。

★新北投站下车步行12分钟

开 24小时　休 无休　NT$ 平时400元~、假日500元~(1小时2人)

北投文物馆

MAP p.152-B

建筑风格奢华的高级旅馆

穿过温泉街就是建于20世纪初期的高级旅馆,现已修复完并对外开放。可以欣赏到当时奢华的建筑风格,木制组合、内部装潢、墙壁、瓦片等细节部位。馆内有台湾少数民族的资料展示。

★新北投站打车10分钟或步行20分钟

开 周二、周四、周日、节日10:00~17:30,周五、周六、节日前一天至21:30
休 周一
NT$ 200元

禅园

MAP p.152-B

新北投站打车5分钟　台湾菜

散发旧式风情的店

建于地热谷地区的高台斜面。木质结构的瓦顶房,极富情趣,是典型的历史遗留建筑。如今改造为主打烧烤和养生艺术料理系列套餐的餐馆。内部还设有温泉一日游的设施。

📍 北投区幽雅路34号
☎ 02-2896-5709
🕐 10:30~21:30
休 无休　550元~
M 中、英　语 中

再生园餐厅

MAP p.152-A

新北投站下车步行2分钟　台湾菜

MRT站前不可错过的餐馆

站前的台湾菜馆,味道上乘。小份菜一盘150元左右,3~4人享用5盘小份菜就足够了。

📍 北投区大业路739号
☎ 02-2891-2422
🕐 11:00~14:00、17:00~21:00
休 无休
M 中、英、日　语 中、英

水美温泉会馆
SweetMe Hotspring Resort

MAP p.152-A

新北投站下车步行3分钟

设有温泉的时尚酒店

融合东西之美的会馆,设备齐全——法国精油温泉和大浴场、开放式浴缸客房、健康饮食套餐等。

📍 北投区光明路224号
☎ 02-2898-3838
FAX 02-2898-4505
NT$ T 6200元~
套 69　语 中、日、英
HP http://www.sweetme.com.tw/

春天酒店
Spring City Resort

MAP p.152-B

北投站/新北投站乘坐接送巴士需5分钟,新北投站下车步行约15分钟

附加露天温泉的观光酒店

拥有温泉泳池等9种露天温泉、温泉包厢的观光酒店。参加温泉一日游还附赠午餐,有定时的大巴前往车站接送。

📍 北投区幽雅路18号
☎ 02-2897-2345　FAX 02-2897-7245
NT$ S6400元~/T 6800元~
套 100　语 中、日、英
HP http://www.springresort.tw/

台湾岛北部・台北近郊　新北投

阳明山

MAP p.37-C，p.154

路线

🚌 台北站乘坐260路公交50分钟后至终点站下车。台北站与士林（剑潭）之间有条中山北路，可以在那里的车站坐车。

🚕 台北站打车需30分钟。

漫步小贴士

趣味指数
自然 ★★★★★
观光 ★★★★
文化 ★

交通便利指数
巴士 ★★★★
打车 ★★★

周边情况
阳明山公园，包括紧邻台北市的台北县，地域辽阔。如果只是探访阳明山公园，只需半天就能游遍。

杜鹃花盛开的阳明山公园，简直是花与绿的乐园

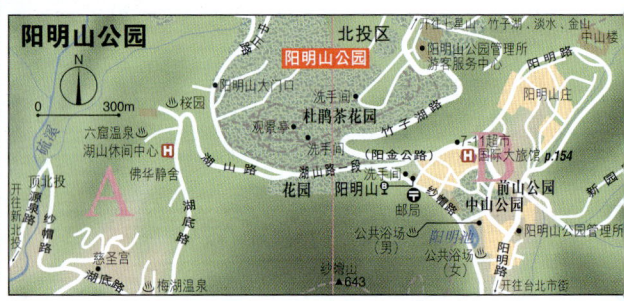

区域·规划

台北的后山——阳明山，赏花、泡温泉、徒步等胜地

阳明山公园内包括海拔1191.3米的七星山在内共有10座海拔超过700米的大山。辽阔的地域中分布着温泉、牧场、自然公园和观光果树园等。阳明山不是特指某座山，而是附近一带的总称。

每逢2~4月，这里就是山樱和杜鹃"乱花渐欲迷人眼"的赏花胜地。往北3.5公里的竹子湖沿路有一个木制构造的瞭望台，常有观赏台北夜景的情侣到此一游。

入夏之后，阳明山公园北部的大屯山的山麓有一处蝴蝶乐园，名曰"蝴蝶花廊"。台湾有400多种蝴蝶，其中150多种就栖息在阳明山公园里。

另外，阳明山一带以温泉著名。台湾15处火成岩温泉就有13处集中在大屯山里。恰逢温泉风靡之时，这里的温泉一日游设施齐备，台式包厢浴、男女分开露天浴场等各种形式，让你直呼玩得过瘾。

MAP p.154-B

国际大旅馆
International Hotel

阳明一站公交站下车即可

🏨 **公交站附近拥有大浴场的酒店**

比公共浴场更舒适的浴场非它家不可。只要100元就能享受安山石的大浴场。内部商品店还出售毛巾、洗发液等。

📍 湖山路一段7号　☎ 02-2861-7100　📠 02-2861-7101
💰 T2310~3190元　🛏 45　🈯 中、英、日
🌐 http://www.ihhotel.com.tw/

秘藏情报

情系台湾茶叶——坪林茶业博物馆

台北县的坪林,位于台北市街东南处,因盛产茶业而闻名。从市街乘坐公交车,驶过山路,约1个多小时就到了坪林乡。坪林是个溪水涓流、景色优美的山区,周边还有垂钓场和野营地。

坪林90%以上的家庭从事种茶、运茶、卖茶等相关的茶业经营,还有一个可与杭州茶叶博物馆相媲美的茶叶博物馆。

博物馆建筑物模仿中国民居常见的四合院造型,令人回味无穷。内部设有制茶历史、茶叶特性、台湾茶的发展、茶器、茶艺等介绍展厅,解说也通俗易懂。

院内有2栋茶艺馆——紫竹楼和明月楼,提供各种中国茶和茶点。商品部出售当地盛产的乌龙茶品种之一——包种茶,以及其他茶叶、茶器、茶点等。

从台北市内过来,整趟旅行用时不过半日。时间余裕的话,不妨吃个便饭,饮杯茶,看看茶田,黄昏时刻再回台北。

● 坪林茶业博物馆　　　　　MAP p.37-H
✉ 台北县坪林乡水德村水耸凄坑19-1号
☎ B02-2665-6035
营 8:00~17:00(周六、周日~18:00)
休 周一
NT$ 成人100元,儿童50元

路　线

🚇 MRT新店站乘坐新店客运大巴的台北至坪林路线。每1~2小时1班,1天发车12辆。博物馆离坪林汽车站步行约10分钟。

正宗茶料理

合欢茶宴风味餐厅

经营茶料理的专门店

距离茶业博物馆50米左右的茶料理店。使用当地的河虾、鳟鱼等食材与茶叶精心烹饪的菜肴别具一格。推荐东坡茶味、茶油面线。

✉ 台北县坪林乡水德村5号-1
☎ 02-2665-6424
营 11:00~18:00(周六、周日至20:00)
休 无休　　600元~ M / 语中

台湾岛北部·台北近郊　阳明山

坪林茶业博物馆的入口(下),展示中国茶历史的一角(右)

茶叶料理店全年经营茶叶菜肴

乌来

MAP p.37-G、p.157

★ ◀·········· 路　线

🚇 台北站乘坐MRT新店线至新店站约25分钟。

🚌 换乘新店客运巴士至终点乌来需25分钟（始发车台北站至乌来需1小时15分钟）。

漫步小贴士

趣味指数
观光　★★★★★
自然　★★★★
边走边吃　★★

交通便利指数
步行　★★★★★

周边情况
　　从客运总站出发，穿过乌来老街，渡过览胜大桥，一直走到电车乘坐站。在那里乘坐小电车去看乌来瀑布。

上：乌来是个"温泉乡"，两条河流的沿岸开满了温泉旅馆／下左：特产店里有泰雅姑娘展示手工编织／下右：乘坐小电车去看乌来瀑布

区域规划

沿溪的温泉街和泰雅人的文化

　　从台北出发约1小时便到了山清水秀的"温泉乡"。"乌来"的由来，正是源于该地泰雅语的"温泉"发音。

　　客运站不远处就是温泉旅馆、特产店并排的乌来老街。览胜大桥横渡南势溪，下面就是乌来有名的小电车乘坐处。电车在狭窄的铁轨上飞速行驶，惊险又刺激。返回时不妨走走轨道和溪流之间的小道。

　　小电车的终点是与乌来瀑布对岸遥望的场所。周边是泰雅人载歌载舞的酋长文化村。坐索道缆车可以到瀑布上方云仙乐园的树林里漫步。

景点

乌来瀑布

MAP p.157

台湾最大的瀑布

　　小电车的终点站就是乌来风景区，那里一眼就能眺望到雄伟的瀑布景象。82米的落差在台湾排名第一，也是乌来的象征。在红色的山樱和翠绿树丛的映衬下，3段细长的瀑布如白练般倾泻，美得令人窒息。索道缆车直达瀑布顶端，在缆车上俯视瀑布，更是别有一番情趣。

★小电车终点下车步行2分钟

云仙乐园

MAP p.157

俯视乌来乡的游乐园

一面俯视乌来瀑布，一面乘坐缆车登顶，发现翠绿之中竟有一处游乐园。园内设有游船、水池、小小的太空飞碟等，以及观光酒店的餐厅。布满蕨类植被的溪谷美景，正如云上乐园一般。沐浴在森林之中，可暂时忘却一切。缆车往返费220元，包括入园费。

★缆车站下车登台阶10分钟
开 7:30~17:00（游乐园） 休 无休

小川源

MAP p.157

享受日式温泉

无论是店名还是标记都给人一种日式温泉的印象。100平方米的男浴池、120平方米的女浴池共4个，还有8个2人间的包厢浴池。另外还设有可眺望南势溪的休息室和餐厅等。

★乌来巴士站下车步行2分钟
开 8:00~24:00
休 无休
NT$ 250元

乌来大饭店
Wulai Hotel

MAP p.157
乌来巴士站出发步行3分钟

离巴士站最近的温泉酒店

酒店位于下车后最先到达的渡桥附近。从1层大食堂眺望南势溪的风景最好。还有一个温泉大浴场，也可以不住宿直接泡温泉。

乌来乡乌来街8号
02-2661-6445
FAX S1600元~/T2400元~
泡温泉200元、2人300元
16 语 中、日、英
不可

那鲁湾温泉度假酒店
Naruwan Hotel

MAP p.157
乌来巴士站乘坐迎送巴士10分钟

泰雅人风格的酒店

外观近似泰雅人风格的现代酒店，正好位于瀑布正前方。2层的餐厅提供泰雅人菜肴。

乌来乡乌来村瀑布路33号 02-2661-6000
S3600元~/T4200元~ 56 语 中、英、日

云仙大饭店
Yun Hsien Hotel

MAP p.157
缆车站下车步行10分钟

云仙乐园中的宁静酒店

晃如与世隔绝。酒店内古木参天，苍翠欲滴，是绝好的摄影景点。乐园内部既有酒店又有别墅，可在这里的餐厅用餐。

乌来乡乌来村瀑布路1-1号 02-2661-6383
T4500元~/别墅T5500元~ 78 语 中、日、英

九份

MAP p.37-D、p.159

 路　线

🚆 台北站乘坐自强号40分钟后到瑞芳站下车。再去基隆客运总站换乘金瓜石方向的巴士至九份旧道需20分钟，或打车10分钟。也可以乘坐MRT板南线至忠孝复兴站1号出口前的公交车。

🚌 基隆客运总站的金瓜石班车需1小时30分钟。

漫步小贴士

趣味指数
观光　★★★★★
边走边吃　★★★★
文化　★★★

交通便利指数
步行　★★★★★

周边情况
以竖崎路、基山街为中心漫步只要1小时，要是逛逛店铺、坐坐茶室大概4~5小时。

上：因与动画电影《千与千寻》舞台背景极其相似而备受关注的竖崎路

街道布 局

曾经的淘金地
如今的不夜城

九份早期因为金矿而兴盛，一直持续到第二次世界大战后。1910年的"淘金热"成就了九份的不夜城，后因矿藏挖掘殆尽而沉寂了一段时期，不过又因电影《悲情城市》的取景，以观光景点的姿态再度跃入人们的视线中。据说动画电影《千与千寻》的背景街道，便是以九份为原型设计的，由此吸引了大量日本观光客的游访。位于山面斜坡的竖崎路上还保留着当年浮华时代的建筑物，如今已换成了各种情趣十足的茶馆面貌。贯穿东西的基山街上聚集了不少饮食店和特产店，热闹非凡。

与九份一起经历"淘金热"的金瓜石就静静坐落在山的另一边。那里还建了一个以金矿为主题的博物园区，备受关注。从九份坐巴士需10分钟左右。

观光九份主要路线

直接建在山坡斜面的九份老街，建议从上而下观赏。

旧道巴士站

不是在九份巴士站，而是要在旧道巴士站下车。入眼便是基山街的入口。

基山街

 步行10分钟

狭长小道的两旁挤满了店铺，一到假日更是热闹非凡。

竖崎路

 步行10分钟

竖崎路与基山街呈直角相交，是条坡度较陡的台阶道。两旁茶艺馆也是鳞次栉比。

九份巴士站

基山街

MAP p.159-A·B

人潮拥挤的细长小道

沿山面斜坡修建的九份街,其等高线沿边有2条小道,其名字源于"淘金热"时期的矿车轨道名,即基山路和轻便路。后来基山路发展成商业街,成为九份的主要街道。从旧道巴士站下车就是基山路入口。反倒是比较安静的轻便路更适合悠然漫步。

竖崎路

MAP p.159-A

风情万种的台阶路

代表九份风景的竖崎路是条陡峭的台阶路,两侧是残留昔日繁华景象的茶馆,据说是动画电影《千与千寻》中的街道原型。找家视野良好的茶馆休息一下也不错。

九份风筝博物馆

MAP p.159-B

制作鹞子风筝的迷你博物馆

穿越建筑群的陡峭斜坡，下面就是九份风筝博物馆。1层展示世界各地的风筝，2层展示中国各地的风筝。

★九份巴士站下车步行2分钟

开 9:00~17:00　休 无休
NTS 100元（住客免费）

收藏了来自世界各地的五彩风筝，可谓"麻雀虽小，五脏俱全"

阿柑姨芋圆

MAP p.159-A
竖崎路的最上面

糕点

黏黏的口感一级棒

餐馆

九份特色小吃——芋圆专卖店。九份卖芋圆的店铺很多，但这家做的芋圆柔软黏糊，非常好吃。店铺内部还设有观赏风景的雅座。

- 瑞芳镇福住里竖崎路5号
- 02-2497-6505
- 9:00~20:00（周六~23:00）
- 无休
- 语 中

阿妹茶酒馆

MAP p.159-A
竖崎路的中部

茶馆

饮茶、喝酒均可

餐馆

九份茶艺馆的独特之处就在于既能饮茶又能喝酒。其中首选这家独一无二的桂花茶酒，即茶酒混调，再加点金木樨的蜂蜜。这里还提供添加茶叶的茶饼等品种多样的糕点，非常好吃。

- 瑞芳镇崇文里下巷20号
- 02-2496-0492
- 8:30至次日2:30（周五、周六~次日5:00）
- 无休　M 中、日　语 中、日、英

九户茶语

MAP p.159-A
竖崎路的中部

茶馆

边饮茶边赏景

餐馆

收费包含坐席茶几费200元，热水费每人100元，茶叶费以及10%的服务费。都是精选上等的茶叶和料理。昔日的民宅经改造后散发着古朴典雅的气息，在这里眺望九份风景最合适不过了。

- 瑞芳镇九份轻便路300号
- 02-2406-3388
- 9:00~21:00
- 无休　语 中、日、英
- HP www.kunohe.com.tw

九份茶坊

MAP p.159-A
基山街的竖崎路附近

茶馆

迷人的建筑，艺术的氛围

餐馆

曾经的名士古宅改造成如今的稳重建筑，连细节部分都融入了艺术的气息。从茶坊越过阳台眺望风景，奢华之感油然而生。

- 瑞芳镇九份基山街142号
- 02-2496-9056　9:30~22:00（周五、周六至次日2:00，周日至24:00）
- 无休　语 中、日　HP http://www.jioufen-teahouse.com.tw

阿兰草籽粿

MAP p.159-B
基山街中部

糕点

九份特产——草籽粿专卖店

餐馆

草籽粿里面的馅料除了常见的红豆馅，还有绿豆、萝卜干、腌菜等口味，非常好吃。另外，芋粿就是清蒸添加虾米的芋粉团子，也是九份的特色小吃。

- 瑞芳镇九份基山街90号
- 02-2496-7795
- 10:00~22:00
- 无休
- 语 中

上：芋粿／下左：红豆馅的草籽粿／下右：萝卜干馅

九重町客栈

MAP p.159-B
基山街中部

九份的家庭旅馆

位于喧闹的基山街中部,一到晚上反而笼罩在宁静的氛围中。1层是咖啡餐馆,休息、吃饭都很方便。推荐这里配有私人阳台的套房。

📧 瑞芳镇九份基山街29号
☎ 02-2496-7680
📠 02-2496-7681
NTS S/T1800元~
🛏 15 语 中
HP http://www.cwcm.com.tw/

秘藏情报

又一条金矿街——金瓜石

MAP p.37-D

因曾是金矿街道而发迹起来的九份,如今可是观光景点之一。那你是否了解在九份附近还有一条"金矿街"呢?这就是近来备受关注的金瓜石。

★九份坐巴士10分钟

●**黄金博物园区**

博物园复原并展示了当时素有"金矿街"美誉之称的金瓜石街和坑道等。除了日本人的住所、炼金工厂以及接待过皇太子(昭和天皇)的太子宾馆等设施,还提供坑道体验、淘金沙体验等活动。

开 开时9:00~17:00,周六、周日、节日9:30~18:00
休 周一（遇到节日则改为次日）
NTS 100元（体验费另算）

●**矿工食堂**

黄金博物园区内的食堂&咖啡馆。其特色食物就是昔日矿工所吃的"矿工便当"。白白的米饭盖上排骨、泡菜、豆干和水煮蛋,和金属饭盒、筷子、包布巾一套只要190元。可以打包带走,留作纪念也不错。（开店时间以黄金博物园区为准）

天气好的时候,可以去露天坐席吃饭

野柳/金山

MAP p.37-C

  路 线

🚌 台北客运综合站乘坐国光客运巴士金山路线需1小时30分钟，至终点站下车。途经野柳。或基隆出发乘坐基隆客运金山路线至野柳需30分钟，至金山需45分钟。

漫步小贴士

趣味指数
自然 ★★★★★
观光 ★★★

交通便利指数
巴士 ★★★★★
打车 ★★★

周边情况
基隆往东北方向的野柳约10公里，野柳至金山约5公里。早上早点从台北出发，当天游玩完就能返回。

野柳风景区1号区里的人头奇岩

区·域·布·局

台北的出发海边观光胜地一日游

基隆出发至淡水的沿海地带有许多观光景点，如白色沙滩上一望无垠的白沙湾海水浴场，眺望野柳岬的新金山等海水浴场，以及温泉、奇岩众多的野柳风景区等。离台北较近，当天即可来回，是当地年轻人兜风的人气地带。

 景·点

野柳风景区

MAP p.37-C

可观赏各种奇岩怪石

台湾岛北部唯一被指定为海岸自然公园的小岬。入门后走过一小段步行道就是海岸，那里并排立着受海浪或海风侵蚀的奇岩。海岸分为3大区域。1号区有被誉为埃及艳后克娄巴特拉头像的"女王头"和仙女鞋等宣传册上有名的奇岩。2号区是豆腐岩、海蚀沟、龙头石。3号区是海龟石、珠石等各种岩石和海蚀洞。岬的前头附近有休息处，可以一边眺望大海一边好好休息一下。附近海滨好玩的岩石场也很多。

★基隆站下车乘坐基隆客运巴士30分钟后至野柳下车

开 8:00~17:00　休 无休　NT$ 50元

金山

MAP p.37-C

温泉和2个海水浴场

金山小镇因邓丽君之墓而闻名。（坟墓位于山坡斜面的公园墓地一角。）海岸边是金山青年活动中心，南北侧分别有金山、新金山的海水浴场。哪里都是美丽的沙滩，不过时令季节一过就不允许进入沙滩了。

温泉当属青年活动中心的温泉馆最有意思。入口很小，但里面是个开放式空间，植有棕榈树等树木，泳池干净整洁，度假村氛围浓厚。

邓丽君之墓

★基隆站乘坐基隆客运巴士45分钟后至金山下车

开 7:00~23:00　休 周一　NT$ 140元

莺歌

MAP p.36-F、p.164

路线

🚆 台北站乘坐复兴号或电车需30分钟。

🚌 台北站乘坐MRT新店线至永宁站需15分钟。站前坐917路公交至陶瓷博物馆需20分钟。

漫步小贴士

趣味指数
观光 ★★★★★
文化 ★★★

交通便利指数
步行 ★★★★★
打车 ★★★

周边情况
景点有被称为"陶瓷老街"的尖山埔路和中正路，从车站出发步行需15分钟，陶瓷博物馆也一样。

上：游客熙熙攘攘的陶瓷老街
下左：莺歌的陶瓷街。经营茶具的专卖店很多／下右：店门口的陶艺教室

街道布局

**被称为"台湾景德镇"
假日里游客熙熙攘攘**

莺歌人称"台湾景德镇"，深受海内外陶艺爱好者的欢迎。商店集中于"陶瓷老街"尖山埔路和中正路，那里的店铺多得让你都不知道该去哪一家逛逛才好。

大多数店铺以出售盘子、汤碗、装饰品等一般商品为主，也有一些店出售茶具或名家制作的工艺品，也不乏个性十足的小店。

大小60余家陶瓷器作坊，分散在车站附近的周边地区，可以去那里参观手绘作业的场景。但要注意工厂周六、周日休息。也有提供参观和自学做陶器的陶艺教室。

景点

台北县立莺歌陶瓷博物馆

MAP p.164-B

来自世界各地的陶器汇聚一堂

以台湾早期的陶器为主题的专业博物馆。展示品多为当地比赛入围的杰作以及从世界88个国家收集而来的具有民族特色的陶器。

★莺歌站下车步行15分钟
🕙 平日9:30~17:00，周六、周日9:30~18:00
🚫 周一（节日场合改为次日） NT$100元

尖山埔陶瓷老街

MAP p.164-A

不是陶艺爱好者也会兴致盎然

陶瓷老街是莺歌自古陶艺店云集之地。从车站出发过一个下坡，再经一个上坡就到了。

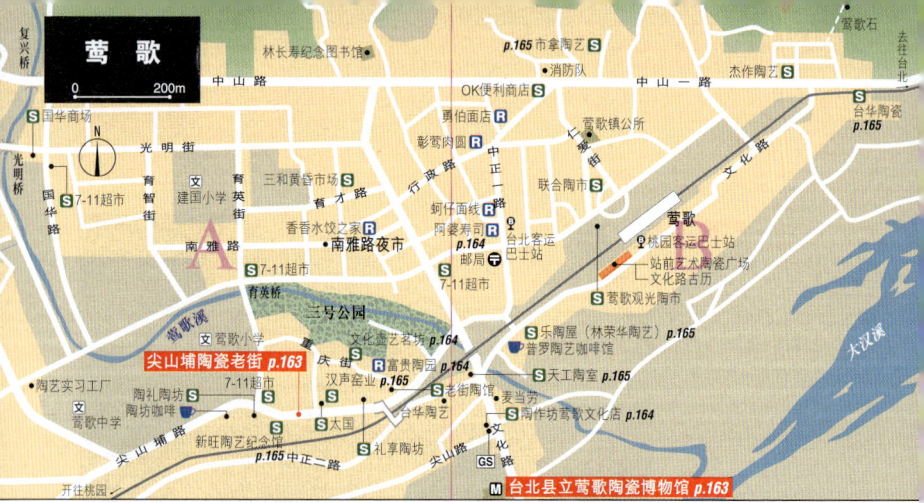

富贵陶园
Fu-Guei-Tau-Yuan Art&Culture

MAP p.164-A
莺歌站下车步行10分钟

集料理、陶器、艺术于一身

餐馆

在艺术氛围浓郁的地方享受融入了土、铁、石、木等各种素材元素的特色中国料理，并以台湾陶艺家创作的陶瓷器作为装饰，不由令人心情愉悦，食欲大增。内部还兼设美术馆。

✉ 重庆街96-98号
☎ 02-2670-5250 营 11:00～22:00
休 无休 预 120元～
M /语 中、英
HP http://www.fugui.idv.tw/

阿婆寿司

MAP p.164-B
莺歌站下车步行6分钟

寿司卷、味噌汤、蒸蛋

餐馆 台湾寿司

勾起日据时期辛酸往事的寿司卷名店。海苔卷里包有黄瓜、胡萝卜、鸡蛋、猪肉松。腐竹卷、皮蛋寿司各30元，味噌汤、蒸蛋各15元。

✉ 中正一路63号
☎ 02-2670-9345
营 24小时营业
休 无休 预 35元～
M /语 中

陶作坊莺歌文化店

MAP p.164-B
莺歌站下车步行5分钟

多开在百货大楼内

购物 陶器（陶艺作品）

位于博物馆附近，设计风格独特的陶器店。创于1983年，在台北SOGO等地开设有分店。以陶制茶壶为主的优秀作品，简单时尚，实用性强。

✉ 文化路142号
☎ 02-8677-3486
营 10:00～20:00
休 无休
语 中

文化壶艺茗坊

MAP p.164-A
莺歌站下车步行10分钟

茶壶千姿百态

购物 陶器（茶具）

收集众多台湾陶艺家创作的茶壶作品。价格高低不等，从造型简单到具有装饰功能的茶壶，均为手工制作。也出售茶杯及其他茶具，喜爱中国茶的你千万不要错过。

✉ 重庆街108号
☎ 02-2679-8460
营 10:00～19:30
休 无休
语 中、日

乐陶屋（林荣华陶艺）

MAP p.164-B
莺歌站下车步行3分钟

陶器（陶艺作品）

个性的陶艺家店

购物

陶艺家林荣华的店，更像是一个美术展览馆，富有情趣。有许多难得一见的个性陶艺作品。光是看看就蛮有趣的。

✉ 文化路295号1F
☎ 02-2678-9936
🕐 9:00~18:00（该时段以外也可预约）
休 无休
语 中、日

天工陶室
Cielo Ceramist

MAP p.164-B
莺歌站下车步行5分钟

陶器（茶具）

青瓷茶具、花瓶都很漂亮

购物

位于陶瓷博物馆门厅旁。以青瓷为主，随处可见涂有釉彩、可爱温馨的作品。造型多为茶壶、茶杯等茶器、茶具。

✉ 中正二路10号1楼
☎ 02-2678-2955
🕐 10:00~18:00
休 无休
语 中

新旺陶艺纪念馆

MAP p.164-A
莺歌站下车步行15分钟

陶器（美术展）

兼设陶艺教室等多重设施

购物

展示和出售从陶艺家到陶艺学校学生创作的各种作品。内部还设有专业的陶艺教室。

✉ 尖山埔路81号
☎ 02-2678-9571
🕐 10:00~18:00
休 无休
语 中、日

台华陶瓷

MAP p.164-B
莺歌站下车步行10分钟

陶器（制作工坊）

参观工坊、参加陶艺教室

购物

拥有60多位工匠的大型陶器制作工坊，展示品多得令人惊叹。在这里可以参观到绘制等工艺过程。提前申请还能参加陶艺教室，尤其是周末，三口之家和情侣来这学习的比较多。

✉ 中正一路426号
☎ 02-2678-0000
🕐 8:00~18:00（周六、周日9:00~）
休 无休/陶艺教室：周日、节日
语 中、日、英

汉声窑业

MAP p.164-A
莺歌站下车步行10分钟

陶器（制作工坊）

拥有华丽展厅的窑

购物

不仅拥有自己的工厂，还是莺歌首屈一指的正宗窑户。店内展示品可称得上是艺术品，水准较高，让人看得很入迷。

✉ 尖山埔路92号
☎ 02-2670-9666
🕐 9:30~18:30（周日、节日~19:00）
休 无休
语 中

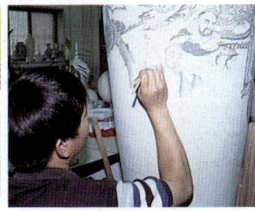

市拿陶艺

MAP p.164-B
莺歌站下车步行5分钟

瓷器（制作工坊）

可参观工厂的高级瓷器窑户

购物

这里也拥有自己的工厂，是莺歌赫赫有名的正宗窑户之一，位于中正一路深处。经营产品有工艺品壶和大型器皿等。有些高级汤碗身价要达2000元以上。

✉ 中正一路223巷19号
☎ 02-2679-2102
🕐 8:00~17:00
休 周六、周日、节日
语 中、日、英

三峡

MAP p.36-F、p.167

左：祖师庙在当地艺术家季梅树的设计下于1947年竣工
右：祖师庙列柱上雕刻着玲珑剔透的威龙

★ 路 线

MRT西门站乘坐台北客运巴士812路三峡路线需1小时。MRT永宁站乘坐台北客运巴士916路三峡路线需30分钟。

漫步小贴士

趣味指数
观光　★★★★★
购物　★★★★
交通便利指数
步行　★★★★★
周边情况
　　街道紧凑，以祖师庙为基点散步很容易。如果走环线可能比较远。观光景点较多，满打满算一天正好。

街·道·布·局

融历史、宗教、艺术于一体的街道备受关注

　　三河交汇的三峡曾经因为水运的兴起成为物资商品的集散地，进而发展成台湾屈指可数的商业城市。如今，当年繁华时期的遗迹——红砖瓦的街面，以及精雕细琢的琼楼玉宇，被誉为"台湾最具魅力建筑的祖师庙"，前来观光的游客络绎不绝。

景·点

三峡老街
MAP p.167-A

祖师庙门前街的昔日街坊

　　往祖师庙左前方，环绕街道的一角往南延伸就是民权路——留有昔日风情的老街。长排砖造街的格局，拱门间距相同，以商业街的形式继续存在于人们的视线中。近来随着老街修复工程的开展，逐渐恢复到原有的繁荣景象。（具体请参照老街特辑）

★台北客运总站下车步行10分钟

清水祖师庙
MAP p.167-A

鬼斧神工的精美雕刻让人赞叹不已

　　因雕工精细致而闻名，不仅是三峡的代表，更是拥有200多年历史的老庙。庙里玲珑剔透的精湛雕工世界闻名，在台湾历史上写下了隆重的一笔。庙前有个广场，经常摆满了地摊。庙内设有香客食堂等，也是人来人往，好不热闹。

★台北客运总站下车步行9分钟
开 4:00~22:00　休 无休　NT$ 免费

李梅树纪念馆
MAP p.167-B

三峡艺术家的美术馆

李梅树是三峡伟大的艺术家。为了纪念他，当地人特意建造了这座纪念馆。位于时尚的公寓楼1层，以美术馆的形式展出他的作品，还有卡片、画集等出售。

★祖师庙出发步行7分钟

开 周六、周日、节日10:00～17:30（平时仅限团体参观，需提前10天预约）
☎ 02-2673-2333
NT$ 100元（清洁费）

李梅树纪念文物馆
MAP p167-B

尽显三峡民俗、习惯

为纪念李梅树而建造的乡土纪念馆。该馆所展示的资料珍贵而丰富，是个了解台湾民俗、习惯不可多得的好地方。还有古币、艺术家具等收藏品。

★台北客运总站下车步行2分钟

开 周日10:00～17:00（平时、节日参观需预约）
☎ 02-2673-8399
NT$ 100元

康喜轩
MAP p.167-A
祖师庙前广场
面包

"金牛角"=新月形面包

三峡特产"金牛角"的创始店。类似新月形面包，口感较硬但香甜可口。起初是为了防止被压坏才设计成水牛角的形状。除了普通的奶油味，还有巧克力、香蕉、杂谷等口味。特别推荐这里的牛角冰激凌，牛角包上涂点冰激凌可是逛街的最佳甜点。共有草莓、香草、抹茶等12种口味。

📍 三峡镇秀川街82号
☎ 02-2671-9890
⏰ 8:00～20:00
休 无休
语 中
🌐  http://www.kissbread.com.tw/

三峡人气甜品——牛角冰激凌

三峡 200m

新竹

MAP p.36-I、p.169

★ ·········· 路　线

🚆 台北站乘坐自强号至新竹站需1小时10分钟。乘坐高铁（新干线）至高铁新竹站需32分钟。台北客运总站乘坐三重客运或豪泰客运需1小时10~30分钟。

漫步
小贴士

趣味指数
观光　★★★★
边走边吃　★★★★
交通便利指数
步行　★★★
打车　★★★
周边情况
　　高铁新竹站至台铁新竹站打车需20分钟。市中心的景点步行即可。如果是郊外，最好在车站或酒店打车前往。

上：庄严的台铁新竹车站／下左：城隍庙的地摊／下右：新竹的老街——北门街

 街·道·布·局

颇具历史气息的米粉街

　　新竹市位于台北南部约70公里处，人口达40多万。市中心遗留曦东门城、城隍庙等众多历史建筑物。由于风力较强，这里又名"风城"，风干的米粉也是世界闻名。另外贡丸也是新竹的特产。郊外的科学公园，1980年以台湾硅谷的姿态诞生。半导体关联的企业有300家以上，占地面积约650公顷。近来随着高铁的开通，竹北地区（新竹的北侧）发展显著。善于徒步旅行的人，不妨试着从台铁新竹站走到迎曦东门、城隍庙、北门街。街道随处可见能勾起你怀念的风景哦。

 景·点

迎曦东门

新竹的象征

　　新竹原先的城壁被翠竹包围，称为"竹堑"，直到1827年当地的名士献策，建造了四个城门的石墙。其中三个在日据时期以交通网络整理为由遭到破坏。幸运的是迎曦东门完好无损地保留至今。

★ 台铁新竹站下车步行5分钟

※高铁新竹站和市中心之间有免费穿梭巴士提供（高铁免费快捷专车）

北门街

MAP p.169

招牌和民居并存的美丽老街

城隍庙延至北门街这一段新竹老街,至今保留着当年的淳朴气息。尽管两边的店铺都新换了各式各样的招牌,却很好地融入了古朴的建筑中。这里小吃店也不少。

★城隍庙前

城隍庙

MAP p.169

祭拜台湾的阎魔王

新竹的这家城隍庙建于1748年,已有270多年的历史。里面供奉着审判善恶的司法之神"城隍爷",在新竹的各大神仙中处于最高地位。庙里开满了米粉和贡丸的小吃店,犹如市场。

进庙就能看到新竹的特产肉圆、四神汤等小吃的摊位排列成行,混杂着香火味,到处弥漫着诱人的香味。

★台铁新竹站下车步行10分钟

玻璃工艺博物馆

MAP p.169

周末的花市很热闹

新竹的玻璃工艺很兴盛。玻璃工艺博物馆陈列着有光玻璃历史、制作工程以及其他艺术家的作品。博物馆后面就是新竹动物公园、田径场。周末时附近有花市开放。

★台铁新竹站打车5分钟

开 9:00~17:00 休 周一、周二、节日 NT$ 20元

台湾岛北部·台北近郊

169 新竹

MAP p.169

台铁新竹站下车步行10分钟,三越至新竹站有免费的接送巴士

新竹国宾大饭店
The Ambassador Hotel-Hsinchu

酒店

服务一流的高级酒店

24层建筑的酒店是新竹的象征。1层有接待处,服务台在12层。1至8层是新光三越百货,购物相当方便。9层名为"玖楼"的中餐厅里可享受到正宗的中华料理。

新竹市中华路二段188号
03-5151111 03-5151112
S/T 7800元~
257 中、日、英
http://www.ambassadorhotel.com.tw/

MAP p.169

台铁新竹站打车5分钟

新竹福华大饭店
Howard Plaza Hotel Hsinchu

酒店

由此前往科学园非常方便

台湾省内福华大饭店系列酒店中的一家。面朝主要街道中正路,交通便利。中空的大厅,舒适明亮的餐厅,B1还有购物广场。

新竹市中正路178号
03-5282323 03-5252300
S5600元~ / T7600元~
125 中、日、英
http://www.howard-hotels.com/

郊区景点

● **科学园区**
新竹市内打车需15分钟

● **峨眉乡**
东方美人茶的产地
新竹市内往东南方向约12公里

● **北埔乡**
擂茶之乡
新竹市内往东南方向约20公里

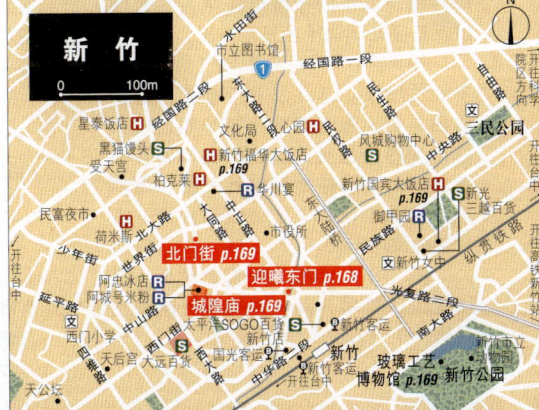

基隆

MAP p.37-D　p.171

路线

台北站至基隆站乘坐自强号、莒光号、通勤电车需35~45分钟。国光客运台北站巴士总站东站至基隆需60分钟。

漫步小贴士

趣味指数
观光　★★★★
边走边吃　★★★★
文化　★★★

交通便利指数
步行　★★★★
打车　★★★

周边情况
133平方公里大的基隆市，观光旅游1天就够了。

上：庙口小吃街／下左：特产螃蟹／下：中正公园的民俗文物馆

街道布局

国际港口的玄关
台北延伸至海边的庙口城市

基隆（英文名Keelung）国际知名的海港城市，也是台湾岛北部的玄关口。围绕海港的市区范围很大，西侧以及基隆站周边地区是老市区。

10月至次年3月受季风气候影响而多雨的城市，其北部有个被誉为奇景的仙洞岩。海港南部比较热闹，仁三路、爱四路的庙口小吃和夜市因其海港式的混乱和氛围而别具一格。海港东部往北走，有中正公园和台湾一级古迹的海门天险。

基隆作为台湾北部观光景点，前往金山、野柳、九份等地的班车出入频繁，十分方便。

景点

中正公园
MAP p.171-B

山顶的白观音像是象征

位于海港东部、沿山腹扩大的公园。有网球场、民俗文物馆以及山上的大佛禅院和高达22.5米的纯白观音像等景点。观音像内部设有眺望市区和海港的观景台。

★基隆站打车15分钟，或步行35分钟

仙洞岩
MAP p.37-D

洞内有观音菩萨像

因海蚀造成奇景的巨岩内部有3处宛如仙人居住的洞窟。中央的主洞内壁上刻有佛像，里面供奉着观音像。洞窟上有荷兰炮台遗迹，在那眺望景色最美。

★基隆站乘坐市内301路公交车5分钟后在仙洞岩下车。

庙口小吃

MAP p.171-A

奠济宫门前的小吃街

奠济宫附近的爱三路至仁三路这一段开满了各种小吃店，有红烧鳗羹、三明治、天妇罗以及海港城市特有的新鲜海鲜料理等。下午4点起，仁三路和爱四路的夜市地摊纷纷出摊，使得这一带热闹非凡。夜市的店铺从日据时期延续下来，可以说是"具有历史气息的喧闹"吧。

★基隆站下车步行10分钟

上：雨天的仁三路。天晴时这里人潮拥挤／下左：奠济宫／下右：路边摊上章鱼、乌贼等海产品

台湾岛北部・台北近郊

171

基隆

柯达大饭店（基隆）
K Hotel Keeling

MAP p.171-B
基隆站下车步行12分钟

整洁的商务酒店

1973年开业的老字号商务酒店，近年加盟柯达俱乐部，成为休闲场所。客房统一暖色系，温馨整洁。附近有夜景观光，十分便利。

- 义一路7号
- 02-2423-0111
- FAX 02-2425-2233
- S2640元～/T2860元～
- 68
- 中、英、日

长荣桂冠酒店（基隆）
Evergreen Laurel Hotel (Keelung)

MAP p.171-B
基隆站下车步行15分钟

可遥望基隆港的美景

面朝基隆港拔地而起的19层（地下4层）国际酒店。市内装设豪华舒适，2种频率的电话线路，高级木瓜木的家具和大理石浴室等。12小时内退房很方便。

- 中正路62-1号
- 02-2427-9988 FAX 02-2422-8642
- S/T6200元～
- 140 中、英、日
- HP http://www.evergreen-hotels.com/

宜兰

MAP p37-L、p.173

  路　线

🚆 台北站至宜兰站乘坐自强号约1小时30分钟，莒光号需2小时。🚌 台北转运站乘坐葛玛兰客运大巴或MRT市政府站3号出口前的省都客运巴士至宜兰需1小时30分钟。

漫步小贴士

趣味指数
观光　★★★★
自然　★★★★
文化　★★★

交通便利指数
打车　★★★

周边情况
　　宜兰站出发至光复路，再往旧城南路走，观光效率高，步行就可以了，市中心在1公里以内。到罗东需打车10分钟。

写真：NCFTA

上：占地面积宽广的传统艺术中心／下左：罗东林业文化园区／下右：宜兰站

街·道·布·局

台湾岛东部的玄门，辽阔的兰阳平原和朴素的文化街

　　宜兰市位于宜阳平原中部。宜兰县政府是台湾北东部的政治中心。宜兰古时是台湾葛玛兰人的居住地，移居至此的汉族种植了九芎树，垒砌了土墙，将这里称为"九芎城"。后来不幸遭到拆除，只留下"旧城路"的痕迹。宜兰站附近的旅游服务中心提供这一带的地图和观光信息。

　　以温泉而闻名的礁溪温泉位于宜兰北部，南部则是有大型的罗东夜市，两边打车均需20分钟左右。

　　除了丰富的自然和农业观光备受关注外，电视剧的拍摄也提高了该地的人气。

景·点

宜兰酒厂

MAP p.173-A

红露酒闻名的制酒厂

　　台湾红曲馆、甲子兰酒文物馆、酒银行（免费储存3年酒服务）等。出售红曲制作的糕点、食品等，其中添加果酒和红露酒的糖果最受欢迎。

★宜兰站下车步行10分钟
🕗 8:00~17:00　休 除夕　NT$ 免费
HP http://event.ttl-eshop.com.tw/yl/

台湾传统艺术中心

MAP p.37-L, p.173-B

感受台湾的传统艺术

位于宜兰郊外的主题公园,在这里你可以亲眼看到、亲手接触并亲身体验台湾的传统艺术。这里有古老的街道、音乐、戏剧、造型艺术展览等,周末和节假日还会举行各种各样的活动。

★从罗东站乘出租车15分钟 开9:00～18:00 休无休
NT$150元 HP http://www.ncfta.gov.tw/

写真:NCFTA

罗东

MAP p.37-L, p.173-B

宜兰地区规模最大的夜市——罗东夜市

林业开发使这里成为经济中心,之后不断发展。在林业文化园区内,罗东森林铁路的终点站——竹林站已经修复,当时的车辆也当作装饰点缀在其中。园内的原贮木池周围有很多野鸟和水生植物,很适合散步。此外,罗东夜市是宜兰地区规模最大、小吃种类最全的夜市。其中,龙凤腿(右图)是很有名的小吃。如果想要在这里吃饭,推荐去骏怀旧餐厅。这里重现了20世纪60年代的平民区场景,台湾菜也很好吃。

老元香本行

MAP p.173-A
从宜兰站步行5分钟
中国点心

招牌蜂蜜口味考究,人气很高

商店 这里是牛舌饼的人气店。考究的蜂蜜口味让人永远不会觉得腻。因为很快就会卖完,要早点去买哦。由于店面位于巷内,一不小心就会错过,一定要留意哦!

✉ 康乐路158号
☎ 03-9324370
🕐 8:00～18:30
休 周日,春节除夕至正月初五
语 中

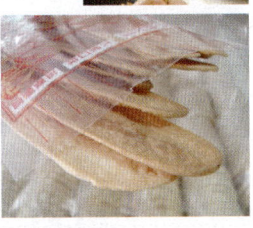

苏澳

MAP p.37-L, p.173-B

 路 线

🚆 从台北站到苏澳新站坐自强号2小时10分钟，坐莒光号2小时30分钟，换乘宜兰线到苏澳站5分钟。
🚌 从台北转运站坐葛玛兰巴士1小时30分钟到罗东，换乘联运巴士到苏澳15分钟。

街·道·布·局

被称作"台湾那不勒斯"的港口城市，也是世界罕见的有碳酸冷泉的城市

苏澳位于宜兰县东部，三面围山，是渔业、国际贸易港口城市。苏澳有21℃天然碳酸冷泉，而这种冷泉就只有意大利和这里有。酒店和餐厅集中在车站附近和中山路（苏东中路）的东边。因为是港口城市，这里开了很多海鲜餐厅。城市不是很大，步行就可以转遍大部分的景点。城市的东边是苏澳港，停靠着大型货船。更南一点儿是南方澳渔港，有个鱼市，可以边走边吃新鲜的海产，很惬意哦！

 景·点

苏澳冷泉公园
MAP p.173-B

曾是弹珠汽水工厂

从车站横穿中山路，走过冷泉桥，迎面即是苏澳冷泉公园。这里曾是生产弹珠汽水的工厂。草坪中间小路的右手边是一个石造的露天浴池，有冷泉涌入。夏天的时候，有很多市民会来这里，很是热闹。由于是露天浴池，所以需要自行准备泳衣。

★从苏澳站步行2分钟
开 9:00~17:00（6月至8月8:00~22:00） 休 无休
NT$ 室外冷泉游泳池70元

冷泉浴池区
MAP p.173-B

世界罕见的天然碳酸冷泉

在冷泉公园深处，有一座精美的木制风格庭院。中庭里有冷泉流出。每间客房都是独立的，冬季也正常营业。冷泉对皮肤病很有益处。这里的泉水也可以饮用，而且对肠胃有好处。

★从苏澳站步行5分钟
开 8:00~22:00 NT$ 个人浴室1间100元~（40分钟）

苏澳区渔会南方澳市场
MAP p.37-L

从天然良港打捞的新鲜海鲜

南方澳是个很有名的天然良港。这里的海鲜都是刚从海里打捞上来，摆放在一起贩卖，就形成了一个鱼市。在这里选购海鲜，还可以请附设的餐厅代为烹调。鱼市上摆满了活蹦乱跳的对虾、龙虾、乌贼、太平洋斯氏柔鱼、牙鲆、条石鲷、大个虾蛄、青花鱼、鲣鱼和贝类等。虽然也可以自己决定烹调方法，但一般来说，把买好的海鲜交给餐厅，请他们决定就可以了。还有一点让人高兴的是这里价格也很便宜。

★从苏澳站到开往南方澳的巴士的终点站

台湾岛中部

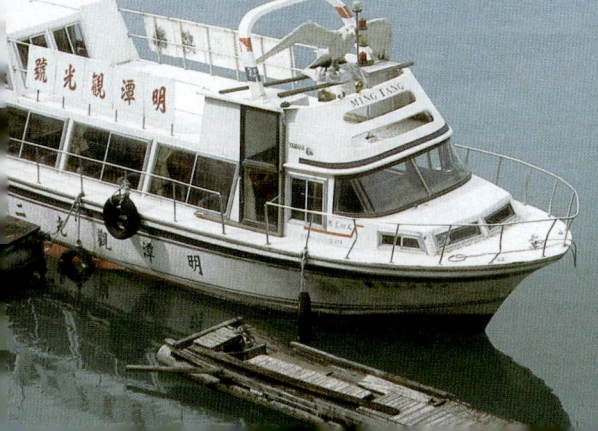

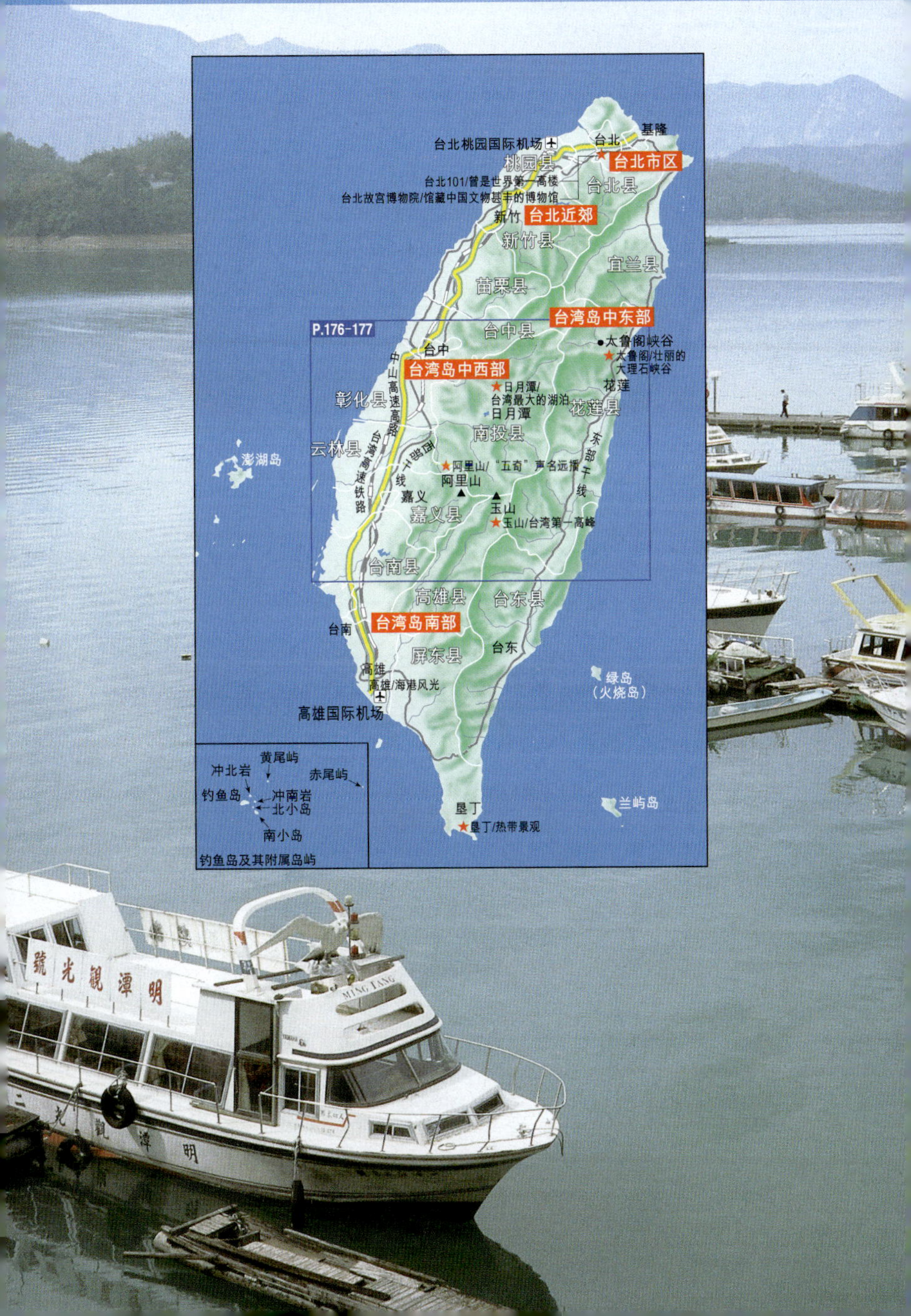

台北桃园国际机场
台北
基隆
台北市区
桃园县
台北101/曾是世界第一高楼
台北故宫博物院/馆藏中国文物甚丰的博物馆
台北县
新竹
台北近郊
新竹县
宜兰县
苗栗县
台湾岛中东部
P.176-177
台中县
太鲁阁峡谷
太鲁阁/壮丽的大理石峡谷
台中
中山高速公路
台湾岛中西部
日月潭/台湾最大的湖泊
日月潭
花莲
彰化县
花莲县
南投县
澎湖岛
云林县
台湾高速铁路
西部干线
东部干线
阿里山/"五奇"声名远播
阿里山
嘉义
嘉义县
玉山
玉山/台湾第一高峰
台南县
高雄县
台东县
台湾岛南部
台南
台东
屏东县
高雄
高雄/海港风光
绿岛（火烧岛）
高雄国际机场
黄尾屿
冲北岩
赤尾屿
钓鱼岛
冲南岩
北小岛
南小岛
钓鱼岛及其附属岛屿
垦丁
垦丁/热带景观
兰屿岛
號光觀潭明
MING TANG

台湾岛中西部

漫步之基础知识	179
台中	180
鹿港	186
鹿谷／冻顶	188
日月潭	190
埔里	194
雾社	196
庐山温泉	197
阿里山	200
嘉义	205
关子岭温泉	207

台湾岛中西部

漫步之基础知识

台湾岛中西部的亮点在于阿里山的日出和日月潭的夕阳

宁静的街道，丰富多彩的自然景观

台中是台湾岛中西部最大的城市，也是台湾第三大城市。台湾有多家茶艺馆起源于此，这也让台中广为人知。此外，台中还是台湾岛中部山区旅游的起点城市。有多班大巴从市内开往埔里、日月潭等多处景点。从位于台中市郊外的台中机场还有航班飞往澎湖岛、金门岛。

台中西南边的鹿港是个历史悠久的港口城市，清朝时曾与台南、万华（现在的台北）并称为"台湾三大贸易港口"。

台中东南边的埔里是台湾岛地理上的中心位置。这里的水以清澈出名，所以很多人在这里兴建绍兴酒和啤酒的生产工厂。埔里南边的日月潭，群山围绕，风光秀丽，是台湾岛备受欢迎的游览地，由此景点周边的高级酒店也在不断增加。从日月潭坐车大约15分钟路程的地方，有个九族文化村，在这里你可以感受到台湾少数民族的文化、风俗习惯。

从这里再往中部山区走，有曾在日据时期发动反日起义的雾社、台湾岛位置最高的温泉乡、庐山温泉、牧场风景颇有人气的清境农场。这条路经过合欢山、大鲁阁溪谷，最后通往东海岸的花莲。

从台中南下，可到有名的乌龙茶产地——鹿谷/冻顶。再往南走到达的嘉义，是阿里山铁路的起点，通往台湾第一的观光山——阿里山。这条森林铁路深受铁路迷们的欢迎，因为能体验到隧道、铁桥、Z字形路线等只有山区铁路才能体验到的乐趣。从嘉义南下，是美人温泉很有名的山间温泉乡——关子岭。

中部横穿公路是连接台中和东部花莲的公路，可去往谷关温泉，进行一次难得的温泉之旅。

埔里的绍兴酒工厂

日月潭·停船处

九族文化村中的传统乐器演奏

台中

MAP ●剪切地图-33~35, 40~42, p.181

★ ◀·········· 路　线

🚄 从台北站乘坐高铁（新干线）到高铁台中站约需1小时。从旁边的台铁新乌站换乘到台铁台中站约需10分钟。🚄 从台北站乘坐自强号到中站约需2小时15分钟。🚌 从台北站巴士总站乘坐国光、统联等各个公司的快速巴士约需2小时30分钟。

💡 漫步小贴士

乐趣指数
美食　★★★★
购物　★★★
观光　★★

交通便利指数
出租车　★★★★

周边情况
　　台中，是台湾第三大城市。市中心位于车站北边。因为能逛的地方出乎意料的大，所以一定要好好安排安排哦。从车站到中山公园步行约10分钟。乘坐出租车的话，20分钟不到就可以将城市景点逛得差不多了。

上：台中最热闹的夜市——逢甲观光夜市／左下：精明一街附近，有很多时尚店／右下：自然科学博物馆旁边植物园里的大型温室

街·道·布·局

台湾岛中西部的中心城市。到了夜晚，小吃摊热闹非凡，美食琳琅满目

　　因为开通了高铁（新干线），台中的交通更加便利了，台铁台中站是市内观光的起点。从高铁台中站旁边的台铁新乌站换乘在来线的话，大约10分钟就能到达台铁台中站。如果已经有想去的地方，乘坐出租车会更方便一点。

　　台中站是用砖建造的雅致建筑，车站周围有国光客运的巴士总站，有巴士开往台北、桃园国际机场、嘉义、台南等方向。从车站往北约5分钟路程的地方是干城巴士总站，从那里有巴士开往埔里、日月潭、花莲方向。从车站开车往西北约15分钟就能到达朝马巴士总站，从那里有快速巴士开往台北、桃园国际机场等地。

　　台中的街道从车站的西北方向展开。主要街道是从车站延伸出去的中正路。车站周围还有历史悠久的繁华街市。市中心的景点有自然科学博物馆和植物园。这两个地方都很大，而且值得一逛。

　　人气很高的时尚现代大街——精明一街和以台中为发源地的茶艺馆都零星分布在城市西侧。要去这里的话，最好乘坐出租车。

　　台中的夜市也很繁荣，中心区的中华路夜市以前很热闹，不过现在，西边的逢甲观光夜市更有人气。

※从高铁台中站可以乘坐高铁免费快捷专车去往市中心

景·点

台中公园
MAP●剪切地图-42 p.181-D

溢满恬静气氛的都市绿洲

位于城市正中央的大型公园。自建园以来已经有110多年的历史了。公园中央的池塘里有手划的小船等，很受情侣青睐。日落之后，还会有绚丽的三色彩灯照射。

★从台中站步行约10分钟

前往孔庙的游客不少

孔庙
MAP●剪切地图-42 p.181-B

纯中式建筑非常漂亮

供奉着学问始祖——孔子的庙宇，纯中式建筑很气派。台湾各地都建有孔庙，但这里的孔庙规模是全台湾首屈一指的。有很多旅游者都喜欢以这座色彩丰富的庙宇为背景拍摄纪念照。

★从台中站乘坐出租车约10分钟
开 9:00~17:00　休 星期一、节假日　NT$ 免费

历史悠久的台中公园

宝觉寺

MAP● 剪切地图-35 p.181-B

巨大的布袋和尚像迎接你的到来

满面笑容的布袋和尚,据说其规模之大让每个亲眼所见的人都惊奇不已。佛像的肚子里是民俗资料馆,可以从肚脐的地方眺望台中市内。

★从台中站乘坐1、21路公交车约10分钟,在宝觉寺下车

开 8:00～17:00　休 无休　NT$ 免费

以前被称作台中的象征

逢甲观光夜市

MAP● 剪切地图-33 p.181-A

如今已发展为台中最大的夜市

提起台中的夜市,以前离台中站很近的中华路夜市很有名,但是现在台中第一夜市已经被逢甲观光夜市取代了。小吃摊不仅摆满了主要街道,甚至还摆到了小路上,每天到深夜都非常热闹。每逢节假日,即使到夜里两三点,客人还是络绎不绝。在逢甲大学前面,有很多面向年轻人的时尚店,价格也很便宜。整个夜市洋溢着欢快的气氛,能让人自由自在地享受闲逛的乐趣。

★从台中站乘坐出租车约20分钟

开 17:00至深夜　休 无休

自然科学博物馆边走边吼的恐龙

台湾自然科学博物馆

MAP● 剪切地图-41 p.181-B

会动的恐龙展览很受欢迎

虽说是博物馆,但是由于采用了新颖的展示手法,每年的参观者都达到300万人,是一座真正的科学公园。特别是会动的恐龙很有人气,即使光是看恐龙都让人十分满足了。旁边附设有植物园,其中热带植物园的巨大温室已经成为台中的新象征了。

★从台中站乘坐出租车约10分钟

开 9:00～17:00　休 星期一　NT$ 展览场100元、热带植物园20元、天文馆100元、立体剧院70元

HP http://www.nmns.edu.tw/

精明一街

MAP● 剪切地图-41 p.181-A

台湾特产——珍珠奶茶的发源地

这里可以说是台中年轻人最喜欢的地方。开放式的咖啡馆一间接一间。从傍晚到深夜1点左右都打着彩灯,氛围很好。比起咖啡,这里的亮点在于种类丰富的红茶。在这里可以品尝到发源于此的珍珠奶茶、浓浓的冰红茶做成的泡沫红茶。

★从台中站乘坐出租车约15分钟

开 10:00至次日1:00　休 无休

沁园春

MAP ○ 剪切地图-42, p.181-D
从台中站步行5分钟

上海菜

丰富的品种，深受欢迎

当地客人很喜爱的上海、江浙菜餐厅。虽然店内布置都很高级，但是不需要太拘谨，轻松点就行。菜单上的也不全是很贵的菜，也有很多点心之类的，所以不用太担心钱包。海鲜也是种类齐全，应有尽有。招牌菜红烧下巴（煮鱼头）150元，价格还是很合理的。

- 中正路71号
- 04-2220-0735
- 10:00~21:00
- 无休 150元~
- M／语 中、英
- HP http://www.chinyuanchuen.com.tw/

阿水狮猪脚大王

MAP ○ 剪切地图-42, p.181-D
从台中站步行3分钟

猪脚

台中名产猪脚的老字号

有名的猪脚店，据说没有台湾人不知道这里。挂着红色的大招牌，很容易找到。在店门口排着很多煮猪脚的坛子，很是壮观。听说其美味的秘诀在于猪脚要足足煮上6个多小时。在河南路二段也开有分店。

- 公园路一号（本店）
- 04-2224-5700
- 9:00~21:00
- 无休 100元~
- M／语 中、英
- C 不可

春水堂（朝富总店）

MAP ○ 剪切地图-33, p.181-A
从台中站乘出租车15分钟

中国茶馆

料理也很美味的中国茶馆

其前身是有名的珍珠奶茶店——春水堂的总店。店内布置现代时髦，融合了中式风格，还设有露天阳台。在这里，你能品尝到各式各样的冰红茶和热茶。快餐也很丰富，午餐时间有很多年轻人到这里吃饭。

- 朝马三街12号
- 04-2254-9779
- 8:30~23:00
- 无休 100元~
- M／语 中
- HP http://www.icetea.com.tw/

耕读园书香茶坊

MAP ○ 剪切地图-40, p.181-A
从台中站乘出租车15分钟

茶艺馆

都市绿洲一般的茶艺馆

周围是一片都市风景，高楼大厦林立，走进茶坊的门仿佛穿越了时空。店内是模仿中国江南地区布置的，木制建筑围湖而建，湖上还建有小桥。倚在栏杆边，一边看着湖里游着的鲤鱼，一边品尝中国茶，很有氛围。各种各样的中式点心也是这里的特色，一定要尝一尝哦。

- 市政路109号
- 04-2251-8388
- 10:00~翌2:00
- 无休 130元~
- M 中、日 语 中
- HP http://www.teanet.com.tw/

台湾香蕉新乐园

MAP ○ 剪切地图-42, p.181-B
从台中站乘出租车10分钟

台湾料理

再现60年代街景的餐厅

再现了19世纪60年代台北街景的复古咖啡馆／餐厅。过去的招牌、照相馆和电影院等旧物件是喜爱古董的店主的部分收藏。这样的复古氛围很能勾起人们的思乡情怀。在这里还可以品尝台湾菜、小吃。这里很受欢迎，要想前去还是提前预约好比较保险。

- 双十路二段111号
- 04-2231-7890 11:00~24:00（午餐至13:45，下午茶至17:30，晚餐至20:45，消夜至23:30）
- 无休 250元~
- M／语 中、日、英 C 不可

太阳堂饼店

MAP○剪切地图-42、p.181-D
从台中站步行10分钟

传统点心

太阳饼的发源地就在这里

提起台中特产，那非太阳饼莫属。面饼里包着麦芽糖和白糖，低糖是其受欢迎的秘诀。这里是太阳饼的发源地，店后面就是做饼的厨房，所以可买到刚出炉的新鲜太阳饼。有时候会很快卖完，要早点去买哦。

✉ 自由路二段23号
☎ 04-2222-2662
🕐 8:30~18:00
休 无休
语 中
C 不可

台中广三SOGO百货

MAP○剪切地图-41、p.181-D
从台中站乘出租车10分钟

百货商场

有书籍出售的百货商场

地上18层、地下1层的大型百货商场。台中市区的地标建筑。高级商品和名牌货品琳琅满目，一整天客人都络绎不绝。商场里也有游戏中心和书店，在旅途中去看一看也是个不错的选择。地下2层至地下4层是停车场。

✉ 台中港路一段299号
☎ 04-2323-3788
🕐 11:00~22:00，周末、节假日10:30~
休 无休
语 中、日、英

中友百货

MAP○剪切地图-42、p.181-D
从台中站乘出租车5分钟

百货商场

台中市内的老牌商场

由三栋楼构成的大型商场，被看作台中"百货商场先驱"的老字号商场。致力于经营日常生活杂货，也有原创品牌。在地下3层的饮食区能吃到各种小吃，有很多人常常全家一起去，很是热闹。还有，一定要去见识一下这里的洗手间哦。

✉ 三民路三段161号
☎ 04-2225-3456
🕐 11:00~22:00，周六、周日、节假日10:30~
休 无休
语 中、英、日

秋山堂精品茶庄

MAP○剪切地图-33、p.181-A
从台中站乘出租车15分钟

传统茶具

推广传统茶具和茶文化

店内如同画廊，陈列着精心挑选的现代台湾茶具。这里也摆放着古董茶具和日本铁瓶，容易引起人们的兴趣。二楼设有茶座，备有茶道用具，能让人体会到中国茶的博大精深。还有台湾产的高级高山乌龙茶。

✉ 朝马三街八号
☎ 04-2254-4729
🕐 10:30~23:00
休 无休
语 中、英
HP http://www.icetea.com.tw/

养心堂

MAP○剪切地图-34、p.181-B
从台中站乘出租车15分钟

传统茶具

齐集精品的茶具专卖店

齐集各种传统茶具和茶道用具。这里的茶具种类很丰富。有青花、斗彩、彩绘、青白瓷、陶瓷器和木制的，还有耐热玻璃做的。每个都实用而且漂亮。这里的东西都让人有种买回来的冲动。店主在普洱茶方面很有研究。

✉ 华美西街二段193号
☎ 04-2312-8669
🕐 9:00~20:00
休 周日
语 中

长荣桂冠酒店（台中）
Evergreen Laurel Hotel (Taichung)

MAP ○ 剪切地图-34、p.181-A
从台中站乘出租车15分钟

台中的标志性高级酒店

面朝台中港路的大型高级酒店。客房内铺着高级雅致的绿色地毯，摆放着紫檀家具，大理石浴室里淋浴室是分开的。另外，退房时间定在12点，也是周到的安排。

- 台中港路二段6号
- 04-2313-9988 FAX 04-2313-8642
- NT$ S/T7000元～
- 354 语 中、日、英
- HP http://www.evergreen-hotels.com/

民族大饭店
Hotel National Taichung

MAP ○ 剪切地图-41、p.181-C
从台中乘出租车10分钟

可以体验各种风情的餐厅

规模、设施、服务都评价很高的酒店。客房以暗粉色为基调，给人一种优雅的感觉。客房布局也很舒适，让人觉得身心轻松。而且酒店内还有中餐厅和西餐厅，能品尝到多种美食。

- 台中港路一段257号
- 04-2321-3111 FAX 04-2321-3124
- NT$ S3280元～/T3500元～
- 306 语 中、日、英
- HP http://www.hotel-national.com.tw/

台中福华大饭店
Howard Prince Hotel Taichung

MAP p.181-A
从台中站乘出租车30分钟

办公、观光两全其美

虽然离台中站有点儿远，但是离高速公路IC很近，如果开车的话就很方便。酒店里江南料理店、海鲜料理店、日本料理店、酒吧、沙龙应有尽有，能好好地放松休息。客房也很宽敞。

- 安和路129号
- 04-2463-2323 FAX 04-2374-9090
- NT$ S6500元～/T6900元～
- 168 语 中、日、英
- HP http://taichung.howard-hotels.com.tw/

晶品大饭店
Jinpin Hotel

MAP ○ 剪切地图-41 p.181-D
从台中站乘出租车10分钟

客房宽敞舒适

每间客房面积都在30平方米以上，窗户也很大，让人觉得轻松舒适。在酒店周围逛逛，会发现有很多餐厅和小酒馆，就餐很方便，性价比也很高。

- 向上路一段95号
- 04-2302-8008
- FAX 04-2301-2330
- NT$ S2500元～/T3200元～
- 51 语 中、日、英
- HP http://www.jinpinhotel.com.tw/

巧合大饭店
Chance Hotel

MAP ○ 剪切地图-42 p.181-D
从台中站步行1分钟

雨天也能安然到达

只要从地道和拱廊走，雨天根本不需要打伞，就能从车站或客运总站到达酒店。这样的布局是巧合大饭店的优势。建筑和客房都古色古香，同时也设有服务台，设施也很齐全。

- 建国路163号
- 04-2229-7161
- FAX 04-2225-1845
- NT$ S1800元～/T2000元～
- 休 无休
- 93 语 中、日、英

鹿港

MAP p.176-A、p.187

路线

从台北站乘坐自强号需2小时30分钟，在彰化站下车。再乘坐彰化客运巴士约40分钟。从台中乘坐联合客运巴士需50分钟。从台北乘坐统联客运巴士约3小时。

漫步小贴士

乐趣指数
观光　★★★★★
文化　★★★★
美食　★★★

交通便利指数
步行　★★★★★

周边情况
　　鹿港这个城市并不大。最大的观光乐趣就是在大街小巷随意闲逛，步行就足够了。不过道路布局十分复杂，一定要带上地图哦。

鹿港的象征——天后宫

街·道·布·局

古老台湾的氛围，店面鳞次栉比充满魅力的老街道

　　鹿港是个历史悠久的城市。在清朝时期，鹿港和台南、万华（台北）就被并称为"台湾三大贸易港"。如今，虽然鹿港只是一个小城市，但是依然能看到历史的痕迹。

　　要想在鹿港逛逛的话，可以城市主干道——中山路为轴线，循线走访。鹿港的道路布局复杂，一定要随时留心自己究竟身处何地哦。

　　天后宫附近还留有很多古式建筑，这也是鹿港观光的主要景点之一。帝王庙、南靖宫、永安宫等寺庙，卖工艺品、灯笼的小店林立于此，那光景让人觉得时间都停止了。

　　鹿港老街（古迹保存区）保存完整，蜿蜒的小巷两边，是各式各样的店面。有特产店、杂货店、工艺品店，甚至还有聚集了各种怀旧机器的游戏室。老街深得中外游客的喜爱。

景·点

九曲巷

MAP p.187

充满风情的小巷

　　在中山路和民族路的交叉处有一家花店，花店旁边的巷子就是九曲巷。虽然只是条普通的巷子，没什么特别之处，但是地上铺满的红砖却演绎出一种独特的风情。九曲巷得名于蜿蜒曲折的小路，而事实上巷内也几乎没有直路。

★从彰化客运巴士总站步行约5分钟

天后宫

MAP p.187

台湾岛最古老的妈祖庙

　　这里供奉的妈祖像，是1683年从福建天后宫请过来的。台湾各地的妈祖像都是从那里请来的。
　　天后宫周围有很多货摊，能感受到庙会的气氛。

★从彰化客运巴士总站步行约10分钟

开 6:00~22:00　休 无休　NT$ 免费

鹿港民俗文物馆

MAP p.187

文艺复兴风格的精致文物馆

　　原为台湾屈指可数的富豪辜显荣的私人府第，现在作为博物馆向大众开放。文艺复兴风格的精致建筑是日据时期的流行风格。馆内大约展出了6000件收藏品，由此可详细了解台湾的文化和民俗。

★从彰化客运巴士总站步行约15分钟

开 9:00~17:00　休 周一　NT$ 130元

龙山寺

MAP p.187

精巧的雕刻值得一看

　　被称为台湾最美的鹿港第一名刹。让人惊奇的是，不仅是柱子和墙壁，连天花板上都有雕刻，其精巧的工艺让人赞不绝口。因为离巴士站有点距离，就以中山路和三民路的交叉点为标记吧。

★从彰化客运巴士总站步行约20分钟

开 5:00~21:30　休 无休　NT$ 免费

玉珍斋饼铺

MAP p.187
从彰化客运巴士总站步行约5分钟
中国点心

值得信赖的老店的味道

　　创业于1877年的台湾点心老店。其中凤梨酥非常出名。这里还有牛舌饼和月饼等。

民族路168号
04-7773672　营 8:00~22:30
休 无休　语 中　C 不可

锁麟囊手工艺礼品坊

MAP p.187
从彰化客运巴士总站步行约7分钟
商店

具有民族特色的礼物

　　这里出售的玩具和杂货都古色古香，而且小巧精致，非常适合送人，让人不由自主地想买下来。价格也很合理，钥匙圈之类的价格在180~300元。

中山路383号
04-7760306　营 11:00~20:00
休 不定休　语 中、日　C 不可

天后宫香客大楼

MAP p.187
从彰化客运巴士总站步行约10分钟
酒店

位于工艺品店和货摊齐集的中山路上

　　虽然这里是属于宗教团体的非营利性住宿场所，但是非信徒者也可以住。客房宽敞舒适。有很多天后宫的香客都住在这里。

中山路475号
04-7752508　FAX 04-7752518
NT$ S950元~/T1050元~　室 136　语 中

鹿谷／冻顶

MAP p.176-F、p.188

路线

🚌 从台中干城巴士总站乘坐台中开往溪头的客运巴士约2小时到达鹿谷。🚖 从高铁台中站乘坐出租车需1小时15分钟。

漫步小贴士

乐趣指数
观光 ★★★★
自然 ★★★★
文化 ★★

交通便利指数
出租车 ★★★
公交 ★

周边情况
慢慢逛的话需要半天的时间，所以需要包一辆出租车。如果想当天回来的话最好从台中出发，如果想留宿一晚的话从溪头出发比较好。

上：围绕麒麟潭展开的冻顶乌龙茶茶园
下左：在鹿谷乡终年都能品尝到竹笋料理
下右：立于溪头自然教育园区（森林公园）入口处的竹制标志

街道布局

冻顶乌龙茶的主要产地，物产富饶的游览胜地

从台中南下就能到达南投县鹿谷乡，有名的乌龙茶产地——冻顶就在这个村庄里。附近一带也是竹子产地，所以有不少以竹子为主题的观光点。村庄最里面是溪头自然教育园区（森林公园）。这里曾被当作东京大学农学系的实验林，很多自然资源被保留下来。由于开发成了自然公园，兴建了很多度假宾馆，所以把这里当作探索鹿谷的起点很合适哦。从溪头再往山里走的话，就会走到有名的高山茶产地——杉林溪。

从鹿谷中心翻过一座山就是乌龙茶产地——冻顶。冻顶山是座低山，围绕着名为麒麟潭的小湖泊，附近一带都是茶园。

景·点

茶业文化馆
MAP p.188

传播冻顶乌龙茶文化

　　由鹿谷乡农会运营、以特产茶为主题的文化馆。常年举办传播茶文化和鹿谷乡历史的展览，并开设茶艺教室。除此之外，还有出售茶叶、茶具、鹿谷乡特产的农产加工品的商店。

★在鹿谷巴士站下车即到
开 8:00~17:00（周末、节假日9:00~）

溪头自然教育园区
MAP p.188

感受丰富多彩的大自然风光

　　通称溪头森林公园，以台湾大学的实验林为中心。悠闲地走在铺好的小路上，能看到竹子搭建的拱桥横跨在池塘上，还能看到耸立的扁柏树神木，还有将树和树连接起来的空中走廊，能好好感受一下大自然风光。

★在溪头巴士站下车即到 开 7:00~17:00 NT$环境维持费平时150元（周六、周日、节假日、寒暑假期间200元）HP http://www.exfo.ntu.edu.tw/sitou/

张富钦茶庄
MAP p.188
从鹿谷巴士站步行20分钟

商店 **出售自家生产的高级乌龙茶**　中国茶

　　三代都是茶农的张家生产的乌龙茶、贵妃茶味道甘甜，清香无比，余味无穷，是为极品。这里也出售自家腌制的茶梅。店内还摆满了精心挑选的茶具。老板娘是名茶艺师，只要预约，也可以跟她学习茶艺。

- 内湖村兴产路78-6号
- 049-2753516
- 9:00~21:00
- 无休
- 中、日

福林餐厅
MAP p.188
从鹿谷巴士站步行30分钟

餐厅 **竹笋料理的名店**　乡土料理

　　鹿谷乡是竹子的产地，一年到头都能吃到竹笋料理。还有山野菜做的乡土料理也一定要尝一尝，比如福林笋香糕（竹笋饼）、笋香炒饭（竹笋炒饭）、凉拌山蕨（蕨菜）等。

- 内湖村产路73~74号
- 049-2755145
- 11:00~20:00
- 无休
- 中

鹿鼎庄
Lu Din Manor
MAP p.188
从鹿谷巴士站步行30分钟（打电话联系的话可以接送）

餐厅 **料理、器具、景色"三味"俱全**　乡土料理

　　建在冻顶山峰上的餐厅。一眼望去，景色极美，眼前就是冻顶的茶园。天气好的话，还能看到远处的台中。店主是名陶艺家，还经营民宿。在鹿谷巴士站设有接送点。

- 彰雅村冻顶巷10-18号
- 049-2750100（平时可以打7折）
- 9:00~22:00 无休 中、日
- S2500元~/T3500元~
- HP http://www.ludin.com.tw/

孟宗山庄
Ginkgo Hotel
MAP p.188
溪头巴士站前面

酒店 **眼前一片广阔的森林**

　　位于鹿谷乡最大的休闲娱乐基地——溪头自然教育园区入口处附近。选址很好，游客可以步行去教育园区散步。酒店的风格具有中国传统韵味。

- 内湖村兴产路3号
- 049-2612131
- S3600元~/T4800元~
- 72
- 中、日
- HP http://www.ginkgohotel.com.tw/

鹿谷／冻顶

日月潭

MAP p.177-G　p.191

★ ◀········ 路　线

🚌 从台北站西巴士总站乘坐国光客运直达巴士需3小时30分钟(一天一班)。可以乘坐国光客运巴士到埔里，然后从埔里乘坐南投客运巴士到日月潭共需4小时。🚌 从台中干城巴士总站乘坐任何一家巴士到埔里，然后从埔里乘坐南投客运巴士到日月潭，需2小时。

 漫步小贴士

乐趣指数
观光　★★★★★
自然　★★★★★
文化　★★★

交通便利指数
出租车　★★★
巴士　★

周边情况
　　景点分散在各处，所以坐出租车方便一点。也有台中发车的观光巴士。

上：日月潭船只停靠点。早晨傍晚景色奇美，光线不断变化／
下左：湖畔的寺院之一——龙凤宫／下右：从玄奘寺俯瞰日月潭

·景·区·布·局·

台湾最大的淡水湖，随着时间的推移呈现出的景色也各不相同

　　日月潭是个淡水湖，平均水深30米，海拔约为760米，周长35公里，面积100平方公里，是台湾岛中部最大的游览胜地。由于开通了高铁（新干线），高速公路延长至埔里，如今交通更加方便，备受关注。因为湖的北半部形如太阳，南半部状似明月，因而得名"日月潭"。早晨湖面笼罩在晨雾中，白天碧光闪闪，黄昏时又被晕染成一片红色。

　　湖岸边不断建起高级景点酒店，道路也逐渐修好，成为一个悠闲度假的好去处。日月潭巴士总站就在北岸的中心街，从这里也可以乘坐小船绕湖一周（需1小时30分钟）。南岸有邵族人的小村落，还可以接触民俗文化。

　　由于这里几乎没有公共交通设施，所以只能坐出租车。乘坐出租车的话，推荐在台中或埔里包车，走路过九族文化村等景点的路线。

·景·点·

文武庙

MAP p.191-B

建筑庄严 黄瓦映在山间

　　由前殿、中殿、后殿三个殿构成，入口两侧各有一尊巨大的狮子像。武圣殿里供奉着岳飞、关羽，大成殿里供奉着孔子。从大成殿内的瞭望台上可以将日月潭尽收眼底。

★从日月潭巴士总站乘坐出租车10分钟

终日 无休 免费

立于文武庙前院的巨狮

孔雀园
MAP p.191-B

放养孔雀的公园
在缓缓的山丘斜面上,放养的孔雀纷纷开屏比美。公园的左手边还有一个珍鸟园,聚集了各种珍稀鸟类。

★从日月潭巴士总站乘坐出租车15分钟
开 8:00~17:00　休 无休　NTS 免费

玄光寺
MAP p.191-A

心灵休憩的宁静山中寺庙
位于日月潭南侧的海角尖上,供奉着释迦牟尼像。玄光寺三面都朝向森林,唯一的寺庙建筑面朝日月潭,能看到拉鲁岛和日月潭湖面上的许愿船喷泉。

★从日月潭巴士总站乘坐出租车40分钟
开 8:00~17:00　休 无休　NTS 免费

伊达邵
MAP p.191-B

接触邵族人文化
在日月潭东岸有一个邵族人的村落。湖岸边有观光船乘船点,周围有很多特产店和餐厅。还有一个介绍当地小米酒和糯米酒的酿制方法、也出售这些酒的博物馆。山地文化中心常年举办展览,展示邵族人的风俗和生活民俗资料等。

★从日月潭巴士总站乘坐出租车30分钟

介绍当地酒的酿制方法并出售的博物馆

慈恩塔
MAP p.191-B

从塔顶俯瞰日月潭最美
一座壮观的九层塔,高达46米。位于青龙山山顶上,要爬完玄奘寺南边蜿蜒曲折的山路才能到达。从塔的顶层俯瞰的日月潭是天下绝景。

★从玄奘寺乘坐出租车5分钟,步行15分钟　开 全天(展室を9:00~17:00)　休 无休　NTS 免费

台湾岛中部・台湾岛中西部　日月潭

水秀美食坊

MAP p.191-B
从伊达邵巴士站步行2分钟

台湾料理

品尝台湾料理的餐厅
餐厅

位于日月潭富豪群度假家庭旅馆中的餐厅。在这里能品尝到手制慢餐、总统鱼料理、果实料理等。百花绽放的庭院舒适惬意。

- 鱼池乡日月村水秀街8号
- 049-2850307
- 8:00~23:00（就餐~21:00）
- 无休 预 1600元~
- M / 语 中

涵碧楼大饭店
The Lalu

MAP p.191-A
从日月潭巴士总站步行5分钟

客房附带阳台可以一览日月潭
酒店

高级景点酒店。客房比由卧室和起居室构成的套房更加高级。除了中餐厅和西餐厅以外，还提供铁板料理。温水游泳池朝向湖面，温泉设施也很完善。

- 鱼池乡水社村中兴路142号
- 049-2855311
- FAX 049-2855312
- S/T15500元~、别墅25200元~
- 96 语 中、日、英
- HP http://www.thelalu.com.tw/

日月潭富豪群度假家庭旅馆
Full House Resort Hotel

MAP p.191-B
从伊达邵巴士站步行2分钟

包围在花丛中的雅致小屋
酒店

精致的小屋风格的家庭旅馆。庭院草坪上，群花绽放点缀其中，在这里可以慢慢享受下午茶。房间布置也都是木制风格，给人高雅宁静的感觉。

- 鱼池乡日月村水秀街8号
- 049-2855311
- FAX 049-2850001
- 湖边T3200元~/山边T2200元
- 10 语 中
- HP http://fhsml.idv.tw/

哲园名流会馆
Sun Moon Lake Resort

MAP p.191-B
从伊达邵巴士站步行1分钟

伊达邵附近小木屋风格
酒店

湖畔的浪漫家庭旅馆。游泳池、桑拿浴、桌球等设施齐全。圆木屋风格的客房，设计豪华且优雅。经常有外国游客住在这里。

- 鱼池乡日月村水秀街31号
- 049-2850055
- FAX 049-2850077
- 湖边T/W7800元~、山边T/W6600元~
- 45 语 中、英

景圣楼饭店
Ching Sheng Hotel

MAP p.191-B
从日月潭巴士总站乘坐出租车5分钟

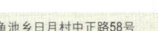

文武庙就在眼前
酒店

由文武庙经营的酒店，湖景非常漂亮。在这样视野极好的餐厅就餐也是一种享受。酒店客房氛围高雅，布置协调。

- 鱼池乡日月村中正路58号
- 049-2855366 FAX 049-2855369
- S/W/T4000元~
- 69 语 中、日、英
- HP http://www.chingsheng.com.tw/

日月潭青年活动中心
Sun Moon Lake Youth Activity Center

MAP p.191-B
从日月潭青年活动中心巴士站步行5分钟

有自行车出租
酒店

虽然交通不太方便，但是面积广阔，可以充分享受大自然。客房分圆木屋和普通客房两种。可以在附设的餐厅就餐。任何人都可以入住。

- 鱼池乡日月村中正路101号
- 049-2850070
- FAX 049-2850037
- T1800元~/小屋（3~4人）3800元~ 85 语 中、英
- HP http://www.cycsml.com.tw/

秘藏情报

日月潭主题公园
九族文化村

MAP p.177-G、p.191-B

位于日月潭东北侧2.5公里处,从埔里经21号线南下可以到达。这个主题公园再现了台湾少数民族群落的建筑和文化风俗与历史等,相当于一个少数民族的微观世界。探访这里定会获得不少知识。以前,进入这些村落生活的山区需要入山证,1986年7月正式开放了包括日月潭在内的整个地区。从此之后,这里逐渐发展成为振兴观光、教育、文化的模范地区。

2010年1月,日月潭湖畔开通了缆车索道,交通也方便了。

村落文化

这里再现了9个村落,按不同村落分布在斜坡两侧,朝向山顶。从第一村开始,按阿美人、泰雅人、赛夏人、邹人、邵族人、布农人、卑南人、鲁凯人、排湾人的顺序组织排列。各村落里都重现了村民们传统的房屋、家具和农具,以便游客了解他们的生活情景。另外,在每个村落都有村民们穿着色彩缤纷的传统服饰,表演传统工艺和料理的制作。这里有三个剧场演出传统歌舞,分别是娜鲁湾剧场(开演:13:25、14:55,假日10:30也有,长达50分钟);九族剧场(开演:11:20、14:30);石音剧场(开演:12:00、15:30)。每15分钟就有一班观光巴士(游览车免费)。

观光信息

📍 鱼池乡大林村金天巷45号
☎ 049-2895361
🕘 8:00~17:00(周末、节假日~17:30),入场到16:00时为止
休 无休
💰 成人700元、中学生600元、小学生550元(停车费:大型车100元、小型车49元)
🌐 http://www.nine.com.tw/

〈路线〉
🚌 从台铁台中站干城巴士总站乘坐南投客运直达巴士,或是从仁友巴士总站乘坐仁友客运直达巴士约2小时
🚌 从高铁台中(台铁乌日)站前乘坐南投客运开往日月潭的巴士约2小时,在九族文化村站下车
🚌 从埔里乘坐南投客运巴士约45分钟

欢乐世界

齐集各种各样的游乐设施和表演,如过山车、单轨铁道、超越时空剧场(电影剧场)等。

水沙连欧洲宫廷花园(欧式庭院)

绿色草坪面积广阔,鲜艳多彩的花朵点缀其中的欧式庭院。十字形的小路从庭院中的喷泉处蜿蜒延伸。庭院最深处有一家王宫风格的餐厅——丽宫餐厅。里面也有出售特产的商店。可以乘坐迷你SL在庭院周围逛逛。

埔里

MAP p.177-C, p.195

★ ·········· 路线 ··········

🚌 从台北站西巴士总站乘坐国光客运巴士需3小时 🚌 从台中干城巴士总站乘坐南投客运任一公司的巴士需1小时10分钟。

虎子山山顶的台湾地理中心碑

街·道·布·局

自然景观丰富多彩，水也美味
有名的酿酒城市

　　埔里位于南投县的中心位置，是个海拔为380~720米的山中城市。这里也是台湾岛的地理中心，在面向城市的山坡上建有象征台湾岛地理中心的碑。这里自然资源丰富，蝴蝶昆虫种类繁多，是蝴蝶收集者人人皆知的城市。

　　观光的话一定要去市中心的埔里酒厂，其附近也有很多餐厅。仁爱路上集中了很多夜市和海鲜餐厅。在市区可以步行逛逛，但景点多分散在郊外，还是坐出租车转转比较方便（可以跟司机讲价）。

景·点

埔里酒厂

MAP p.195-B

绍兴酒工厂变成了如今的观光景点

　　创建于1917年，代表酒乡埔里的绍兴酒酒厂。1999年台湾大地震时受损严重，但很快又恢复原貌。工厂通过播放视频来介绍其内部情况。附近还有酒文物馆（博物馆）、特产商店。

★从国光客运总站乘坐出租车5分钟

开 周一至周五8:00~17:00，周末、节假日~17:30
休 无休　NT$ 免费　☎ 049-2984006

台湾地理中心碑

MAP p.195-B

这里是台湾的"肚脐"

　　地处北纬22°58′33″、东经120°58′25″，位于埔里东北方向的虎子山，是台湾的地理中心。山脚处立着一块碑，写着"台湾省虎子山三角点原点"。从山顶能将市区一览无遗。

★从南投客运巴士总站往雾社方向坐15分钟，在中心碑站下车，然后乘坐出租车10分钟。

木生昆虫博物馆

MAP p.195-A

标本数量达到1.6万种

　　从市区向西2.5公里左右有座爱兰桥，桥对面的中潭公路是日月潭方向和台中方向的分叉点。这里展示了很多稀少珍贵的蝴蝶和昆虫，从全世界最小的蝴蝶到最大的飞蛾，应有尽有。虽然只是一个小型的博物馆，但可以在温室中和蝴蝶一起嬉戏玩耍。

★从国光客运总站乘坐出租车10分钟

广兴纸寮/埔里纸产业文化会馆

MAP p.195-A

传播纸文化历史的场所

　　埔里是台湾的"纸乡"，广兴纸寮是宣传手抄纸制造的企业机构。这里经常开展各种活动，宣传造纸历史和造纸技术等，也可以亲身体验一下以构树为原材料的传统手抄纸的制造过程。馆内还有造纸博物馆和埔里纸产业文化会馆。

★从国光客运总站乘坐出租车15分钟

开 8:30~17:00，造纸体验8:30~16:00　休 无休
NT$ 参观免费，造纸体验200元　☎ 049-2913037

金上园餐厅

MAP p.195-B
从国光客运巴士总站步行5分钟

乡土料理

灵活运用当地食材做料理
这里的料理灵活运用了茭白、各种笋、百合花、野姜花、荷花、槟榔等花，味道别具一格，美味无比，餐厅外观也不错。

- ✉ 埔里镇中华路1-2号
- ☎ 049-2995689
- 💰 套餐400元（1人）
- M／语中
- HP http://ksy.emmm.tw/

镇宝大饭店
Cheng Pao Hotel

MAP p.195-B
从国光客运巴士总站步行10分钟

埔里标志性的高级酒店
高级豪华的酒店。游泳池、KTV、酒吧、儿童乐园等设施完备，服务也很周到。平时住宿价格可打七折。

- ✉ 埔里镇忠孝路299号
- ☎ 049-2903333
- FAX 049-2903456
- NT$ S2900元~/T4200元~
- 🛏 350 语中、英
- HP http://www.chengpao.com.tw/

天一大饭店
Tiane Hotel

MAP p.195-B
从国光客运巴士总站步行5分钟

收集了很多关于蝴蝶的信息
经常有蝴蝶收集者住在这里，工作人员都很亲切。店主熟知埔里的地理和历史，可以和他商量旅行的事情。客房也整洁干净。

- ✉ 埔里镇西安路一段89号
- ☎ 049-2998100~2
- FAX 049-2982017
- NT$ S/W1600元~/T1900元~
- 🛏 154
- 语 中、日、英

天水莲大饭店
Lakeside Resort

MAP p.177-C
从国光客运巴士总站乘坐出租车10分钟

水莲湖畔的雅致景点酒店
建于埔里郊外小湖边的漂亮景点酒店。6月，酒店感觉像是浮在一片睡莲之上，别有一番风情。客房整洁宽敞，中式、西式自助餐也很不错。

- ✉ 埔里镇鲤鱼2巷20号
- ☎ 049-2903411 FAX 049-2900085
- NT$ S/W4000元~/T5600元~
- 🛏 68 语中
- HP http://www.lakesideresort.com.tw/

台湾岛中部・台湾岛中西部

埔里

雾社

MAP p.177-C

路　线

🚌 从台北站西巴士总站乘坐国光客运巴士需3小时40分钟，在埔里下车。从埔里的南投客运巴士总站乘车需50分钟。去往庐山温泉也经过雾社，需要45分钟。白天一般1小时就有1班车开往雾社，坐车很方便。

街·道·布·局

隐于风光明媚的宁静山间
80多年前曾发生抗日起义

　　从埔里沿21号线去往梨山、太鲁阁峡谷的途中会经过雾社所在的山。雾社的正式名称为南投县仁爱乡。从海拔1148米的雾社可以俯瞰山下的碧湖。

　　在这座小城，曾经发生过台湾少数民族发起的抗日起义。起义地点——雾社公学校旧址，在抗日起义纪念碑的西侧，雾社风景区收费处的旁边。如今，这里已经成为台湾发电基地，竖立着不锈钢宣传板，上面刻画着当时的情景。

从雾社俯瞰的碧湖

景·点

抗日起义纪念碑
MAP p.177-C

纪念台湾少数民族发起的抗日起义纪念碑

　　位于城市西边的山脚。入口处竖立着白色大门，沿路而上就能看到纪念在抗击日本殖民统治中牺牲的台湾少数民族的纪念碑。最里面是起义领导者莫那鲁道的墓。

★从雾社巴士站步行5分钟

小知识　台湾少数民族抗击日本殖民统治

　　1930年10月27日上午8点，首领莫那鲁道率领族人袭击了为秋季联合大型运动会聚集在雾社公学校的日本人。在这次事件中有134人被杀害，其中包括来参加活动的郡守、来宾和儿童等。

　　此前一直受到日本统治者（"台湾总督府"）压迫的台湾少数民族为了反抗强行土地公有化和高压统治，首先袭击了雾社周边的警察驻扎点并杀了警察，切断了电话线之后又袭击了公学校。当时的日本政府把雾社当作治台政策（归顺）的模范地区广泛宣传，邀请莫那鲁道去日本，又从当地人中评选模范生，给他们起日本名字并让他们和日本学生一起上学。所以这一事件让"台湾总督府"颜面尽失。于是，他们多次出动战斗机，使用机关枪和毒气，残酷镇压起义，杀害了900多人。在1931年4月25日，甚至利用其他部落袭击了幸存下来的人，据说15岁以上的人几乎全部遇害。

　　台湾著名导演魏德圣拍摄的影片《赛德克·巴莱》就是以此事件为原型的。

抗日起义纪念碑入口处的大门

庐山温泉

MAP p.177-C

路线

🚌 从台北站西巴士总站乘坐国光客运巴士需3小时40分钟,在埔里下车。再从埔里的南投客运巴士总站乘坐开往庐山或温泉的车,在温泉站下车,需要1小时30分钟。发车主要集中在上午和傍晚。

🚕 从埔里乘坐出租车需50分钟,从雾社需20分钟。

天庐大饭店

漫步小贴士

乐趣指数
自然 ★★★★★
观光 ★★★

周边情况
庐山温泉景区聚集了很多酒店和特产店,是个悠闲恬静的温泉乡。1个小时闲逛一圈足够了。

街道布局

被深山包围的台湾最高温泉乡

位于马海仆溪边,开发于1942年,曾经被称为"富士温泉"。巴士站就在景区入口附近、丽庐大饭店前面。在中心处庐山吊桥的两侧聚集着不少特产店和餐厅。附近修好了道路,通往新源泉,再往上游走15分钟左右就能到达旧源泉。泉水约有87℃,是无色无味的碱性碳酸泉,对风湿症和神经痛很有疗效。

温泉乡饭店
MAP p.177-C
从庐山温泉巴士站步行3分钟
山野料理

少有的老鼠料理

在这里能吃到鹿、野猪等当地食材。特别是清蒸硬头鳟(450元~)、炒野猪肉(200元~)很符合某些食客的喜好。好奇心强烈的人可以尝一尝这里的老鼠料理。

📧 仁爱乡庐山温泉38-1号 ☎ 049-2802522
🕐 11:00~15:00、17:00~24:00 休 无休 预 200元~
M 中 / 语 中 / C 不可

龙口樱花名产店
MAP p.177-C
从庐山温泉巴士站步行5分钟
土特产

氛围很像日本景点

出售庐山名产粟饼的特产店。味道不太甜。种类繁多,甚至有用山药、樱花做的,价格也适中(100元~)。什锦礼盒100元一盒。

📧 仁爱乡庐山温泉57号
☎ 049-2802073 🕐 7:00~23:00
休 无休 语 中、英 C 不可

蜜月馆大饭店
Honey Moon Hotel
MAP p.177-C
从庐山温泉巴士站步行10分钟
酒店

装潢高雅稳重

温泉、桑拿、游泳池俱全的高级酒店。位于温泉街最上游,泡完澡还可以去附近散散步。这里的温泉疗养是全台湾最早发展起来的,是饭店的一大骄傲。

📧 仁爱乡精英村荣华巷46号 ☎ 049-2802455
FAX 049-2801235 NT S3000元~/T4200元~ 室 150 语 日、中、英
HP http://www.honey-moon-hotel.com.tw/

天庐大饭店
The Lu Hotel
MAP p.177-C
在庐山温泉巴士站有免费接送巴士
酒店

庐山温泉景区的高级酒店

位于溪谷上游处。温泉泳池等设施完善,特别是露天桑拿(截止到22:00,需带泳衣)很受欢迎。

📧 仁爱乡精英村荣华巷24号
☎ 049-2802288 ☎ 049-2801411
NT S3000元~/T4300元~ 室 170 语 中

在温泉天堂好好放松吧

日式风格的露天浴池不断增加

台湾处于环太平洋火山带，和海南省差不多大，全岛有100多处温泉。1999年是"台湾温泉观光年"，这一年温泉地区的开发非常迅速。近年来，在知本、安通、泰安等几个温泉地区新建了日式的露天池，渐渐成为真正的温泉，吸引了很多游客。

● 台湾泡温泉的方式

从古至今，台湾浴室的结构都是每个客房里排列着一个个的单独浴桶，一般都是穿着泳衣进入露天池或温泉池。虽然那里有泳衣出租，但是喜欢泡温泉的话，还是自己带泳衣吧。近年来，不断有温泉旅馆开始引入日本泡温泉的方法，甚至开始出现可以裸泡的露天池。另外，在亚热带的台湾，没有泡入热水让身体暖和起来的习惯，台式泡澡一般都是悠闲地泡温水澡。

● 各具风情的台湾温泉

台湾广为人知的四大温泉——新北投温泉、礁溪温泉、关子岭温泉、四重溪温泉都是日据时期开发出来的。有的温泉旅馆铺着榻榻米的客房里还留有日式温泉用的扁柏木浴桶，这也成为其独特的魅力。此外，从建有酒店的温泉区到山里的带有乡土气息的温泉地，温泉的种类各式各样。

● 台湾的泡温泉礼仪

在台湾泡温泉时不能把毛巾放进水里，也不能在水里清洗身体。还有，台湾人不喜欢看到别人裸身，所以一定不要裸着身子在温泉池里走动。多注意这些，好好享受台湾温泉吧！

♨ 台北近郊的温泉

新北投温泉 p.151

地热谷是台湾最大的温泉乡——新北投温泉的源泉。从台北出发的话，乘坐捷运可以当天返回。

金山温泉 p.162

金山作为一个有温泉的海水浴场非常有名，曾经涌现开采沙金的"淘金热"。在金山青年活动中心设有温泉健康机构——温泉健身馆。

台湾岛的温泉

阳明山温泉 p.154
从台北站乘坐巴士约50分钟。温泉酒店散布在绿意盎然的阳明山一带,可以住在那里。泉水是酸性的,颜色稍微有些白浊,气味有些刺鼻。

乌来温泉 p.156
位于台北东南方向的80℃碳酸氢钠温泉。"乌来"在泰雅语中是"温泉"的意思。沿河的温泉街对岸有免费的露天池。

礁溪温泉 MAP p.37-H
位于宜兰平原的台湾第二大温泉乡。温泉数量很多,几乎每家都有自家的温泉。这里的温泉是纯碱性泉,温度在60℃左右。

♨ 台湾岛西部的温泉

关子岭温泉 p.207
位于嘉义南部,是台湾岛西部第一的温泉乡。属于盐类碳酸泉,温度在75℃左右,传说泡一泡这里的温泉就会变成美女。旅馆沿溪谷而列。

谷关温泉
位于中部横贯公路途中山间的神秘温泉。属于硫黄泉,温度在60℃左右,因为对关节炎和皮肤病很有疗效,所以蛮有名的。是台湾岛中部三大温泉之一。

庐山温泉 p.197
海拔1300米,是台湾地理位置最高的温泉。属于食盐泉,温度在72℃左右,对神经痛和慢性胃炎(饮用)有疗效。从雾社再往里走9公里即可到达。

♨ 台湾岛东部的温泉

文山温泉 p.216
位于中部横贯公路东边的大沙溪畔。属于碳酸泉,温度在48℃左右,温泉从大理石洞穴流出。这里没有住宿的地方。

苏澳冷泉 p.174
位于七星山山脚,从苏澳涌出的21℃天然碳酸泉。这种泉水全世界只有苏澳和意大利两个地方才有。泡在冷泉里,居然会有种暖呼呼的感觉,简直不可思议。

知本温泉 p.225
位于台湾岛中东部的知本溪,包围在美丽的大自然之中。分外温泉和内温泉,还有露天池。

瑞穗温泉 p.228
位于北回归线穿过的城市——瑞穗的西边,是个住宿式温泉。阿美人将这里用于温泉疗养。其源泉是53℃的硫化铁泉。

红叶温泉 p.228
从瑞穗温泉再往里走就到了红叶温泉。这里只有一家旧式的木制旅馆。榻榻米客房别具风情,魅力无限。

宝来温泉 MAP p.176-J
位于南部横贯公路上的神秘温泉。在视野广阔的河岸边,建有露天温泉池。周围是枇杷的一大产地。从台南越过一座山,氛围恍如秘境。

东埔温泉 MAP p.201-D
位于玉山的登山基地、海拔1200米的山间神秘温泉。属于无色无味的碳酸钙泉,温度在48℃左右,曾经被称作"蜻蜓温泉"。

任泽温泉 MAP p.6-C
位于北部横贯公路东端的温泉疗养地。从宜兰乘坐开往梨山的巴士约需1小时20分钟。属于温热的碳酸泉,在温泉池前面的广场还可以自己动手做温泉蛋。

阿里山

MAP p.176-F、p.200-201

★ ◀·········· 路　线

 从台铁嘉义站走阿里山森林铁路需3小时30分钟。
 从嘉义站前巴士总站乘坐县营巴士需2小时30分钟。

漫步小贴士

乐趣指数
自然　★★★★★
观光　★★★★

周边情况
从嘉义沿阿里山森林铁路进山，在阿里山站周围的酒店住宿一晚。第二天早晨，沿祝山线登上祝山，观看日出之后，再去游览景点。这样的两天一夜路线是常规模式。

右：即使不是铁道迷也想要体验一次的阿里山铁路／左上：阿里山上有1900棵以上的樱花树／左下：小路旁种有很多大树

壮观的自然景色和祝山日美景是阿里山观光的精华所在

所谓"阿里山"并不是山的名字，而是整个地区的名称，自2001年开始阿里山就被指定为台湾地区的风景区。18座海拔2000米的山绵延相连，景色壮观，只有在高山才能看到这样的景观。这里是台湾首屈一指的山脉景点。

通往阿里山的交通路线有以嘉义为起点的铁路和巴士。当然是推荐乘坐火车啦！蜿蜒在山间的阿里山森林铁路可是铁道迷们向往的地方。一定要提前订票哦！

阿里山森林铁路

MAP p.200-201

散发浓浓旅途风情的高山铁路

阿里山森林铁路一般一天只有一班

上：想拍下美丽的日出景观的话，最好使用三脚架哦／下：云海也是亮点之一

车，13:30从嘉义站发车，16:30从阿里山站发车。春天樱花盛开的时候，会增加临时列车，一天会有两班车（临时列车的发车时间不固定）。虽然客车比台铁的列车小一圈，但是空调等设施完善，坐起来很舒服。嘉义站和阿里山站的海拔差为2160米。途中会经过56个隧道、64座铁桥，经3小时30分钟到达阿里山站。出检票口的时候，需要付阿里山地区的入山费150元。

阿里山观光的精华在于祝山的日出。祝山线的列车也会配合日出时间发车。这一段车程如果步行的话需要40分钟。观景台常常到处都是观光客。因为夏天都非常冷，所以一定要准备好衣服。酒店也会有防寒用具出租。

去的时候乘火车，回来的时候步行也挺有意思的。可以享受一下清晨的森林浴。虽然有点远，但是沿着铁路走还蛮好玩的。去石猴石的话就只能乘坐火车，除此之外，阿里山站周围的其他景点都可以步行前去。慢慢溜达去吧！但可惜的是，阿里山的象征——神木因被台风刮歪了，所以被砍掉了。

建议3月中旬到4月上旬去玩。那时候，樱花等各种各样的花朵都会竞相绽放。这个时期，每逢周末火车和酒店都会人满为患，要记得提前预约哦！

从2006年起，开始运营用于观光的扁柏木火车。 ★嘉义站首发

景点

祝山
MAP p.201-D

欣赏美丽日出,感觉庄严神圣

在海拔2489米的山顶观赏日出是阿里山观光的亮点之一。从沼平站开往祝山的火车会提前一天在车站公布发车时间。可当天早上去阿里山站或沼平站买票（100元,往返150元）。酒店的工作人员会根据列车的发车时间提供叫醒服务。

从祝山观景台能遥望台湾最高峰——玉山。黎明时分微暗的天空渐渐地被染成橙红色,太阳探出头来的那一刹那,会让人感动到忘却了寒冷。

★从沼平站走祝山线需20分钟（阿里山站发车途经沼平站）

树灵塔
MAP p.201上

供奉被伐树木的灵魂

阿里山是有名的木材产地。这座塔是用来供奉被伐树木的灵魂的。旁边还有一块纪念阿里山铁路的设计者的纪念碑,他曾为森林开发做出了巨大贡献。

★从沼平站步行20分钟、从神木站步行15分钟

三代木
MAP p.201上

据说树龄超过1万年的扁柏古树

三代红扁柏缠绕共生的珍奇树木。据说第一代树龄已经超过1万年,从第一代上长出来的第二代树龄有3000年,第三代的树龄也有100年。三代树融为一体,形成了罕见的景观,引人入胜。

★从沼平站步行20分钟、从神木站步行15分钟

据说三代木树龄超过1万年

博物馆规模虽小,展览内容却很丰富

慈云寺
MAP p.201上

可以观赏美丽的晚霞和云海

安放着七宝佛像和释迦牟尼像的小寺庙,其中还有座七宝佛像。从围绕在一片绿意中的寺院,能观赏到美丽的晚霞和云海。

★从沼平站步行25分钟、从神木站步行10分钟　开8:00~17:00　休无休　NT$免费

姐妹潭
MAP p.201上

有着美丽姐妹悲伤传说的湖泊

姐妹潭有两个小湖,这里流传着美丽的两姐妹为了不被允许的爱情而选择死亡的传说。湖边伫立的凉亭仿佛是浮在映满绿意的水面上一样。早晨的景色非常漂亮。

★从沼平站步行15分钟、从神木站步行20分钟

石猴石
MAP p.201-D

仿如猴子静坐的大石头

在眠月线石猴站附近。整个石头看上去好像是一只猴子侧向一边坐着的样子,石头高约30米,遗憾的是,由于1999年的台湾大地震,猴子头的部分掉落了下来。周围铺有小路,一个半小时左右可以逛完一圈。

★从阿里山站走眠月线需40分钟（眠月线停运中）

阿里山高山博物馆
MAP p.201上

生动展现阿里山的自然景观

建于1911年的木造博物馆。生动地展现了阿里山周围的自然、文化和少数民族的生活,能引起游客的兴趣。看着年轮标本,就能感觉到大自然的时间流逝。这里也展出昆虫、动植物的标本。

★从沼平站步行20分钟、从神木站步行15分钟
开8:00~11:00、14:00~17:00

秘藏情报

● 阿里山相关信息
HP http://www.ht-alishan.com.tw/

阿里山森林铁路
世界罕见的真正森林登山铁路

铁轨宽度为76.2厘米的超窄轨

阿里山森林铁路是世界罕见的真正的森林登山铁路。全路线长约70公里，历时3个半小时才能走完。这条铁路原本是为了运送木材而建造的，不过，铁路修好之后，观光反而成了主要目的，如今只剩下嘉义站始发的阿里山列车。

列车虽然总共只有4节像玩具一样的小车厢，不过每节车厢都安装了空调，而且设有厕所，座位也都是活动靠背椅，总体感觉还挺豪华的。虽然小，却能感受到浓浓的列车旅途氛围。

列车鸣响汽笛，开出嘉义站，不一会儿就奔驰起来，从一排排房子前一掠而过。3个小时之后就能到达沼平站，不过这段路程一直都是上坡路。起点站嘉义和终点站阿里山的海拔差高达2160米。

列车经过有名的香蕉产地——竹崎之后，就慢慢进入山里。途中会路过三重螺旋形曲线和长长的隧道、4次连续的Z字形路线，这些地方会让铁道迷们高兴到想哭。阿里山森林铁路会成为铁道迷们都向往的路线不是没有道理的。

透过车窗看到的植物也会引起乘客的兴趣。出了嘉义，不一会儿就能看到很多椰子树和槟榔树，还会穿过香蕉林。之后，随着高度不断上升，植物也会不断变化，等到达阿里山就全都是温带性树木了。路上看到的扁柏和杉树等大树都很漂亮，高山植物种类繁多，也是很多专家们的研究对象。

途经的阿里山站是新建的，还有另外两条支线从这里延伸出去。这里距离海拔较高的石猴石还有9.2公里，眠月线速度较慢，约需40分钟。

从车窗眺望原生林、溪谷和云海，绝对不会让人觉得无聊。虽然身处车上，却感觉像在享受森林浴。从2月到4月，天然纪念物——一叶兰盛开，景色更亮丽。

曾经，全世界最古老的美国蒸汽火车在这里行驶，如今已保存在车库展览场，由内燃机车取代了它的位置。

祝山线行驶路线长约6.25公里，到达因日出而著名的祝山。发车时间会根据日出的时间有所调整，所以运行安排时间并不是固定不变的。最好当天早上去阿里山站或沼平站购买车票。日出时间大致是这样的：夏至5:00，春分和秋分6:00，冬至7:00。

阿里山宾馆
Alishan House

MAP p.201上图
从沼平站步行5分钟，可以免费接送到阿里山站（需预约）

阿里山的标志性观光酒店

创建于1914年的老牌酒店，很多贵宾都喜欢住在这里。酒店内铺着红色地毯，能感受到其历史悠久，高级豪华。屋顶是观景台，可以在这里欣赏日出、晚霞和满天星辰。

- 阿里山乡香林村16号
- 05-2679811　FAX 05-2679596
- S/T6000元
- 35 语 中、日、英
- http://www.alishanhouse.com.tw/

吴凤宾馆

MAP p.201上图
从阿里山站步行8分钟

方便观光日出的便捷宾馆

阿里山观光的旺季是4月到8月。要做好这段时间客房价格会上涨的心理准备。宾馆位于阿里山站对面广场的阶梯下面，乘坐早晨出发的车去观赏日出很方便。平日房价有时会打五折。

- 阿里山乡中正村48号
- 05-2679730
- T1200元～
- 26 语 中
- 不可

阿里山阁大饭店
Alishan Gou Hotel

MAP p.201上图
从沼平站步行3分钟，可以免费接送到阿里山站（需预约）

深受游客喜爱的公共住处

于1918年建造的老牌宾馆，现在是个3层的酒店。虽然建筑很质朴，但是设施毫无问题，价格也很合理，所以很受欢迎。而且离沼平站很近，地点不错。在这里住宿的话，赠送早餐。

- 阿里山乡香林村1号
- 05-2679611
- FAX 05-2679614
- T2200元～
- 100 语 中、英
- http://www.agh.com.tw/

高山青大饭店
Gau Shun Ching Hotel

MAP p.201上图
从沼平站步行15分钟，可以免费接送（需预约）

位于车站附近的舒适酒店

走下站前广场上的游客服务中心旁边的阶梯即到。建筑很新，客房很舒适。平时有的季节房价会打六折。不妨挑一间景色好的客房吧！

- 阿里山乡中正村43号
- 05-2679716　FAX 05-2679780
- S3000元～/T4300元～
- 72 语 中、日、英　不可
- http://ganshan-rma.network.com.tw/

秘藏情报

遥远的玉山

台湾有很多高山，3000米以上的山就有150多座，其中最有人气的要属最高峰玉山（3952米）。因为攀登玉山须得到许可，所以需要支付入山费和山间导游费。另外，山上小屋的安排等全部都是必须要提前预约的，所以一旦日程安排好了，就是下雨也必须上山。

详细情况请登录以下网站查阅。
http://www.mountaineering.org.tw/

❶玉山西峰与东峰的正中点　❷在烟雨蒙蒙中到达排云山庄，天晴的话能目睹晚霞绝景　❸晚餐是在厨房旁边站着吃。看上去觉得伙食不太好，其实很豪华，甚至有鲍鱼和干贝子呢

嘉义

MAP p.176-I、p.200-A、p.206

 路　线

🚄 从台北站乘坐高铁（新干线）到高铁嘉义站需1小时25分钟。🚌 从台北站乘坐自强号需3小时30分钟，乘坐莒光号需4小时10分钟。

漫步小贴士

乐趣指数
文化　★★★
观光　★★
自然　★

交通便利指数
巴士　★★
出租车　★

周边情况
比起市内，更多的景点分布于郊外。乘坐巴士很方便。市区很大，全逛完的话需要很多时间。

上：市民休息的场所——嘉义公园里的忠烈祠／下左：嘉义公园里的史迹资料馆
下右：阿里山观光基点——嘉义站（车站）

 街·道·布·局

台湾南部的门户、北回归线穿过的城市

嘉义市是阿里山观光的起点，因此很有名。下了火车，就会被南国的独特香气包围。车站前面种着椰子树，呈现出一派南国情怀。背向车站，左边是国光客运巴士总站，右边是嘉义县公营的巴士总站。从车站往稍左一边的中山路走，能看到嘉义客运巴士总站，这里有开往关子岭温泉的巴士。另外，新干线也开通了，不过从高铁嘉义站到台铁嘉义站比较远，乘坐巴士或出租车需要30分钟。

嘉义市区的主要街道是中山路。道路两边密密麻麻的都是商店和餐馆等。虽然没有特别的景点，不过这里会让你感受到这片土地的活力。往前走20分钟左右有一个很大的圆形转盘，里面有喷泉等景致。这里是繁华街的中心。从这个圆形转盘往右转就是文化路。每天晚上这里都有夜市，有新鲜水果现榨的果汁、甜点、鸡肉饭（将鸡肉盛在饭上，再涂上特制的酱料）等很多小吃，一定不要错过哦！最令人高兴的是，所有的小吃都特别便宜。虽然嘉义市内景点不多，不过郊外却分布着不少景点。信仰妈祖的总本山北港、以泥质温泉闻名的关子岭温泉、因莲花出名的白河等，都是值得一游的地方。

 景·点

嘉义公园（中山公园）

MAP p.200-A

嘉义市民休息的场所

绿意盎然的市民休憩处。早晨这里聚集了很多人练习太极拳，还挺热闹的。公园内除了忠烈祠还有嘉义史迹资料馆（开放时间：周二到周日8：30～12：00、13：30～17：00，周一休息）、射日塔（开放时间：1层9：00～24：00，门票20元，每月1日休息）。

★从嘉义站乘坐县营巴士1号、2号约10分钟，在嘉义公园下车

北回归线标志

MAP p.200-A

每逢夏至太阳会升至正上空

从嘉义站向西北方向前进5公里左右即到省道1号沿线。这条线正好是北纬23°27′4″。每逢夏至，太阳就会升至正上空。这里距离嘉义水上机场也很近。除了乘坐下面列出的巴士，也可以乘坐开往台南的巴士抵达。

★从嘉义站乘坐公营巴士，开往朴子、布袋的嘉义客运巴士需10分钟，北回归线下车

白河镇

MAP p.176-I

连绵一片的美丽荷花池

从嘉义站向南前进18公里即到的白河是一个因荷花而出名的小镇。道路两侧的荷花池，风光秀丽，连绵不断，恍如幻境。小镇本身并没有什么景点，但是沿街有很多餐厅，在那里可以尝到用荷花做的美食。不过荷花美食都是套餐，如果人数不够的话，不好点。有机会的话，还是尝一尝吧！

★从嘉义站乘坐开往关子岭的嘉义客运巴士需40分钟

喷水鸡肉饭

MAP p.206
从嘉义站步行10分钟
台湾料理

嘉义特色的美味餐厅

说起嘉义的特色美食，当属鸡肉饭。在米饭上盖上蒸肉，再淋上酱汁，做法很简单，却非常好吃，驰名全台湾。而且价格很便宜，只需40元。这里是鸡肉饭很有名的店。

- 中山路325号
- 05-2222433
- 9:00～21:30
- 无休　40元～
- 语中

皇爵大饭店
Chayi King Hotel

MAP p.206
从嘉义站步行5分钟

评价甚高的酒店

离嘉义站、嘉义客运巴士总站都很近。室内装潢为欧式风格，简单大方。附设餐厅，可以在这里悠闲地慢慢享用美食。

- 新荣路234号
- 05-2233411
- FAX 05-2238977
- S2800元～　T3300元～
- 90　中、英、日
- HP http://www.hjhotel.com.tw/

金龙大饭店
Golden Dragon Hotel

MAP p.206
从嘉义站步行12分钟

在阿里山有姐妹店的商务酒店

经营方式和阿里山的吴凤宾馆（p.204）一样，属于价格适中的商务酒店，是阿里山观光客的住宿基地，非常方便。

- 民生北路130号　05-2222049　FAX 05-2222048
- S900～1200元　T1200～1800元
- 72　中

万泰大饭店
Wan Tai Hotel

MAP p.206
从嘉义站步行15分钟

靠近夜市的商务酒店

虽然距离车站有点远，不过离文化路的夜市却很近。入夜，周围很安静，住着很闲适。

- 新荣路46号　05-2275031　FAX 05-2275030
- S1120元～／T1400元～
- 75　中、英、日

关子岭温泉

MAP p.176-J

 ········ 路　线

🚌 从嘉义站乘坐开往关子岭的嘉义客运巴士需1小时（1天12班）。

漫步小贴士

乐趣指数
温泉　★★★★★
自然　★★★★
交通便利指数
步行　★★★
周边情况
　　位于嘉义市东南方约28公里处，多是迂回曲折的坡道。如果从温泉区步行前往"水火同源"，往返大概需要2小时。

位于绿色溪谷边的南部温泉乡

景区布局

有名的山间温泉乡

　　因美人泉而出名的山间温泉乡。穿过一条小小的隧道就到了温泉区。这里的特色是混浊的乳白色温泉，也被称为泥质泉。对神经痛和肠胃病很有疗效。这里不同于豪华温泉，笼罩着一种宁静、祥和的气氛。

景点

水火同源

MAP p.176-I

水火同时喷射而出的奇观

　　如同其名所示，在这里能看到水火同时从洞穴喷射而出的景观。在入口附近竖立着一块纪念碑，以纪念开拓这条道路的人们。不过，要从温泉街步行到这里的话会非常辛苦。

★从关子岭温泉巴士站步行需40分钟或乘坐出租车约10分钟

景大度假庄园
King's Garden

MAP p.176-J

从关子岭温泉巴士站可以免费接送（需预约）

温泉设施完善的高级酒店

　　离温泉区稍微有点远，不过面积广阔，设备齐全。大浴场、游泳池、露天池、温泉疗养等温泉设施也很完善。

✉ 白河镇关子岭56号　☎ 06-6822500　📠 06-6822304
NT$3000元~　室 65　语 中、日、英
HP http://www.myspa.com.tw/

红叶温泉度假山庄
Red Maple Hot Spring Cottage

MAP p.176-J

从关子岭温泉巴士站步行10分钟

设有露天浴池的山上胜地

　　设有宽敞的露天浴池、独立浴室的山庄。建筑是山间小屋风格的，景色很不错。附设有餐厅和咖啡厅。

✉ 白河镇关子岭65-9号　☎ 06-6822822　📠 06-6822376
NT$2240元~　室 26　语 中
HP http://www.mact.com.tw/

台湾岛中东部

漫步之基础知识　　　　　　209
花莲　　　　　　　　　　　210
太鲁阁峡谷　　　　　　　　215
台东　　　　　　　　　　　219
知本温泉　　　　　　　　　225
花东海岸公路／花东纵谷公路　227

台湾岛中东部

漫步之基础知识

美丽的自然和朴素的人们
让人心湖宁静、充满魅力的地方

充满浓郁的自然气息

台湾岛东部的中心是花莲（p.210），人口约11万，是个闲适悠然的城市。花莲是台湾岛东部交通的枢纽，所以从台北来的车很多，也有很多从台北出发前往花莲、太鲁阁峡谷（p.215）的观光团。

从花莲乘坐巴士1个小时左右就能到达太鲁阁峡谷的入口。太鲁阁峡谷沿着立雾溪，大理石断崖绝壁绵延数十公里，是个大峡谷。这里有一条从太鲁阁口到天祥长约20公里的旅游路线，很多旅行团都来这里观光。

从太鲁阁口沿海岸线北上，位于苏花公路上的清水断崖，是"台湾八景"之一。

从花莲向南，花东海岸公路（p.227）沿海而建，花东纵谷公路（p.227）蜿蜒在中央山脉和海岸山脉之间。沿着海岸公路，分布着不少海水浴场和景点，还可以体验一下海上运动。海岸公路的景点全部都可以乘坐巴士或驾车到达。

从台北乘坐飞机需50分钟、从花莲乘坐火车需2小时30分钟能到达台东（p.219）。台东曾经是卑南人的居住地，后来福建人迁徙到这里建造了城市。这里是有名的"水果城市"，也是番荔枝的产地。

从台东乘坐巴士约需30分钟可达深受旅行者欢迎的知本温泉（p.225）。知本温泉区沿知本溪展开，泉水无色透明，属于碳酸泉，是深受游客喜爱的著名温泉休闲地。

花莲郊外阿美文化村

苏花公路清水断崖

沿溪谷展开的知本温泉乡

花莲

MAP p.177-D、p.211

★ 路　线

🚆 从台北站乘坐太鲁阁号到花莲站约需2小时，乘坐自强号约需3小时。✈ 从台北松山机场乘飞机需40分钟，从机场到市内乘坐出租车约15分钟。

漫步小贴士

乐趣指数
自然　★★★★★
观光　★★★★
文化　★★★

交通便捷指数
出租车　★★★
步行　★★★

周边情况
　　花莲火车站位于城市尽头。巴士的路线和数量都很少，出行还是乘坐出租车比较方便。餐馆和商店都集中在城市的中心地区，步行即可。

上：干净的自行车旅行道路／下左：位于花莲郊外的观光酒店
下右：花莲郊外的阿美遗迹

街·道·布·局

身处壮观的大自然，切身感受台湾少数民族的文化

　　花莲面朝太平洋，壮观的东部山脉伫立身后，是台湾岛自然景观极佳的城市之一。这里是前往景点太鲁阁溪谷的起点，地理位置优越，建议制订旅游计划时将花莲和太鲁阁峡谷都列入行程哦！花莲还有美丽的海岸线，海豚表演等水上运动都很有人气。花莲人口约11万，是台湾岛东部最大的城市，北边有苏花公路、太鲁阁峡谷，南边的花东公路被指定为台湾岛东部海岸风景特定区，是东部观光的重要城市。还有一个有名之处在于，阿美人也居住在这里。在阿美文化村，能切身感受保存至今的独特传统文化。

　　花莲还是有名的大理石和翡翠产地，这里公园的铺路石、椅子等公共建筑物所使用的都是大理石。花莲的市区可以分为花莲站前和老站旧址周边两个部分。花莲站前有很多比较便宜的旅馆和特产店，可以在这里住宿一晚，是个方便的落脚地。而从老站旧址到中山路、中正路、中华路一带，聚集了很多观光酒店、餐厅和特产店，还有很多美味的小吃店。如果去花莲旅游的话，还是住在这边比较好！

　　另外，在市区的北边有美仑山公园，海边有海滨公园、南滨公园，都是市民休闲娱乐的好地方。

　　从台北到花莲，建议乘坐太鲁阁号，约需2小时就能到达。从花莲站到市中心的老站旧址大约有2公里，可以乘坐花莲的客运巴士或是出租车（大约10分钟）前往。不过，因为巴士数量比较少，还是乘坐出租车比较方便。

景点

慈惠堂／胜安宫
MAP p.177-D

台湾地区的道教圣地

从老站旧址附近经中华路向西南方向前行3公里左右，再从豆兰桥右转，就能看到相邻的慈惠堂和胜安宫。这两座庙是台湾著名的道教圣地，供奉着民间信奉的最高女神"王母娘娘"，信徒和观光者络绎不绝。特别是慈惠堂的王母娘娘庙很是漂亮，天花板都装饰着雕刻，金光闪闪，美不胜收。

★从老站旧址乘坐出租车15分钟　慈惠堂
开 5:00~22:00　休 无休
胜安宫　开 4:00~22:00
休 无休

上：慈惠堂／右：胜安宫

美仑山公园
MAP p.211-B

可以俯瞰市区、绿意浓浓的公园

位于城市北边尽头，从中山路沿林森路北上，过了美仑溪就到。设有两个观景台，可以从这里将市区美景尽收眼底。

★从老站旧址步行15分钟

南滨公园／南滨夜市
MAP p.177-D

想去海鲜夜市，就来这里吧

从海滨街南下，位于左手边的海岸公园。石雕和亭子分散在广阔的草坪上，再往前就是沙滩和太平洋了。这里开发得很好，在傍晚的海滨散步很是惬意。公园的停车场那里晚上有海鲜、小吃的夜市，呈现一片热闹景象。

★从老站旧址步行15分钟

吹着海风心旷神怡

花莲海洋公园

MAP p.177-D

亚洲屈指可数的海洋主题公园

于2003年开放的大型海洋主题公园。水储存量多达1.2万吨，是规模很大的海洋剧院。这里的海豚表演很有人气。由海底王国、探险岛、海洋村等8个部分组成，可让你拾回童心，尽情玩乐。

★从花莲站乘坐花莲客运巴士40分钟，在公园入口下车
开 9:00~17:00（周末8:30~17:30）　休 无休
NT$ 890元，18岁以下790元，60岁以上690元
HP http://www.hualienoceanpark.com.tw/

阿美文化村

MAP p.177-D

阿美人舞蹈不可错过

入口处竖立着阿美勇士的石像。建有多边形的舞台，可以在这里观赏阿美人的传统舞蹈。多名俊男美女跳的舞蹈，很是壮观。到表演尾声，观众也可以登台参与，气氛高涨。虽然大多是跟着磁带播放的音乐表演，不过也有当场演唱的，值得一看。在舞台前面的特产店能买到阿美人的传统工艺品和鼯鼠毛围巾等罕见物品。

★从花莲站乘坐出租车20分钟
开 17:00~20:30（表演一天两次，17:30、19:20）
休 无休　NT$ 200元

公正包子

MAP p.211-B
从老站旧址步行10分钟

全天都很热闹的小笼包店

[餐厅] 24小时营业，客人源源不断的人气店。特别是从傍晚到夜里，店门口都挤满了客人。其秘诀就在于又大又好吃又便宜的小笼包。1笼10个50元。无论如何都要尝一尝哦！

小笼包
✉ 中山路199-2号
☎ 03-8345933
营 全天
休 无休　预 100元~
语 中
C 不可

四八高地

MAP p.211-A
从老站旧址步行20分钟

主打的招牌，讲究的味道

[餐厅] 店虽小，不过不愧号称"花枝粥老店"，浇汁花枝（40元）是这里的招牌菜。此外，卤肉饭、石花冻（像琼胶一样的海藻果冻）也不能错过哦。所谓"四八高地"，是位于花莲郊外一座山的名字，在那里可以俯瞰海洋。

花枝粥
✉ 大同街32号
☎ 0910-140973
营 11:30~20:00
休 每周一　预 50元~
语 中
C 不可

招牌菜花枝粥

液香扁食

MAP p.211-A
从老站旧址步行20分钟

从老站旧址步行20分钟

[餐厅] 据说蒋经国也很爱吃这里的馄饨。虽然店面算不上气派，不过一到晚上客人会多到排队，很有人气。飘着诱人香味的清淡汤汁里放了10来个薄皮馄饨。吃一碗（50元）肚子就饱了。还可以打包带走。

馄饨
✉ 信义街42号
☎ 03-8326761
营 9:00~21:30
休 每月两天（非周末）
预 60元~
M 中 语 中、英、日　C 不可

配料丰富的馄饨

老邵饺子馆

MAP p.211-B 从老站旧址步行8分钟

饺子馆、饮茶

汤汁满满的小笼汤包

餐厅

除了一口咬下去肉汁都会喷出来的蒸饺、汤汁满满的小笼汤包，这里还有炒饭、家常菜和冰红茶等。这个干净雅致的小吃餐厅，离花莲的中央市场很近。

- 三民街3-2号
- 03-8340858
- 10:30~20:30 休 无休 预 50元~
- M 中、英 语 中 C 不可
- HP http://lau-shau.com.tw/

陈记状元粥铺

MAP p.211-B 从老站旧址步行2分钟

粥、饮茶

气氛宁静、祥和的茶馆

餐厅

虽然是粥店，也能品尝到各式各样的港式茶。店内环境优雅质朴，在一片宁静、祥和的气氛中慢慢用餐也是一种特别的享受。

- 轩辕路10号
- 03-8333864
- 11:00~21:00
- 休 无休 预 65元~
- M 中、日、英 语 中

来成排骨面

MAP p.211-A 从老站旧址步行7分钟

排骨面

很有人气的排骨面专营店

餐厅

店内明亮整洁。深受当地人的喜爱。不用说，当然是推荐尝尝这里很好吃的排骨面（50元）啦。不过，这里的猪脚米线（猪脚米粉50元）味道也很不错。还开有中山店。

- 中正路544号
- 03-8323121 营 11:00~22:00
- 休 不定休 预 60元~
- M 中、英 语 中 C 不可
- HP http://www.laichen.com.tw/

惠比寿饼铺

MAP p.211-B 从老站旧址步行5分钟

羊羹、点心

花莲薯已有百年历史

商店

花莲的特产之一是用红薯、豆子做的特制点心，有100多年的历史。其实最受食客欢迎的是花莲薯，就是用甘薯或野芋做出来的点心。

- 中华路65号
- 03-8322856
- 8:30~22:30
- 休 无休
- 语 中、日

黑潮曼波-绸澜馆

MAP p.211-A 从老站旧址步行5分钟

鲣鱼食品

鲣鱼相关的食材应有尽有

商店

花莲海岸是鲣鱼会随暖流而来的天然好渔场。店内摆满了用鲣鱼制作的商品。从干制鲣鱼到鲣鱼煎饼、鲣鱼片，还有各式各样的下酒菜，都是很适合买的特产。

- 中华路109号
- 03-8352033 营 9:00~19:00
- 休 无休
- 语 中
- HP http://www.katsuo.com.tw/

德利豆干专卖店

MAP p.211-B 从老站旧址步行5分钟

豆干

很有嚼劲的美味豆干

商店

将豆腐去掉水分熏制而成的就是豆干。加入各种香料进行调味之后，形成了一种独特的口感，值得好好品尝，适合做小菜和下酒菜。还有甜梅干（白梅），也值得一尝。

- 大禹街6号
- 03-8338039 营 8:30~10:30
- 休 无休
- 语 中
- HP http://www.derli.com.tw/

美仑大饭店
Parkview Hotel

MAP p.177-D
从花莲车站乘坐出租车10分钟

包围在一片绿色之中的好地方

能代表花莲的豪华观景酒店，周围是广阔的花莲高尔夫球场。游泳池、网球场、健身房等各种设施完善。另外，还设有日本料理、西餐、中餐餐厅和KTV等。在花莲车站和机场可以接送。

林园1-1号
03-8222111 FAX 03-8226999
NT$ T5600元~
343 中、日、英
HP http://www.parkview-hotel.com/

统帅大饭店
Marshal Hotel

MAP p.211-B
从花莲车站乘坐出租车5分钟

离市中心很近，便于观光

位于市中心附近的公园路，从机场过来很方便，去购物或观光也非常方便。距离花莲客运巴士总站也很近。可以唱歌或是品尝港式茶，有的客房还可以观赏到山景或海景。

公园路36号 03-8326123
03-8311555（预约专用）FAX 03-8326140 NT$ S4400元~/T4620元~
270 中、日、英
HP http://www.marshal-hotel.com.tw/

花莲亚士都饭店
Astar Hotel

MAP p.177-D
从花莲车站乘坐出租车10分钟

海滨观景酒店

位于海滨公园附近的海岸观景酒店。如果想住在能看到海景的酒店，建议选择这家酒店哦。游泳池边的椰子树、粉刷成白色柔和色调的外观更烘托了旅游的休闲气氛。在花莲车站、机场可以接送。

民权路6-1号
03-8326111
FAX 03-8324604
NT$ S/W3500元~/T3600元~
166 中
HP http://www.astar-hotel.com/

中信花莲大饭店
China Trust Hotel Hualien

MAP p.177-D
从花莲车站乘坐出租车10分钟

雅致的高级酒店

雅致的高级酒店，设有中餐厅和西餐厅，还有室外泳池和热带庭院。这里的美景和宁静更是胜于别处，很受旅行者的欢迎。在台北、日月潭、高雄等地也有连锁酒店。在花莲车站、机场可以接送。

永兴路2号
03-8221171 FAX 03-8221185
NT$ S4500元~/T4800元~
218 中、日、英
HP http://www.chinatrust-hotel.com.tw/

喜臻艺术精品饭店
C'est Jeune Hotel

MAP p.211-A
从花莲站乘坐出租车10分钟

充满艺术气息的酒店

选址很好，距离城市主干道——中正路只有两分钟的路程。酒店干净明亮，前台服务细致周到，让人觉得心情舒畅。还有早餐是酒店免费提供的。在花莲车站、机场可以接送。

中福路122号
03-8331388
FAX 03-8331389
NT$ S3200元~/T4000元~
46 中、英
HP http://www.cj-hotel.com/

太鲁阁峡谷

MAP p.177-D, p.216-217

◀••••••• 路　线

🚌 从花莲车站、花莲客运巴士总站到太鲁阁约1小时（一天30班）。到天祥约1小时40分钟（一天8班）。另外，还有从花莲车站、主要酒店出发的观光巴士（参考正文）。🚕 从花莲市区乘坐出租车到天祥，一天观光8小时4000元起。

漫步
小贴士

乐趣指数
自然　★★★★★
观光　★★★★★
交通便利指数
巴士　★★★★
出租车　★★
周边情况
乘坐观光巴士慢慢游览比较方便。如果想自由自在地游玩，建议乘坐出租车。

穿凿大理石悬崖而成隧道，连绵相接的九曲洞

景　区　布　局

世界自然遗产级的名胜地
断崖绝壁绵延相连20公里

　　大理石峡谷被包围在平均海拔2000米的险峻群山之中，中部横贯公路曲折穿行其中。这壮观的自然景观，绝对值得一看。从建有中式大门的太鲁阁，途经数个景点，一直到天祥、文山、大禹岭，峡谷连绵相接。

　　这条道路是由人力耗时3年又10个月完成的艰难工程。有的峡谷斜面陡峭险峻，有时会发生坍塌，造成道路堵塞。另外，在太鲁阁由于车辆数量调整，有时候会被禁止通行几十分钟。天气恶劣的时候，有时甚至会临时封锁一段时间，一定要注意哦。

　　去太鲁阁观光的话，乘坐从台北或花莲出发的台湾观光巴士（旅行团巴士）当天返回比较方便。从台北乘坐飞机出发，再乘坐火车返回，有导游陪同（6点出发的11小时观光路线），报价5000元左右。如果往返都乘坐快速巴士（7点出发的14小时观光路线）的话，报价2000元左右。

　　从花莲出发的1日8小时旅游路线报价近千元左右。巴士从花莲各大酒店绕一圈之后，8点左右出发，途经太鲁阁—长春祠—燕子口—九曲洞—慈母亭—七星潭—天祥，下午4点多回到花莲。去途中的几个景点，可以下车步行观光，还可以在天祥的酒店享受豪华美食。前一天在花莲观光之后，推荐参加从花莲出发的超级台湾游一日团。可以在酒店报名参团。

　　此外，若是3~4人一起来游玩的话，还可以包一辆出租车四处转转。将花莲到天祥的景点转一圈，往返需要4小时，费用大约需2000元。也可以委托住宿的酒店帮忙订车、讲价，安排好一切事宜。

MAP p.177-D、p.216-217

太鲁阁峡谷
景点

慈母亭的红色亭顶格外醒目

矗立于祥德寺旁边的天峰塔

这是地道的台湾风格纪念摄影

文山温泉

从天祥再走3公里左右（乘巴士、出租车5分钟），有处混凝土阶梯通往谷底。从那里再向下走15分钟左右会看到河滩岩壁上有个洞穴，那里面是天然温泉露天池。可以免费泡泡温泉，还能欣赏从眼前流过的溪流和陡立的山崖。这里的温泉是48℃的碳酸泉。如果喜欢泡温泉的话，一定要尝试一下。不过在台湾泡露天温泉时需要穿泳衣，而且这里没有更衣室。另外，一定要留心有没有落石滚下来。

合流

是立雾溪和老西溪汇合的地方。架在溪上的慈母桥是用大理石建的，旁边还修建了慈母亭。据说这座亭子之所以叫作慈母亭，是因为从前有位母亲在这里盼着出门在外的孩子从远方归来。桥的左前方有个青蛙岩，其形状看似一只坐着的青蛙。

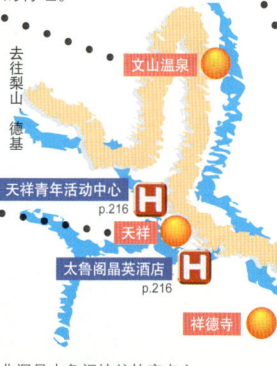

天祥

经过挺立于险山山腰的天峰塔，再穿过红色钢筋建造的稚晖桥，途中还能欣赏左手边的祥德寺，就来到了太鲁阁峡谷最开阔的地方——天祥。这里被云雾缭绕的幽谷群山包围着，让人如临仙境。在山腰的平地上有一个巴士总站，从花莲开来的观光巴士就是在这里返回的。在巴士总站周围有很多餐馆和特产店，还有一个梅园。此外，附近有太鲁阁晶英酒店和天祥青年活动中心等地方可以住宿。

MAP p.216

九曲洞

穿凿倾斜欲倒的岩石而建成的隧道曲折蜿蜒，旁边还修建了道路。这里是拍照、摄影的绝佳地点。从隧道岩壁上时常出现的大缺口，可以俯视从脚下流淌而过的溪流。这条隧道全部是用丁字镐和凿子一点一点穿凿建成的，让人惊赞不已。岩壁上刻有"如肠之回、如河之曲、人定胜天、开此奇局"的字样，以赞此工程的完成。这里是整个峡谷内最狭窄的地方，在这里能看到气流上升的景象。

九曲洞是太鲁阁峡谷的亮点之一

太鲁阁晶英酒店
Silks Place Taroko

MAP p.177-D、p.216
从天祥巴士总站步行3分钟

太鲁阁唯一的高级酒店

太鲁阁峡谷设施最完善的高级观景酒店，从客房的阳台能看到美丽的风景。餐厅格调也很高，是个非常不错的休息场所。这里以前叫作天祥晶华度假酒店。

花莲县秀林乡天祥路18号 03-8691155 03-8691160 S/T6000元~
212 中、日、英

靳珩桥

在桥的右前方不远处,有一块被称为"酋长岩"的岩石,其形状像印第安人的侧面。另外,附近还有一处公园,里面立着因公殉职靳珩工程师的铜像。休憩处的泉水咖啡(80元)很有名,是用上流的泉水煮出来的。一边品尝咖啡,一边欣赏绝景,真是不错的享受啊!

从宁安桥眺望银带瀑布

在这里能喝到美味泉水煮出来的咖啡

燕子口

在这里左右绝壁骤然变窄,溪流从脚下潺潺流过。北边的绝壁下方有好几个洞穴,燕子们在这里筑巢,"燕子口"就是由此得名的。从春末到夏初,在这里能看到燕子们在山谷间自由飞翔的景象。这里还修建了栈道,与道路平行,长约200米。观光巴士到这里都会停车,所以一定要下车来欣赏一下这里的美景哦。

宁安桥

桥架在屏风岩和阿瑶断崖耸立的地方。先前是红色吊桥,如今已经变成了新建的混凝土桥。桥的附近有座庙,在庙的对面能看到银带瀑布飞泻而下的壮景。

这里是太鲁阁峡谷的入口

锥麓大断崖

高达200米的峡谷最高处的整岩耸立于两侧,笔直地深入溪流,其规模让人叹为观止。对面岩壁看似触手可及,然而却远在百米之外。向上望去,两侧绝壁之间的天空居然形似台湾。

长春祠

此乃太鲁阁第一景。穿过红色的铁桥,视野豁然开阔起来,能看到一间黄瓦屋顶的祠堂位于高耸的断崖下。这里供奉着因修建工程而殉职的200多名工作人员。其下方飞流直下的长春瀑布也十分壮观,将崖壁冲刷成一片白色。

太鲁阁

这里是峡谷的入口,中部横贯公路、和苏花公路也是在这里分道的。这里建有一座朱红色的大门,对面就是穿凿岩石而建的隧道入口。这里还有泰雅人、阿美人的年轻女孩穿着色彩鲜艳的民族服装,可以和她们一起拍照留念。不过,拍照肯定是要付钱的。为了避免出现纠纷,还是事先确认一下吧。

锥麓大断崖气势逼人

台湾的少数民族

小知识

台湾的民族构成很复杂。在汉民族（福建人和客家人）移居到台湾之前，台湾少数民族先民就已经在这里居住很久了。在清代，居住在西北边的平原上，被汉化（被汉族融合、同化）的十个族群称为"熟蕃"，而未被汉化的九个族群称为"生蕃"。之后在日据时期，"熟蕃"被改称为"平埔族"，而"生蕃"则改称为"高砂族"，后又改称为"高山族"，现统称台湾少数民族。

现在台湾少数民族人口约有45万，分成14个族群，分别是泰雅人、布农人、鲁凯人、卑南人、排湾人、阿美人等。各个族群之间，语言、文化、风俗习惯都大相径庭。

很多族群都是居住在台湾岛中部山区到东部一带。一般认为之所以会居住在生活环境恶劣的山区是为了避免各族群之间的纷争，不过尚未证实。所有族群的生活都是自给自足的，一般以狩猎（达悟人是打鱼）为中心，再辅以少量农耕。正因为如此，各个族群才可以断绝和其他部落的交流，保持自己的独特风俗。另外，除达悟人以外的大部分族群都曾经有"猎头"的习俗，不过后来禁止了这一习俗，也掩埋了大部分保存在村落里的头盖骨。

如今，还有不少族群仍坚守着自己独特的文化和生活。不过也出现了很多社会问题，如城市与农村的经济差距扩大、外出打工引起的人口疏化、独特性丧失等。然而，近年来族群主动重拾独特性和部落文化的趋势也在呈现。

台东

MAP p.231-C、p.220

上：台东是荔枝的产地。一到季节，水果摊随处可见
下左：屋顶造型巧夺天工的天后宫／下右：正气路的水果市场是台东的一道风景线

★ ·······○ 路 线

 从台北松山机场到此需50分钟。从台东丰年机场去市内乘坐出租车约15分钟。从台北站乘坐自强号约5小时。从花莲站乘坐自强号约2.5小时。从高雄乘坐自强号约2.5小时。从花莲乘坐花莲客运巴士约4小时。从高雄乘坐国光客运巴士约4小时。

漫步 小贴士

乐趣指数
观光　★★★★
美食　★★★
交通便捷指数
步行　★★★
出租车　★★
周边情况
　　市区不是很大，步行就可以了。可以在车站附近的酒店住下，然后在周围好好逛逛，这里没有市内巴士。

街·道·布·局

蔚蓝的大海和路边的椰子树、热带植物茂盛的台东又被称"水果天国"

　　台东是台湾岛东南部最大的城市，是一座充满南国风情的宁静城市。闲逛1小时左右就能把市区的主要景点逛个遍，走20分钟左右就能来到海边。

　　这里大部分居民是阿美人和卑南人等台湾少数民族，都很热情亲切。虽说是个城市，不过却保留着农村气息，和都市的喧闹无缘。

　　市中心是台东老站，周围聚集着很多酒店、旅行社、巴士站等，十分方便。不过，火车的到达、出发都是在郊外的台东站，一定要注意。巴士发车都是配合列车到发时间的，然后开往老站址，可以选择乘坐巴士。从台东机场到市内可以乘坐鼎东客运巴士或出租车。

景·点

正气路水果市场
MAP p.220-A

满眼一座座小山似的水果摊

　　说到台东的名产，非水果莫属。沿着火车站前的中山路径直往前走就到了中正路，路两边有很多水果店，各种各样的新鲜水果堆成了一座座小山。一定要尝尝这里的特产水果番荔枝（盛产期是7月到第二年1月）。

★从台东老站旧址步行5分钟
开 9:00~21:00　休 无休

台湾史前文化博物馆
MAP p.231-C

与遗迹共存的博物馆

　　介绍台湾史前时代的博物馆，与卑南遗迹共存。该卑南遗迹是在铁路建设过程中被发现的，据推断已有1000年以上的历史。馆内展出有3个主题，分别是台湾自然史、台湾史前时代、台湾南岛民族。
★从台东站乘坐出租车10分钟
开 9:00~17:00　休 周一　NT$ 80元

鲤鱼山公园
MAP p.220-A

从远处看形似鲤鱼
位于台东老站背后，从远处看形似鲤鱼，公园由此得名。公园里的龙凤佛堂是座八层塔，塔内供奉着观音菩萨。园内还展示着从前线退下来的蒸汽火车。
★从台东老站旧址步行5分钟

天后宫
MAP p.220-B

精湛的雕刻和美丽的夜景相映生辉
建于1891年，供奉海神的庙宇，规模是台湾岛东部最大的。这座美丽的建筑物本身也颇为有名。寺顶和柱子上的雕刻更是巧夺天工。从繁华街道中华路向海边望去，能看到朱红色的门。
★从台东老站旧址步行15分钟　开 5:30~22:00

四维路夜市
MAP p.220-B

台东最大的夜市
台东最大的夜市，其面积、热闹景象和台北、高雄的夜市相比也毫不逊色。特色工艺品和饰品、罕见的食物是别的夜市找不到的。光随便看看就很开心了。
★从台东老站旧址步行20分钟，或是从台东站乘坐出租车10分钟　开 仅周日18:00~深夜

台东县文化局
MAP p.220-A

台湾少数民族相关的丰富展品
设有图书馆、游泳池等设施的文化机

构。里面的山地文物陈列室展览了台东县内的雅美人、阿美人、布农人、卑南人、排湾人的文化风俗的服装、日用品、工艺品等。还能阅览东南部遗迹的相关详细资料。

★从台东老站旧址步行10分钟

开 8:00~21:00　休 周一　NT$ 免费　☎ 089-320378

多活动都是在台东老站举办的。铁道保留了下来，列车也停在铁路上，现在更开发成了一个公园。这里甚至还出现了小小的餐厅，很适合人在走累的时候休息休息。

★从台东站乘坐出租车10分钟

台东铁道艺术村
MAP p.220-A

废弃线路上的怀旧列车

台东站曾经从台铁台东线干线上连接了引入线，后来因为在干线上修建了新站，所以就废弃了这条引入线。不过，之后有很

鹿野
MAP p.231-C

在生机勃勃的台东郊外来个生态游吧

鹿野位处丘陵地区，从台东往北乘台铁两站就到。台东是有名的茶产地，也是茶农民宿的发源地。据导游介绍，民宿投宿旅游计划内还包括了骑自行车观光的生态游。这样的生态游休闲方式，很有人气。

★从台东站乘坐出租车20分钟

秘藏情报

卑南人的大猎祭

台湾卑南人，构筑了一个母系社会，男女分别根据不同年龄形成不同阶层。他们重视农作和狩猎，许多信仰和祭祀仪式也与此紧密相关。三四月有祈祷丰收的"丰年祭祀"，7月有"收获祭祀"。12月末有"年祭"，是庆祝男子人生大事的仪式，要接受被称为"猴祭"的训练。只有顺利通过4次考验的人才能在"大猎祭"上进入成人世界。

祭典的最后一天，女人们和孩子们会在村落广场上备下服装和食物，欢迎从训练中归来的男人们。男子戴着女子赠送的花冠和花环，整个广场都因为宴会而热闹起来。卑南人的祭祀仪式是通过唱歌展开的。长老们吟唱的仪式歌曲意境优美，张惠妹、纪晓君等多名活跃在台湾音乐界前沿的歌手就是卑南人。

※祭祀活动是可以参观的，不过女人和孩子被禁止进入祭典场所和集会场所。一定要注意遵守这一地方礼节。

长老们头上戴满了表示尊敬的花环

美娥海产店

MAP p.231-C
从台东站乘坐出租车20分钟

有名的新鲜海产料理餐厅

海鲜料理

位于华东海岸线沿线，台东的"海之厨房"大港口附近的海鲜料理店。店主林美娥是土生土长的当地人，每天都要从鱼市购买新鲜的鱼类和贝类。黑金枪鱼的生鱼片、剑鱼料理等物美价廉，很受欢迎。这家餐厅在当地也很有人气。

- 吉林路二段669号
- 089-281062
- 10:30～14:00、16:30～21:00
- 无休
- 300元～
- M 中 语 中、英
- C 不可

老东台

MAP p.220-B
从台东老站旧址步行10分钟

超有人气的米台目面

米台目面

有50年以上历史的老店"老东台"的招牌菜是米台目面。这是一种地方特色面，在当地生产的米里加上少量的土豆粉，做出来的面有点像中等粗细的乌冬面。汤汁是用鲣鱼熬出来的，还配有鸡蛋和青菜，非常好吃。另外还有很多用猪内脏做的菜肴。

- 正气路134号
- 089-348952
- 11:30～14:00、17:00～23:30
- 无休
- 米台目汤 30元
- M 语 中、英

林臭豆腐

MAP p.220-B
从台东老站旧址步行10分钟

炸得很酥脆的易食美味

臭豆腐

位于"老台东"旁边的臭豆腐人气店。经过高温油炸，外层酥脆，里面包着满满的豆腐，口感绝佳。再配上放了很多卷心菜、九重塔等蔬菜的咸酱料，让第一次吃臭豆腐的人也觉得美味无比。到假日时，还要排队买呢！

- 正气路132号
- 0928-788238
- 15:30～23:30
- 无休
- 小盘35元～
- M 语 中

一家餐厅

MAP p.231-C
从台东老站旧址乘坐出租车5分钟

灵活运用当地新鲜食材

中国料理

台东等级比较高的餐厅。实行"中菜西式"盛盘法。这样的话，就是人数不多也可以慢慢享用美食。台东被海和山包围，食材是别的地方找不到的。而这里的料理灵活运用了这些独特的食材，其"台东味"是一绝。在当地，很多人选择在这里举办宴会，很受欢迎。

- 更生路321号
- 089-329696
- 11:00～14:00、17:00～21:00
- 400元～ M 语中
- HP http://www.tgo.tw/1h/

允芳

MAP p.231-C
从台东老站旧址乘坐出租车5分钟

乌龙茶冠军的味道

中国茶

在台湾的乌龙茶比赛上获得冠军的陈锡卿开的店。台东郊区是有名的乌龙茶产地。用集云雾精华的有机栽培茶做出来的"蜜香乌龙茶"是这一带最高级的茶。其特征是没有苦涩味，带有水果清甜的香味。推荐品尝一下哦！

- 更生路321号
- 089-310660
- 11:00～14:00、17:00～21:00
- 无休
- HP http://www.twteaking.com.tw/

娜路弯大酒店
Formosan Naruwan Hotel & Resort

从台东站乘坐出租车5分钟、台东站、机场可以免费接送

MAP p.220-A

融合了当地少数民族艺术的五星级酒店

"娜路弯"在当地少数民族语言中是"欢迎光临"的意思。酒店规模堪称台东第一，融合了当地风情，装潢时尚优美。另外，酒店内还有餐厅和购物区，设施完善，还可以欣赏当地少数民族的歌舞表演。

- 连航路66号
- 089-239666　FAX 089-239777
- S/T 6400元~
- 276　中、日、英
- http://www.narawan-hotel.com.tw/

东之乡大饭店
Tung Chin Hsiang Hotel

从台东老站旧址步行2分钟

MAP p.220-A

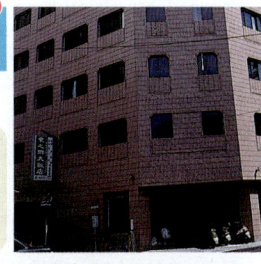

位于市中心的商务酒店

从台东老站沿着中山路径直往前走，即可看到酒店就在左手边。这里距离正气路的水果市场也很近。5分钟以内就可以走到巴士总站，这对旅行者来说非常方便。

- 中山路374号
- 089-310171
- FAX 089-310178
- S 2000元/T 3200元
- 67　中、日、英
- http://www.tth.com.tw/

明玉大饭店
Ming Yu Grand Hotel

从台东站乘坐出租车10分钟

MAP p.220-B

时尚高雅的氛围

位于市中心，去任何地方都很方便。客房设计雅致时尚。重视服务质量，可以帮助客人安排前往绿岛、知本温泉、太麻里方向的景区团购票及住宿，由此这里已成为东海岸观光的据点。

- 复兴路145号
- 089-322100　FAX 089-328635
- S 890元~/T 1650元~
- 47　中、英
- http://www.mingyu-hotel.com.tw/

福康大饭店
Fu-Kan Hotel

从台东站乘坐出租车10分钟

MAP p.220-B

地点佳，观光市内最方便

位于市区中心，也有很多台湾商客住在这里。客房设施完善，设计合理，居住舒适。距离台东老站、正气路水果市场等地方也很近。在酒店能免费租借自行车，市内观光时可以租一辆。

- 更生路50巷28号
- 089-355811
- FAX 089-350846
- S 1500元~/T 1800元~
- 130　中、英
- http://www.fukang.tw/

台东县公教会馆
Taitung Hostel For Teachers Public Workers

从台东老站旧址步行10分钟

MAP p.220-A

普通游客也可入住的公共住所

从台东老站前的广场沿着新生路往前直走10分钟左右即到。位于台东县文化局对面，离鲤鱼山、正气路水果市场也很近。这里是由台东县经营的公共住所，设备很完善。

- 南京路19号
- 089-310142
- FAX 089-310687
- S 1800元~/T 2000元~
- 88　中、英
- http://www.ttp-hotel.com.tw/

秘藏情报

台湾旅行的新玩法
主题型民宿

自然风景秀丽的乡村型家庭旅馆很多

现如今在台湾，民宿是很受欢迎的住宿方式。其中，"主题型民宿"人气很高。经营者们精心设计，融合他们的兴趣爱好，让民宿充满了个性和独特的魅力。特别是台湾岛东部靠山环海，保留着自然的原始风貌，正好又赶上环保旅游的热潮，所以能体验农村生活+DIY的民宿不断增多。接下来，我们一起去看几处吧。

》》宜兰《《

从台北乘坐"总统巴士"前往宜兰，穿过雪山隧道就能看到广阔的兰阳平原。经过头城（最早的城市的意思）到宜兰，仅需要1个小时。

在宜兰郊外海拔约600米的员山乡枕山景区一带，有个叫作"庄脚所在"的农业体验型民宿，其建造是欧式公寓风格。路边有清澈的小溪流过，让人心旷神怡。这里的民宿主题是自然农园。附设的观光农园面积近2万平方米，里面建有农场、池塘、果园等。随意闲逛当然不用多说啦，在这里还可以自己动手烧烤、做菜、做木工等。每年的4~6月、10~11月，有很多游客到这里来看萤火虫，一片热闹景象。

》》花莲《《

花莲之所以有名，最大的原因在于这里是太鲁阁峡谷观光的入口。也正因如此，很少会有人选择停留在花莲好好观光。然而，包围在山海之中的花莲，自然景观秀丽、食材也很丰富，只从这里路过而不作停留是非常可惜的。

花莲也有很多民宿，位于郊外的民宿"山中传奇"的一大看点就是丰富的自然景观。满天星辰之下的花莲夜景毫无疑问是美丽迷人的，早晨的云海美景也是让人流连忘返。一边欣赏美景，一边在露台上品尝用当地食材做的佳肴，更是别有一番风情。

》》台东《《

台东交通非常不方便，不过也正因如此，这里的乡村才保留了原始朴素的风貌。8~10月，台东南部的太万里会出现一片橙色的金针花田。4月、5月盛开的白色台湾百合也很漂亮。如果想要欣赏这样的花田，最理想的去处就是民宿"青山农场"。从农场的露台能观赏到一片金针花盛开的美景。这里还附设了金针花民俗文化馆，还有招牌菜金针花火锅。放了很多金针花的火锅还有药膳的效果呢。1~3月的杏花和樱花也十分美丽。此外，到了季节，还能观赏萤火虫呢。

- ●庄脚所在　　MAP p.37-K
- ●山中传奇　　MAP p.177-D
- ●青山农场　　MAP p.231-F

- ✉ 宜兰县员山乡破城路69-9号
- ☎ 03-9222000
- NT$ S/T2000元~
- HP http://www.mins.com.tw/

- ✉ 花莲市石壁街26号
- ☎ 03-8581188
- NT$ S/T1600元~
- HP http://www.hualien.ws/

- ✉ 台东县太麻里乡佳仑42号
- ☎ 089-781677
- NT$ S/T1500元~
- HP http://www.ching3.com.tw/

知本温泉

MAP p.231-C，p.226

★ .... 路　线

从台东站乘坐鼎东客运巴士到知本温泉需30分钟、到达内温泉需40分钟。从台东站乘坐莒光号到知本站需15分钟。从台东站乘坐出租车需20分钟。

漫步小贴士

乐趣指数
温泉　★★★★★
自然　★★★★
观光　★★

交通便捷指数
巴士　★★
出租车　★

周边情况
　　沿着龙泉路走就能到达温区。从温泉区入口到森林游乐区距离很远，难以步行到达。先决定住宿的地方，然后从那里开始游玩比较好。

上：在流过知本温泉乡的知本溪边游玩／下左：位于高地上的清觉寺
下右：从知本森林游乐区俯瞰知本温泉乡

街道布局

台湾岛东南部首屈一指的温泉乡
带上泳衣去泡温泉吧

　　远离城市、笼罩着神秘气息的温泉乡里有碱性碳酸泉，泉水无色透明，还建有露天温泉池。知本温泉桥是温泉乡的入口，过了桥，便是知本温泉巴士站。再往前一直到最里面的森林游乐区，一路遍布温泉酒店和观光景点。从这个巴士站去往温泉区，不但距离有点远，而且坡度很陡。所以可以选择先直接去酒店，或者先到终点内温泉，然后再慢慢下坡往回走。这样比较轻松，还可以顺便欣赏一下周围的景色呢。途中经过的东台大饭店里，建有一个大型温泉池，周围种满了椰子树。即使没有住在这里也可以去泡温泉的，一定要尝试一下哦。其他的酒店基本上都有设温泉池，一定不要忘了带泳衣哦。

景点

白玉瀑布

MAP p.226-B

仿如细带飘落一般的美丽瀑布

　　位于距温泉区约2公里的山间，瀑布长约50米。按照标志的指示走就能到达。虽然瀑布很大，但可能是因为水量比较少，所以给人一种纤细的印象。沿着瀑布旁边的小路走，一直能走到瀑布潭边。不过，这里路面潮湿，容易滑倒，一定要留心脚下。

★乘坐鼎东客运巴士到知本温泉下车，步行约30分钟

新知本大饭店的温泉池。需穿泳装进入

知本老爺大酒店
Hotel Royal Chihpen Spa

从知本站乘坐出租车15分钟。从清觉寺巴士站步行2分钟

MAP p.226-A

室外温泉池和日式露天温泉

最能代表知本温泉的高级观景酒店。从外观到室内设计、装潢，都广泛融合了当地文化，散发出独特韵味。所有的客房都有阳台，可以眺望美景。

卑南乡温泉村龙泉路113巷23号
089-510666　5089-510678
S/T7800元～
183　中、日、英
http://www.hotel-royal-chihpen.com.tw/

东台温泉饭店
Dong Tair Spa Hotel

从知本站乘坐出租车15分钟。从内温泉巴士站步行5分钟

MAP p.226-A

位于高地之上，景色迷人

除了酒店楼之外，还有包围在椰子树之中、充满南国风情的温泉池，宽敞的室内外SPA以及开放式咖啡馆等。日落之后华灯初上，呈现一片热带风情。可以在温泉里悠闲地玩上一整天。还可以免费租借自行车。

卑南乡温泉村龙泉路147号
089-512918　089-513269
S4000元～/T5200元～
145　中、英
http://www.dongtair-spa.com.tw/

新知本大饭店
Tangno Chihpen Hotel

从知本温泉巴士站步行1分钟

MAP p.226-B

位于知本温泉入口处的老字号酒店

从先前的宾馆、公共温泉浴场发展而来。饭店周边氛围宁静祥和。宽敞的露天温泉（需着泳装）也是用石头布置而成，造型优美。这里还有室内的日式单间浴池。仅泡露天温泉的价格是300元。

卑南乡温泉村龙泉路35号
089-514338
089-514336
S/T4350元～
72　中、日
http://www.newjhihben.com.tw/

丫一丫旺温泉度假村
A-ya-wan Hot Springs Resort

从知本站乘坐出租车15分钟

MAP p.226-A

大型温泉池扣人心弦

因卑南人居住在台东周边，这里的"丫一丫旺"在卑南人的语言中是"首长"的意思。这里是个大型休闲温泉酒店，齐集温泉、SPA、游泳池、露营场等。可以饱览自然风光，接触少数民族文化，而且价格便宜，适合停留于此慢慢享受。

卑南乡温泉村龙线路35号
089-515827
089-516331
T2000元～
52　中、英
http://www.aywan.com/

花东海岸公路／花东纵谷公路

MAP p.177-H·L

通往三仙台的桥造型优美,是摄影的绝佳地点

路线

从花莲站到台东站乘坐自强号约2小时30分钟。乘莒光号到台东站约3小时30分钟。
从花莲站、花莲客运巴士总站到台东,乘坐巴士沿花东海岸公路(海线)行驶需4小时。乘坐鼎东客运巴士到静浦约1小时40分钟,到成功约3小时。沿花东纵谷公路(山线)行驶的话,从花莲站前乘坐花莲客运巴士约4小时。

漫步小贴士

乐趣指数		交通便利指数		周边情况
自然	★★★★	巴士	★★★★	从花莲到台东约有200公里。海线和山线的直达巴士都很少,多是区间路线,路线也不相连。如果可以的话,走海线就在成功、走山线就在瑞穗温泉附近住宿一晚吧。
观光	★★★			
文化	★★			

景区布局

沿风景秀丽的海岸线修建的海岸公路 途经带有神秘气息的温泉的纵谷公路

花东海岸公路临近碧蓝的太平洋,连接着沿岸零散的小渔村。沿途还有阿美人部落、八仙洞、三仙台、小野柳等景点。不过,除了成功以外,途中没有其他可供游客住宿的地方。

从花莲沿着铁路修建的花东纵谷公路蜿蜒在中央山脉和海岸山脉之间开阔的田园地带。沿途森林公园、观光茶园、牧场等零星分布。另外,途中的瑞穗温泉、红叶温泉等,都是让人想住一晚的神秘温泉。如果走山线时能灵活结合巴士和火车的话,就能自由行动啦。

景点

八仙洞

MAP p.177-L

奇妙的洞穴迎接你的到来

由14个大小不一的洞穴构成的石器时代的遗迹。被称为"女人洞"的洞穴可以说是八仙洞的标志。附近还有男人岩。这里还修建了道路和观景台,可以眺望八仙洞全景。

★乘坐鼎东、花莲客运巴士在八仙洞下车
开 9:00~17:00

三仙台

MAP p.177-L

通往海上的美丽桥梁

位于成功以北约3公里处的大型岩礁,面积约有22公顷。其名来源于一个传说:从前,吕洞宾、何仙姑、铁拐李三位神仙曾来过这里。有一座美丽的太鼓桥一直通到岩礁处,不过退潮之后步行也可以到达。蔚蓝的天空和海上红桥的鲜明对照让人印象深刻。

★乘鼎东客运、花莲客运巴士在八仙洞下车

成功

MAP p.177-L

东南部代表性的渔镇

从台东乘坐巴士需1小时30分钟可到。这里很早就是非常有名的渔镇。在港口的鱼市上能买到新鲜的鱼贝类,可以当场请店家帮忙处理并烹调,所以可以尽情享用新鲜的海鲜。另外,在中华路沿路的商店也能买到需要的物品。

这个小镇的大部分居民都是阿美人。从花莲、台东来的巴士停发的巴士总站附近有几家旅馆。想要逛逛花东海岸公路沿岸的景点,以这里为据点是个不错的主意哦。

★乘坐鼎东客运、花莲客运巴士在成功下车

水往上流

MAP p.231-C

水流看似在逆流而上

水看似从低处往高处流的奇观。只不过是个小小的岔道而已,却在旅行者之中很有人气。

★从台东乘坐鼎东客运巴士沿海线30分钟,在水往上流下车

小野柳

MAP p.231-C

海浪侵蚀而成的奇岩连绵不断

受海浪侵蚀而形成的奇岩连绵不断。这里也是海岸垂钓的胜地,能看到不少垂钓者的身影。去往绿岛的轮渡从富冈港出发,从这里往南走3公里左右即到。附近还有东南部最大的沙滩——杉原海水浴场。

★从台东乘坐花莲客运巴士25分钟,在小野柳下车

鲤鱼潭

MAP p.177-D

号称"东部日月潭"的美丽湖泊

东部最大的湖泊,状似鲤鱼。从花莲往西南方向前行18公里左右即到。可以乘坐开往吉安或寿丰的花莲客运巴士。

★从花莲乘坐花莲客运巴士30分钟在鲤鱼潭下车

瑞穗温泉山庄
Juisui Hot Spring

 MAP p.177-H

从瑞穗站乘坐开往红叶村的巴士5分钟,在红叶派出所下车,步行10分钟

在山间温泉山庄休息一下吧

温泉

混浊的褐色碳酸铁泉,对皮肤病和肠胃病很有疗效。这个山庄设有露天温泉和单间温泉。原本是一栋房子,原本是日据时期建造的警察休养处,现在又加建了小屋。只泡温泉的话150元就够了。

万荣乡红叶村23号
03-8872170 FAX 03-8872220
S2500元~/T4000元~/集体间500元
42 中、日 C不可
http://www.juisui-hotspring.com/

红叶温泉旅社

 MAP p.177-K

从瑞穗站乘坐出租车10分钟

氛围宁静祥和的住处

酒店

从瑞穗温泉山庄继续往山里走,能看到一处远离人群的温泉。红叶温泉旅社就在这里,木头搭建的平房,充满了旅途风情。客房里都铺着榻榻米。这里的温泉是无色无味的弱碱性碳酸钙泉,温度47°C左右。泉水是从源头引入的,所以温度很高。只泡温泉的话需120元。

瑞穗乡红叶村188号
03-8872176
FAX 03-8875241
T2100元~/集体间350元
45
中、日

台湾岛南部

漫步之基础知识	232
台南	233
高雄	244
垦丁	260

秘藏情报

小琉球

小琉球是琉球屿的俗称，位于高屏溪口之南，是台湾省附近14属岛中唯一的珊瑚礁岛屿，有"海上乐园"之称的美誉。整个岛屿北宽南狭，周长12公里，沿岸有很多因海水侵蚀而形成的珊瑚礁奇岩，在海里还能看到各种各样的热带鱼。早在清朝时期，"琉球晓霞"的风景，就已经名列南台湾八景之一。

小琉球风光整体上由岛内的环岛公路串连成一线，只要线路规划合理，便可饱览素有"海上乐园"之称的小琉球之美。北线环岛公路上的主要景点——花瓶岩是当地的地标，在这里可以进行戏水、垂钓等活动；南线环岛公路上的小琉球海底动物园是个值得前去探讨神秘海底景观的世界；此外内陆公路沿线以庙宇为主，有碧云寺等可供赏游。至于交通方面，可以从高雄市内乘坐开往恒春方向的巴士，在东港下车，历时约1小时。然后再从东港乘坐班船约50分钟。从高雄市内出发的话，当天即可返回。

至于岛上交通，可以乘坐环岛巴士或出租车，环岛巴士的运营是根据船到达小岛的时间而定的。还可以乘坐船底是玻璃的观光船观赏海底景观。另外，岛上还有小琉球大饭店（电话08-8611133）等可以住宿的地方。

如果参加高雄市内的旅行社组织的一日游，会提供酒店接送服务，不需要担心交通上的问题。

台湾岛南部

台湾岛南部

漫步之基础知识

丰富多彩的地区——古都台南、港湾城市高雄、观光地垦丁

（台南）法华寺

（高雄）旗津的黄昏景色

四季如夏之地 冬天也阳光明媚

从台湾岛西海岸的台南到高雄，再到最南方的垦丁，这一片土地被称为台湾岛南部。台湾南部的门户是高雄。高雄仅次于台北，是台湾第二大城市。从厦门、上海有直达航班飞往高雄。现在高铁（新干线）开通了，从台北到台南、高雄的交通也方便了很多。

台湾从1624年开始被荷兰殖民统治，自此有220年的时间，台南是台湾的首府。台南有很多名胜古迹，其中以荷兰人建的安平古堡和赤嵌楼为最，还有台湾最古老的孔庙、供奉郑成功的延平郡王祠等。另外，台南还是有名的街边小吃发源地。特别是台湾流动夜市很有特色，除此之外还有很多小吃店，边逛边吃也是台南观光的一大乐趣。

高雄是在日据时期开放的军港城市。之后，逐渐发展成为世界级贸易港，现在仍在不断发展中。近年来，高雄以"水都"为宣传标语，吸引游客，其景点集中在爱河周边，港口附近的鼓山、旗津地区。捷运开通之后，可以乘坐捷运逛遍市内的主要景点，很方便。

台湾岛最南边的垦丁是个充满自然魅力的景区，有不少豪华的景点酒店。在垦丁，还可以尽情体验水上摩托等海上娱乐项目。

（高雄）爱河乘船漫游

台湾岛南部观光亮点

- 台南（p.233~）
  周游市内名胜古迹
  小吃店、小吃摊，边逛边吃
  观光夜市，边逛边逛
- 高雄（p.244~）
  爱河乘船漫游及周边观光
  旗津地区观光和海鲜料理
  观光夜市的小吃
  莲池潭、澄清湖周边观光
- 垦丁（p.260~）
  垦丁海岸周边自然风光
  海上运动

垦丁、南湾

台南

MAP p.230-A、p.234

 路　线

🚄 从台北站乘坐高铁（新干线）到台南站约1小时50分钟。再乘坐巴士到台铁台南站需40分钟，或乘坐出租车约20分钟。🚌 从台北站西巴士总站乘坐国光客运巴士需4小时20分钟。

漫步小贴士

乐趣指数
文化　★★★★★
美食　★★★★
观光　★★★

交通便利指数
步行　★★★
出租车　★★★

周边情况
以民生绿园的转盘为起点，主要道路呈放射状。如果只去市内古迹的话，步行就可以了。去郊外的话，就好好利用巴士或出租车吧。

上：白壁西式的台南站是台南的象征。香格里拉大饭店就位于车站后方
下左：延平郡王祠附近的临水夫人妈祖庙的屋顶造型／下右：台南运河

 城·市·布·局

洋溢着文化和历史气息的古都
景点颇多，推荐两天一夜游

　　台南位于台湾岛西南部、台北以南约320公里处，是个开发很早、历史悠久的古都。现在，台南和台北、台中、高雄并称为台湾四大城市。

　　曾经，台南有平埔族部落赤嵌社和台湾社，明朝中期倭寇开始以这里为基地。因此明朝派出了讨伐军，自此移民不断增加，并开始与平埔族混住在一起。1624年，荷兰人占领了台南，建造堡垒，以台南为行政中心。1662年，郑成功驱逐了荷兰人，在这里设置了最高行政机构——承天府。到了清代，改承天府为台湾府，之后还是作为台湾的行政中心不断发展着。正因为有这样的历史背景，这座城市里留下了很多遗址、城堡、寺庙等古迹，呈现出一种古都特有的宁静氛围。

　　台南主要的观光点可以分为高铁台南站周边区域和老港口附近的西边区域。车站周边地区聚集了赤嵌楼、大天后宫、祀典武庙等景点，还有度小月等特产店，步行就可以逛完台南了。西边地区有以安平古堡为中心的老街、亿载金城、安平树屋等景点，也可以步行观光。两个区域之间距离有点远，建议乘坐出租车。

　　从台北出发到台南，虽然也可以当天返回，但如果可以的话，最好在台南住宿一晚，把两个区域都好好逛一逛。另外，台南还有一个有名之处，这里还是担仔面和碗粿等小吃的发源地。到了晚上，除了去餐厅，还可以去小餐馆、夜市品尝各种美味小吃。

※从高铁台南站到市中心有高铁免费快捷专车

 ## 赤嵌楼路线

台南站附近区域。以赤嵌楼为中心，景点不少，可以尽情漫步闲逛。

台南站
 步行10分钟
从造型优美的台南站前往赤嵌楼。

赤嵌楼
 步行3分钟
台南最古老的历史建筑。参观荷兰人建造的要塞和地道等。

祀典武庙·大天后宫
 步行5分钟
祀典武庙是供奉着三国英雄关羽的古庙。内部构造具有台湾特色，值得一看。大天后宫里5座华丽的神殿相连着。

义丰阿川冬瓜茶
 步行10分钟
喝一杯起源于台南的特产——冬瓜茶，润润嗓子吧。还可以去附近品尝小吃哦！

台南站

推荐 安平古堡路线

在历史建筑上盘根生长的榕树前感叹时间的流逝。小吃也很好吃哦！

台南站
↓ 乘坐出租车或巴士前往安平古堡

安平古堡
 步行5分钟
参观荷兰人建造的要塞和纪念馆。可以从瞭望塔眺望远方。后面的古城堡保存完好，这是必看的

安平树屋
 步行15分钟
这里曾经是仓库，如今榕树繁盛，几乎将整个建筑覆盖。仅此就堪称非凡的艺术品

延平老街
古老的街道边满是特产店，可以漫无目的地四处闲逛，不买也没关系。还可以尝一尝名产虾卷。
↓ 乘坐出租车或巴士前往台南站

台南站

台南车站
MAP ● 剪切地图-49 p.234-B

与椰子树辉映相衬的西式建筑

车站建于1936年，蓝天白云互相映衬。建筑内部是开放式的，屋顶很高，阳光可从细长的窗户透射进来。以前二楼还有小旅馆和餐厅，据说很受欢迎。

台南公园
MAP ● 剪切地图-49 p.234-B

充满绿意，让人心情平和的地方

位于台南车站附近，是台南市内最大的公园。公园里除了池塘、喷泉、花坛，还设有图书馆等文化场所。池塘岸边的石门被指定为台南市重要古迹。

★从台南站步行3分钟

赤崁楼
MAP ● 剪切地图-49 p.234-B

赤壁和椰子树围绕着的中式楼阁

1653年，当时台南被荷兰人占领，荷兰人为了防范台湾民众起义而建造了赤崁楼。如今，赤崁楼是台南最古老的历史建筑。当时赤崁楼被称为"红毛城"，因城楼是用红砖建造的荷兰式建筑。由于多次经历地震和战争而倒塌，后来在这里搭建了现在的两层中式文昌阁。

在文昌阁后面还残留有一部分要塞的残垣断壁。另外，这里还有向郑成功投降的荷兰人的塑像。

★从台南站步行10分钟
开 8:30~21:00，户外音乐表演为周三、周四19:30~21:00　休 周一　NT$ 50元

祀典武庙
MAP ● 剪切地图-49 p.234-A

关公庙红色的墙壁很漂亮

供奉着三国英雄关羽。建于17世纪中期，是台湾各地的关帝庙中最古老、保存最完好的一座。入口处的门槛很高，是因为从前这里是不允许女性进入的。传说关公是身中百箭站着死去的，这也由此成为了中国人礼节和勇气的象征。另外，他还化身为生意之神，受人供奉。庙周围的赤壁很漂亮。

★从台南站步行10分钟
开 5:00~21:00
休 无休
NT$ 免费

台湾最古老的孔庙

大天后宫

MAP● 剪切地图-49
p.234-A

台湾的妈祖中心

　　建于1684年,是台湾最古老的妈祖庙。在华丽优美的5座神殿里,供奉着各种各样的神像。在大天后宫的范围内,曾经还有明朝末代皇帝宁靖王的宅第。他当时接受郑成功的儿子郑经的建议,来到了台湾。农历3月23日是妈祖的生日,这天会举行盛大的祭典,非常热闹。平时,香客也是络绎不绝。

★从台南站步行11分钟
开 9:00~17:00 休 无休 NT$ 免费

延平郡王祠

MAP● 剪切地图-56
p.234-D

供奉着受人敬仰的郑成功

　　百姓为了供奉郑成功及其家人,于1662年建造了这座庙。因为当时在清朝人们无法光明正大地供奉他,所以当时都称这里为"开山王庙"。虽然在日据时期曾一度改建,不过1963年又重新修复,还原为本来的样子。建筑是台湾少见的福州式庙宇建筑。庙旁边的台南民俗文物馆里面收藏了很多文物。2004年,郑成功文物馆也建成了。

★从台南站步行12分钟
开 8:30~21:30 休 无休 NT$ 50元

精湛的雕刻值得一看

孔庙

MAP● 剪切地图-56
p.234-D

台湾儒学的最高学府

　　创建于1665年,是台湾最古老的孔庙,甚至被称为"全台首学"。所有的建筑都有超过300年的历史。入口正面有一个半圆形的池塘,大成殿门前面有一个庭院,院内榕树枝繁叶茂。每年9月28日,孔庙祭孔大典都会在大成殿前面隆重举行。

★从台南站步行12分钟
开 8:30~17:30 休 无休 NT$ 25元

大南门

MAP● 剪切地图-56
p.234-D

外墙为半月形的城门遗址

　　曾经台南城里有14座城门,这是其中之一,建于1736年。由于外面连接着半月形的墙壁,所以也被称为"月城"。以前

整个台南市都是用城墙围起来的,后来在日据时期,由于区域规划,大部分都被拆毁了。如今,只剩下了大南门、树林街的南城墙。

★从台南站步行15分钟
开8:30~17:30 休无休 NT$免费

安平古堡
MAP●剪切地图-47 p.234-C

曾经是荷兰人的贸易中心地
荷兰人于17世纪中期建造的城堡遗址。这里有三重城墙,还有大炮。当时荷兰人称这里为"热兰遮城",将这里作为殖民统治和贸易的行政枢纽。在以前的内城中心还建有纪念馆和瞭望台。如今城墙只剩下了半圆形的内墙和外墙。

★从台南站乘坐出租车15分钟
开8:30~17:30 休无休 NT$50元

红砖砌成的城墙遗址

亿载金城
MAP●剪切地图-54 p.234-C

曾经烽火交战的堡垒遗址
清朝末期,出于海防目的建造的法式炮台遗址。城墙是接近星形的正方形,周围环绕着护城河。1871年,流浪到台湾的琉球渔民被杀害,史称"牡丹社事件"。日本以此为机,派遣军队来到台湾。这个炮台就是那之后建的,客观上在守卫海岸线方面也发挥了巨大作用。现在,炮台已经重新修建,英国制造的阿姆斯特朗大炮的仿造品正瞄准海的方向呢。

★从台南站乘坐出租车15分钟
开8:30~17:30 休无休 NT$50元

安平树屋(德记洋行)
MAP●剪切地图-47 p.234-C

洋溢异国风情的殖民地风格建筑

位于安平古堡北侧、古堡街沿街。1858年,根据清朝和英、法、美、俄签订的《天津条约》,1865年安平开放港口,英国的德记洋行、怡记洋行、和记洋行、德记洋行、东兴洋行等陆续创立。现在的安平树屋就是之前德记洋行的仓库。

如今白色建筑的二楼成了台湾开拓资料蜡像馆。后面的仓库(日据时期增建的)成了树屋,保存至今。榕树将整个建筑都覆盖了,据推树龄约有100年。

★从安平古堡步行5分钟
开8:30~17:30 休无休 NT$50元

德记洋行内异国风情的建筑不少

延平老街

MAP●剪切地图-47 p.234-C

台湾最古老的商店街

延平路连接着市区西边的安平古堡,形成了一条热闹的商店街,这里还曾有个港口。延平老街被称为"开台第一街(台湾最早的街)",历史悠久,在台南也算是从古至今

都很繁华的一角。老街洋溢着平民气息,有很多台湾少见的百年老店,比方说林永泰兴蜜饯行等。如果想买特产的话,这里是个不错的选择哦。

★从台南站乘坐出租车15分钟

流动夜市

带上夜市地图 去见识一下吧

和台北、高雄等大城市一样,台南也是每天晚上都有夜市。不过台南夜市的特色在于地点不同、营业日期也不一样,称为"流动夜市"。例如规模较大的花园夜市是周四、周六和周日开,传统的小北成功夜市是周二和周五开,大东夜市是周一、周二和周六才有。除此之外,台南还有武圣夜市、情人夜市等,这些都是每天开,不过地点不是固定的。在酒店或车站的观光咨询处领一份夜市地图,弄清楚之后就去逛逛吧。

秘藏情报

台南小吃

提起台湾料理,首先还是想到台南。来到夜市、或被称为"沙卡里巴"的繁华街,能品尝到各种各样的小吃,而且又好吃又便宜又快捷,简直是无可挑剔。担仔面等面食、名为虱目鱼的鱼料理、棺材板等创意小吃,应有尽有,任君挑选。

担仔面

虾卷

鱼羹米线

米糕

鳝鱼意面

虱目鱼粥

虱目鱼

碗粿

八宝肉粽

赤崁点心店

MAP● 剪切地图-55、p.234-C
从台南站乘坐出租车5分钟。康乐市场内

小吃（棺材板）

台湾名产"棺材板"的发源地

说起台南的名产料理，非"棺材板"莫属。在切得厚厚的吐司中挖一个四方形再填上西式炖菜，最后盖上一块四方形的面包，这就是"棺材板"了。前代人研究出这个小吃之后给他的朋友们看时，都说像棺材，所以起名为"棺材板"。可说是幽默和美味兼具。

- 中正路康乐市场180号
- 06-2240014
- 10:30~20:00
- 无休 预 50元~
- 中 语 中、日
- C 不可

茂雄虾仁肉圆

MAP● 剪切地图-55、p.234-C
赤崁楼附近

肉圆

延续70年的虾仁肉圆老店

米粉皮包上虾仁和肉馅蒸制而成的虾仁肉圆在台南是非常受人喜爱的小吃之一。因此台南有很多专营店，其中"茂雄虾仁肉圆"是在当地人之中最有人气的老店。外皮吃起来滑嫩嫩的，汤料是用独门配方的虾熬出来，其味道朴实无华，却又让人上瘾。

- 保安路46号
- 06-2283458
- 9:30~21:00（售完为止）
- 不定休
- 语 中

口感让人上瘾的肉圆

度小月

MAP● 剪切地图-56、p.234-D
从台南站步行9分钟

小吃（担仔面）

想吃担仔面 就来这吧

在台湾各地都能看到卖担仔面的招牌，但台南的度小月才是担仔面的发源地。担仔面以前都是用扁担挑着边走边卖的，其名就是由此而来。店中间放着一个很大的瓮，里面装的是代代相传的肉酱。配上热腾腾的面，味道可称为绝妙。

- 中正路16号
- 06-2231744
- 11:00~23:30
- 无休 预 50元~
- 中、日 语 中 C 不可
- HP http://www.iddi.com.tw/

传统口味不可不尝

森茂碗粿

MAP● 剪切地图-49、p.234-A
从台南站步行10分钟

小吃（碗粿）

富有弹性的独特口感

起源于台南的小吃——碗粿的专营店。将用酱油炖烂的猪肉和干香菇、咸鸭蛋等放入碗中，再倒入米粉汤汁一起蒸，做出来的就是碗粿了。口感富有弹性，多汁的猪肉、咸咸的蛋黄感觉要跳出来一样，其味道是在别的地方尝不到的，简直是天下无双。

- 民族路二段228号
- 06-2225575
- 9:00~21:00
- 隔周周三
- 30元~
- 中、日 语 中、英

义丰阿川冬瓜茶

MAP● 剪切地图-49、p.234-A
赤崁楼附近

冬瓜茶

冬瓜茶发源地，人气高到要排队

位于祀典武庙旁边，总是排着长长的队。虽然写的是"冬瓜茶"，其实是用冬瓜和砂糖制作而成的果汁。味道清淡，很符合本地人的口味。现在虽然也有混加乌龙茶等其他东西的，但第一次喝的话，还是建议先尝一尝只加冬瓜的原味。

- 永福路216号
- 06-2223778
- 9:00~22:00
- 无休
- 15元~
- M / 语 中

阿霞饭店

MAP 剪切地图-49、p.234-B
从台南步行8分钟

海鲜料理

当地的高人气店

台南首屈一指的著名餐厅，据说连蒋经国也常来这里。拥有66年的历史。每到傍晚，都有很多当地人前来就餐。特色菜干鱼子、螃蟹、炸虾丸子，值得一尝。

- 忠义路二段84巷7号
- 06-2224420
- 11:30~14:30 17:00~20:00
- 周一 预 700元~
- M / 语中、英 C 不可
- HP http://www.a-sha.com.tw/

具有代表性的台湾料理——葱油蟹糯米饭

周氏虾卷

MAP 剪切地图-47、p.234-C
从台南站乘坐出租车10分钟

虾卷

肉汁充足的美味虾卷

每天都用新鲜的虾仁和猪肉、蔬菜做馅，然后用猪肠衣包裹，再撒满面粉用油炸。一口咬下去，馅料和在口中扩散的肉汁美味无比，深受好评。其他还有虾丸、担仔面、虾丸汤等。

- 安平路408号
- 06-2801304 10:00~22:00
- 无休 预 虾卷50元（2个），担仔面40元 M / 语中
- HP http://www.chous.com.tw/

鲜美虾味在口中四溢的虾卷

再发号

MAP 剪切地图-49、p.234-B
从台南站步行10分钟

粽子

巨无霸粽子吓你一跳

因"八宝粽子"而出名的店。这里的八宝粽子大小有小孩的脸那么大，里面放了炖猪肉、香菇、咸蛋、栗子、干贝等。粽子分100元和150元两种，不仅大小不同，馅料也不一样。

- 民权路二段71号
- 06-2223577
- 9:00~20:30
- 不定休 预 50元~
- M / 语中

秘藏情报

大受欢迎的台湾高尔夫球场

以1919年在淡水开业的名门球场台湾高尔夫俱乐部为首，台湾全岛总共有70多个高尔夫球场。台湾高尔夫俱乐部人才辈出，很多高尔夫球迷在全世界都大显身手。

台湾的高尔夫球场受欢迎的秘诀就在于没有淡季，一年到头都可以打，这点具有很大的魅力。而且，离城市不远的地方就有球场，交通也很方便，人又不是很多，无须预约即可前往，大多无须等待即可上场。另外，球道路线丰富多样，从初学者到老手都能玩得尽兴。况且，设备良好，价格相对还便宜（3000~5500元）。以上这些都是台湾高尔夫球场受欢迎的原因。此外，可以租赁的用具也很齐全，空手前去都没问题，照样可以打。

去台湾高尔夫俱乐部的话，如果不是结伴前往就打不了，不过其他还有很多球场不是这样的。可以直接打电话，或在酒店预约。

白腹浮水鱼羹

当地鱼羹美味十足

台南堪称"小吃天堂"，其中鱼羹是不可不尝的绝品。虽然只是将白腹鱼肉沫放在黏稠汤糊上面而已，不过这个汤是用独特的调味方法制作出来的，口味清淡，味道鲜美。如果和米粉（有汤还有炒的）一起吃的话，能一饱口腹之欲。

MAP 剪切地图-49、p.234-B
赤崁楼附近

鱼羹

- 民族路二段343号
- 06-2233634
- 9:00～20:30
- 无休
- 50元～
- M／语中

新光三越台南中山店

格外醒目的高楼百货大厦

位于台南站西南方向200米处的日系商场。一楼是化妆品卖场，低层有服装卖场，十二楼是餐厅楼层，地下是食品卖场，看一看会发觉还挺有趣的。另外，商场内还有个法系书店fnac，有很多外国书籍。在西门町还开有2号店。

MAP 剪切地图-49、p.234-B
从台南站步行5分钟

百货大厦

- 中山路162号
- 06-2266899
- 11:00～22:00
- 无休
- 中、英、日（服务台）
- http://www.skm.com.tw/

信裕轩

掰开一看，中间居然是空的

中国传统点心的老店。乌糖香饼是台南名产，曾被选为2007年台南观光年的"台南土产名品前十名"。以前，这个点心是妇女生产之后滋养补身时吃的。现在信裕轩仍然是按照传统的做法制作，让它重现世人面前。这里还有杏仁茶食、花生茶食等传统点心，甜味适度，蛮符合东方人的口味。

MAP 剪切地图-49、p.234-A
从台南站步行11分钟

传统点心

- 民族路二段389号
- 06-228-5606
- 10:00～22:00
- 春节三天
- 中
- http://www.sinyui.com.tw/

皮硬中空的乌糖香饼

林永泰兴蜜饯行

历史悠久的蜜饯店

有名的蜜饯铺，第四代的店主仍坚守着传统做法和味道。点心种类以杏和梅为首，总共有60多种，甜味之中还带着一点酸酸的味道。店内摆着很多大大小小的瓮，散发着流传至今的传统香气。店内总是有很多试吃的客人，很是热闹。

MAP 剪切地图-47、p.234-C
从台南站乘坐出租车15分钟，延平老街内

蜜饯

- 延街84号
- 06-2259041
- 8:30～21:30 休无休
- 中 C不可
- http://hipage.hinet.net/chycutashing/

明兴商行

台南名产干鱼子专营店

从高雄到台南、彰化一带的台湾岛西海岸是干鱼子的产地。台南的干鱼子以传统为骄傲，每家特产店都必不可少。明兴商行做的干鱼子质量优越，深受好评。到了冬季，甚至还有客人远从海外专程前来购买。

MAP 剪切地图-49、p.234-A
赤崁楼附近

干鱼子

- 民权路二段198号
- 06-2222783
- 9:00～21:00
- 无休
- 中

香格里拉台南远东国际大饭店
Shangri-La's Far Eastern Plaza Hotel, Tainan

MAP ○ 剪切地图-49　p.234-B
台南站附近

享受高级酒店的待遇

　　这是香格里拉酒店集团在台湾开的第二家酒店。从台铁站出来就能看到一座大厦耸立于车站后面，那就是香格里拉大饭店。从客房或是38楼的餐厅，都能将整个台南的市内风光尽收眼底。游泳池、健身房、美容室等设施也是一应俱全。

- 大学路西段89号
- 06-7028888
- FAX 06-7027777
- NT$ S7800元～/T8100元～
- 336　中、日、英
- HP http://www.shangri-la.com/

大亿丽致酒店
Tayih Landis Hotel

MAP ○ 剪切地图-55　p.234-C
从台南站乘坐出租车10分钟

客房仿如舒适的生活空间

　　总共有22层，是台南首家五星级酒店。现代化设施应有尽有：餐厅（5间）、酒吧、健身中心（会员制）、SPA等。客房内摆放着现代化的家具，宽敞舒适。步行10分钟即可到达台南站，交通方便。

- 西门路一段660号
- 06-2135555
- FAX 06-2135599
- NT$ S6600元～/T7260元～
- 315　中、日、英
- HP http://www.tayihlandis.com.tw/

台南大饭店
Hotel Tainan

MAP ○ 剪切地图-49　p.234-B
从台南站步行3分钟

贴着白色瓷砖的老字号酒店

　　走出台南站，左边对面即是，交通极为方便。台南大饭店是台南的老字号酒店，别具风格。客房内为白色调和木制风格，宁静祥和。有两个自助式餐厅，可以品尝到很多高级料理。

- 成功路1号
- 06-2289101　FAX 06-2268502
- NT$ S3200元～/T3600元～
- 152　中、日、英
- HP http://www.hotel-tainan.com.tw/

天下大饭店
La Plaza Hotel

MAP ○ 剪切地图-49　p.234-B
从台南站乘坐出租车2分钟

客房宽敞舒适，令人身心愉悦

　　从台南站前一直向西延伸的成功路对面的12层酒店。虽然大厅不是很大，客房却宽敞舒适。床很大，装潢也很豪华。套间的床还是特大号的。

- 成功路202号
- 06-2290271　FAX 06-2211133
- NT$ S3200元～/T3400元～
- 103　中、日、英
- HP http://www.laplaza.com.tw/

朝代大饭店
The Hotel Dynasty Tainan

MAP ○ 剪切地图-49　p.234-B
从台南站步行5分钟

离车站很近的舒适商务酒店

　　离车站很近，大约只有200米。虽然建筑给人留下豪华的印象，其实价格合理适中，而且包含冰箱、迷你吧及自助餐式早餐的费用在内，深受商务旅客好评。除了客房的装潢设计合理周全之外，商务中心等设施也很完善。

- 成功路46号
- 06-2258121　FAX 06-2216711
- NT$ S3000元～/T3300元～
- 120　中、英、日
- HP http://www.hotel-dynasty.com.tw/

华光大饭店
Oriental Hotel

MAP◯剪切地图-49 p.234-B
从台南站步行3分钟

交通方便的商务酒店

步行到台铁台南站只需3分钟,到赤嵌楼只需8分钟,是交通非常方便的商务酒店。如果一次入住客人人数超过4名,还提供台南站接送服务,不过需要提前预约。

- 民族路二段143号
- 06-2221123 FAX 06-2232833
- NT$ S2400元~/T3000元~
- 100 语 中、日、英
- HP http://www.oriental-hotel.com.tw

剑桥大饭店
Cambridge Hotel

MAP◯剪切地图-49 p.234-B
从台南站乘坐出租车5分钟

赤嵌楼旁边,方便出行

地理位置优越,位于市中心、赤嵌楼斜前方,观光和购物都很方便。虽然一楼大厅比较小,但客房、服务、餐厅等各方面设施都很完善,防灾设备也齐全。

- 民族路二段269号
- 06-2219966 FAX 06-2219911
- NT$ S2400元~/T2800元~
- 100 语 中、英、日
- HP http://www.cambridge-hotel.com.tw/

普悠玛商务旅店
Puyuma Hotel

MAP◯剪切地图-49 p.234-B
从台南站乘坐出租车5分钟

属于剑桥大饭店体系

住在这里的客人有九成都是公司职员,免费洗衣房、电脑等配备齐全。大厅里提供免费的咖啡、红茶,早餐都会配赠梅干和纳豆,服务周到体贴。另外,地理位置也不错。

- 忠义路二段145号7F
- 06-2275566
- NT$ S1980元~/T3300元~
- 90 语 中、日、英
- HP http://www.puyumahotel.tw/

东亚楼大饭店
Asia Hotel

MAP◯剪切地图-49 p.234-B
从台南站步行5分钟

在餐厅能尝到台南传统美食

组团旅客经常入住的酒店。二楼有四川风味餐厅。还可以预约有名小吃摊的粽子,很受好评。酒店位于中山路和民族路的交叉处,离车站也很近,交通方便,适合观光和购物。

- 中山路100号
- 06-2226171
- FAX 06-2219373
- NT$ S1000元~/T1600元~
- 145
- 语 中、日、英

汉宫大饭店
Hann Gong Hotel

MAP◯剪切地图-49 p.234-B
从台南站步行2分钟

位于车站前的经济型酒店

位于从台南站前向西南方向延伸的中山路右侧。距离车站很近,出行方便。不过,看到饭店建筑就知道这里稍微有点儿小。不过,新光三越台南中山店就在附近,购物就餐都不用担心。

- 中山路199号
- 06-2269115
- FAX 06-2269119
- NT$ S600元~/T1000元~
- 50
- 语 中、日、英

高雄

MAP p.230-D、p.248·249

★ 路　线

✈ 从台北松山机场乘飞机50分钟。🚄 从台北站乘坐高铁（新干线）到左营站需1小时36分钟，从台中站出发的话需43分钟，从台南站出发的话需15分钟。在台铁新左营站换乘，到台铁高雄站需11分钟。或者乘坐捷运红线需10分钟。

漫步小贴士

乐趣指数
观光　★★★★★
美食　★★★★
购物　★★★

交通便利指数
捷运　★★★★★
出租车　★★★

周边情况
以爱河河口为中心，市区呈扇形。西面朝向海港。为台湾第二大城市，市区面积很大。最好灵活利用贯通东南西北的两条捷运路线。

上：根据鲤鱼想要变身为龙的故事"鱼跃龙门"而建的塑像，很符合高雄的形象
下：从海上眺望高雄的象征——高雄85大楼

城·市·布·局

"水都"——台湾岛南部中心、国际城市

高雄是台南的中心、台湾最大的工业城市。原名"打狗"，在当地的语言中是"竹林"的意思。原本是写成"打鼓"，后来演变成"打狗"，因为"打狗"字面不文雅，故改名为"高雄"。

高雄从古至今都是以港口为中心发展的，如今已经成为亚洲屈指可数的集装箱港口之一，在国际上占有重要的地位。高雄将流经市内的爱河定为重点观光名胜，大力发展，不负"水都"之名。高雄的年平均温度为25℃，夏季白天非常炎热，所以傍晚开始逛的话，有很多可看之处。

市内的道路从南往北分别有一心、二圣、三多、四维、五福、六合、七贤、八德、九如、十全，全部都是以数字开头的。并不是所有的街道都是笔直的东西走向，也有斜着的，也有中间穿插其他路的，不过很容易掌握大致的位置，挺方便的。南北走向的主要街道是中山路。

市中心是新兴区、前金区、苓雅区，有很多商场和酒店。隔着爱河的西侧盐埕区是老街区，独特的街道上留下了很多古老的建筑物。后面的鼓山区里有寿山公园，在对岸的旗津区可以吃到海鲜。因龙虎塔而出名的莲池潭、中国宫殿风格的圆山大饭店所在的澄清湖等美丽的湖泊都是郊外观光的好去处。

高雄还是去垦丁、澎湖岛等南部观光路线的据点。再加上台湾高铁（新干线）的开通和捷运的修建，高雄已变成越来越有魅力的城市。

乘高铁前往高雄（左营）

乘坐台湾高铁（新干线）前往高雄的时候，目的地不是"高雄"，而是"左营"。高铁左营站和台铁（在来线）的新左营站是相邻的。台铁也设有左营站，注意不要弄错。

高铁左营站远离市中心。去往市中心，乘坐高雄捷运（MRT）红线很方便。从高铁左营站乘坐捷运出发，高雄站（台铁）是第五站，市中心的美丽岛站是第六站，约10分钟就能到达。美丽岛站是换乘站，可以换乘捷运橘线，它取代了高雄站，逐渐成为高雄的新交通枢纽。

如果目的地或酒店离捷运站有点远的话，可以从高铁左营站乘坐出租车前往市内，大约需要15分钟。

MRT红线还连接着高雄国际机场，如果是乘飞机来高雄的话，现在可以直接乘坐捷运，顺利到达市中心。

高雄站的服务台对面设有观光协会的信息箱，可以领取宣传册等资料。

高雄市内交通

虽然高雄的道路整修得便于行走，但是市区是沿南北方向狭长分布，而且距离景点较远，观光起来不太方便。而且巴士的数量和站点都不太多，在捷运还没有全部开通的时候，还是乘坐出租车（打表制、起步价为85元1.5公里、之后每250米加5元）出行比较好。出租车是黄色的，很显眼。而且数量很多，拦车很容易。包一辆出租车的市场价是1天1600元（2人以上的话，一人800元），1小时300元左右。司机有时会给乘客写着手机号码的卡片，为了确保返回时用车，还是收下比较好，也许会派上用场呢。

高雄捷运（MRT）

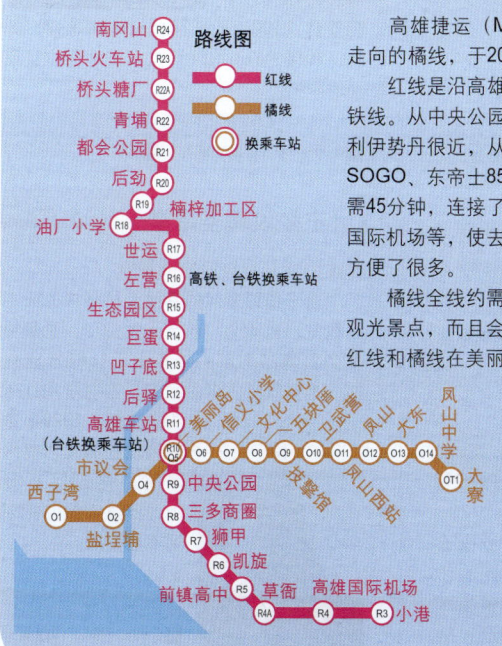

高雄捷运（MRT）有南北走向的红线和东西走向的橘线，于2008年陆续开通。

红线是沿高雄市主要街道——中山路修建的地铁线。从中央公园站到新堀江商场、汉神百货、大利伊势丹很近，从三多商圈站到新光三越、太平洋SOGO、东帝士85大楼等地方很近。另外，全线约需45分钟，连接了高铁左营站、台铁高雄站和高雄国际机场等，使去往海外和台湾其他地方的交通都方便了很多。

橘线全线约需25分钟，路过西子湾、盐埕埔等观光景点，而且会从市中心的中正路的地下经过。红线和橘线在美丽岛站交叉，美丽岛站是高雄站以南第一个站。

与台北捷运一样可以使用IC代币或预存卡乘坐，不过不能使用台北的悠游卡。高雄捷运的"一卡通"也分为普通卡（最少100元）和一日卡（200元，其中70元是押金），想乘坐捷运在高雄四处转转的话，建议购买一日卡。

推荐 学历史和文化路线

在三凤中街商圈亲身体验饮食文化，在博物馆学习历史，在三凤宫了解宗教

MRT高雄站
步行8分钟

沿街有很多出售中国菜食材、中药、茶叶等东西的老字号店铺。在这条商店街上，边逛边买，好不惬意

三凤中街商圈
步行2分钟

同时供奉着道教神仙和佛教神仙的庙宇，难得一见，去拜拜吧。在金炉烧纸钱祭拜祖先

三凤宫
乘出租车5分钟

乘坐出租车前往高雄市历史博物馆

高雄市历史博物馆
步行5分钟

看看旧建筑，看看展览，学习高雄的历史吧

MRT盐埕埔站

推荐 看落日和夜景路线

很受欢迎的约会路线。浪漫地看过落日之后，再去最新的夜间景点转转吧。

MRT西子湾站
步行15分钟

在打狗英国领事馆的咖啡厅享用下午茶，到了看夕阳的时间就前往西子湾畔

打狗英国领事馆
步行8分钟

观赏落日之后，前往MRT盐埕埔站。搭乘橘线，从MRT盐埕埔站前往爱河

爱河乘船游
步行15分钟

一边欣赏河岸两侧的彩灯，一边乘船畅游爱河，约20分钟的乘船游。从MRT盐埕埔站（橘线）到中央公园站（红线）需6分钟

中央公园城市光廊
步行3分钟

在夜间信步闲逛，还能欣赏环绕在中央公园周围的光主题艺术。肚子饿了的话，可以去新堀江的小吃摊吃点东西

新堀江商场

景·点

城市光廊
MAP● 剪切地图-45 p.249-E

照亮街道的艺术之光

中山二路和中华四路之间的五福三路第一街区，整个成了以光为主题的艺术展览区。距离汉神百货、大立精品百货、新堀江商场也很近，随意闲逛也挺惬意。在中央公园的室外咖啡厅，能听到

爵士乐或民族音乐的现场演唱。

★MRT中央公园站附近

高雄85大楼
MAP● 剪切地图-45 p.249-E

代表高雄的标志性建筑

下半段骤然镂空，整体形状是一个"高"字，引人注目，仅次于台北101的台湾第二高大楼。地上有85层，地下有5层，从37楼到79楼都是高雄金典酒店，74楼设有观景台（100元），75楼设有休息室。此外，70楼的Yun Spa可是台湾地面位置最高的SPA。

★从MRT三多商圈站步行7分钟
开 8:00~0:00（店家决定）　休 无休

天主教玫瑰圣母堂
MAP● 剪切地图-45 p.249-E

传统的文艺复兴风格的教堂

建于横跨爱河的高雄大桥东岸的天主教教堂，也称为"前金天主堂"，是最早来到台湾岛南部的传教士于1860年建立的，是高雄最古老的教堂。当时是用红砖头搭建的，1929年重建为现在的文艺复兴风格。内部可以参观，不过在做弥撒期间不能拍照。

★从MRT中央公园站步行15分钟
开 6:00~17:00（仅限周一至周五）

高雄市历史博物馆

MAP●剪切地图-37
p.248-A

建筑本身就是一部历史

原本是高雄市政府所在地,建于1938年。1998年,这里变身博物馆,向大众开放。墙壁和窗户的装潢都是西式风格、屋顶是东洋风格,融入了神社建筑的风格。这样的"兴亚帝冠风格"建筑本身就是宝贵的历史资料。另外,以独特的方式开展的规划展览也很有吸引力。

★从MRT盐埕埔站步行5分钟

开 9:00~17:00　休 周一　NT$ 免费

驳二艺术特区

MAP●剪切地图-44
p.248-D

年轻艺术家展现才能的艺术舞台

这里曾经不过是一排排仓库而已,现在却成了年轻艺术家们的表演舞台。有家具、装饰品、前卫艺术的展览,还有现场演出会场、小剧场等,可以欣赏到各种各样的作品。附近还有不少雅致的餐厅和咖啡馆。

★从盐埕埔站1号出口步行5分钟　开 周二至周五10:00~18:00,周六、周日10:00~20:00　休 周一及假日

六合夜市

MAP●剪切地图-38
p.249-B

台湾料理的一大博览会

高雄最大、最热闹的夜市。马路两边都是饮食店,马路上的小吃摊更是一个接着一个。整条街的氛围让人

秘藏情报

乘船巡游"水都"高雄

爱河流经高雄市区,从建国桥到高雄大桥一带的沿岸,修建了步行道和自行车游道,是散步和乘凉的好去处。到了晚上,爱河上的建国桥、七贤桥、中正大桥、高雄大桥,每座桥都会亮起精心设计的彩灯,可以乘船游览。还可以一边欣赏河岸两侧建筑的灯光夜景,一边从建国桥到高雄桥转上一圈,多浪漫啊!大约需要30分钟。

此外,假日白天仅有的周游是从高雄大桥南边的真爱码头出发,到MRT凹子底站南

边的爱河之心,全程约6公里,周游一圈大约需要50分钟。

● **爱之船（爱河游船）**

● 高雄桥至建国桥航路
从爱之船码头（中正桥的西南方向）出发,每20分钟或每满20名乘客就开船。周游时间为16:00~23:00。
NT$ 80元

● 真爱码头至爱河之心航路
从真爱码头出发,9:00~15:00每小时一班船
从爱河之心码头出发,10:00~16:00每小时一班船
HK$ 100元（往返）、单程50元

▶ 高雄市轮船股份有限公司
☎ 07-749-6747
HP http://kcb.kcg.gov.tw/new_kcb/010_1b.php/

上左：爱河河畔是休憩的最佳去处
上右：夜间爱河从彩灯闪耀的桥下钻过
下：从"鱼跃龙门"塑像前驶过的游船

感觉像是身处一家露天餐厅。建筑里面的店大多是吃海鲜、牛排、火锅等料理的,而在路边摊上能吃到各种小吃(小盘菜)。

★从MRT美丽岛站步行2分钟

"金炉"焚烧纸钱给神佛的习俗如今在台湾岛北部已经逐渐消失了,不过在高雄还是一如往昔。

★从MRT高雄车站站、台铁高雄站步行10分钟
开 5:00~23:00　休 无休　HK$ 免费

美丽岛站／南华观光购物街
MAP ● 剪切地图-38　p.249-B・C

因美轮美奂的玻璃顶棚而一举成名

MRT红线和橘线的换乘站,是很大规模的玻璃顶棚,被称为"光之穹顶",美丽非凡。通过4500块玻璃展现了意大利艺术家的画作。换乘的时候,可以停下脚步,欣赏一会儿这些艺术作品。另外,从美丽岛站5号口出来,马上就到了南华观光购物街,这里的店铺卖的衣服都很便宜,想买件换洗的T恤很方便。

★MRT美丽岛站

三凤中街观光商圈
MAP ● 剪切地图-31　p.249-B

干货和中国菜食材市场,价格低于台北

像台北迪化街一样的地方,细细的巷子两侧开满了各种食品店:有的是卖虾干、干香菇、鱿鱼干等中国菜必不可少的各种干货,有的是卖红豆和绿豆、黑米等谷物;还有的是卖茶叶、点心等。茶叶和干货的价格比台北便宜很多。

★从MRT高雄车站站、台铁高雄站步行8分钟
开 9:00~21:00　(每家店各不相同)

三凤宫
MAP ● 剪切地图-31　p.249-B

绘画雕刻值得一看

分为前、中、后三个殿,中殿供奉着主神哪吒三太子,后殿供奉着释迦牟尼佛祖和观音菩萨。由此可见,虽然道教和佛教所供奉的神是不一样的,但是这里却是同时供奉了两个宗教的神。前殿门后的门神图等美术品也不能错过哦。考虑到环境保护的需要,在位于前殿和中殿之间的

科学工艺博物馆
MAP p.247-D

介绍工业都市——高雄

远离现实的巨大建筑,沿九如一路而建,非常显眼。地上有6层、地下有1层,总共有18个展览馆,主要是与高雄的科学技术和工业有关的展览。在体验型展览馆和3D影院,大人小孩都能玩得尽兴。

★从MRT高雄车站站、台铁高雄站步行15分钟
开 9:00~17:00　休 周一　NT$ 展览馆100元、IMAX 3D影院150元

高雄市美术馆

MAP p.247-A

室外的雕塑之林和公园让人心情愉悦

　　高雄市美术馆位于广阔的内惟埤文化园区的一角，展览着中外艺术家的作品。还有很多台湾少数民族艺术的展览，就连馆内的商店里都摆满了很有品位的小玩意。另外，周围还有现代艺术雕塑零星分布的公园、作为动植物自然保护区的生态公园以及咖啡厅等，随意溜达溜达也挺不错的。

★从MRT凹子底站步行25分钟　开 9:00～17:00
休 周一　NT$ 免费　HP http://www.kmfa.gov.tw/

启明堂

MAP p.247-A

莲池潭湖畔、色彩鲜艳的庙宇

　　原本是以五公菩萨为主神的"明德堂"，因为1903年又开始供奉关羽，所以改名为"启明堂"。在供奉武圣关羽的同时，也供奉文圣孔子，以文武双圣为主神。1906年，因为信奉者捐献了土地，所以迁移到了现在的地点。1974年重建成如今所见的华丽宫殿建筑。

★从左营站乘坐出租车5分钟
开 5:00～21:30
休 无休
NT$ 免费

春秋阁／五里亭

MAP p.247-A

浮现在莲池潭湖水之上的楼阁和亭子

　　位于启明堂前、浮现于莲池潭湖水之上的两座楼阁就是春秋阁。从楼阁之间向湖面望去，栈桥一直往后延伸，最前方的红色建筑就是五里亭。天气好的时候，湖

中的倒影特别漂亮。

★从左营站乘坐出租车5分钟
开 5:00～21:30　休 无休　NT$ 免费

龙虎塔

MAP p.247-A

从龙口而入，虎口而出

　　坐落在莲池潭西南方向的两座塔。穿过曲折蜿蜒的桥，走进巨大的龙和虎张开的嘴巴，能看到密密麻麻的壁画，上面画着孝子们的故事、阎王的地狱审判等。登上七层塔的塔顶，能看到春秋阁、五里亭、高雄孔庙等，整个莲池潭的景色也尽收眼底。

★从左营站乘坐出租车5分钟
开 5:00～21:30　NT$ 免费

凤山县旧城（左营旧城）

MAP p.247-A

看着残旧的城墙缅怀历史

　　曾经，凤山县县城就在左营。从龙虎塔往前走很快就能到达。凤山县旧城的城墙和城门已经修复，保存至今。拱辰门曾经是凤山县旧城的北门，虽然城墙有点短，不过还是可以上去走一走的。如今这里已经被指定为台湾一级古迹。另外还有凤仪门（东门）、启文门（南门）两座城门。

★从左营站乘坐出租车5分钟

打狗英国领事馆

MAP●剪切地图-43 p.247-C

雅致的咖啡厅是个魅力十足的景点

建于1866年的古老洋房，以前是英国领事馆。现在，建筑内部成了高雄史迹文物陈列馆，还有特产商店。将整个建筑围起来的石造拱廊非常漂亮，白天从这里能一览高雄港的景色，晚上能欣赏到美丽的夜景。在附设的露天阳台咖啡厅，能品尝到英式下午茶和有机咖啡等。

★从MRT西子湾站1号出口步行15分钟
开 9:00~24:00
休 农历年末
NTS 免费（咖啡厅另算，下午茶390元／2人）
HP http://www.khhuk.org.tw/

西子湾观景台

MAP●剪切地图-43 p.247-C

观赏迷人的落日美景

经过台湾二级古迹雄镇北门可到达的观景台。从西子湾降到台湾海峡的落日，景色迷人，非常有名。从这里眺望的话，还能将沙滩、旗后灯塔的灯、落日等景色尽收眼底。

★从MRT西子湾站1号出口步行15分钟

旗后灯塔

MAP●剪切地图-43 p.247-C

山坡上的白色灯塔

在旗津轮渡站下船，从庙前路右转到通山路，灯塔就在旗津半岛西边的旗后山山顶上。建于1883年，高度为15.2米的白色灯塔，已经被指定为台湾史迹。最初是由英国工程师建造的砖造四棱柱灯塔，后来改建为八棱柱的白色灯塔。

★从旗津轮渡站步行20分钟
开 9:00~16:00 休 假日第二天 NTS 免费

秘藏情报

旗津／鼓山

乡土气息和文雅氛围交错的港口小镇

MAP●剪切地图-43, p.247-C

来到高雄的话，一定要从鼓山乘船去旗津半岛看一看。能让高雄人得意推荐的就是黄昏时分的景色。午后，乘轮渡来到旗津半岛，品尝过海鲜料理之后，一边沿着海岸随意闲逛，一边看看有着海洋气息的特产，还可以在沙滩边看看落日。心动了没有？

虽是半岛，但为了通船，现在已经从陆地分离开来，只通过南边的海底隧道连接在一起。从市区过来的话，乘坐到达半岛北边的轮渡比较方便。从高雄市中心乘坐出租车约15分钟能到达鼓山轮渡站。

乘轮渡一人10元，只能和别人一起乘坐摩托车。虽然也有售票处，却不是买票，而是直接把钱投进钱箱。船一抵达岸边，摩托车都争先恐后地上岸，一定要注意安全。到旗津大约需要10分钟，从早上6点到凌晨12点，每4~6分钟一班。

在船停靠处前面，一般都有观光三轮车在等待客人。从南边沿海岸经过海产街等地方的路线，乘坐一圈200元。从早上7点到傍晚时分一直都有。

从船停靠处往右手边延伸的是庙前路，路的两边贝类特产店、海鲜餐厅鳞次栉比，可以亲自从鱼缸挑选，然后请餐厅烹调。从那往半岛另一侧走的话，有一个海水浴场。在面朝沙滩的海鲜街上，餐厅和海产市场（7点至18点左右）一家接着一家。市场里有很多干货，干鱼子大概是一份300元，还是能买得起的。

在旗津观光的话，为数不少的庙宇都

是不错的景点。稍微走一会儿就能看到好几间庙，其中高雄的天后宫非常有名，据说是台湾最古老的。这是因为旗津的很多居民都从事渔业，为了祈祷航海安全建了很多庙宇。随意逛逛，比较比较这些庙的不同特色，也挺愉快的哦。

在旗津、鼓山能切身感受到高雄是一个港口城市

闲逛中发现的美食·景点

鼓波洋楼
MAP 剪切地图-43, p.247-C
鼓山轮渡站附近

位于鼓山轮渡站附近的咖啡馆，是由19世纪30年代的古建筑整修形成的很有氛围的店铺。中间建有庭院，院子里种着高大的树。里面是泰国菜餐厅，2楼是酒吧，每晚9点开店。古色古香的装潢也是不错的视觉享受。

营 11:00~14:00、17:30至次日1:00，周六、周日、假日连续营业
休 无休
语 中、英、日

海忠宝
MAP 剪切地图-43, p.247-C
旗津轮渡站附近

位于旗津庙前路入口处的海鲜餐厅。餐厅前面摆放的鱼贝类基本上都是一碟100元，可以自行选择喜欢的食材和烹调方法。不过龙虾的价格是根据当时的市价而定的。推荐品尝超珍珠贝、凤梨虾球（都是100元）。米饭是免费的。

营 10:30~22:30
休 农历12月16日、除夕
语 中、英

超大碗
MAP 剪切地图-43, p.247-C
旗津轮渡站附近

说起高雄的刨冰店，鼓山轮渡站周围很有名，不过在旗津这边也有风味朴实的刨冰店。这就是标题的"超大碗"。店主深受当地高中生们的喜爱，被他们称为"阿姨"。客人点好之后，阿姨就会拿出新鲜的当季水果来做刨冰。红糖汁的口味出人意料的清淡，余味无穷。杧果刨冰要到5月之后才有，最佳时期是7~8月。其他季节的话，可以尝尝水果冰和爱玉冰。

河边曼波
MAP 剪切地图-43, p.247-C
旗津轮渡站附近

位于旗津船只停靠处的复古建筑二楼的咖啡馆。店内很雅致，以白色为基调，靠海一侧是落地玻璃。一边看着往来于港口的船只，一边慢慢享用下午茶，好不惬意！咖啡和蛋糕套餐是120元，意大利面和汤、饮料套餐是160元，一定要尝尝哦。

营 11:00~22:00
休 无休
语 中、英 C 消费500元以上可用

营 夏季7:00~21:30，冬季11:00~21:30
休 不定休
语 中、日

桥头糖厂
MAP p.230-A

制糖工厂旧址变成了主题公园

原本是建于1900年的制糖工厂。工厂旧址里残留了很多当时的器材，如巨大的桶、榨甘蔗的压榨机等，气势逼人。此外，还有很多景点：当时运送甘蔗的手推车、小火车及当时工人们使用的蒸汽火车、曾为社长事务所的复古洋房、厂长们住的日式房屋等。在桥头糖厂福利社的咖啡馆有20多种棒冰可以选择，有花生、野芋、百香果等。

★走出MRT桥头糖厂站2号出口即到

开 9:00~21:00　休 无休　NT$ 免费

恋恋五分车（运货小火车）
MAP p.230-A

乘上摇摇晃晃的小火车"咔嗒咔嗒"向前走

体验短短的小火车之旅。乘上桥头糖厂曾经用来运送甘蔗的小火车，去往青埔旁边的台糖高雄花卉农园中心。乘车点在桥头糖厂站3号出口前面，只有周六和周日发车。和高高架起的捷运不同，一边吹着凉风一边在地上行驶，别有一番乐趣。一到假日，喜欢户外运动的高雄市民都会来到台糖高雄花卉农园中心，这里由有机实验农场和公园合并形成，很是热闹。

★走出MRT桥头糖厂站2号出口即到

从糖厂的出发时间是10:30~16:30（每小时一班车），往返费用是80元，也可以从MRT青埔站回来。从恋恋五分车的花卉农园中心站步行到青埔大约需要20分钟。

秘藏情报

去往黑鲔鱼圣地——东港

屏东县东港市是台湾岛南部最大的渔港，位于高雄东南方向约20公里处，开车大约需要1个小时。从前这里广为人知，是因为这个渔村是去往珊瑚礁岛屿"小琉球"的乘船处。最近，由于"黑鲔鱼TORO团"的兴盛，深受游客们的关注。

东港的台湾海峡渔港很多，特别是洄游鱼"黑鲔鱼"的渔获量位于世界前列。以前，有一大半黑鲔鱼都被空运到日本，但最近在台湾也掀起了"寿司热"，鲔鱼的需求量也有所增加。到4~6月的鲔鱼捕鱼期间，"TORO 团"人气不断上升。参加这个团的话，到市里的餐厅，只需花很少的钱就能吃到正宗的黑鲔鱼肥肉。

来到了东港，一定要尝尝被称为"东港三宝"的黑鲔鱼、樱虾、干鱼子。华侨市场是东港鱼市之一，到了下午，普通人也可以到这里买东西。鱼贝类海鲜摆满整个市场，非常壮观。就是去逛逛也不错哦。

黑鲔鱼肥肉，物美价廉

鲟之屋

澎湖料理No.1餐厅

餐厅

有40多年历史的澎湖料理店。炸螃蟹、盐酥鲟和盐蒸斑节虾、烤大虾是这里的招牌菜。另外,还推荐品尝炸红新娘(炸鱼)和糯米针卷。即使是菜单上没有的菜也可以点。这里人气很高,总是宾客满棚,最好能提前预约。

MAP 剪切地图-39,p.249-C
从高雄站乘坐出租车10分钟

海鲜

民生一路93号
07-2266127～9
11:30～14:00、17:30～21:00
无休
预800～1000元
M/语中、日、英

炸螃蟹和盐酥鲟

菜根乡素食馆

在当地深受喜爱的素食店

餐厅

现在,健康的素食美味在台湾很受欢迎。台湾的素食菜肴味道清淡,制作精细,品种多样,而且分量很足。推荐品尝炸雪华糕(年糕点心)。店内装修是以绿色和白色为基调的传统风格。

MAP 剪切地图-39,p.249-C
从高雄站乘坐出租车10分钟

素食

民生一路23号
07-2273333
11:00～14:00、17:00～21:00
无休 预200元～
M/语中、英
HP http://www.savorvg.com.tw/

老家福餐厅

轻松愉快的家庭式餐厅

餐厅

拥有很多常客的家庭式餐厅。菜品价格合理适中,其中牛肉炒饭80元,肉丸子煮汤、红烧狮子头120元。从辣椒炒鱿鱼、清蒸鲈鱼等海鲜料理,到滑蛋牛肉、葱爆牛肉等,菜肴丰富多变,味道也一致受到好评。3～4个人的话,点5个菜就可以了。

MAP 剪切地图-45,p.249-E
从高雄站乘坐出租车10分钟

江浙・四川菜

仁智街236号
07-2217609
11:00～14:00、17:00～21:00
无休 预150～250元
M/语中、日、英
C不可

邓师傅卤味

台湾新兴小盘美食店

餐厅

主流美食是将猪蹄肉炖烂做成的卤猪手、卤猪腿肉等。在牛骨汤面条、鱼翅等菜肴里融入了法国菜的感觉,推荐品尝一下台湾新兴小盘菜午餐或晚餐。酸菜肚片、虾卷、牛肉面、牛腱、鱼翅、四季豆等也非常好吃。市内有美术馆店等7家分店。

MAP 剪切地图-39,p.249-C
从高雄站乘坐出租车5分钟

小盘菜

中正三路82号
07-2361822
11:00～21:00
无休 预300元～
M中 语中、日、英 C不可
HP http://www.chefteng.com/

台湾风味腌白菜、泡菜

左:由厨师长店主和他两个儿子掌勺
右:含有机蔬菜和胶原蛋白的卤猪手小盘菜

红毛港海鲜餐厅

MAP 剪切地图-46、p.249-F
从MRT三多商圈站步行5分钟

海鲜

想尝高雄的海鲜就一定要来这里

位于交通便利的地点,只需从三多商圈步行5分钟即到。在这里可以品尝到蒜蒸虾、油炸鲳鱼胗等别具风味的海鲜美食。当然,一般的海鲜也很美味。

- 三多三路214号
- 07-3353606
- 11:00~14:00、17:30~21:00
- 休 元旦 预 1200元~
- M / 语 中、日、英
- HP http://www.seafoodnet.com.tw/

戏棚脚

MAP 剪切地图-44、p.249-E
从MRT盐埕埔站步行5分钟

啤酒屋

坐在开放式露台上饮啤酒

位于爱河沿岸的开放式露台啤酒屋。这里有台湾啤酒、喜力、科罗娜等多种啤酒和下酒菜。地点挺好的,在爱河边逛累了,或者乘船游爱河之后,都可以来这里稍微休息一会儿,很方便。旁边就是电影图书馆,看完电影来这里小酌一杯也蛮不错的。

- 河西路(电影图书馆南边)
- 07-5317381
- 冬16:00~0:00,夏17:00至次日1:00
- 休 无休 预 200元~
- M / 语 中、英

高雄牛乳大王

MAP 剪切地图-37、p.249-B
从MRT市议会站步行5分钟

小吃

喝木瓜牛奶,非这里莫属

除了招牌饮料木瓜牛奶(60元)之外,还有杏仁的、花生的、西瓜的、绿豆的、南瓜的等,每个都想尝到不知该如何选择了。一杯有500毫升,量很大,要事先好好考虑想喝哪种口味。可以加上汉堡包、三明治、咖喱、意大利面等一起点套餐,套餐价格是139元。

- 中华三路65-5号
- 07-2823636
- 24小时营业
- 休 无休 预 60元~
- M / 语 中
- C 不可

耕读园书香茶坊

MAP 247-D
从MRT高雄车站、台铁高雄站步行15分钟

茶艺馆

环池而建的雅致茶艺馆

充满中式风情的木制建筑,环池而建,还有锦鲤在湖中自在畅游,充满雅致气息。虽然耕读园书香茶坊在台湾各地都开有连锁店,但这里却更独具风情。既可以尝尝宫廷点心和中国茶,也可以试试药膳火锅等美味,不知不觉一天就这么过去了。

- 觉民路665号
- 07-3866770
- 10:00~24:00
- 休 无休 预 260~420元
- M / 语 中
- HP http://teanet.menet.com.tw/

东京小城

MAP 剪切地图-44、p.248-D
出MRT盐埕埔站步行一会儿即到

啤酒吧

啤酒、音乐俱佳的酒馆

店内播放的音乐种类繁多,从最新的流行歌曲到世界各国音乐,应有尽有。这里还有各种快餐类小吃、火锅、铁板烧等食物,即使肚子饿了,也能在这里解决。生啤100元、小吃等料理200元左右,价格不贵。在民生一路也有分店。

- 五福四路145号
- 07-5211548
- 11:00~24:00
- 休 无休 预 100元~
- M 中、英、日
- 语 中、英

高雄太平洋SOGO百货

MAP ●剪切地图-46、p.249-F
出MRT三多商圈站即到

轻松闲逛的人气商场
商店

与新光三越相邻。虽说离车站有点儿远，但是一到假日，人们都会去逛逛。这里的商品也非常齐全。

百货商场
✉ 三多三路217号
☎ 07-3381000
营 11:00～21:30（周五、周六、22:00）
休 无休 语 中、日、英
HP http://www.sogo.com.tw/

汉神百货

MAP ●剪切地图-45、p.249-E
从MRT中央公园站步行10分钟

想买名牌就来这里吧
商店

这里的名牌价格不是很高，有时也许会碰到低得让人吃惊的价格。如今已经很少见的面对面型食品卖场热闹非凡，光看看也挺不错的。

百货商场
✉ 成功一路266-1号
☎ 07-2157266
营 11:00～22:00（周六、周日10:30～）
休 无休 语 中、日
HP http://www.hanshin.com.tw/

大立精品百货

MAP ●剪切地图-45、p.249-E
从MRT中央公园站步行5分钟

流行品牌应有尽有
商店

就是旁边大立百货的扩建馆。每个柜台都是高雄走在流行最前线的品牌商店。到了晚上，使用了LED的整面墙上彩灯亮起，非常漂亮。还有诚品书店和餐厅。

百货商场
✉ 五福三路59号
☎ 07-2613060
营 11:30～22:00（周五、六、假日前一天～22:30）
休 无休 语 中、日

新崛江商场

MAP ●剪切地图-38、p.249-E
从MRT中央公园站步行5分钟

深受年轻人欢迎的大街
商店

围绕新崛江购物中心展开，密密麻麻开满了面向年轻人的商店。也有很多电影院和便宜的饰品店。从傍晚到夜里，人流不断。

商店街
✉ 五福二路
营（每家店各不相同，多为11:00～21:00）
语 中

大连街皮鞋专营街

MAP ●剪切地图-32、p.249-C
三民区大连街

总会找到一双你满意的鞋哦
商店

从台铁高雄后站步行5分钟即到大连街。这里是高雄最有名的鞋店街，长约200米的街道两旁鞋店一家挨一家。至于价格就看你的砍价功力了。

商店街
✉ 大连街
营 11:00～20:00（每家店各不相同）

信宝专业烘焙点心坊

MAP p.247-A
从MRT左营站乘坐出租车5分钟

购买传统点心的好去处
商店

在位于龙虎塔前面的这家点心店里，可以买到新鲜出炉的面包和火狮饼、旗鼓饼。火狮饼形状宛如狮子的脸，月饼一样的外皮里包着水果馅。旗鼓饼是用蛋糕做的，里面包着芋头和甘薯两种馅。

中式点心
✉ 左营区胜利路124号
☎ 07-5817091 FAX 07-5881285
营 8:00～23:00
休 无休 语 中
HP http://www.shinnbin.com.tw/

汉来大饭店
Grand Hi-Lai Hotel

MAP ○ 剪切地图-45、p.249-E
从MRT中央公园站步行10分钟

美食齐全的五星级酒店

位于高达186米的高楼大厦内的五星级酒店。15~19层、26~42层都是客房。这里有12间餐厅，可以享用各种各样的美食。大厅很豪华，房间内的装修很沉稳，感觉很高级。楼下有汉神百货，购物很方便。

- 成功一路266号
- 07-2161766
- 07-2161966
- S/T7800元~
- 540 中、日、英
- http://www.grand-hilai.com.tw/

高雄金典酒店
The Splendor Kaohsiung

MAP ○ 剪切地图-45、p.249-E
从MRT三多商圈站步行7分钟

景色和设备都是高雄一流的

位于东帝士85大楼37~85层的五星级酒店。从这里能将高雄市全景尽收眼底。客房也是高雄市最大的，设备很豪华。这里还有10间高雅的餐厅，大理石浴室里另设淋浴间，另有健身房、游泳池，能享受舒适的酒店生活。

- 自强三路1号
- 07-5668000
- 07-5668080
- S/T7000元~
- 585 中、日、英
- http://www.gfk.com.tw/

华园大饭店
Hotel Holiday Garden

MAP ○ 剪切地图-38、p.249-B
从MRT市议会站步行5分钟

在南国风情的室外游泳池放松休息

拥有50多年历史的老字号酒店。罗马风格的圆柱立于宽敞的大厅之中。这里还建有大型的室外游泳池。晚上，泳池边的彩灯亮起，感觉很浪漫。在南国风情的包围之下，可以彻底放松身心。地点也不错，距离六合二路的夜市也很近。

- 六合二路279号
- 07-9682222
- 07-2512000
- S5600元~/T6000元~
- 272 中、日、英
- http://www.hotelhg.com.tw/

高雄国宾大饭店
The Ambassador Hotel Kaohsiung

MAP ○ 剪切地图-38、p.249-E
从MRT市议会站步行10分钟

20层的高级酒店

大厅、外观都为茶色系，高雅沉稳的装修透露出酒店的高级感。除了餐厅、酒吧、购物区之外，还有游泳池和桑拿浴等设施。

- 民生二路202号
- 07-2115211
- 07-2811115
- S5500元~/T6000元~
- 453 中、日、英
- http://www.ambhotel.com.tw/

高雄福华大饭店
Howard Plaza Hotel Kaohsiung

MAP ○ 剪切地图-39、p.249-C
从MRT美丽岛站步行10分钟

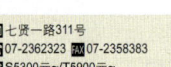

遍布主要城市的高级酒店

一楼有个宽敞的开放式露台，旁边有条购物拱廊通往三楼，拱廊上都是高级精品店。30层建筑的最高层有个宴会厅，从那里可以将高雄市区景色一览无遗。

- 七贤一路311号
- 07-2362323 / 07-2358383
- S5300元~/T5900元~
- 328 中、日、英
- http://kaohsiung.cn.howard-hotels.com/

寒轩国际大饭店
Han-Hsien International Hotel

MAP ● 剪切地图-46　p.249-F
从MRT信义小学站步行7分钟

可从高层眺望迷人的夜景

位于高雄市政府斜对面的酒店。大厅是用大理石建造的，总共有42层。光线明亮的客房装修风格低调内敛，让人感觉舒适宁静。酒店里，从餐厅、酒吧到咖啡厅一应俱全。特别是在40层的观海轩餐厅和42层的云顶餐厅，可以一边遥望美丽景色，一边享用美食。运动健身房、游泳池等设施很完善，工作人员的服务态度也很亲切，在这里可以享受一段美好的酒店生活。

- 苓雅区四维三路33号
- 07-3322000
- 07-3361600
- S5000元~ / T6400元~
- 380　中、日、英
- http://www.hhih.com.tw/

高雄汉王洲际饭店
The Kingship Hotel

MAP ● 剪切地图-37　p.248-D
从MRT盐埕埔站步行7分钟

欧洲古典风格的酒店

营造出出色古香氛围的欧式酒店。会议室、宴会厅都是统一的欧式风格，客房装饰比较时髦。距离爱河、盐埕区旧市区很近。

- 七贤三路98号
- 07-5313131
- 07-5335151
- S/T4800元~
- 228　中、英、日
- http://swanlake.com.tw/

阳光大饭店
Hotel Sunshine

MAP ● 剪切地图-45　p.249-E
从MRT三多商圈站步行5分钟

设计简单、布局宽敞舒适

酒店大厅很宽敞，让人感觉很舒畅。客房是以单人间为主，双人间有10间，房内设有吧台的套间有2间。位于高雄市中心，观光很方便。

- 中华四路75号
- 07-3327988　07-3329868
- S/T2980元~
- 68　中、英、日
- http://www.hotelsunshine.com.tw/

京城大饭店
Hotel King's Town

MAP ● 剪切地图-31　p.249-B
高雄站后站（北侧）前方

位于高雄站北口前方，很好找

从高雄站的后站（北口）出来就能看到，所以从高铁左营站过来的时候，乘坐台铁比较方便。内部装修沉稳祥和，能好好地放松休憩，这也是京城大饭店的魅力之一。酒店会提供去往高雄站南口捷运站的免费站内通行票。

- 高雄市三民区九如二路362号
- 07-3119906　07-3119591
- S2640元~ / T3080元~
- 142　中、英、日
- http://www.kingstown-hotel.com.tw/

国统大饭店
Union Hotel

MAP ● 剪切地图-31　p.249-B
从MRT高雄车站站、台铁高雄站步行1分钟

交通极为方便

走出高雄站，正对面左侧即是。酒店门就是国光客运等巴士站站，交通非常便利。房间稍微有点小，但是设备很齐全。附近有很多餐厅，就餐也很方便。

- 建国二路295号
- 07-2351284
- 07-2351287
- S800元~ / T1200元~
- 102　中、英
- http://www.unionhotel.tw/

259　台湾岛南部　高雄

垦丁

MAP p.231-H、p.261

★ ┄┄┄┄ 路　线

✈ 从台北松山机场到恒春机场需1小时15分钟。从机场到垦丁乘坐出租车需20分钟。

🚌 从台北站乘坐高铁（新干线）到左营站需2小时。再乘坐轻捷运到台铁高雄站需10分钟。然后从高雄站到垦丁乘坐巴士需2小时30分钟。

漫步小贴士

乐趣指数
自然　★★★★★
海上运动　★★★★★
观光　★★★

交通便利指数
出租车　★★★
巴士　★

周边情况
　　位于屏东县、台湾岛最南端的恒春半岛一带。基本上整个区域都是公园。很多观光景点都是沿海岸线分布的。

上：垦丁的海到处都蔚蓝透亮／下左：恒春残留的四座城门之一——北门／下右：冬季也阳光明媚的沙滩

城·市·布·局

自然风光很漂亮
阳光、森林、海洋光芒闪耀的台湾岛最南端

　　自然景色丰富多样，风光秀丽迷人。游玩的地方数不胜数：海岸的风景胜地和奇岩、森林公园和林间小路、台湾最大的水族馆——海洋生物博物馆、海水浴场和海上运动等。另外，这里聚集了很多高级的观景酒店。可以和家人一起或组团前来，尽情享受海上休闲娱乐。

　　不过，由于景点比较分散，如果当天返回的话，可以选择从高雄来的旅行团巴士，如果人数合适的话，也可以包出租车，这样游玩效率比较高。

景·点

恒春

MAP 261-A

通往垦丁公园的入口

　　恒春是在台湾大受欢迎的电影《海角七号》的外景拍摄地。凭借这部电影，恒春备受瞩目，游客倍增。如果要乘坐出租车在垦丁观光的话，从市内的古城墙和城门处开始比较好哦。

★从高雄乘坐巴士需2小时

猫鼻头公园

MAP 261-A

位于台湾海峡和巴士海峡的边界

这个海角长5公里、宽3公里，因侵蚀和风化而形成的岩石成了一道独特的景观。海角尖端有块猫岩。因为看上去像是一只猫在睡觉，故得此名。

★从恒春乘坐高雄开往顶白砂、北树林的客运巴士约20分钟，在下水泉下车，步行30分钟

开 全天　NTS 免费

海洋生物博物馆

MAP p.231-H

国际规模的水族馆

由珊瑚王国馆、台湾水域馆和世界水域馆组成。其中在珊瑚王国馆可以透过玻璃隧道观赏珊瑚礁的海底世界，这条玻璃隧道从巨大的水族缸下穿过，长约84米。而台湾水域馆内饲养、展示着生活在台湾岛附近的鱼类。世界水族馆是新开放

的，还使用了3D手法进行展示。另外，这里还有可以观海的咖啡馆、餐厅等设施。

★从恒春乘坐中南客运巴士或高雄客运巴士到车城下车，然后换乘巴士前往即可　开 9:00~18:00（7、8月~19:00，提前一小时停止入场）　休 无休　NTS 450元

垦丁森林游乐区

MAP p.261-B

到钟乳洞、森林中逛逛吧

广阔的自然公园，位于垦丁东北方向的山顶上。有很多台湾学生在校外学习或毕业旅行时都会来这里，好好感受一下大自然。园内也有很多珍稀的动植物，比如野生猴。从观景台眺望远方，景色非常壮观。

★从恒春乘坐前往垦丁公园的屏东客运巴士约25分钟，在终点下车

开 8:00~17:00
休 无休　NTS 平时120元、假日150元

垦丁恺撒大饭店
Caesar Park Hotel Kenting

乘坐高铁或屏东客运巴士在酒店前下车即到

MAP p.261-B

设施齐全的高级观景酒店

建在垦丁美丽海滨的高级观景酒店。除了按摩浴缸、游泳池、网球场、迷你高尔夫球场以外,还有台球室、乒乓球馆等,即使下雨也不用愁。另外,还可以选择潜水、健身或香蕉船等运动。

- 恒春镇垦丁路6号
- 08-8861888
- FAX 08-8861818
- NT$ S/T9500元~
- 室 250 中、英
- HP http://www.caesarpark.com.tw/

垦丁青年活动中心
Kenting Youth Activity Center

乘坐高雄、屏东、中南、国光客运巴士到垦丁青年活动中心大门下车

MAP p.261-B

面积不小的传统建筑物

模仿三合院、四合院等传统住宅而建,橙色的瓦非常好看。虽说是住宿的酒店,却更像是民俗博物馆。还有餐厅楼和便利店楼。客房从双人间到6人间都有,价格也适中。

- 恒春镇垦丁路17号
- 08-8861221~4
- FAX 08-8861110
- NT$ T3000元~
- 室 112 中、英
- HP http://www.cyh.org.tw/

雅客之家度假旅馆
A-Gong Resort Hotel

乘坐高雄、屏东客运巴士到雅客之家下车

MAP p.261-B

庭院内有泳池的回廊式建筑

虽然规模不大,但是以红砖白壁为基调的休闲风格让人心旷神怡。建筑是回廊式的,环绕着庭院的泳池,种植的热带植物更是烘托了一种南国风情。夜晚的泳池边有种浪漫的感觉。

- 恒春镇垦丁路237号
- 08-8861272
- FAX 08-8861217
- NT$ S/T3200元~
- 室 56 中、英、日
- HP http://www.a-gong.com.tw/

垦丁福华度假饭店
Howard Beach Resort Kenting

乘坐高雄、屏东客运巴士在垦丁福华度假饭店下车

MAP P.261-B

面积广阔、设备齐全的大酒店

深受台湾人喜爱的酒店。室外泳池、露天温泉按摩池、运动设备一应俱全。餐厅里菜品丰富,有四季如夏的垦丁的各种山珍海味。

- 恒春镇垦丁路2号
- 08-8862323 FAX 08-8862539
- NT$ T6900元~
- 室 405 中、日、英
- HP http://kenting.cn.howard-hotels.com/

石牛溪农场
KenTing Nature Farm

从中南客运巴士垦丁旅客中心步行7分钟

MAP p.261-A

身心舒畅地体验小木屋

主楼是一个很大的小屋风格建筑,在牧场一样的广阔草地上建有很多小木屋,有一种别墅区的氛围。在屋外的桌上吃早餐,别有一番滋味。还可以亲密接触小羊等小动物哦。

- 恒春镇垦丁石牛巷1-1号
- 08-5561281
- FAX 08-8861275
- NT$ T1900元~
- 室 13 中
- HP http://www.ktnature.com/

台湾其他景点

金门岛	264
澎湖岛	267
兰屿岛	270
绿岛（火烧岛）	271

金门岛

MAP p.265

漫步小贴士

乐趣指数
观光　★★★★★
自然　★★★★
文化　★★★

交通便利指数
租摩托车　★★★★★
出租车　★★

周边情况
　　以金门岛、小金门岛为中心，由大小不一的15个岛组成，距离厦门港口最前端约10公里。金门本岛东西跨度约20公里，南北跨度约16公里，总面积约为150平方公里，人口约为6万。在这里观光需要住宿一晚。

上：曾经的金城市区中心模范街
左：北山如洋楼

路　线

从台北松山机场到金门机场需55分钟（一天14~18班），从台中机场出发的话需55分钟（一天5~8班），从高雄机场出发的话需55分钟（一天6班），从台南机场出发的话需50分钟（一天2班），从嘉义机场出发的话需50分钟（一天1班）。从金门机场到岛上其他地方可以乘坐出租车。

景·区·布·局

人气飙升的景点岛屿

　　虽然现在这里仍然是军事最前线，也有军队驻扎，不过平日里的氛围却是一派悠然自得。岛内景点颇多，有太武山、小金门岛等自然景观，还有老街等文化遗产。在这里，可以尽情享受丰富多彩、美丽迷人的南国风光。

　　金门本岛分为金沙镇、金湖镇、金宁镇和金城镇四个区，主要的街道有金城、沙美和山外。其中金城规模最大，岛上的餐厅、酒店几乎都在这里。从金门机场到金城虽然也可以乘坐巴士，但是因数量比较少，还是乘出租车比较方便。在金城市中心的中兴路和莒光路交叉的地方，市场、特产店、货摊云集。只在市内转转的话，步行就可以了，要是去郊外的话还是要乘坐巴士或出租车。不过，因为巴士的数量比较少，有点不方便。而且，没有流动出租车，全部都是通过无线通讯机呼叫的。

　　建议可以租一辆摩托车，参加周游团也是个不错的选择，在主要的酒店都可以报名参加。

景·点

模范街

MAP p.265-A

砖造拱廊街非常漂亮

　　位于金城巴士总站和莒光路之间的砖造拱廊街，以前被称为"自强街"，大约70多年以前模仿日本大正风格建筑而建，基本上保存得完好如初。过去，这里是城镇中心，满是商店和集市，非常热闹。自从集市转移到东门街（邱良功母节孝坊附近）之后逐渐萧条，如今多是空宅。

★从金城巴士总站步行2分钟

金门民俗文化村

MAP p.265-B

迷人的中国传统建筑景观

清朝末期,在日华侨王氏父子发财致富之后,花了20多年的时间在故乡打造的四合院式住宅群。所有的建筑风格都是一致的,路上和庭院里全都铺着砖和石子。走进这里感觉像是穿越时空,回到了过去。如今这里已被视为文化建筑遗迹而进行保存。

★从金城乘坐出租车30分钟
开 24小时(展览馆8:00~17:00)
休 无休
NT$ 50元

金三角海鲜餐厅

MAP p.265-A
从金城巴士总站乘坐出租车5分钟

海鲜

很重视食材新鲜与否

这里的海鲜都是当天购买的当地食材,推荐尝尝虾和螃蟹。从金门岛允许观光开始,这家餐厅就已经存在了。这里人均只需200元就可以吃饱喽。

📍 金城镇贤历西海路三段41号
☎ 082-322258~9
🕙 10:00~13:00、17:00~19:00
休 无休 200元~
M 语中

台湾其他景点

265

金门岛

金门酒厂

MAP p.265-A
从金城乘坐出租车5分钟

金门高粱酒

金门特产高粱酒的工厂

要说金门的当地酒,当然是金门高粱酒啦,它是与铜菜刀同样受欢迎的金门特产。以高粱为主要原料,用单式蒸馏方式酿制而成。酒精度数为58度,非常烈,感觉火要从嘴巴里喷出来一样,深受好酒者欢迎。在工厂,是通过视频和模型来介绍内部情况的。

- 金门县金宁乡桃园路1号
- 082-325628
- 8:00~17:30
- 无休
- HP http://www.kkl.gov.tw/welcome.asp

金合利实业(金城工厂)

MAP p.265-A
从金城巴士总站步行10分钟

金门菜刀

竟然用炮弹做菜刀

报纸、杂志多次报道的特色店。使用旧时打仗时所遗留的炮弹制作出炮弹菜刀。一枚炮弹可以做60把菜刀。如今,菜刀已经成为金门岛的名特产。金门市内有销售店。

- 金宁乡伯玉路一段236号
- 082-323999
- 8:00~18:30(工厂参观)
  8:00~21:00(店)
- 无休
- HP http://www.5657.com.tw/maestrowu/

浯江大饭店
Hotel River Kinmen

MAP p.265-A
从金城乘坐出租车3分钟

岛上的高级现代化酒店

高级酒店,外墙为白色,总共有三层,整体感觉宁静、祥和。服务态度非常好。室内设计也很现代时尚,设备先进齐全。总之是个非常舒适的酒店。餐厅、自助餐、酒吧等也都有,在这里可以好好地放松一下。

- 金城镇西海路三段100号
- 082-322211
- FAX 082-323322
- NT$2400元~
- 121间 中
- HP http://www.riverkinmen.com/

宏福大饭店
Hong Fu Hotel

MAP p.265-A
从金城巴士总站步行8分钟

位于市场附近的热闹地段

位于民族路的正中间,附近有东门市场,整天都是一派热闹景象。把这里当成购物和市区观光的据点不错,很方便。酒店价格虽然便宜,但房间干净整洁,构造舒适。还可以从酒店租摩托车(付费)。

- 金城镇民族路169号
- 082-326768
- FAX 082-328906
- S$1500元~/T$1800元~
- 49间 中
- HP http://www.hongfu-hotel.com/

海福大饭店
Hai-Fu Grand Hotel

MAP p.265-A
从金城巴士总站步行10分钟

客房干净、设计漂亮、价格适中

距离金门高中只有2分钟的路程。道路两侧种着榕树。虽然只是一个小酒店,没有豪华的设施,但是又新又干净,而且室内设计得非常漂亮。价格适中,可以考虑住这里。往返机场可以免费接送。

- 金城镇民权路85号
- 082-322538
- FAX 082-322539
- S$1500元~/T$1780元~
- 51间 中
- HP http://www.haifu.com.tw/

澎湖岛

MAP p.7-G、p.267、p.268

 路线

✈ 从台北松山机场到马公机场需45分钟(一天14班),从台中机场出发需35分钟(一天5班),从高雄机场出发需35分钟(一天12班),从台南机场出发的话需30分钟(一天3班),从嘉义机场出发的话需23分钟(一天1班)。从马公机场到市区乘坐出租车需20分钟。⛴ 从高雄、嘉义有船去往澎湖岛,但是淡季停航,需要事先确认。

漫步小贴士

乐趣指数
自然 ★★★★
观光 ★★★
文化 ★★

交通便利指数
租摩托车 ★★★★★
巴士 ★★

周边情况
分散在三个主要岛上的村庄是通过巴士连接起来的,1个小时只有1班。可以租一辆摩托车,这样行动起来就非常方便了。

长达5541米的跨海大桥连接着白沙岛和渔翁岛(西屿)

通过桥连接起来的主要三岛

澎湖列岛是由大大小小64个岛屿组成的,其中心是位于马公市的澎湖岛。和附近的白沙岛、渔翁岛(西屿)之间都架起了大桥。去往其他的岛屿(望安屿、七美屿等),一般都是乘渡轮。

在马公市内观光的话,步行就可以了。以渡轮停靠点为起点开始逛的话,不容易迷路。三民路上有个鱼市,可以说是一条海鲜街。这里开了很多餐厅,店前面都摆着一个个养鱼缸。另外,马公市重庆街上,有很多商店都出售海产品。民权路上则聚集了不少出售珊瑚等特产的商店,可以在这里尽情购物。

只要花一整天的时间,就能把这主要三岛的景点转一圈了。

 景点

天后宫

MAP p.268-A

雕刻技艺精湛的古庙

历史悠久的古庙,据说建于1592年。里面供奉着海之女神妈祖。一般认为这里是台湾最古老的庙宇。屋顶模仿福建的建筑样式,缓缓弯曲。旁边是文物艺术馆。

★从马公港步行2分钟

开 5:00～20:30
休 无休   NT$ 免费

台湾其他景点
澎湖岛
267

通梁大榕树

MAP p.267

可容500人避雨的榕树

位于白沙岛上的榕树,树龄超过300年,地面上布满90多条气根,其树荫可以容纳500人避雨。现在整个树荫就成了一座庙,夏季很凉快。

★从马公乘开往通梁的巴士30分钟,在通梁下车

西台古堡

MAP p.267

建于清代的要塞

为了预防海盗入侵,李鸿章在渔翁岛的南端建造了这一地下要塞。甲午中日战争时,据说有5万士兵驻扎在此。古堡周围都用高墙围了起来,现在还留有炮台。

★从马公乘坐开往外按的巴士1小时,在西台古堡下车　开8:30~16:30　休无休　NT$平时25元、假日30元

二嵌"聚落"保存区

MAP p.267

保存完好的聚落

虽说村落形成已经100多年了,用石头和砖砌成的传统房屋红白映衬,非常漂亮。这里的房屋共有50多处,整个"聚落"基本上都完整的保存下来了。这个"聚落"的人全部都姓陈。

★从马公乘坐开往外按的巴士50分钟,在二嵌内站下车

沙港

MAP p.267

与海豚面对面

每年12月至次年3月,海豚都会洄游至此,沙港就是因此而出名。海湾内的海豚都是喂养的,所以也可以直接喂食给它们吃。另外,这个村落里还留有很多古老的石造房屋。

★从马公乘坐开往沙港的巴士25分钟,在沙港下车

清香活海鲜餐厅

MAP p.268-B
从马公港步行8分钟
海鲜料理

可以亲自挑选海鲜食材
位于马公港附近的海鲜料理店。店前面摆放着很多水槽和养鱼缸。因为客人只需要选择自己想吃的海鲜和烹调方法即可，所以没有菜单之类的东西。

- 三民路4号
- 06-9271449
- 11:00～14:00、17:00～21:00
- 休 无休　例 70元～
- C 不可用

朝昔庐客栈

MAP p.267
从马公乘坐出租车15分钟
乡土料理

真正的澎湖乡土料理和海鲜
澎湖各岛普及的传统乡土料理在这里应有尽有。鱿鱼、贝、当地鱼、丝瓜（澎湖岛是有名的丝瓜产地）等菜肴，虽然朴实，但因活用了食材，非常好吃。这里还经营民宿。

- 安宅里200号　06-9210750
- 11:00～14:00、17:00～21:00
- 休 　例 500元～　大蛤米300元
- M 语 中、日　HP http://chaoxilu.myweb.hinet.net/

宝华大饭店
Bowa Hotel

MAP p.268-A
从马公港步行1分钟

栈桥就是最好的路标
伫立于轮渡栈桥前的12层建筑就是宝华大饭店。从购物、游玩、就餐等各方面来看，这里都是最佳地点。这里能吃到澎湖产的新鲜鱼贝的西餐厅，很受欢迎。

- 中正路2号
- 06-9274881
- FAX 06-9274889
- NTS S/T1950元~
- 85　语 中、日、英
- HP http://www.bowahotel.com.tw/

长春大饭店
Hotel Ever Spring

MAP p.268-A
从马公港步行2分钟

伫立于热闹的港口大街正中央
酒店地段很好，从马公港步行2分钟即到。内部很干净，房间结构紧凑。有的房间还可以看海景，建议住这里哦。

- 中正路6号
- 06-9273336　FAX 06-9262112
- NTS S/T2800元~
- 85　语 中、日、英
- HP http://www.everspring-hotel.com.tw/

百世多丽花园酒店
Pescadores Resort

MAP p.267
从马公机场乘坐出租车15分钟

规模很大的豪华观景酒店
建筑、客房、设备都豪华完善的观景酒店。宽敞的大厅高达7层楼，阳光从天窗射入，整体设计采用了开放式。这里也有西餐厅。从7楼餐厅能观赏到迷人的夕阳景色。

- 新店路420号
- 06-9219399　FAX 06-9216566
- NTS S/T3150元~
- 101　语 中、英
- HP http://www.pescadoresresort.com.tw/

澎湖海悦大饭店
Haiyue Hotel & Resort

MAP p.268-B
从马公机场乘坐出租车15分钟

简洁而又奢华的氛围
饭店地段很好，位于马公市区中心。客房设计简单时尚，环境干净整洁，住起来很舒适。从拐角房间的窗户看脚下的港口，感觉像是独占了整个澎湖城。酒店于2009年开业。

- 民福路75号
- 06-9269166
- 06-9266166
- NTS S/T3000元~
- 79

台湾其他景点　269　澎湖岛

兰屿岛

MAP p.7-L、p.270

★   路　线

✈ 从台东机场到兰屿机场需25分钟（一天6班）。
🚢 从台东以北10公里处的富冈港到开元港需4小时（时间不固定。根据季节不同，从一周1班到一天2班，数量不等。）在岛上，可以乘坐酒店的小型巴士或出租车（环岛一周需3小时）。还可以租摩托车。

景·区·布·局

保留浓厚独特文化色彩的达悟人岛屿

兰屿岛位于太平洋上，距台东市东南方向76公里处。这是个四周围绕着珊瑚礁，周长仅有46公里的小岛。住在岛上的居民中，达悟人是唯一一个以渔业为生的部落，因此一般都认为这里是达悟人岛屿。岛上的景点有分布在海岸线上的奇岩和美海，还有达悟人生活的村落。其中在野银村和东清村能亲眼看到达悟人的传统生活状况。每年2~6月，达悟人总共会举行13次飞鱼祭。岛上有家酒店——椰油村的兰屿海洋国际度假饭店，有巴士接送。如果有团体游客入住的话，晚上会有达悟人的歌舞表演（仅限4月下旬至5月上旬）。

达悟人特有的拼板舟排列在海岸边

景·点

野银村
MAP p.270

一睹达悟人的生活实况

只有达悟人居住在这个村子里，现在的建筑仍然是他们独有的地下式房屋和高地板凉台等。最近，由于来这里的游客不断增加，野银村也渐渐失去了原有的质朴。

★从机场往南14公里，乘出租车20分钟

五孔洞
MAP p.270

建于洞穴之中的天主教教堂

罕见的利用洞穴建造的教堂。出乎意料的是，内部很宽敞。在洞穴里能看到远处的海浪，而且很凉快，是个歇脚的好地方。

★从机场往北8公里，乘出租车10分钟

双狮岩
MAP p.270

位于兰屿岛东北边的奇岩

两块巨大的岩石，看上去像是两头正在玩耍的狮子。除此之外，岛上还有馒头岩、战车岩、玉女岩、军舰岩、龙头岩等各式各样的奇岩。另外，从情人洞观赏日出，也可说是兰屿岛的一大美景。

★从机场往北14公里，乘出租车20分钟

绿岛(火烧岛)

MAP p.7-L、p.271

路线

✈ 从台东机场到绿岛机场需15分钟（一天3班、有的季节会增加航班）。🚢 从台东以北10公里处的富冈港到南寮港乘坐快船需50分钟（时间不固定。季节不同，一天1班到4班不等）。到岛上，可以从机场或码头乘坐出租车（环岛一周2~3小时）。还可以租自行车或摩托车。

景区布局

原始海洋的魅力——美丽的风景和数不胜数的珊瑚、热带鱼

绿岛又被称为"火烧岛"，位于台东以东33公里处的海上，是个只有3000多人口的小岛。环岛一圈的道路仅有18公里。岛上东北边有断崖和奇岩，西海岸有珊瑚砂海岸大白沙等，景观丰富多变。另外，在海里能看到200多种珊瑚和各种颜色艳丽的热带鱼，是个潜水的绝佳去处。还可以在南寮港乘坐观光潜水艇（40分钟2150元、占岸轮船089-672595）从船身两侧透明的海底景观船观赏美丽的海洋。

绿岛机场旁边的绿岛旅客服务中心里有很多关于绿岛的展览品、海底视频及宣传册等可供参考。关于住宿问题，在港口周围及岛上各处都有民宿等可以住的地方。

虽是小岛，景色却变化多端

世界三大海底温泉之一——朝阳海底温泉

景点

朝阳海底温泉

MAP p.271

世界罕见的海底温泉

温泉从珊瑚礁海底涌出，每逢涨潮，就会沉到海底。在约7公顷的面积之内建有3个浴池、6个温泉池及SPA设施，可说是真正的温泉休闲场所。泡温泉需着泳装，建议晚上或黎明时去泡。一边看着满天繁星一边泡温泉，真是最好的享受。

★距离机场6公里，乘坐出租车10分钟
开 8:00（夏季6:00）~24:00（冬季20:00）　休 无休
NT$ 200元　HP http://sunrisehotsprings.com/

秘藏情报

丰富的海上运动

垦丁海岸

　　台湾四方临海，海岸线东侧多为岩石地带，西侧则是连绵不绝的沙滩。温暖的气候分为两种：北回归线以北为亚热带气候，北回归线以南为热带气候。

　　在台湾，出于军事理由，一直到不久之前都严禁海钓。正因如此，这里几乎没有开发，保留着原始风貌。所以海上运动仍然处在发展阶段。不过最近，台湾人也开始在海边休闲娱乐了。

海水浴场

　　北方旺季时间是6~9月，南部则是4~10月。不过，台湾人认为8月是不吉利的月份，所以8月都不怎么下海。虽说现在可以在海边钓鱼、在海里游泳了，但还是存在军事上的限制，指定范围以外仍然是禁止游泳的。

　　在距离台北较近的北边，有白色沙滩蔓延的白沙湾海水浴场、遥望野柳海角的新金山海水浴场、可以体验快艇和滑翔的翡翠湾观光休憩游乐区，这三个地方都是很受欢迎的。在南边的话，位于高雄近海的琉球屿（小琉球）或台湾岛最南端的垦丁海水浴场都是不错的去处。

　　不管是哪个海水浴场，海滩伞、救生圈等当然是少不了，更衣处、浴室等一条龙设施也是一应俱全。

潜水

　　提起斯库巴潜水（Scuba diving，水肺潜水）的乐趣，当然是观赏珊瑚礁啦。在台湾岛能看到珊瑚礁的地方都集中在北端和南端。不过，由于北方的年平均水温稍微有点儿偏低，所以一年四季都很暖和的南方成了潜水的主要去处。

　　垦丁公园是台湾指定公园中第一个包含海域在内的。因为其周围有暖流经过，所以海水透明度很高。海底地形也很复杂，各种各样的鱼在珊瑚礁中穿梭游过。

　　在每个景点都可以体验潜水，不过设备不是很完善。而且能租器材的地方很少，如果是为了潜水而来的话，最好自己携带平时惯用的器材。

　　在台湾年轻人中，潜水的人气越来越高，经常会更新有关这方面的信息，不妨多加关注。比方说，在垦丁恺撒大饭店，现在可以选择包含潜水在内的入住方式。

●中华潜水推广协会（中文）
台北市酒泉街123号
☎02-2596-2341
開 13:00~19:00、周日休息
HP http://www.cdda.org.tw/

在垦丁、南湾还能体验水上摩托

旅行信息
【出发准备篇】

研究出发日期一览表　　274
办理赴台旅游手续　　276
预订酒店　　280
检查携带物品　　282
机场指南
　北京首都国际机场　　284
　上海浦东机场　　286
　广州白云国际机场　　288

出发前的检查清单

☐ 列出携带物品清单，检查行李
☐ 查好信用卡公司及保险公司在当地的联系方式
☐ 备好国际借记卡、信用卡
☐ 告知家人或朋友旅游行程、住处、旅行社的联系方式
☐ 如果患有旧疾，要到医院或药店买药以备不时之需
☐ 将报纸等设定为留存待领
☐ 检查交房租的日期有没有与旅行日期冲突，若有，提前处理好
☐ 更改录音电话的语音提示
☐ 处理冰箱中的生鲜物品
☐ 拜托别人帮忙照顾植物和宠物
☐ 查看电视节目表，预设录像
☐ 确认前往机场的地铁路线或机场巴士的发车时间
☐ 若计划乘出租车去往机场或离机场最近的交通站点，如需要应提前预约

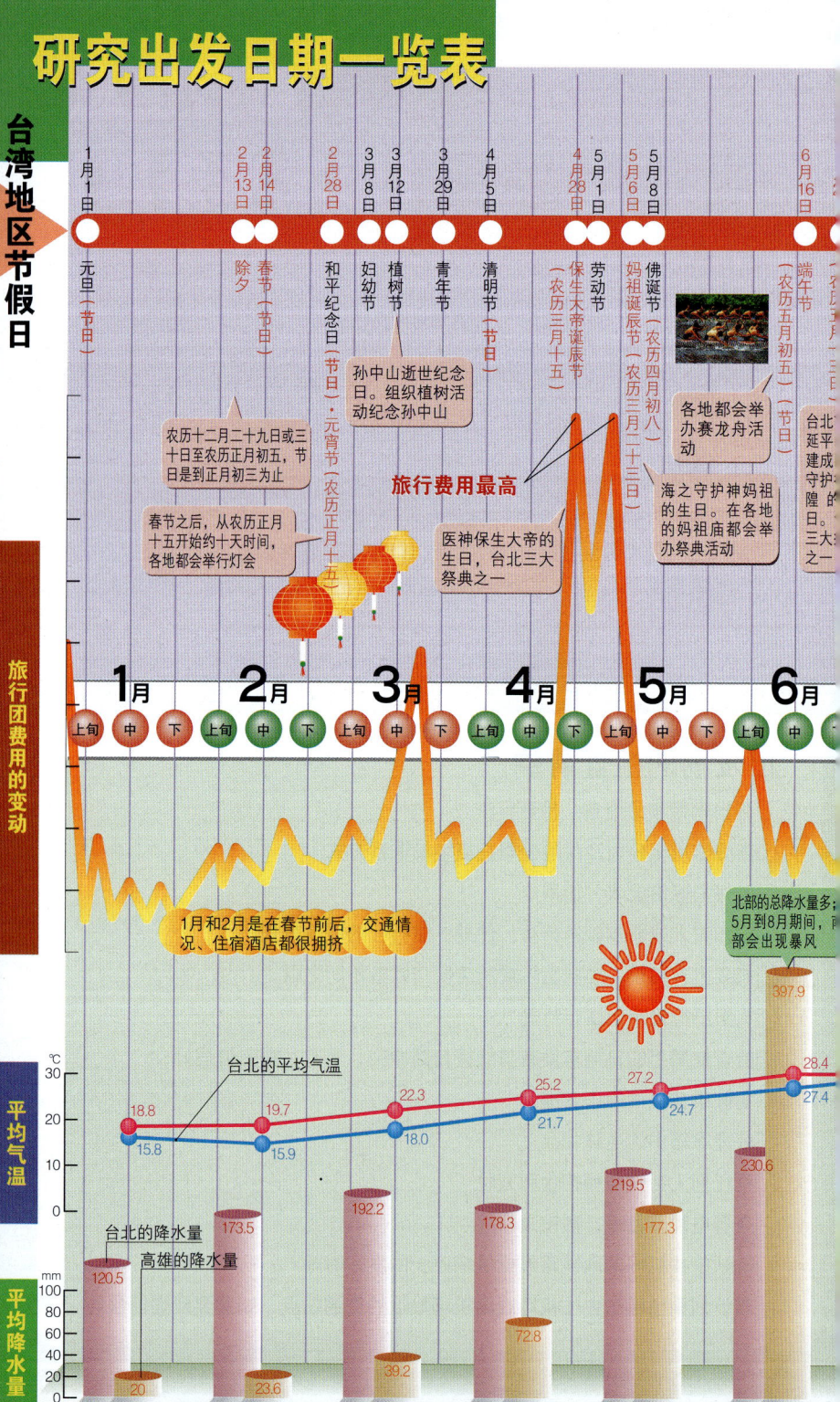

※如果节日正好是星期天的话，就推迟到第二天放假。
※将农历节日的日期换算到阳历的话，每年日期都不一样。下面是2010年1月至12月的日历。
费用的起伏反映了不同时间点费用的变化，平均气温和平均降水量是根据1971年到2000年的统计数据。

8月24日 中元节（农历七月十五日）
9月22日 中秋节（农历八月十五日）
9月28日 教师节
10月10日 双十节
10月25日 光复节
11月12日 孙中山诞辰纪念日
11月27日 灵安尊王诞生节（农历十月二十二日）

为了祈求出海打渔渔民的平安，在河边放灯。农历七月十四日到十七日持续四天

中秋赏月

只在牛、龙、羊、狗年的四月和九月中旬举行的祭典

辛亥革命纪念日

孙中山的生日

忠勇无双之神灵安尊王的生日。台北三大祭典之一

王船祭

纪念抗日战争胜利，台湾光复

旅行信息【出发准备篇】

7月 8月 9月 10月 11月 12月
上 中 下 上 中 下 上 中 下 上 中 下 上 中 下 上 中 下

研究出发日期一览表

虽然旅行团费用便宜，但天气酷热

旅行费用最低

高雄的平均气温

29.2 28.3 27.9 26.4 23.4 20.2
25.4 28.9 28.8 27.1 27.1 23.5 24.3 18.2 20.9 13.0 17.6 8.4

370.6 426.3 223.5 186.6 185.5 131.7 101.6
147.6 215.1 45.7 13.4 11.5

办理赴台旅游手续

赴台游组团社名单 (263家)

北京 (27家)
中国国际旅行社总社有限公司
中国旅行社总社有限公司
中青旅控股股份有限公司
中国民间国际旅游有限公司
中信旅游集团有限公司
中国妇女旅行社
中国康辉旅行社集团有限责任公司
中国天鹅国际旅游有限公司
中国金桥国际旅游有限公司
中国职工国际旅行社总社
海峡旅行社
同源国际旅行社
北京凯撒国际旅行社有限公司
中国和平国际旅游有限责任公司
北京中国国际旅游有限公司
北京市华远国际旅游有限公司
北京神舟国际旅行社集团有限公司
北京中国旅行社(北京)有限公司
北京中会馆国际旅行社有限责任公司
北京东方世纪国际旅游有限责任公司
北京众信国际旅游股份有限公司
春秋(北京)国际旅行社有限公司
北京携程国际旅行社有限公司
环境国际旅行社有限公司
北京市中国旅行社有限公司
海洋国际旅行社有限公司
中商国际旅游有限公司

天津 (9家)
天津中国国际旅行社
天津市中国旅行社
天津康辉国际旅行社有限公司
天津中国青年旅行社有限公司
天津市经典假期国际旅行社有限公司
天津市大正国际旅游有限公司
天津市金龙国际旅行社有限公司
天津中国国际旅行社有限公司
天津中信国际旅行社有限公司

河北 (6家)
河北省中国国际旅行社有限公司
河北省中国旅行社有限公司
河北省东方国际旅行社有限公司
河北省神州国际旅行社有限公司
河北航空集团天鹅国际旅行社有限公司
河北海外国际旅行社有限公司

山西 (6家)
大同中国国际旅行社有限公司
山西商务国际旅行社(有限公司)
山西大行国际旅行社有限公司
山西皇城相府国际旅行社有限公司
山西东方国际旅行社有限公司
山西红马国际旅行社有限公司

内蒙古 (6家)
内蒙古新世纪康辉国际旅行社有限责任公司
赤峰国际旅行社有限责任公司
呼伦贝尔东经典假日国际旅行社有限公司
内蒙古中国旅行社有限责任公司
内蒙古五洲国际旅行社有限公司
内蒙古春秋国际旅行社有限公司

辽宁 (9家)
辽宁海外国际旅行社有限公司
沈阳市海外国际旅行社有限公司
沈阳青年国际旅行社有限公司
大连古莲国际旅行社有限公司
辽宁康辉国际旅行社有限公司
中国国际旅行社(大连)有限公司
辽宁世纪国际旅行社有限公司
大连中国青年旅行社
中国国旅(辽宁)国际旅行社有限公司

吉林 (6家)
吉林省文化国际旅行社有限公司
吉林市中国旅行社有限公司
吉林省环球国际旅行社有限公司

自2008年7月18日，大陆居民赴台旅游正式实施以来，前往宝岛台湾旅行的人逐年增多。目前，大陆居民不管以个人还是团体的方式赴台旅游，都需办理"两证"，即大陆居民往来台湾通行证（又称赴台证）和台湾地区入出境许可证，分别由大陆方面和台湾方面发放。这是赴台湾旅游首先要办理的证件。

申请组团游赴台手续办理流程

第一步，向当地准许经营大陆居民赴台旅游的组团社*了解相关台湾游的行程内容。

（*准许经营大陆居民赴台旅游的组团社名单参见p.276-279分栏列表。）

第二步，确定参团内容，报名缴费并签署旅游合同。

第三步，持组团社出具的发票及相关文件至户口所在地*公安机关出入境管理部门申请办理《大陆居民往来台湾通行证》及团队旅游签注（签注字头为L）。

（*若符合相关条件，可在居住地提交申请）

第四步，按照台湾方面要求，提交赴台申请资料，由组团社代办赴台相关证件。

● **申请《大陆居民往来台湾通行证》所需材料**

❶ 身份证、户口本原件及复印件；（身份证正背面都需复印，户口本上的户主页、本人页、变更页也需要复印）

❷ 《大陆居民往来台湾地区申请表》（可到当地公安机关出入境管理部门现场领取）

● **在居住地申请《大陆居民往来台湾通行证》的范围及条件**

1. 在31个城市实施符合条件的大陆居民

在规定的31个城市*户籍居民的外地户籍配偶、未满16周岁子女，以及符合条件的非本市户籍的就业、就学人员及其配偶、未满16周岁子女可在居住地申请办理通行证及签注。

（*31个城市为：北京、天津、石家庄、太原、呼和浩特、沈阳、大连、长春、哈尔滨、上海、南京、杭州、宁波、合肥、福州、厦门、南昌、济南、青岛、郑州、武汉、长沙、广州、深圳、南宁、海口、重庆、成都、贵

阳、昆明、西安）

2. 年龄在60周岁（含）以上的大陆居民

2013年7月1日起，年龄在60周岁（含）以上，且在非户籍地居住6个月（含）以上的大陆居民，可在居住地就近申请办理大陆居民往来台湾通行证》及签注*。

3. 在非户籍地居住6个月（含）以上的大陆居民

2013年7月1日起，在非户籍地居住6个月（含）以上的大陆居民，已办理过《大陆居民往来台湾通行证》及赴台团队旅游签注的，可在居住地就近再次申请办理赴台团队旅游签注。

● 赴台旅游申请所需材料

❶填写完整的《大陆居民来台观光申请书》

❷身份证、户口本复印件*（*20周岁以下人员如与父母不在同一户口本上，需要提供父母户口本复印件、出生证明复印件；不与父母同去的需提供父母一方的同意函。）

❸两寸白底免冠彩色照片2张

❹办理好的《大陆居民往来台湾通行证》

● 组团游台湾注意事项

■必须到海峡两岸旅游协会指定的具有组织赴台旅游资质的大陆旅行社报名参团。

■组团游必须要有领队带团，依照旅行社安排的行程旅游，不能随意更改行程和离团。

■组团旅游签注为3个月一次出入境有效，可在台湾停留时间最多15天。

■赴台旅游，要注意言谈举止文明，遵守台湾地区关于食宿、交通、观光、娱乐等方面的相关规定，尊重当地的风俗习惯。

■赴台旅游，要注意妥善保管自己的相关证件，一旦发生遗失或被盗抢等意外状况，应立即通过台湾旅游热线电话报告台湾海峡两岸观光旅游协会。

吉林省青年商务国际旅行社有限责任公司
长春文化国际旅行社有限公司
延边海峡国际旅行社有限公司
黑龙家（5家）
哈尔滨铁道国际旅行社有限责任公司
哈尔滨青年国际旅行社
黑龙江天马国际旅行社有限公司
哈尔滨旅游有限公司
哈尔滨橫国际旅游有限公司
黑龙江省运通国际旅行社有限公司
上海（10家）
上海国旅国际旅游有限公司
上海锦江旅游有限公司
上海中旅国际旅行社有限公司
上海中国青年旅行社
国旅集团上海有限公司
上海春秋国际旅行社（集团）有限公司
上海航空国际旅游（集团）有限公司
上海市东方国际旅行社有限公司
上海海外联合国际旅行社有限公司
上海巴士国际旅游有限公司
江苏（13家）
中国国旅（江苏）国际旅行社有限公司
江苏省中国旅行社有限公司
苏州中国国际旅行社有限公司
无锡市中国旅行社有限公司
中青旅江苏国际旅行社有限公司
南京中北友好国际旅行社有限公司
苏州青年旅行社股份有限公司
江苏省舜天海外旅游有限公司
常州国际旅行社有限公司
徐州中国国际旅行社有限公司
盐城康辉国际旅行社有限公司
江苏省悠游江苏国际旅行社
苏州文化国际旅行社有限公司
浙江（25家）
浙江省中国旅行社集团有限公司
浙江省中国青年旅游集团有限公司
浙江中国国际旅行社有限公司
浙江光大国际旅行社有限公司
浙旅控股股份有限公司
杭州海外旅游有限公司
杭州市中国国际旅行社有限公司
宁波浙仓海外旅业集团有限公司
温州国际旅游集团有限公司
浙江商务国际旅行社有限公司
中国国旅（宁波）国际旅行社有限公司
浙江捷豪国际旅行社有限公司
浙江飞扬国际旅游集团有限公司
浙江省中国旅行社
安徽（6家）
安徽省海外旅游总公司
安徽中国青年旅行社有限公司
黄山市中国旅行社
安徽环球国际旅行社有限责任公司
安徽省中国旅行社有限责任公司
黄山市青旅中山国际旅行社有限公司
福建（14家）
福建海外旅游实业总公司
福建省中旅有限公司
福建省旅游有限公司
福建省康辉国际旅行社股份有限公司
福建康泰国际旅行社有限公司
厦门旅游集团国际旅行社有限公司
厦门航空国际旅行社有限公司
厦门春辉国际旅行社有限公司
厦门建发国际旅游有限公司
福建省春秋国际旅行社有限公司
中国国旅（福建）国际旅行社有限公司
福建省利狮市假日国际旅行社有限公司
龙岩市中元国际旅行社有限公司
江西（5家）
江西省海外旅游总公司
南昌铁路国际旅行社有限公司
江西大江国际旅行社有限公司
九江中国国际旅行社
山东（16家）
山东省中国旅行社
山东嘉华文化国际旅行社有限公司
港中旅国际（山东）旅行社有限公司
中国国旅（青岛）国际旅行社有限公司
中国旅行社总社（青岛）有限公司
山东南山国际旅行社有限公司
威海中国国际旅行社有限公司
山东交运旅游集团有限公司
淄博国际旅行社有限责任公司
山东省中国旅行社
青岛华青国际旅行社有限责任公司
河南（9家）
河南旅游集团有限公司

办理赴台旅游手续

河南省中国国际旅行社有限责任公司
河南中州国际旅行社有限公司
河南中原国际旅游集团有限公司
河南康辉国际旅行社有限公司
河南省中国旅行社集团公司
河南中信国际旅行社有限公司
河南职工国际旅行社
郑州海外国际旅行社有限公司
湖北 (10家)
长江轮船海外旅游总公司
湖北省中国旅行社有限责任公司
湖北海外十堰中国国际旅行社有限公司
湖北江达新航线国际旅行社有限公司
中国旅游 (宜昌) 国际旅行社有限公司
中南国际旅游公司(湖北)
武汉春秋国际旅行社有限公司
宜昌大三峡国际旅行社
湖北峡州国际旅行社有限公司
中国国旅 (武汉) 国际旅行社
湖南 (9家)
湖南华天国际旅行社有限责任公司
湖北省宏和力旅游国际旅行社有限公司
湖南省海外旅游有限公司
长沙国旅国际旅行社有限公司
湖南光大国际旅行社有限公司
湖南海外旅游有限公司
湖南新康辉国际旅行社有限责任公司
湖南省中国旅行社
张家界市中国旅行社有限责任公司
广东 (19家)
中国国旅 (广东) 国际旅行社有限公司
广东省中国国际旅行社股份有限公司
广州广之旅国际旅行社股份有限公司
广东铁青国际旅行社有限公司
广东南湖国际旅行社有限责任公司
广东风光国际旅行社有限公司
深圳中国旅行社有限公司
深圳市口岸中国旅行社有限公司
深圳市九洲国际旅行社有限公司
深圳市航空国际旅行社有限公司
广东省拱北口岸中国旅行社有限公司
汕头市旅游总公司
中山中国国际旅行社有限公司
深圳市建南国际旅行社有限公司
东莞市景点港中国国际旅行社有限公司
深圳市侨城国际旅行社有限公司
东莞市青年国际旅行社有限公司
广州携程国际旅行社有限公司
广西 (4家)
桂林中国国际旅行社有限公司
广西中国国际旅行社
桂林阳朔国际旅行社有限公司
广西壮族自治区中国旅行社
海南 (5家)
海南康泰国阳国际旅行社有限公司
海南特区国际旅行社有限公司
海南康泰国际旅行社有限公司
中国国旅 (海南) 国际旅行社有限公司
海南乐游国际旅行社有限公司
重庆 (8家)
重庆海外旅业 (旅行社) 集团有限公司
重庆市中国旅行社 (集团) 有限公司
重庆新亚国际旅行社
重庆新世纪国际旅行社有限公司
重庆长江国际旅游公司
重庆黄金假期国际旅行社有限公司
重庆假日国际旅行社有限公司
重庆阳光国际旅行社有限公司
四川 (9家)
四川海外旅游有限责任公司
成都中国青年旅行社
四川中国青年旅行社
四川康辉国际旅行社有限公司
成都熊猫旅游集团国际旅行社股份有限公司
四川省中国国际旅行社有限责任公司
港中旅国际成都旅行社有限公司
四川省中国旅行社
成都携程国际旅行社有限公司
贵州 (6家)
贵州海外旅游总公司
贵州省中国青年旅行社
贵州省中国国际旅行社有限责任公司
贵州海峡阳光国际旅行社有限公司
贵州中国旅行社
贵州太平洋国际旅行社有限公司
云南 (8家)
云南海外旅游有限公司
昆明中国国际旅行社有限公司
昆明风情国际旅游 (集团) 有限公司
云南省中国旅行社
昆明康辉国际旅行社有限公司
云南熊猫国际旅行社有限公司

申请个人游赴台手续办理流程

第一步，持相关文件至户口所在地*公安机关出入境管理部门申请办理《大陆居民往来台湾通行证》及个人旅游签注（签注字头为G）。（*若符合相关条件规定，可在居住地提交申请）

第二步，自行购买赴台机票、预订酒店（或委托组团社代办），按照台方要求提供赴台申请资料，交组团社代办台方有关赴台证件。

第三步，由组团社向台湾接待社递送赴台申请资料，办理台方有关赴台证件。

第四步，持《大陆居民往来台湾通行证》以及办理好的台方有关赴台证件自行赴台。

● **个人赴台旅游申请资料**

❶ 按规定填写完整的《大陆居民来台观光申请书》

❷ 财力证明

20周岁以上游客（三选一）

◇ 5万元以上银行银行定期存款证明原件或彩色扫描件

◇ 12.5万元以上年薪证明原件或者彩色扫描件

◇ 银行金卡及以上等级信用卡的正背面彩色扫描件

18周岁以上在校学生

◇ 可单独申请个人赴台旅游，无须父母陪同

◇ 目前就读学校的学生证复印件或在校证明

◇ 父母一方的同意函

18周岁以下未成年人

◇ 不得单独申请个人赴台旅游，须由直系亲属（只限父母）陪同前往

◇ 相关亲属关系证明文件

◇ 出生证明彩色复印件或扫描件

❸ 如实填写相关内容的《个人旅游行程表》

❹ 《紧急联络人资料表》（必须是在大陆的亲属关系）

❺ 《随同亲属名册》

❻ 身份证复印件

❼ 全家户口本复印件

❽ 两寸白底免冠彩色照片2张

❾ 办理好的《大陆居民往来台湾通行证》

● 开通台湾个人自由行的城市

（截止2015年4月底共计47个试点城市的居民可申请赴台个人旅游）

第一批：北京、上海、厦门（2011年6月28日，大陆居民赴台个人游启动，首批开放以上三个城市，同时开放福建居民赴金门、马祖、澎湖地区个人游。）

第二批：成都、天津、重庆、南京、杭州、广州、济南、西安、福州、深圳（2012年赴台个人游扩大开放，增开以上10个试点城市。）

第三批：沈阳、郑州、武汉、苏州、宁波、青岛、石家庄、长春、合肥、长沙、南宁、昆明和泉州（截止2013年8月底，开放以上13个地区为第三批大陆居民赴台个人试点城市。）

第四批：太原、漳州、温州、哈尔滨、大连、烟台、贵阳、无锡、南昌、中山（至2014年8月，开通第四批10个赴台湾个人旅游城市）

第五批：海口、呼和浩特、兰州、银川、常州、舟山、惠州、威海、龙岩、桂林和徐州（从2015年4月15日正式启动以上11个城市赴台个人旅游）

● 赴台旅游行李携带限制

■携带现金金额限制：新台币最高6万元、人民币最高2万元、外币以等值美元最高1万元。超出部分要申报。

■勿携带管制或者限制进出台湾的物品，否则需申报。

■赴台旅游，必须按照《中华人民共和国海关对进出境旅客行李物品的监管办法》及有关规定，办理随身携带的行李物品通关手续。年满20岁的游客可携带烟酒（酒类最高5升，烟类最多1000支）。其中，2升酒类、200支卷烟、雪茄25支、烟丝1磅可免税，超出部分要按照规定申报缴税。

以上赴台旅游手续办理流程资料主要摘自海峡两岸交流协会（http://www.cnta.gov.cn）编写的《大陆居民赴台旅游出行手册》，在此特别说明。赴台旅游资料还可咨询中共中央台办、国务院台办（http://www.gwytb.gov.cn/zn/tour/）等机构。

昆明铁路国际旅行社
云南丽江白鹿国际旅行社有限责任公司
西藏(2家)
西藏旅游总公司
西藏圣地国际旅行社
陕西(7家)
西安中国国际旅行社集团有限责任公司
中国旅行社总社西安有限责任公司
西安中信国际旅行社有限责任公司
陕西中国旅行社有限责任公司
陕西海外旅游有限责任公司
西安光大国际旅行社
西安光大国际旅行社
甘肃(3家)
甘肃康辉国际旅行社有限责任公司
甘肃丝绸之路国际旅行社有限责任公司
甘肃省中国旅行社有限责任公司
青海(4家)
青海青藏国际旅行社有限责任公司
青海省西海国际旅行社
中国旅行社总社(青海)
青海省康辉国际旅行社有限责任公司
宁夏(4家)
宁夏中国国际旅行社有限公司
宁夏海外旅游有限责任公司
宁夏中国旅行社有限公司
宁夏嘉园国际旅行社有限公司
新疆(5家)
中青旅新疆国际旅行社有限责任公司
港中旅国际新疆旅行社有限公司
新疆大西部国际旅行社
新疆中国国际旅行社有限责任公司
新疆中国旅行社有限公司
新疆生产建设兵团(2家)
新疆康辉大自然国际旅行社有限责任公司
新疆生产建设兵团中国青年旅行社(有限公司)

2015年第六批新增48家

北京佰程国际旅行社有限公司
中国铁道旅行社
天津开发区泰达国际旅行社有限公司
中青旅(天津)国际旅行社有限公司
河北光大国际旅行社有限公司
石家庄秋风国际旅行社有限公司
山西宝华盛世国际旅行社有限公司
山西太平洋国际旅行社有限公司
中国国旅(山西)国际旅行社有限公司
包头市旅行社有限责任公司
大连中国旅行社有限公司
大连市海外旅游有限公司
辽宁省中国青年旅行社有限公司
长春海外旅游有限责任公司
大庆报业国际旅行社有限公司
上海铁路国际旅游(集团)有限公司
中青旅(上海)国际会议展览有限公司
无锡中国青年旅行社
扬州中国青年旅行社有限公司
南通辉煌国际旅行社有限公司
昆山春秋国际旅行社有限公司
温州海外旅游有限公司
浙江国际合作旅行社有限公司
安徽好之旅国际旅行社有限公司
漳州中国青年旅行社
武夷山中国国际旅行社有限责任公司
江西长青国际旅行社有限责任公司
赣州国际旅行社有限责任公司
山东海峡国际旅行社有限公司
临沂国际旅行社有限公司
湖北康辉国际旅行社有限责任公司
湖北省中国青年旅行社
湖南南岳国际旅行社有限公司
中国旅行社总社湖南有限公司
中山菊城假期国际旅行社有限公司
惠州中航国际旅行社有限公司
柳州国旅国际旅行社有限公司
海南之缘国际旅行社有限公司
重庆中国国际旅行社有限公司
贵州省中国旅行社有限责任公司
大理蒙花国际旅行社有限公司
西安人军国际旅行社
西安海外旅游有限责任公司
嘉峪关丝和国际旅行社有限责任公司
青海铁航国际旅行社有限公司
宁夏西夏文化国际旅行社(有限公司)
喀什国际旅行社有限公司
新疆心圆国际旅行社有限公司

预订酒店

提前预订台湾的酒店

通过旅行社之外的途径，也可以预订台湾的酒店。

主要的酒店预订网站

- 全球订房网
  http://www.booking.com
- 雅高达酒店预订网
  http://www.agoda.com.cn
- 艺龙旅行网
  http://www.elong.com
- 携程旅行网
  http://www.ctrip.com
- 去哪儿网
  http://www.qunar.com

酒店内一律禁止吸烟

台湾实行《烟害防止法（禁烟法）》，在酒店、餐厅以及商业机构，除了指定的吸烟场所之外，人人都有义务全面禁烟。酒店客房也不例外。在酒店里，除了在吸烟室和室外的吸烟场所，一律不允许吸烟。在禁烟场所吸烟的人，最高会罚款1万元新台币。

酒店类型和价格标准

在台湾，HOTEL有多种说法，如大饭店、饭店、酒店、宾馆等。大多都是可放心入住的酒店，观光酒店水平的客房设备、餐厅、舒适性都一一兼备。至于费用，在台北的话，一流酒店的单人间/双人间(S/T)一般从8000元左右起。商务中级等级的话，单人间一般从4000元起，双人间则从5000元起。如果不执着于酒店等级的话，住在2000~3000元的商务饭店也足够了。有很多时候房间费用会有工作日折扣和网络折扣，建议事先确认。在地方城市，酒店价格一般比台北便宜两成左右。

如今，在台湾备受关注的是民宿。台湾的民宿氛围接近家庭旅馆风格，客房也较少，一般在15间以下。台湾民宿的特征是每家民宿都会提出一个个性化的主题。有的是兼设茶园和牧场，有的会提供自己菜园生产的有机食材，还有的会教客人学习木工、手工和点心制作等，活动丰富多彩。客房设备大多会达到观光酒店等级，价格也与酒店差不多。

预订酒店

在台北桃园国际机场设有酒店咨询处。除此之外，就没有其他公共酒店咨询处了。除了想要不断更换打折酒店的情况之外，还是建议在出发前预订比较好。

● 通过旅行社预订

一流酒店或世界级的连锁酒店一般都会在旅行社受理预订。可以预订的酒店仅限于和旅行社签约的酒店。

● 通过网站预订

预订方法通常大同小异，一般来说首先登录预订网站，然后输入要去的旅行目的地城市、入住日期、离店日期、酒店位置要求等进行检索，便可以在检索结果中进行筛选了。选择时应仔细看酒店介绍、价格、所提供的服务以及住过的网友的评论，评论一般都是切身体验，所以很有参考价值。即使是同一家酒店，在不同的网站预订价格也可能不同，应注意比较、选择。

● 直接向选定的酒店预订

随着网络的广泛应用，大多数酒店都已建有自己的官方网站，其中很多酒店的网站也可以直接接受网上预订。如果确定了想要入住哪家酒店，可以到其官方网站直接进行网上预订。如不能直接网络预订，可以通过电话来预订。这时候注意比较不同预订方式的价格有无差别。有些酒店网上预订有额外优惠，也有些酒店可能因为与预订网站合作的关系，会为某些预订网站提供特别优惠。

台湾的选择性旅行团大多都是以台北为起点的半日游或一日游。台北市内的夜市游、可坐捷运前往的淡水游、可乘巴士往返的乌来游等，只要掌握了交通方式，就比较简单，甚至不需要跟团。另一方面，坐火车和巴士需要换乘才可到达的地方，还是参团比较方便。

另外，变身写真体验、身心美容、足底按摩等体验型旅行团，也可以考虑。大部分选择性旅行团都可以在台湾当地报名。

当地的旅行社还会提供由台湾岛内的打折机票和住宿组成的套餐服务，如果搭配得好的话，就会非常划算，让你完成一次心满意足的台湾自由行。

■主要的选择性旅行团举例

旅行团名称	费用（新台币）/时间	路线内容
台北戏棚台北·爱&晚餐	2500元 约4小时	晚餐后，在传统舞台艺术剧场"台北戏棚台北·爱"欣赏京剧等戏曲以及音乐
变身写真体验	2500~10 000元 2~9小时	利用化妆和服装让你变身成为一个与之前截然不同的自己，并拍摄照片留念
SPA体验	2000~4180元 约2小时	SPA、桑拿浴、全身美容，以普通的价格体验享受舒适周到的服务
台北故宫博物院参观	1200~1680元 约4小时	由经验丰富的导游带领参观台北故宫博物院精选文物中的经典代表
乌来半日观光	1300~2240元 4~5小时	在泰雅人的居住地——乌来欣赏歌舞，乘坐小火车或是缆车欣赏溪谷之美。还附赠茶叶、餐饮
淡水观光	2100~2240元 4~6小时	体验港口城市独特的海鲜摊。游览红毛城、关渡妈祖宫等景点。还有欣赏夕阳、享用晚餐的路线。
台北101观景台观赏夜景加晚餐	1300~2100元 3~4小时	在台北的人气店吃过晚餐之后，在不断开发的信义区漫步。终点在曾是世界最高大厦台北101的观景台欣赏夜景。
九份半日观光	1100~2300元 4~5小时	参观威尼斯电影节最优秀奖获奖电影《悲情城市》的拍摄地——九份，一个怀旧的小镇
花莲、太鲁阁当日往返观光（台北出发）	4900~5000元 8~10小时	单程乘坐台北—花莲航班。欣赏"台湾八景"之一的太鲁阁峡谷和阿美人的民族舞蹈。含午餐。

※以上所列费用包括往返交通费和门票。

参加选择性旅行团的方法

不管是个人自由行也好，还是参加旅行团也好，合理地安排好多个一天或者半天的行程，会使你的旅行更加丰富多彩。如果希望参加当地旅行社组织的旅行团，一般来说，只要跟酒店前沟通，他们都会亲切地给予建议。关于台湾的观光巴士，请登录网站www.taiwantourbus.com.tw查询。

台北主要的旅行社
●山水旅行社
　中山北路二段57-1号三明大楼6F
●胜美旅行社
　松江路190号2F
●保保综合旅行社
　长安东路二段88号11F

网上预约
●Alan1.net
　http://www.alan1.net

检查携带物品

可以到当地再购买的物品

● **数码相机的内存卡**

内存卡、IC卡等电子产品也可以在台湾买。只要前往台北站前的统一元气店或DOVA、八德路的电脑街、光华商场等，有很多店卖，而且还能讨价还价。

● **化妆品、杂货类**

在台北市内，有不少化妆品折扣店，还有批发街。另外，出售各种点心和杂货的屈臣氏更是随处可见。在大陆能买到的东西，一般在台湾都能买到。如果想要买特产的话，也可以在这些店铺看看哟!

● **文具类**

也许在旅行中不会经常使用文具，但是文件夹和笔记本之类的物品在台湾都很便宜。就算用不到也没什么关系，光是四处看看，也会十分开心。虽然很小却最适合整理物品的塑料袋，印有古诗词的创意本等，都非常适合买来送人。

■台湾的气候

北回归线从嘉义南部横穿南北狭长的台湾省，北回归线以北为亚热带气候，以南则为热带气候。中央地区的山岳地带的部分山脉海拔很高，在这些高山山顶上可以看到积雪。台湾四季区别不太明显，冬季较短，夏季较长，5月、6月为梅雨季节，9月则迎来台风季节。在台湾北部，12月到次年3月，雨天较多，受寒潮影响，气温会大幅度降低。但即使如此，台北的最低气温也在15℃左右，最高气温则在25℃左右。从中部到南部，每年5~10月期间，几乎每天都会有阵雨，雨水很多。

到台湾旅行的最佳时期是气温适宜的10月~次年4月，以及台湾本地人旅行淡季且旅行团价格便宜的6月。如果想要体验海上运动，则最好在7月、8月时前往，不过此时非常炎热，还有可能会遇上台风。

■旅行要准备的衣服

一般只要准备春天和夏天穿的服装就可以了。不过，一年四季都需要携带针织开衫或披肩之类的轻便针织服装。

在台湾北部，12月至次年3月间，昼夜温差非常大，大多数时候就算白天热得大汗淋漓，到了晚上还是会冷。另外，在台湾，无论是夏天还是冬天，很多地方都会开冷气。酒店、餐厅、商场、巴士以及电车内都会很冷。

酒店客房气温过低的时候，可以请工作人员关掉冷气。

前往阿里山等山岳地带游览的时候，就算时值夏季，因为早晚气温很低，也必须要携带长袖衣物、针织衫等用来御寒。

■带上可能派上用场的物品

在台湾，除了南部以外，一年四季雨水都比较多。因此，不管是什么时候去旅行，折叠式雨伞都是必备品。

选鞋的时候，最好也要考虑到淋湿的情况。通气性好、淋湿也能速干的旅游鞋应该是最佳选择。假如是夏季去，也可以选择鞋带牢固的凉鞋。不管怎样，因为除了城市道路之外，还有很多道路尚未铺砌，而且城市内的道路也有不少荒芜破败，请一定要时刻注意脚下。

除此之外，绝大部分旅行必备品都可以在当地解决。服装也比较便宜，如果时间充足的话，可以轻装前往，到了台湾再购买也是个不错的选择。那边的便利店很多，商品也比较齐全，不妨充分利用。

携带物品检查清单

●机舱内 ■托运	携带物品	注意的重点
●	通行证件	尽早申请
●	通行证件复印件 & 照片两张	万一丢失，补办时使用
●	机票或电子机票凭据	
●	酒店预约凭据	个人自由行与跟团旅行情况不同
●	行程表、旅行团的指南	
●	旅行意外伤害保险	合约副本以及说明书
●	现金（新台币）	
●	旅行支票	除现金以外，其他根据自身需要携带
●	信用卡	
●	借记卡	
●	钟表（手表、手机等）	在旅行中，掌握时间很重要
●	旅行指南	旅行必备
●	外套	一年四季应对冷气的必需品
■	服装、裤装类	根据旅行时间准备足够衣物
●	笔记用具、备忘录	可用来记录重要事项
●	计算器	计算较轻松
●	帽子、太阳镜、防晒霜	防晒
■	折叠伞、雨衣	防雨
●	药品、创可贴等	未雨绸缪，以防万一
●	面巾纸	备用
●	手帕、毛巾	爱流汗的人必备
■	舒适的鞋	想要四处步行转转的人，鞋和包的选择至关重要
■	备用包	
■	泳衣	去温泉景点泡露天温泉时必备
■	电压转换器	还是带有比较安心
●	相机、数码相机	尽量携带小巧方便的
●	胶卷、内存卡、电池	除了特殊物品，其他都可在台湾买
●	手机	开通漫游服务的情况下
●	便携式烟灰缸	烟民的最低社会礼节
■	盥洗用具、吹风机	城市的酒店一般都提供
■	拖鞋	有的酒店也提供
■	塑料袋、绳子	整理行李时，会比较方便
■	生理用品	带着比较方便
■	化妆品	液体、软管等禁止携带登机
●	湿巾	在外边走动吃的时候，非常方便
●	密封袋	打包吃剩下的食物时，非常方便

绝对必备的物品

带着会很方便的物品

若有必要，可以携带的物品

有关登机行李的限制

每件行李的标准为：长、宽、高加在一起不超过115厘米，各边长度在55、40、25厘米之内。

通常情况下，包括手提包在内，可携带登机的包不得超过2个，总重量不超过10千克。已破损物品、金钱以及宝石类，或者重要文件等贵重物品可以携带登机。折叠式婴儿车、轮椅等物品，每家航空公司的规定都各不相同。

携带液体物品，需接受检查

为了防止恐怖行为，携带化妆品、饮料等液体类物品进入机舱是受到限制的。如果要携带登机，管制相当严格，必须装在100毫升以下的容器内，再放入密封容量在1升以下的塑料袋内。

有关免费托运行李的限制

乘坐飞机时，每个人可以携带的行李重量，会根据机票等级各有差异。
头等舱 40千克
商务舱 30千克
经济舱 20千克
超过以上所列的重量时，必须补交运费。

快递服务

如果觉得自行携带较重的行李前往机场太费事，可以选择快递服务。会有人上门领取行李，然后在机场的出发柜台领取。旅行归来的时候，若有需要也可以选择快递服务，行李就会直接送到家门口。

北京首都国际机场

机场指南

机场概况

北京首都国际机场,简称首都机场,1958年开始启用,是目前中国最重要、规模最大、设备最齐全、运输生产最繁忙的大型国际航空港,是中国民航最重要的航空枢纽。首都机场位于北京东北郊顺义区天竺镇,距市中心25.35公里,通航近200余个国内外城市,每周有5000多个定期航班,是北京乃至全国的重要空中门户和对外交往的窗口。

北京首都国际机场位置示意图

航站楼

北京首都国际机场共有3个航站楼。1号航站楼规模较小,约有10个登机口。2号航站楼的规模比1号航站楼大得多,可同时停靠20架飞机,并同时承担国内和国际航班的服务。1、2号航站楼之间有乘客连接通道,同时也可乘坐摆渡车互通。3号航站楼于2007年建设完工,规模比2号航站楼更为庞大,目前是国内面积最大的单体建筑。与2号航站楼一样,它也同时承担着国内和国际航班的服务。

停车场信息

首都机场1号停车场,位于首都机场1号航站楼正南侧,共有车位约600个,其中含小车位、中巴车位、大车位、无障碍车位,主要停放机场巴士、社会临时车辆及过夜车辆。

3号停车楼位于首都机场3号航站楼南侧,一层为商业区、派出所、办公区等;二层设有机场快轨车站,并设有前往3号航站楼的通道。3号停车楼目前开放地下一层作为旅客车辆停放区域,共有车位约3300个,其中含小车位、中巴车位和无障碍车位。

主要航空公司

中国国际航空公司(CA) T3
www.airchina.com 95583

中国东方航空公司(MU) T2
www.ceair.com 95530

中国南方航空公司(CZ) T2
www.csair.com 95539

台湾长荣航空公司(BR) T2
www.evaair.com 400-886-5889

台湾中华航空公司(CI) T2
www.china-airlines.com 400-888-6998

Airport Guide

机场交通

机场快轨（东直门—机场）

全长28.1公里，沿途设4个站，到达首都国际机场T3航站楼大约只需20分钟，十分便捷。另外，机场快轨与地铁2号线的东直门站和10号线的三元桥站均有换乘站。

出租车

北京出租车的费用按跳表计算，起步价13元；超过3公里后，每公里加2.3元。夜间行驶(23:00至次日5:00)计价器会自动加价20%。正规出租车上均有发票打印机，下车前记得索取发票，上面有出租车公司的电话，若不慎在车上遗失物品还可打电话询问。

机场大巴

北京市内巴士有10多条线路，票价从15～30元不等，可就近选择停靠站搭乘。北京周边城市的，可选择往返于机场与天津、廊坊、秦皇岛、塘沽等城市之间的省际巴士，票价依距离远近而定。北京市区至机场巴士具体线路可参见下表。

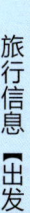

旅行信息【出发准备篇】 北京首都国际机场

市区至机场大巴线路

线路名称	主要途经点	运营时间（市内→机场）
方庄线	方庄（方庄体育公园东门南侧）→大北窑（南航明珠商务酒店）→T2→T1→T3	5:00～21:00
西单线	西单（民航营业大厦）→车公庄站（车公庄地铁站B出口）→雍和宫地铁站B出口→T2→T1→T3	5:00～21:00
北京站线	北京站（北京站北街）→国际饭店→东直门（桥东50米路南报亭）—亮马大厦（西门）→T2→T1→T3	5:00～21:00
公主坟线	公主坟→友谊宾馆→北太平庄→安贞桥→西坝河→T2→T1→T3	4:30～22:00（21:00后不经停安贞桥、西坝河）
中关村线	中关村（四号桥）→北航（北门）→惠新西街（惠新西街桥下，安徽大厦东侧）→T2→T1→T3	5:00～22:00
上地、奥运村线	上地智选假日酒店→亚奥国际酒店→中科院地理所→大屯→北苑大屯东→T2→T1→T3	5:20～20:00
西客站线	西客站南广场→广安门（白广路北口东侧路南50米）→磁器口（路口西侧路南100米）→朝阳公园桥→T2→T1→T3	6:00～次日1:00（旺季）
回龙观线	回龙观（龙泽→回龙观西大街（龙华园）→回龙观东大街（矩阵小区）→天通西苑一区）→白坊→未来科技城→T2→T1→T3	5:30～20:30
通州线	通州区太阳花酒店→翠屏北里（西门）→北苑站（地铁站东侧）→北关站（北关桥南300米路东、皇木厂公交车站）→T3→T2→T1	5:30～21:00
北京南站线	北京南站北出口公交枢纽站台（A道）→T2→T1→T3	7:00～19:30
亦庄线	兴基伯尔曼饭店→北环西路→T2→T1→T3	8:00（全天仅一班）
四惠线	四惠交通枢纽→青年路（大悦城）→管庄（常营）→T2→T1→T3	从7:30到18:30，每半个小时运营一趟
王府井大街线	金宝街（丽晶酒店）→金鱼胡同（和平宾馆）→王府井大街（天伦王朝酒店）→王府井北口（华侨大厦）→美术馆（民航信息大厦西门）→T2→T1→T3	7:00和9:00，全天仅两班
望京线	中国民航管理干部学院→望京西园四区A门→望京花园西区→华彩商业中心→T2→T1→T3	从6:00到19:30，每半个小时运营一趟
世纪坛线	世纪坛→西客站北广场→甘家口→二里沟→动物园（交通枢纽）→西直门外（金茂大厦）→T2→T1→T3	7:00～18:00
石景山线	石景山（万商花园酒店）→万达嘉华酒店→鲁谷（远洋山水）→T2→T1→T3	5:30～20:00

机场常用电话

机场服务热线：010-96158
机场大巴：010-64594375

医疗急救站

T1航站楼：010-64540999

T2航站楼：010-64591919
T3航站楼：010-64530120

失物招领

T1航站楼：010-64598333
T2航站楼：010-64598333
T3航站楼：010-64530030

机场指南
上海浦东机场

机场概况

上海浦东机场与北京首都国际机场、香港国际机场并称为中国三大国际航空港。机场位于浦东新区的江镇、施湾、祝桥滨海地带，距市中心约30公里。目前，浦东机场中外通航公司已达到48家，通航60多个国内城市、90多个国际城市，是中国重要的对外交往的窗口之一。

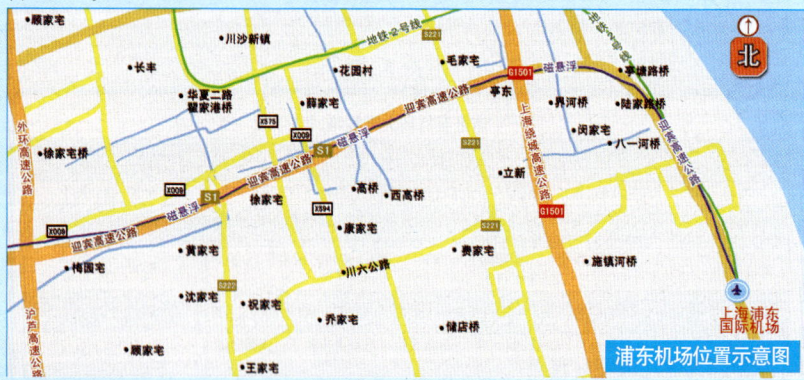

浦东机场位置示意图

航站楼

上海浦东机场共有两座航站楼，两座航站楼之间有通道可互通，也有免费机场摆渡大巴，非常方便。

主要航空公司

中国国际航空公司（CA）
HP www.airchina.com
☎ 95583

中国南方航空公司（CZ）
HP www.csair.com
☎ 95539

台湾长荣航空公司（BR）
HP www.evaair.com
☎ 400-886-5889

中国东方航空公司（MU）
HP www.ceair.com
☎ 95530

台湾中华航空公司（CI）
HP www.china-airlines.com
☎ 400-888-6998

台湾复兴航空公司（GE）
HP www.tna.com.tw
☎ 021-61960999

机场交通

地铁

可以选择乘坐地铁2号线（绿色）到达或者离开浦东国际机场，不过，需要在广兰路站进行换乘。注意，2号线地铁在机场与广兰路站之间的运营时间为6:00~22:00，每8.5分钟发一趟，乘坐很方便。

磁悬浮（龙阳路地铁站—机场）

车票单程每人50元和往返每人80元（普通票）。运行时间为6:45~21:40。每日9:02~18:47，发车时间为15分钟一趟；7:02~8:42和19:02~21:42，发车时间为20分钟一趟。

地面公交

也可以利用地面公交到达或者离开浦东国际机场。目前，浦东国际机场共有大巴专线6条，外加浦东机场环1线和浦东守航夜宵线，乘坐也是很方便的。具体线路可参见下表。

地面公交线路

线路	始发站及首末班时间	主要停靠站	终点站及首末班时间	票价
1线	T1（7:00~23:00） T2（7:05~23:05）	虹桥机场T2、虹桥火车站	虹桥枢纽东交通中心 （6:00~23:00）	30元
2线	T1（6:30~23:00） T2（6:35~23:05）		城市航站楼(静安寺) （5:30~21:30）	22元
4线	T1（7:00~23:00） T2（7:05~23:05）	德平路浦东大道、五角场（下行：邯郸路、国宾路；上行：东方商厦）、运光新村	虹口足球场（花园路） （5:30~21:30）	16~22元
5线	T1（6:30~23:00） T2（6:35~23:05）	龙阳路地铁站、世纪大道浦东南路（下行封闭）、延安东路浙江路（下行：人民广场；上行：洪长兴门口）	上海火车站 （5:10~21:30）	2~22元
7线	T1（7:30~23:00） T2（7:35~23:05）	川沙路华夏东路、上南路华夏西路	上海南站 （6:30~21:30）	8~20元
8线	T1（7:00~19:30） T2（7:05~19:35）	当局楼、海天三路启航路、交通队、海关仓库、航油站、东方航空、河滨西路卡口、机场保税区、金闻路闻居路、祝潘公路川南奉公路、千汇路南祝公路、南祝公路周祝公路、南祝公路成路、南祝公路卫亭路、盐仓、人民公路城东路、南汇汽车站	南汇汽车站 （6:20~18:40）	2~10元
环1线	T1（8:00~19:15） T2（8:05~19:20）	当局楼、公安分局、指挥部（非高峰站）、海关仓库、航空公司、施湾	航城园 （7:10~18:45）	2~3元
守航夜宵线	T1，到达层6号门处（23:00后至当日航班结束后45分钟） T2，五洲北路机场巴士电梯下口处（23:05后至当日航班结束后45分钟）	浦东机场T1与T2、龙阳路芳甸路站、世纪大道地铁站站、延安中路浙江中路站、延安西路虹许路站、虹桥机场T1	虹桥机场T1	16~30元

出租车

公里数	日间(5:00~23:00)	夜间(23:00至次日5:00)
0~3公里	14元（含1元燃油费）	18元
3~10公里	2.4元/公里	3.1元/公里
10公里以上	3.6元/公里	4.7元/公里

机场常用电话

航班问询服务热线：021-96990　　　　机场投诉：021-68347575
行李寄存：T1：021-68346324　　　　失物招领：T1：021-68346324
　　　　　T2：021-68340076　　　　　　　　　T2：021-68340417

广州白云国际机场

机场概况

广州白云机场始建于20世纪30年代,现位于白云区人和镇与花都区新华街道交界处,距广州市中心约28公里,是我国著名的航空枢纽机场之一。白云机场目前与30多家航空公司建立了业务往来,已开通国内、国际航线110多条,通航国内外100多个城市,在我国民用机场布局中占有举足轻重的地位。

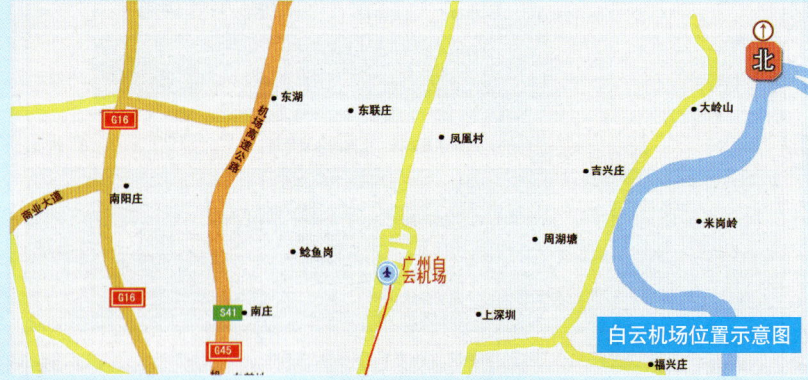

白云机场位置示意图

航站楼

广州白云国际机场航站楼包括地上3层及地下1层。其中,1层为到达层、接机大厅和商业层,2层为到达夹层,3层为出发及候机大厅,地下1层则通往地铁、停车场和机场酒店。

机场交通

机场大巴

机场大巴有两种:空港快线与机场快线。1~4号线及金沙洲线为空港快线,5~10号大巴为机场快线。同时,机场还有前往周边城市的城际大巴,乘坐很方便。

地铁

乘坐地铁3号线的北延伸段(体育西路至机场南站),可往来于机场与市区之间。机场地铁位于航站楼地下1层。

出租车

机场在到达厅外的A、B区到达通道内,均设有出租车乘车点。具体说来,A到达区乘车点设在机场A5号门外,B到达区乘车点设在机场B6号门外。如选择乘坐出租车,可到相应的到达区出租车乘车点排队候车。从市区前往机场,距离相对比较远,所以出租车费用也不低。

机场常用电话

客服呼叫中心:020-36066999
航站楼警务室:020-86137273
航站楼医务室:020-36066926
机场火警电话:020-36063119

行李寄存电话:020-36066859
机场行李查询:
　020-36066763(国内)
　020-86130102(国际)

旅行信息
【当地行动篇】

回程的准备工作和手续	290	火车票的购买方法	303
桃园国际机场	292	出租车	305
高雄国际机场	296	长途巴士	306
台湾主要城市间的交通图	297	实用信息	
台湾省交通		电话／邮政／传真／网络	308
省内航线	298	水／电／洗手间／小费	309
从台北到其他主要城市	299	如何实现愉快旅程	310
灵活利用铁路	300		

当地人的交通工具之高雄湾的轮渡　　开阔的台北车站站内

由于高铁的开通,前往台湾中部、南部更加便利了　　台湾的巴士网发达。正对面是台北车站

回程的准备工作和手续

各航空公司在台湾的联系电话

● **长荣航空（BR）**
台北 ☎02-2501-1999
高雄 ☎07-7959301

● **中华航空（CI）**
台北 ☎02-2715-1212
高雄 ☎07-2826141

● **国泰航空（CX）**
台北 ☎02-2712-4567

● **西北航空（NW）**
台北 ☎02-2772-2188

● **联合航空（UA）**
台北 ☎02-2325-8868

有关台湾机场使用税

在台湾乘坐国际航班机场设施使用费为300元新台币。不过如果是在大陆购买机票的话，买票时就已经和机票费用一起支付了，所以不需要再付机场使用税了。

携带出境台湾需申报的物品

金额超过等值10000美元的外币、60000元以上的新台币、20000元以上的人民币、金制品。入境6个月以内出境的话，入境时申报的金额为最高限额。在台湾购买的相机、摄像机、电脑（每人仅限一台）、电脑软件。

禁止携带出境台湾的物品

盗版（书籍、唱片、CD、录像、DVD）、100年以上的古董、古钱、枪炮、毒品、濒临灭绝的野生动物及其产品等。

回程准备

● **回程航班的确认**

现在，不管是跟团旅游，还是个人自由行，基本上都不需要预约再确认了。只要持有回程航班的机票，预约就不会被取消。不过，如果想要指定座位的话，需要事先到航空公司的窗口或者通过打电话告知姓名、乘机日期、航班名、在台湾的联系地址、想要指定的座位，就有可能预订到理想的座位。特别是带着小孩的时候，航空公司会尽量为您提供方便。

另外，在台湾，购买机票时就会支付机场税，所以出境时不需要预留这笔现金。

● **行李打包**

如果能在回程前一天晚上将行李整理好的话，第二天就不会慌慌张张了。另外，如果想将特产礼物等另寄回去的话，可以委托购买商品的商店，也可以在回程之前用快递或邮局的EMS（邮政特快专递）寄出去。有时工作人员在整理托运行李时动作比较粗鲁，所以最好事先把行李整理得比较紧凑。

相机、电脑等贵重物品和易碎物品最好放入随身行李，携带登机。另外，最好将需要在海关申报的物品、免税购买的物品放入随身行李，这样在检查的时候马上就能拿出来，比较方便。

● **酒店退房**

离开酒店房间之前，确认一下有没有落下东西。最好将房间的每个角落都仔细检查一遍：保险柜、冰箱、衣柜、盥洗室等。一般酒店前台上午都比较忙，尽量多留点时间，从容不迫地退房。

离开台湾

● **登机**

飞机起飞前2个小时，机场就开始办理登机手续了，所以最晚也要提前1个小时到达机场。前往台北桃园国际机场（p.292）只能乘坐巴士或出租车，要考虑到堵车的问题，留下充足的时间赶往机场。

桃园国际机场有两个航站楼。乘坐巴士的话，注意一定要在正确的地方下车。万一弄错地方了，可以乘坐连接航站楼的电车（Sky Train，每2~8分钟一班）或机场巴士

注意要点
●前往机场时，要考虑到堵车的可能性，尽量提前出发。如果不能及时办理登机手续的话，有可能上不了飞机。
●可以在出境登机大厅或出境审查后的候机大厅的银行将新台币兑换回人民币。
●也可以返回之后，到银行将新台币纸币兑换回人民币。

（每10~30分钟一班）返回。

在机场的航空公司值机柜台，出示机票或者电子票据和护照，领取登机证。托运行李的话要领取行李标签（行李寄存证明）。

另外，如果持有想向海关申报的物品的话，可以在这里领取海关申报单。

●出境手续/可以将新台币兑换回人民币

将剩下的新台币再兑换回人民币吧。在机场内可以把新台币兑换回人民币。出境检查之后在免税店、咖啡馆等地方，除了新台币，也可以使用信用卡，所以全部兑换回人民币也没关系。

出境检查时，需出示登机证即可。持有海关申报物品的话，还需要提交海关申报单。只要没有禁止携带出境的物品，一般都不会有问题。接下来就是接受安检，去往登机门。

●直到登机

出境检查之后，会在出境候机大厅度过剩下的时间。大厅里有免税店、特产店、书店、餐厅等，可以享受一下在台湾的最后一次购物或最后一餐美食。不过千万别忘记要提前30分钟到达登机门。

回程的行李

●台湾水果不可携带出境

台湾盛产水果，椰子、凤梨、莲雾、杧果、释迦、杨桃……种类丰富，味道美、价格低，可以让你大饱口福，但是台湾有关方面规定，水果不允许携带出境，这一点要记得哟。

●在台湾可以考虑购买的物品

电器或3C产品 台湾的电子产品一般比大陆便宜，可选择的品种众多，可到专门的电气商场或者综合性的大专卖挑选购买。购买时，注意产品在大陆的适用性问题，如电压、是否有简体输入法等。

名牌产品 台湾的名牌化妆品有些比大陆便宜四分之一到三分之一，特别是在机场免税店购买更为划算。名牌服饰有时折扣惊人，一般多在大的节庆或者店庆时进行促销，看能不能赶得上巧了。

不要忘记机场运送免税品
持有机场运送免税品的乘客可以在出境检查之后领取。要妥善保管受理证明。

台湾各县市电话区号一览
台北市、台北县、基隆市 02
桃园县、新竹市、新竹县、宜兰县、花莲县 03
苗栗县 037
台中市、台中县、彰化县 04
南投县 049
云林县、嘉义市、嘉义县 05
台南市、台南县、澎湖县 06
高雄市、高雄县 07
屏东县 08
金门 082
乌丘 0826
台东县 089
马祖 0836

桃园国际机场

http://www.taoyuuonairport.gov.tw/

桃园国际机场是台湾航空的大门,是国际航线专用机场,位于台北市区西南方向约42公里处。
台湾省内航班的起降都在台北市区北边的松山机场。从桃园国际机场到松山机场大约需要1小时。台湾还有一个国际机场即高雄国际机场(参考p.296)。

第一航厦   出境服务台   ☎ 03-398-2143~4

如果乘坐国泰航空的话,其航班将抵达第一航厦。

各机场客车公司的服务台,其巴士开往市内

出境检查处的入口

去往登机门

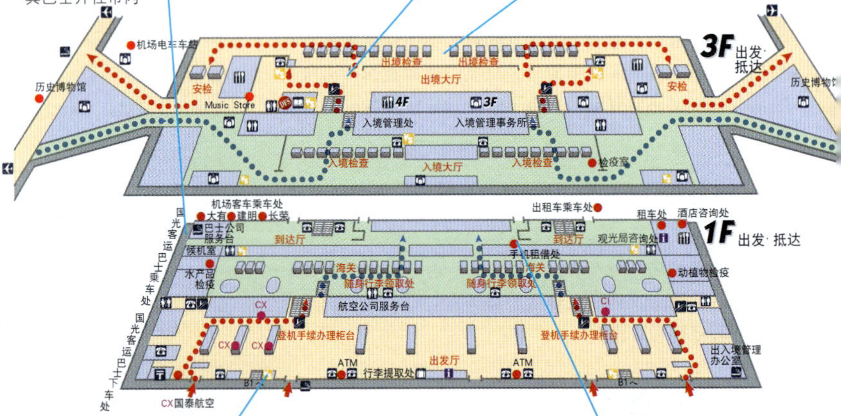

离开时,只有一楼能再次兑换货币

手机租借处

在第一航厦一楼的自助餐馆和地下一层,有中国餐厅、汉堡王等。

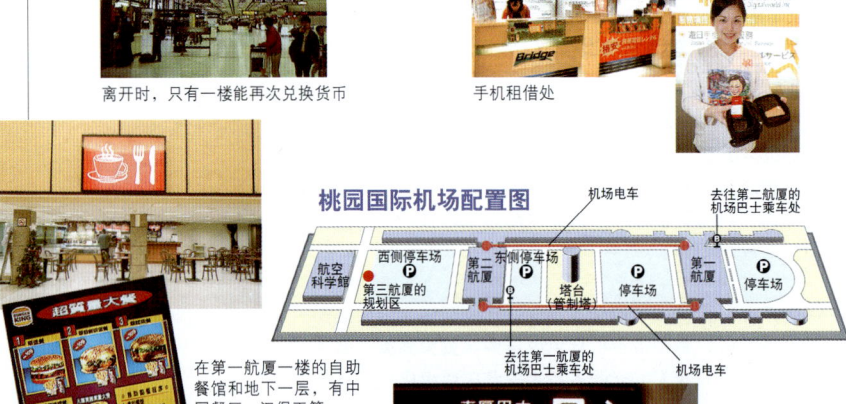

桃园国际机场配置图

开往市区的巴士的指示牌

注意事项

- 指示牌上写的"市區巴士"指的是直达市区的巴士。
- 机场内一律禁止吸烟。只有入口和出口旁边（外面）可以吸烟。

第二航厦

出境服务台 ☎03-398-3274、398-3294

国航、东航、中华航空、长荣航空、日本航空、全日空、西北航空、联合航空的航班是在第二航厦起降。

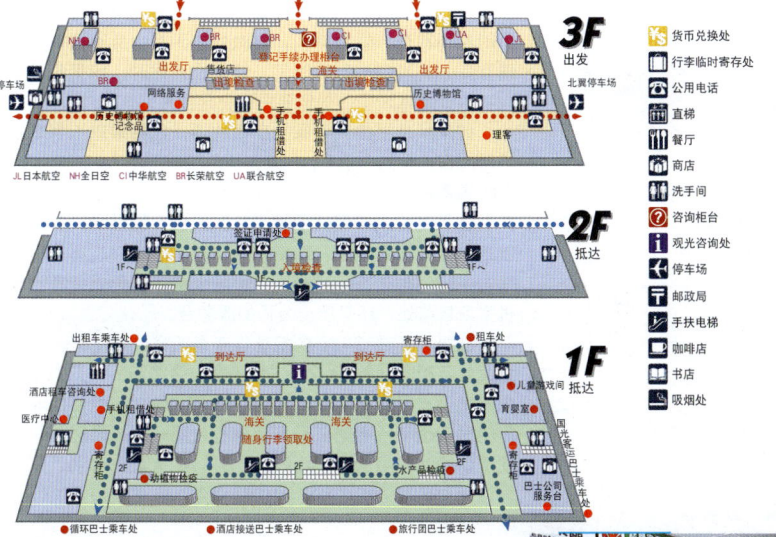

从第二航厦到达厅（一楼）往右手边走就能看到市区直达巴士的咨询柜台

关于货币兑换

在第一航厦内，入境时可以在三楼入境大厅前面和一楼到达厅的兑换处兑换货币，出境时可以在一楼出发厅和三楼出境大厅的兑换处兑换。

第二航厦内的兑换处位于入境检查的二楼、一楼到达厅、三楼登机手续办理柜台旁边。

只要当天有航班，兑换处就正常工作。由台湾银行和兆丰国际商业银行运营，汇率基本一致。因为这里和台北市内银行的汇率是一样的，所以即使在这里把旅游全部预算都兑换成新台币也不会有什么损失的。把台币兑换回人民币时需要出示人民币兑换新台币的兑换单据，所以要妥善保管，不要弄丢了。

关于信息收集

两座航厦的一楼到达厅里都有台湾观光管理部门咨询处、酒店咨询处、巴士公司服务台等。除了能领取各种各样的宣传册之外，还可以预订酒店、购买巴士车票等。在机场内，可以使用无线/有线LAN宽带网络。不过使用者需要自备笔记本电脑、PCMCIA插口和卡。

医疗中心

第一航厦地下一层和第二航厦一楼都有医疗中心。另外，失物管理中心也在第一航厦地下一层。

关于餐厅

第一航厦的餐厅和咖啡厅分布在一楼、三楼和地下一层（管制区域以外）。

第二航厦的餐厅和咖啡厅分布在一楼、二楼和四楼（管制区域以外）。

回程时，办完出境手续之后，可以去管制区域外的餐厅和咖啡厅休息等候，第二航厦三楼和三楼南北翼的候机大厅都有。

从桃园国际机场去往台北市内

从台湾桃园国际机场去往台北市内，有3种可以选择的交通工具，分别是巴士、出租车以及经过桃园站的高铁。

乘坐巴士的话，一般需要1个小时左右。不过要是途中在高速公路或市区赶上早晚交通高峰期的话，花上2个小时也不稀奇。假日期间，要做好整天都会交通拥挤的心理准备，再决定出行的时间。特别是返程时，如果赶不上飞机的话就麻烦了，一定要留出充足的时间。

如果从高铁桃园站乘坐高铁的话，包括乘巴士到车站的时间在内大约需要1个小时。

●机场客车

过了海关，按照指示牌"市区巴士"的指示，在第一航厦的话就往左手边（西南方向）走，在第二航厦的话就往右手边（东北方向）走，在机场大楼的拐角处会看到候机室兼售票处，还有巴士公司的服务台。

从机场开往市中心的机场客车有四家公司运营，行驶路线各不相同（参考p.296"机场客车路线图"）。即使在同一家酒店附近有停车点，由于路线不同，到达目的地所需的时间也有所不同。最好登录酒店网站，或通过其他方式提前确认要坐的巴士路线。也可以在售票处咨询，只要告诉工作人员酒店名称，他们就会告诉你往最近的巴士站的路线。

乘坐巴士的时候，事先告诉司机你要去的站名和酒店名称就可以放心地乘坐了。如果有大件行李的话，司机会帮忙将其放进行李舱。下车的时候，有时候需要出示车票副票和行李寄存单据，最好放在方便取出的地方。

除此之外，还有国光客运、飞狗巴士运营的巴士开往松山机场。每条路线都是每隔15~30分钟一班，末班车到晚上十一点左右。所以，即使乘坐晚上的航班来台湾，也有车可以坐。车票费用为110~140元。

●酒店巴士

如果你已经预约了台北市内的高级酒店，就可以乘坐各大酒店派出的接送巴士。虽然酒店不同，情况也各不相同，但费用都在500元左右。预约酒店时要查清楚有没有接送巴士哦。

●出租车

可以乘坐在机场内出租车乘车处等待客人的机场专用出租车（挡风玻璃和门上都贴着专用标识）。在出租车乘车处以外的地方载客的出租车（没有贴专用标志）有时候会不打表，尽量不要乘坐。从桃园国际机场到台北市内的费用是这么计算的：表上金额加五成＋高速公路过路费。在不同的地方下车，金额也会略有不同，但大体都在1000~1200元。

各巴士公司的联系方式

第一航厦

■国光客运
☎03-383-4004

■长荣客运（长航通运）
☎03-383-3801

■大有巴士
☎03-393-1251

■飞狗巴士（建明客运）
☎03-393-1351

■统联客运
☎03-383-4779

■桃园客运
☎03-375-3711~2

第二航厦

■国光客运
☎03-383-3157

■长荣客运（长航通运）
☎03-393-1707

■大有巴士
☎03-383-3113

■飞狗巴士（建明客运）
☎03-393-1730

■统联客运
☎03-383-3552

■桃园客运
☎03-375-3711~2

机场出租车的标志

从桃园国际机场去往台湾省其他地方

台湾高铁

可以乘坐高铁去往台中、台南、高雄。乘坐高铁要先到达高铁桃园站才行。从桃园国际机场乘坐统联客运巴士约需20分钟,乘坐出租车约需15分钟。

换乘省内航班的话要去松山机场

乘坐省内航班时,除去例外不算,都必须前往台北市区北边的松山机场。

去往松山机场,可以乘坐国光客运或飞狗巴士运营的巴士,或者乘坐出租车。一般需要60分钟,如果碰到堵车的话,会耗费很多时间。所以在预订省内航班的机票时,要留出充分的时间,最好在到达桃园国际机场之后,还有2~3小时的时间前往松山机场。

去往台湾各地

桃园国际机场是国际航线专用的机场,所以在这里坐不了飞往台湾各地的省内航班。因此,想从这里直接前往台湾各地的话,就只能乘坐国光客运等民营的长途巴士。

(参考p.306)

从桃园国际机场转机去高雄

若走中华航空的国际航线,在桃园国际机场转机飞往高雄的航班时,不要看"入境"指示牌,而是要看"转机"指示牌行动。

租车

大陆游客本身持有驾驶执照的,经台湾相关管理部门设立、指定机构或委托之民间团体验证后也可以在台湾地区驾驶汽车或摩托车。在桃园国际机场内也有租车公司开设的窗口。不过租车需要提前预约。
第一航厦:永兴租车(☎03-398-3979)、第二航厦:和运租车(☎03-398-3636)。

机场客车路线图

图例:
- 大有巴士·东线
- 大有巴士·大园线
- 国光客运·台北车站线
- 长荣巴士
- 飞狗巴士

高雄国际机场

从机场去往高雄市内

乘坐MRT红线从高雄国际机场到高雄市中心的美丽岛站大约需要15分钟。乘坐出租车的话大约需要200元。如果酒店离车站远的话,直接乘出租车所花的时间会比较多。赶上早晚高峰期的话,有时候时间会更久。

关于货币兑换

高雄国际机场内一共有4个兑换处,到达厅和出发厅各有2个,只要当天有航班就正常营业。每个兑换处的汇率都和市内银行的汇率一样。

从大陆飞往高雄

台北与大陆各城市之前的航线较多,若从大陆飞往高雄大多需要从香港转机,因此航程时间较长;台湾中华航空开设有从北京和上海直飞高雄的航线,航程分别为3小时35分钟、2小时10分钟左右。

●从抵达机场到走出出口

在高雄国际机场办理入境手续和桃园国际机场基本上是一样的。由于机场规模不大,航班也就不多,所以在入境检查、提取行李、过海关的时候就很顺利。在到达厅的观光局服务台,除了可以免费领取宣传册之外,还可以咨询旅游相关信息。

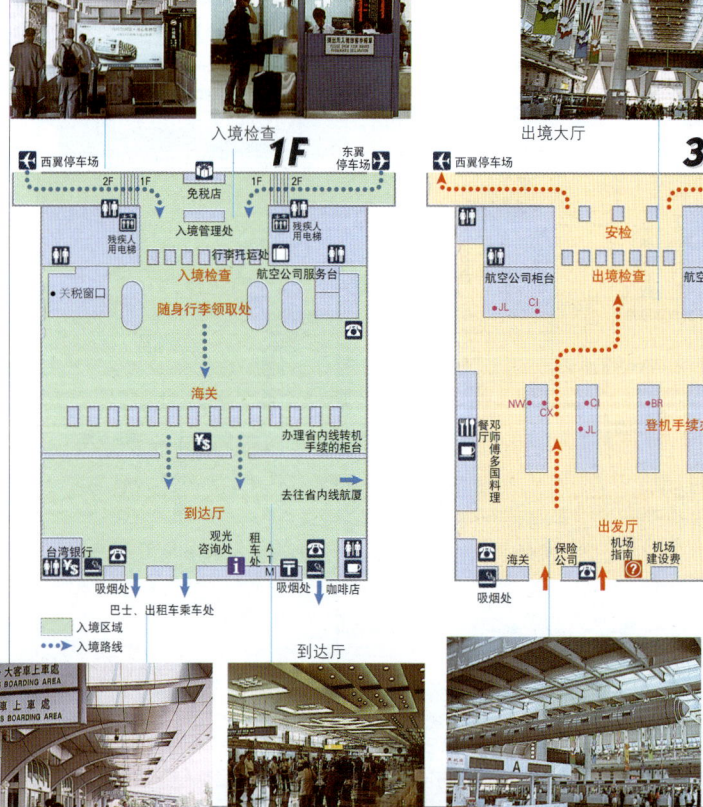

台湾省交通

省内航线

台湾省内航空公司

(电话号码为台北号码)
- 复兴航空（TNA）
  - ☎02-4498-123
  - HP http://www.tna.com.tw/
- 华信航空（MDA）
  - ☎02-2717-1230
  - HP http://www.mandarin-airlines.com/
- 立荣航空（UNI）
  - ☎02-2715-6969（台北）
  - ☎07-7911000（高雄）
  - 预约热线 ☎02-2518-5166
  - HP http://www.uniair.com.tw/
- 德安航空（DAC）
  - ☎02-2712-3995
  - HP http://www.dailyair.com.tw/

注意事项

在台湾省内，按照有关规定，若在机舱内使用电子产品（电脑、手机、无线盒式录音机等），最高可判处死刑。这点一定要注意。这一条法律也适用于国际航线，飞机进入台湾上空范围时会播放广播提醒乘客注意。另外，机舱内都是禁止吸烟的。

路线齐全

台湾省内五家航空公司基本涵盖了台湾省内的所有航空路线，包括本岛和周边海岛在内。虽然价格比长途巴士和火车贵，但对旅行时间有限的游客来说，乘飞机是最有效率的交通方式。

由于高铁（新干线）的开通，很多航班被取消，也有不少路线被废止了，其中连接台北和高雄、台南、台中的路线最多。

台湾省内的主要路线

可以通过高级酒店和旅行社或者直接向航空公司预订购买机票。注意要在飞机起飞前1个小时到达机场。登机手续是在各个航空公司的柜台办理，因为要检查相关证件，所以一定要提前准备好。虽然喷气飞机和螺旋桨飞机飞同一条路线所需要的时间是不一样的，不过基本上同一条路线的费用都是一样的。

省内线主要路线和费用　　（　）内表示航班数量，有变动

路线	单程费用	公司
台北—花莲	1455元~（7）	复兴
台北—马祖	1790元~（13）	复兴、立荣、华信
台北—金门岛	2088元~（18）	复兴、立荣、华信
台北—台东	1880元~（5）	立荣、华信
台中—金门	1850元~（6）	立荣、华信
台中—马祖	1300元~（5）	立荣、华信
高雄—花莲	2095元（1）	华信
高雄—马祖	1455元~（14）	复兴、立荣
高雄—金门岛	1945元（8）	复兴、立荣
台东—兰屿岛	1345元（6）	德安
台东—绿岛	1028元（3）	德安

※表内的单程费用是经济舱的价格。

台湾省交通
从台北到其他主要城市

台湾交通网

不管你想从台北去哪个城市，都能当天到达，所以一定要去别的城市看看哦！接触与台北这种大都市不一样的、独具地方特色的台湾城市，也许你会更加喜欢台湾哦。在此，我们总结了从台北到其他主要城市的交通情况。

● 台北——宜兰（p.172）

从台铁台北站到宜兰站，乘坐自强号需1小时30分钟，乘坐莒光号需2小时。

从台北转运站（新巴士总站）乘坐葛玛兰客运巴士，或者从MRT市政府站3号出口乘坐"首都客运巴士"，需1小时30分钟。

● 台北——花莲（p.210）

从台铁台北站到花莲站，乘坐太鲁阁号需2小时，乘坐自强号需3小时。

从台北松山机场到花莲机场需40分钟，再乘出租车到市中心约需15分钟。

● 台北——台中（p.180）

从台北站乘坐高铁到高铁台中站约需1小时，再乘出租车到市中心约需15分钟。

从台铁台北站到台中站，乘坐自强号需2小时15分钟。

从台北转运站乘坐统联客运巴士需2小时30分钟。

● 台北——台南（p.233）

从台北站乘坐高铁到高铁台南站需1小时50分钟。再乘坐巴士到台铁台南站需40分钟，然后需要20分钟出租车到市区。

从台北站西巴士总站乘坐国光客运巴士，或是从台北转运站乘坐和欣客运巴士需4小时20分钟。

● 台北——高雄（p.244）

从台北站乘坐高铁到高铁左营站需1小时36分钟。再乘MRT到市中心需15分钟。

从台北站西公共汽车总站乘坐国光客运巴士，或是从台北转运站乘坐阿罗哈客运巴士需5小时。

从台北松山机场到高雄机场需50分钟。再乘MRT到市中心需15分钟。

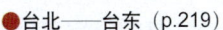

● 台北——台东（p.219）

从台北站乘坐自强号需5小时。

从台北松山机场到台东丰年机场需50分钟。再乘出租车到市中心需15分钟。

不同公司巴士总站各不相同

在台北、台北转运站和国道客运台北站是多个巴士公司共同使用的。而在其他城市，每个公司的总站地点都是分开的。一定要注意哦。

统联客运的台中朝马巴士客运总站

松山机场捷运站

已开通的捷运内湖线（文山内湖线）的线路中设有松山机场站。因为能直通松山机场的航站楼，所以从台北到其他地方或者离开台湾都更加方便了。

由于高铁（新干线）的建成，台湾省境内的航班有所减少，但是松山机场的乘客依然很多

票价常有变动

台湾的长途交通票价不是固定不变的。因其票价制定体制的缘故，竞争非常激烈。特别是在西海岸，由于高铁（新干线）的开通，在火车、长途巴士、飞机之间，还有各巴士公司之间，乘客争夺战不断上演，价格竞争非常激烈。由此票价减价是少不了的。票价会因别的公司的票价变动而上下浮动，因此事先一定要查清楚。

台湾省交通
灵活利用铁路

列车时刻表。各站的售货店和服务中心均有销售。25元一份

台北车站内出售的车站便当

太鲁阁号

太鲁阁号是台铁东部干线引进的新型列车的昵称。车型是以日本JR九州使用的"钟摆电车"为原型设计出来的，适合在多弯道的地区行驶。太鲁阁号的引进，大大缩短了从台北到花莲所需的时间，如今只需2个多小时就能到达。

台湾铁路路线

台湾的铁路包括了台湾铁路管理局管辖的台湾铁路、台湾高速铁路管辖的高铁、林业主管部门管理的阿里山森林铁路、还有台北、高雄的市内运营的捷运（MRT），总路线长超过1500公里。

台湾高速铁路一般略称为台湾高铁或是高铁。不过，因为是由台湾铁路管理局管辖的，所以统称为台铁。

高铁开通于2007年，只有台北到高雄一条路线，连接了西海岸的主要城市。

台铁的主要线路有连接台北西和高雄的西部干线、连接台北东和台东的东部干线、还有连接高雄和台东的南部干线。

〈台湾铁路管理局〉
 http://www.railway.gov.tw/index/index.aspx

●高铁
　从台北出发，途中停靠板桥、桃园、新竹、台中、嘉义、台南等站，最后到达高雄市左营站，全线长345公里。有两种列车，一种途中只在板桥、台中站停车，另一种每站都停。

●西部干线（纵贯线）
　始发站为基隆，从台北经莺歌、新竹、台中、嘉义、台南等站到达高雄，是台湾最主要的铁路路线。运营自强号和莒光号，平均20~30分钟一班车。

●东部干线（宜兰线、北回线、花东线）
　始发站为树林，从台北经基隆、宜兰、花莲等站到达台东。与西部干线相比，东部干线开发比较晚，还存在很多不足之处，所以同样的距离所需时间要比西部干线多。但是从基隆到花莲的途中，窗外的景色非常优美，可以好好享受一下列车旅途的乐趣。

●南部干线（屏东线、南回线）
　开通于1992年，路线起点为高雄，终点为台东。虽然列车数量没有西部干线、东部干线多，但是特快自强号、快车莒光号平均保持2小时一班。沿线海边风景秀丽，所以一定要买靠海这边的座票哦！

●平溪线
　铁道迷们非常喜欢的观光路线。铁路沿基隆河而建，连接东部干线的三貂岭和菁桐，全线长约12.9公里。详细信息请参照p.18。

●内湾线
　从西部干线的新竹到内湾，全线长度将近30公里。详细信息请参照p.20。

注意要点

- 只需坐火车就可以环游台湾岛。
- 想要在周末或节假日乘坐火车的话,最好提前买好票。
- 除了高铁(新干线),其他的列车都不分等级,所有的座席都是一样的。

● 集集线

从西部干线的二水到车埕,全线长约30公里。途中经过水里,可以乘坐巴士到达日月潭。所以如果走这条路线的话,既可以体验观光铁路的乐趣,还可以感受巴士旅行的魅力。详细信息请参照p.21。

● 阿里山森林铁路

详细信息请参照p.200。

列车种类

台湾列车包括自强号、莒光号、复兴号等,其中自强号相当于特快车,莒光号相当于快车,复兴号相当于普快车。车厢内没有一等、二等、特别车厢的等级差别(高铁除外),基本上都是一样的。走东部干线的太鲁阁号是自强号的一种。

虽然所有的车厢内都会播放中文及台湾话的广播(自强号还有英语广播),但是一般都听不太清楚。还是事先对照列车时刻表,查清楚站名比较好。

● 自强号(全部对号入座)

台湾最快的列车。车内座位全部都是活动靠背座,很舒服。餐车不多,但是列车员会在车厢内出售便当或点心等。还有提供热水的地方。

自强号内部

● 莒光号(全部对号入座)

列车设备和自强号一样,都是活动靠背座,但是有的车辆比较旧,有的座位还会发出响声。不过列车数量和停靠站都比自强号多,所以乘坐更方便。

莒光号

● 复兴号(全部对号入座)

座位空间比自强号、莒光号稍微小一点。但是也装有简单的活动靠背座。停靠站很多。

● 通勤电联车

连接大城市周边地区,主要为上班、上学的人群服务,沿途每站都停。所有车厢都安装了空调,多是韩国制造的不锈钢车厢。票价和复兴号一样,但没有指定座位。

通勤电联车

● 平快车

装有空调,沿途大部分车站都停的中、长途快车。座位和通勤电联车一样都是塑料座位,所以坐起来不是很舒服。车票比通勤电联车便宜。

● 普通车

每站都停,有时会和火车连接在一起,停车时间比较长。大部分车辆都很旧,也没有安装空调。票价和平快车一样。

禁止吸烟

台湾规定公共场所(车厢、酒店、室内)禁止吸烟。车厢内就不用说了,连车站内都是禁止吸烟的。一定要注意哦。

退票

如果预订了车票,最后却没有乘坐那班车的话,普通车车票、平快车车票及特快、快车的无座票都可以办理退款。在写着"退票"的窗口可以办理退款手续。如果是座位票的话,可以和车站工作人员协商,乘坐下一班列车。

站票

指定座位票全部售完的时候,可以购买站票乘车。想想乘车时间,如果站着也没关系的话,就买站票吧。

列车时刻表

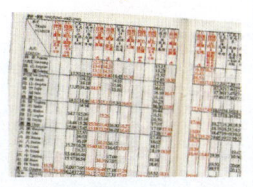

想要乘坐台湾火车的话,一定要买一份台湾铁路管理局发行的旅客列车时刻表(25元)。上面列出了所有车站的发车时间、车票价格,也列有阿里山森林铁路的信息。这种列车时刻表小巧方便,甚至可以放在口袋里。每个车站的服务台或商店、便利店均有出售。

温馨提示

从台北到高雄只需2小时 乘台湾高铁去南部吧

■ 值得信赖的台湾高速铁路

台湾高速铁路（简称高铁）是集日本、法国、德国三国的技术于一身的高速铁路。自2007年开通以来，一直顺利地运营着。列车是以日本的新干线为原型。一辆列车由12节车厢组成，周五、周六和周日所有的车厢都是对号入座的。平时有3节车厢是自由入座的。

从台北到左营（高雄），普通座位票价为1490元左右。目前共有8个站，自北向南依次是台北、板桥、桃园、新竹、台中、嘉义、台南、左营（高雄）。

■ 与其他路线的换乘

台北站、板桥站、左营站与其他铁路线及捷运路线是连接在一起的，换乘不会有什么问题。不过其他的车站都远离在来线上的台铁车站，一定要注意。

● 高铁新竹站（从台铁新竹站乘坐出租车或巴士需要20分钟）● 高铁台中站（从相邻的台铁新乌日站出发去往台铁台中站，乘坐火车需要11分钟，乘坐巴士或者出租车需要15分钟）● 高铁嘉义站（乘坐巴士或出租车到台铁嘉义站需要30分钟）● 高铁台南站（乘坐巴士或出租车到台铁台南站需要20分钟）

从这几个车站都有班车去往市区。另外，桃园站是距离台湾桃园国际机场最近的车站，从机场乘坐巴士到桃园站大约需要15分钟。

■ 车票购买方法

● 使用自动售票机或在车站窗口购买

使用自动售票机购票时，只需按照触屏上的提示（中文／英文）进行选择就可以，操作很简单。

① 选择自由座位（非对号入座）或指定座位（对号入座）
② 选择单程还是往返
③ 选择从哪站到哪站
④ 选择人数（13以上购买成人票）
⑤ 在日历上选择乘车日期
⑥ 输入乘车时间段
⑦ 选择列车
⑧ 选择支付方式。可以选择现金或者信用卡支付
⑨ 用现金或者信用卡支付。然后，车票就自动出来了。

● 通过网络预订

即使还没到台湾，也可以登录下面的网页进行在线订票（24小时服务）。
HP http://www.thsrc.com.tw/

台湾高铁路线图

已经开通

台湾高铁车票价格及所需时间

台北						
30	板桥					
9*(9)						
160	130	桃园				
22	13					
290	260	130	新竹			
36	27	14				
700	670	540	410	台中		
52*(63)	44*(54)	41	27			
1080	1050	920	790	380	嘉义	
88	79	66	52	25		
1350	1320	1190	1060	650	280	台南
108	99	86	72	45	20	
1490	1450	1330	1200	790	410	140	左营
96*(120)	87*(111)	98	84	44*(57)	32	12	

上行为车票价格（元）：成人普通列车座位票。
下行为所需时间（分）：不同的列车所需要的时间也是各有不同的。
*表示只在板桥、台中停车的快车，( )表示的是每站都停时的情况，其他的是每站都停的列车一般所需时间。

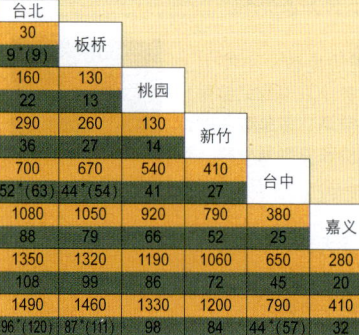

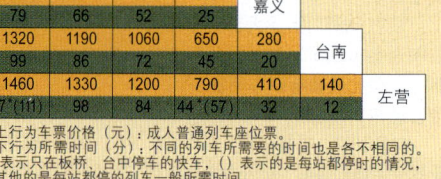

台湾省交通

火车票的购买方法

车票购买方法

台铁的车票主要有两种购买方法——到车站窗口购买，或者使用自动售票机购买。不过，自动售票机仅售短途（所需时间在30分钟至1小时）和无座位的车票，购买长途车票和座位票的话，一律要到车站窗口购买。大站的窗口是按照不同列车、不同目的地区分开来的，甚至有时会分为当天票和预售票窗口。提前6天开始订票。窗口旁边的屏幕上会显示出车票价格，信息一目了然。

车站内的旅行信息。可以咨询列车时间、车票价格、售票窗口等信息

车票种类
全票：成人票
半票/儿童票：6岁以下的儿童/半价
敬老残障：老年人、残疾人士/半价
来回票：全票（往返）＝成人用的往返票
　　　　　半票（往返）＝儿童用的往返票
※往返票＝普快车、普通车，单程在80公里以下时，仅限当天有效，在300公里以下时1天内有效，在300公里至600公里以上时2天内有效，在600公里以上时3天内有效。等级在复兴号之上的话，只要达到81公里以上就15天内有效。车票打九折。

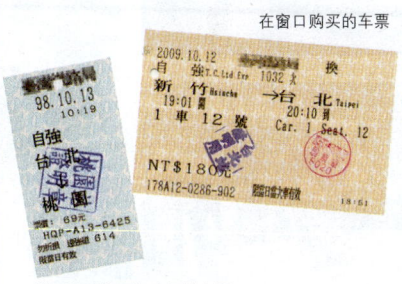
在窗口购买的车票
使用自动售票机购买的车票

■自动售票机的使用方法

自动售票机操作非常简单，按屏幕指示就可以买票了。付款只能使用硬币，不能使用纸币。用售票机可以购买车票的区间范围都标记出来了。（使用右边照片上的售票机可以购买从台北到新竹，或者从台北到基隆的车票）

1. 查看票价表确认票价，投入相应的金额。1~50元的硬币都可以使用，不过如果写着"禁用新50元硬币"的话，就不能使用新版的50元硬币。一定要注意。
2. 选择车票张数（人数，1~4张）。
3. 选择列车种类（复兴号和通勤电联车、普快车和普通车是同一个按钮）。
4. 选择车票种类（参考步骤③）。
5. 选择目的地之后，车票和找回就会从下面的车票及找零出口出来。②的张数选择按钮旁边有一个站台票（6元）的按钮。送人时，可以凭此票进站。

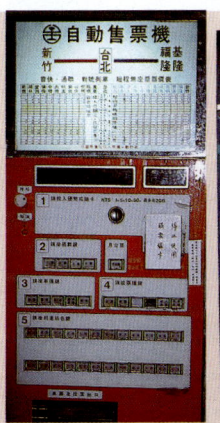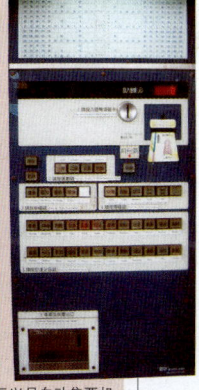
普通车、普快车、通勤电联车、复兴号自动售票机

将车票留作旅行纪念
检票口处有刻着"购票证明"字样的印章，可以把车票变成收据。在下车的车站盖上这枚印章的话，就可以把车票带回来留作纪念。

等待检票
在台湾的大部分车站，也是不同列车分开检票，所以必须等到检票开始的时间。一般是列车开车前5分钟，所以耐心等待吧。一定要看清楚检票指示牌，不要赶不上火车。

注意事项
● 购买车票之前就要决定好想坐的列车。
● 自动售票机找回的钱全部都是硬币。
● 检票是按列车分开进行的。要看看清楚检票指示牌。

台北车站站内指南

　　台北车站是一个大型车站,地上有6层,地下有2层。一层(下图)中间部分是井式构造,很宽敞。楼层中央有售票处、信息咨询窗口等。售票处上方的公告栏上列出了列车种类、目的地、发车时间等信息。

　　检票处在地下一层,站台在地下二层。另外,地下一层还有捷运和高铁(新干线)的检票口。捷运的检票口附近也有台铁的售票处,这里一般买票的人比较少。从这里的地下通道可以到达新光三越等地方。此外,二层还有餐厅区,在等车的时候可以过来用餐,很方便。

1层售票窗口

1层有邮政局、旅行社、面包屋、食品杂货店,还有出售明信片、T恤、车站便当等商品的店铺

 B1 改札口

台北站一层

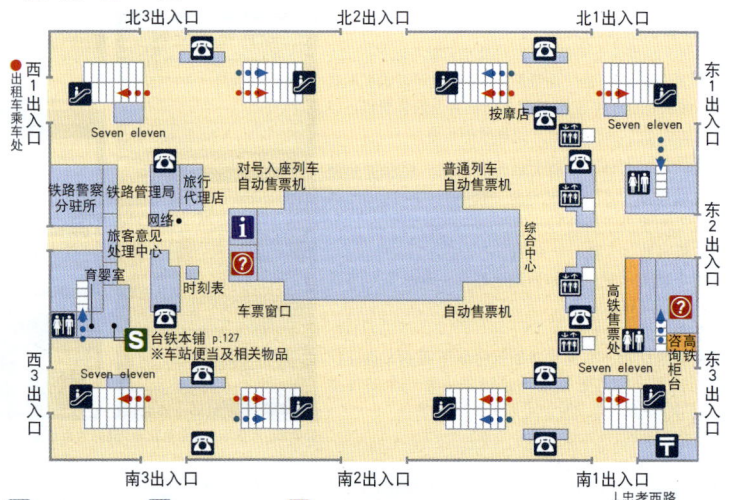

台湾省交通

出租车

台湾的出租车车身大都为明亮的鲜黄色,车顶还装着代表出租车的"计程车"指示灯,非常容易分辨。车型以日本和韩国生产的小型车居多,一般能乘坐4人。台北的出租车一般都非常干净,但是,如果去小城市的话,就会发现有些出租车只有一个车头灯,还有些出租车的挡风玻璃有裂痕却依旧照开不误。

在市内的话,拦出租车十分容易,但在郊外的话出租车则相当的少,有时候一旦错过了一辆,过很久都看不到第二辆。还有些小城市甚至没有流动出租车。叫出租车还有一个办法就是事先在酒店或其他咨询处问清楚出租车公司的电话号码,然后打电话让他们来接。

乘车意事项

台湾的车子是在马路右侧行驶的。所以应该从右侧车门上下车。下车的时候,一定要先看看后面的情况再开车门。因为在台湾即使出租车已经停下来了,还是会有人骑摩托车若无其事地从出租车的右边穿过去。

出租车费的标准

台北市内的主要道路上出租车可以选择的路线很多,道路也很宽阔,只要告知司机想要去的地方,他们就会载你到目的地的正前方,或是绕开交通堵塞的道路到达目的地。

在台北,出租车的起步价为70元,超过1.25公里之后每250米加5元,车速在5公里以下的话则是按每1分40秒加5元来计算。此外,在深夜至清晨时间段(23:00~6:00),需在此基础上再加20元。无线叫车或使用后备箱的话,各加10元。另外,从松山机场、桃园国际机场乘坐出租车的话还需加上另外的特殊费用。机场不同,所加金额也不一样,在和台北市内出租车一样的计程表旁都贴有不干胶标签,上面写着所加金额。

台北、高雄等大城市的出租车大都采用计程表计价制,不过长途乘坐或在小城市的话,则需要事先协商好价钱。距离和所需时间不等,价格行情也会有所变化,不过在大城市到近郊的话基本上是1小时最多也就1000元。去郊外的话,可以和司机商量商量,最多就1小时500元吧!

除此之外,包车沿观光路线走的话,一天大概是4000~5000元。不过,据当地人所说,这个价位还是有点高的。可以先说个低价,然后和司机讨价还价吧!

台南车站的出租车乘车处

计程表

台北站的出租车乘车处

台湾省交通

长途巴士

巴士时刻表&各客运公司的联络方法

台北转运站台北巴士车站
☎02-7733-5888
国道客运台北总站（国道客运台北综合巴士总站）
☎02-2550-4458
国光客运台北西站（国光客运台北西巴士站）
☎02-2311-9893
国光客运台北东站（国光客运台北东巴士站）
☎02-2311-8893
统联客运（Ubus）
☎02-2555-8108
豪泰客运 ☎02-2559-8067
☎02-2556-9397
国光客运 ☎02-2558-3060
FREE 0800-010-138
尊龙客运 ☎02-2555-1295
FREE 0800-550-599
葛玛兰客运 ☎03-960-6539
FREE 0800-220-899
三重客运 ☎02-2988-2133
新竹客运 ☎03-5225151
飞狗巴士 ☎02-2550-3216
FREE 0800-051-519
和欣客运 ☎02-2559-5511
FREE 0800-002377
阿罗哈客运 ☎02-2550-8488
FREE 0800-043-168
丰原客运 FREE 0800-034-175
☎04-2523-4175（丰原站）
巨业客运 ☎04-2662-1161

豪华巴士公司一览
· 阿罗哈客运　· 豪泰客运
· 尊龙客运　　· 和欣客运
· 统联客运　　· 空军一号
· 联合旅游　　· 如皇旅游

阿罗哈客运巴士的豪华座椅

在台湾，长途巴士网络比火车更发达。它几乎连接了所有的城市，甚至是航空和铁路都尚未开通的高山地区的唯一交通手段。价格比火车便宜，线路又非常多，建议想节省游费的旅客选择乘坐。不过，虽然它基本上都是按照列车时刻表的时间发车的，但是如果遇到堵车等交通情况的话，到达时间有时候会有所变动，所以，最好注意安排好出行时间。另外，还需注意的是车内的冷气比较强，要做好防冻保暖工作。

种类

前身为国光巴士客运公司（国光客运）、因线路数最多而被昵称为Ubus的统联客运，对旅客来说算得上是最便捷的两家客运。除此之外，还有各种民营和县营的巴士穿梭在各个城市之间。台北至台中、高雄线乘客非常多，所以巴士公司之间竞争非常激烈，采取了很多措施，比如实行24小时运营策略等。

国道客运台北综合巴士站

基本上所有的巴士都采取对号入座制或定员制，座位是可躺式座椅，不出售站票。一般而言大部分巴士都是直达巴士，但也有些巴士会在中途停靠，因此如果赶时间的话，一定要小心，不要坐错车。

车票

长途巴士总站一般都设在火车站附近，不过，在台北、台中、高雄这三大城市，仅国光客运就有好几个巴士站，还有一些民营、县营客运巴士站。但是，旅客乘坐的巴士一般都是从车站附近发车，所以，只要先去车站的咨询处（服务台）说明自己要去的地方，然后问清在哪坐车就没问题了。

与火车一样，长途巴士也是根据目的地和巴士的种类设有不同的售票窗口。有些地方也设有自动售票机。车票的购买方法也和火车一样。另外，在途中的巴士停靠站，没有买票就上车的话，只需告诉司机你要去的地方直接购票即可。需要注意的一点是，乘车时买的票在下车时是要回收的，千万不要弄丢了哦。

西客站
东客站

● 豪华巴士

在台湾，那些设有超豪华座椅的巴士非常受欢迎。车厢内两侧各有一排座椅，中间隔着过道，可容纳20人左右，非常的宽敞。有的巴士上还提供私人电视和免费饮料等服务。费用比一般的巴士高100~200元。

注意事项

- 由于堵车等交通情况,巴士的到达时间会时有变动。
- 在大城市,每家巴士公司的车站都是分开来的。
- 事先确认好前往目的地的巴士公司和路线再乘坐比较保险。

●夜间巴士

台湾的面积本来就很小,所以没有夜间巴士。不过,台北—高雄线一天24小时每隔20分钟就会发一辆车,如果能好好利用夜间出发的巴士的话,那么就跟乘坐夜间巴士没什么两样了。而且,有的车还是豪华车,设有总统座椅,体验一下也不错哦。如果乘坐晚上12点左右从台北出发的巴士,那么早上5点就能到达高雄了。

●台北站周围的长途巴士总站及主要的目的地

台北中转站(台北巴士总站)〈新站〉

统联客运(Ubus)	屏东／高雄／台南／台中／嘉义／布袋／北港／西港／竹山／鹿港／彰化／员林／东势／台中港
三重客运	新竹／杨梅
葛玛兰客运	礁溪／宜兰／罗东
巨业丰原客运	沙鹿／丰原
豪泰客运	新竹
和欣客运	台南／台中
国光客运	竹东／新竹／元培／竹南／苗栗
阿罗哈客运	高雄／台中／嘉义

国道客运台北总站(国道客运台北综合巴士总站)〈老站〉

国光客运	金山(野柳)／中坜／桃园／宜兰／罗东
建明(飞狗)	中坜

国光客运台北西站(国光客运台北西巴士总站)

国光客运	埔里／南投／员林／高雄／屏东／台南／嘉义／大溪／阿里山／日月潭

国光客运台北东站(国光客运台北东巴士总站)

国光客	基隆／桃园国际空港

洗手间与中途休息

行驶时间超过3小时的巴士大都设有洗手间。有些巴士也会安排中途休息时间,大可放心乘坐。不过,短途巴士是没有洗手间的,即使有也可能不是很干净,所以最好上车前先去趟洗手间。此外,有时候车内冷气开得很大,所以最好带上外衣,注意做好预防措施。

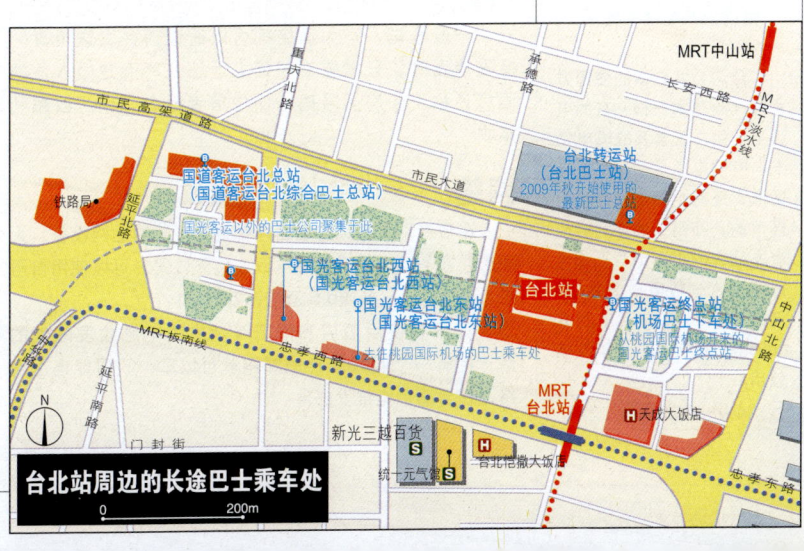

台北站周边的长途巴士乘车处

实用信息

电话／邮政／传真／网络

邮局

将物品寄回家大约需要5~7天。明信片邮费是10元、书信10克以内为13元。如果使用EMS快递的话，2~3天就能到。书籍250克以内邮费是180元，500克以内320元，商品则是500克以内450元。

台湾省内的话，明信片邮费是2.5元，书信20克以内为5元。

台湾邮筒分为红色和绿色两种，一般都是并排摆放在一起的。绿色邮筒是台湾省内的普通邮寄，可寄至当地（市内），也可寄至台湾其他地方（市外），红色邮筒则分为限时邮件（速递）和航空邮件（境外）两种。寄至大陆的邮件应投入到红色的邮箱内。

各个邮政局的营业时间都不一样，一般都是周一至周五8:00~17:00，周末休息。

HP http://www.post.gov.tw/ （汉语/英语）

●快递

买了一堆东西之后，行李变得很多的情况下，可以利用快递寄送，非常方便。虽然有时候会比寄送邮政包裹贵很多，但一般一周左右就能到。如FedEx（联邦快递）速度很快，有时只用1天时间就能寄到。

一般来说，运费里都包括了保险金，所以即使出现了意外情况也不必太担心。可以请酒店的前台帮忙安排。

传真

一般来说，在大酒店都可以通过前台发送传真。接收传真时，只需要在收信人地址处写清楚①入住的酒店名称、②房间号码、③住宿者姓名，就可以顺利接收。

网络

在台湾，大多数的酒店内都备有完善的上网设备。大酒店和商务酒店的客房都可以连接局域网，可以使用自己带去的电脑。（参照p.5 酒店设备标识）

如果要使用酒店和网吧等地方的电脑收发邮件的话，拥有一个Web邮件的邮箱就可以了。只要能连上网络，在台湾也能接发邮件。

台湾的纪念邮票

台湾的纪念邮票非常漂亮，深受广大集邮者的喜爱。如果想买纪念邮票的话，建议选择每年发行的生肖邮票。在大型邮局设有专门出售纪念邮票的窗口。不过，纪念邮票的出售价格会比邮票面额高，这一点不必觉得奇怪哟。

主要的快递公司（台北）

统一宅急送
☎ 02-4128-888
台湾宅急送
☎ 02-6618-1818
FedEx
FREE 0800-075-075

台湾公共电话的使用

台湾公共电话的使用方法与大陆基本一样。有的电话是使用广泛普及的IC电话卡，有的电话是使用一般电话卡，还有少数电话是使用硬币的。在街头的便利店或者车站内的小卖部等处都可以买到，一般电话卡是100元新台币，IC电话卡则有100元和200元的，不能互换使用。

实用信息
水／电／洗手间／小费

水

台湾的自来水是硬水。虽说可以直接饮用，但是最好还是不要喝。要喝的话，也一定要烧开了之后再喝。酒店的客房里一般都放有矿泉水。另外，在台湾，吃饭的时候没有喝水的习惯，所以餐馆、小吃摊都不提供水。想喝点什么的话，就点一壶茶或一份汤吧。在外面感到口渴的话，可以去便利店或使用自动售货机买一瓶矿泉水或软饮料就可以啦。不过要注意的是，台湾的乌龙茶等一般都是加糖的。

电

台湾的插座形状为两孔式，电压是110V、60赫兹。电脑等精密电器就不用说了，就是最普通的家电近来都内设了微型电子计算机，所以为了保险起见，最好带一个变压器。在台湾的电器店也能买到变压器。

洗手间

台湾的洗手间普遍为冲水式。基本上都是将卫生纸扔进旁边的垃圾桶里。只要马桶边上放有垃圾桶，那就不要把卫生纸冲走，而是扔进垃圾桶，肯定不会错的。不过，最近在高铁站和新建的酒店等地方，直接冲掉也OK了。一般会贴有"请将卫生纸冲掉"之类的提示。

小费

在台湾，一般是不需要给小费的。在酒店和餐厅一般都是事先加了10%的服务费的，所有不需要再单独给小费。乘坐出租车时，只有在使用后备箱的情况下一律加10元。

此外，有的餐厅或车站需要支付5~20元的洗手间清洁费，并不是小费，充其量不过是使用费。但如果你有什么特别要求的话，也只需要给少许小费表达一下自己的谢意就可以了。

饮食注意

尽量少吃小摊子上卖的生鱼片之类的生食。另外，随处可见的水果果汁也最好在能确定生产地点的摊子购买比较保险。

台湾的电视

台湾的电视台中，无线电视台只有5家，而有线电视台则多达100多家，遍布全台湾。在大城市的酒店一般都能收看30多个频道。

南投县紫南宫的豪华公共厕所

公共厕所

即使是在台北等大城市也有些地方找不着公共厕所。如果碰到这种情况的话，不妨找找附近的大型寺庙。有游客游览的地方一般都会有公共厕所。

安全与健康
如何实现愉快旅程

遇到突发情况时可拨打的电话

- 警察、交通事故　☎110
- 火警、急救　☎119
- 台北市警察局
  台北　☎02-2556-6007
- 台中市警察局
  台中　☎04-2327-3875
- 高雄市警察局
  高雄　☎07-2154342
  （24小时开通）

台湾地区警车车身均为黑白两色

旅游事务咨询
- 台湾观光旅游服务中心
  ☎02-27173737
- 台湾观光协会
  ☎02-25943261
- 台湾旅行业品质保障协会（品保协会）
  ☎02-25068185
- 台北火车站服务中心
  ☎02-23713558

避免纠纷

●台湾的治安

台湾治安比较好，是个可以放心旅游的地方，广受欢迎。不过，最近以城市为中心，犯罪现象有所增加，游客一定要注意安全。一般来说，游客可能会遇到的犯罪行为有抢劫、偷窃、调包、诈骗、暴力等。即使是白天或者是在人多的地方也不可粗心大意。另外，台湾的交通规则贯彻得也不够彻底，所以交通事故时有发生。特别要注意摩托车。过马路时就不用说了，上下巴士、出租车时一定不要忘了前后左右多看一看。

物品遗失、被盗的情况下

●现金和行李被偷的话

现金丢了的话就不要指望能找回来了。如果是短期停留的话，行李丢了也是不大可能找回来的。发现自己物品被盗时，首先要报警。也可以找陪同、导游等人商量商量。警察局的联系方式请参照左栏。

如果购买了旅行意外保险的携带物品保险，或是护照等证件被盗的话，需要到警察局开具遗失（被盗）证明。遭遇抢劫、偷窃，警察能做的也许只有开具遗失（被盗）证明，要做好心理准备，不要抱太大希望。

●信用卡遗失、被盗

应该立刻与当地的办事处或发行公司联系，办理挂失手续。办理过程中，对方会问你卡号和有效期限，所以最好事先将记着卡号和有效期限的备忘录与信用卡分开保管。

●机票遗失、被盗

过去机票遗失或被盗，需要重新购买机票，返回之后再向航空公司申请遗失、被盗机票退款，而且特价机票一般都不能退款。但现在绝大多数航空公司都采用电子机票了，所以不用再担心丢失的问题了。如果纸质机票遗失、被盗的话，只需要在办理乘机手续时出示身份证件就可以了。

注意事项！
- 遇到问题不要惊慌，要冷静地采取行动。不要试图一个人解决问题，应该向他人寻求帮助。
- 现金丢了的话，恐怕是找不回来的。即使购买了旅行意外伤害保险，现金也不包含在理赔范围之内。所以一定要小心保管。

●旅行支票（T/C）遗失、被盗

可以去旅行支票的发行公司或与其合作的银行申请补发尚未使用金额的旅行支票。

补发需要以下材料：①购买时的发票②身价证明文件③警察局开具的遗失（被盗）证明、④未使用旅行支票的金额和支票号码。最好随时记录下使用了多少金额。

另外，如果遗失的旅行支票上两个地方都签了字的话，就不能补发了。补发需要2~3天的时间。发现被盗时千万不要惊慌，仔细确认一下购买时的注意事项。

生病、受伤的情况下

●台湾的医院

台湾的医疗水平整体比较高，即使生病的话也不必太担心，可到附近的医院就医。

医院的诊疗时间一般为9:00~20:00，不过不少医院从12:00开始有2~3个小时的午休时间。如果是急诊的话，在诊疗时间以外也可就诊。

●生病、受伤的话

如果在酒店就联系前台，请酒店帮忙找医生或者联系医院。高级酒店一般都有酒店专门的医生，不过需要注意的是，酒店医生的诊费比一般的医院要贵很多。此外，大部分的酒店都备有常用药品，如果症状不是很严重的话就没有必要去医院了。

如果在外面的话，可以乘坐出租车，让司机载你去一家较近的医院就可以了。

如果需要叫救护车的话，拨打119即可。救护车不收运费，但需要支付500元的呼叫费。如果需要住院，最好看病时就确认好医疗费用和住院天数。

症状不严重的话，也可以直接去药店买点常用药。

●购买了旅行保险的情况下

拨打参保公司在台湾的联络电话，对方就会提供帮助服务，包括安排医院、提供建议等。最好把联系方式和投保人号码记在方便查找的地方。乘出租车去医院的费用也在理赔申请的范围之内，所以不要忘记索取发票。

信用卡公司的联系方式

维萨国际组织网站
www.Visa-asia.com

JCB广场・台北
☎ 02-2531-0088
FREE 0800-310-088

万事达卡
FREE 0080-10-3400

美国运通卡
FREE 00801-65-1169

台湾的部分医院

●**台北市的综合医院**
台湾大学医院
✉ 常德街1号
☎ 02-2312-3456
☎ 02-2356-7899（语音预约）

台北联合医院"中央院区"
✉ 郑州路145号
☎ 02-2555-3000

●**高雄市的综合医院**
高雄民生医院
✉ 凯旋二路134号
☎ 07-7511131

高雄医学大学附设中和纪念医院
✉ 自由一路100号
☎ 07-3121101
☎ 07-3208181、3218753（语音预约）

索引

使用方法

本索引是将主要城市、景点、餐厅、商店、酒店，按照汉语拼音音序排列而成。【 】内表示的是所在区域。

城市・景区/观光・景点

A

阿里山【阿里山】	200
阿里山高山博物馆【阿里山】	202
阿里山森林铁路【阿里山】	200、203
阿美文化村【花莲】	212
爱河【高雄】	248
爱河游【高雄】	248
安平古堡【台南】	237
安平树屋（德记洋行）【台南】	237

B

八德路电脑街【台北・忠孝新生/忠孝复兴】	74
八里【台北近郊・淡水】	149
八仙洞【花东海岸公路】	227
白河镇【嘉义】	206
白玉瀑布【知本温泉】	225
宝觉寺【台中】	182
保安宫【台北・圆山周边】	71
北回归线标志【嘉义】	206
北门街【台北近郊・新竹】	169
北投温泉博物馆【台北近郊・新北投】	152
北投温泉亲水公园露天澡堂【台北近郊・新北投】	152
北投文物馆【台北近郊・新北投】	153
玻璃工艺博物馆【台北近郊・新竹】	169
驳二艺术特区【高雄】	248

C

茶业文化馆【鹿谷/冻顶】	189
朝日海底温泉【绿岛】	271
成功【花东海岸公路】	228
城隍庙【台北近郊・新竹】	169
城市光廊【高雄】	246
赤嵌楼【台南】	235
传统艺术中心【台北近郊・宜兰】	173
春秋阁【高雄】	251
慈恩塔【日月潭】	191
慈惠堂【花莲】	211
慈云寺【阿里山】	202

D

打狗英国领事馆【高雄】	252
大东夜市【台南】	238
大南门【台南】	236
大天后宫【台南】	236
大溪老街【台北近郊・老街区】	142
淡水【台北近郊】	146
淡水老街【台北近郊】	148
淡水渔人码头【台北近郊】	148
迪化街【台北】	72
地热谷【台北近郊・新北投】	151
电器音响街【台北・西门町/龙山寺】	67
冻顶【鹿谷】	188

E

二二八和平纪念公园【台北・台北站南部】	63
二嵌聚落保存区【澎湖岛】	268

F

逢甲观光夜市【台中】	182
凤山县旧城【高雄】	251

G

高雄【高雄】	244
高雄85大楼【高雄】	246
高雄捷运【高雄】	245
高雄市立历史博物馆【高雄】	248
高雄市立美术馆【高雄】	251
公馆【台北・公馆】	73
公馆夜市【台北】	73
古宁头战史馆【金门岛】	265
鼓山【高雄】	252
关子岭温泉【关子岭温泉】	207
广兴纸寮/埔里纸产业文化会馆【埔里】	194

H

海洋生物博物馆【垦丁】	261
河滨道路【台北近郊・淡水】	148
恒春【垦丁】	260
红毛城【台北近郊・淡水】	147
花东海岸公路【花东海岸公路】	227
花东纵谷公路【花东纵谷公路】	227
花莲【花莲】	210
花莲海洋公园【花莲】	212
花园夜市【台南】	238
华山文化园区【台北・忠孝新生/忠孝复兴】	75
华西街观光夜市【台北・西门町/龙山寺】	67
黄金博物园区【台北近郊・九份】	161

J

基隆【台北近郊】	170
基山街【台北近郊・九份】	159
集集线【集集线】	21
嘉义【嘉义】	205
嘉义公园（中山公园）【嘉义】	205
尖山埔陶瓷老街【台北近郊・莺歌】	163
建国假日玉市・花市【台北・忠孝新生/忠孝复兴】	75
姐妹潭【阿里山】	202
金瓜石【台北近郊・九份】	161
金门岛【金门岛】	264
金门民俗文化村【金门岛】	265
金山【台北近郊】	162
精明一街【台中】	182
九份【台北近郊】	158
九份风筝博物馆【台北近郊】	160
九曲巷【鹿港】	186

九族文化村【日月潭】·········· 193

K
抗日起义纪念碑【雾社】········ 196
科学工艺博物馆【高雄】········ 250
垦丁【垦丁】················ 260
垦丁森林游乐区【垦丁】········ 261
孔庙【台南】················ 236
孔庙【台中】················ 181
孔雀园【日月潭】············ 191

L
兰屿岛【兰屿岛】············ 270
冷泉浴池区【台北郊外・苏澳】·· 174
李梅树纪念馆【台北近郊・三峡】 167
李梅树教授纪念文物馆【台北近郊・三峡】 167
鲤鱼山【台东】·············· 220
鲤鱼潭【花东纵谷公路】······ 228
恋恋五分车【高雄】·········· 254
辽宁街夜市【台北・忠孝新生/忠孝复兴】 75
林安泰古厝【台北・圆山周边】·· 71
临江街观光夜市【台北・信义/市政府】 77
流动夜市【台南】············ 238
六合夜市【高雄】············ 248
龙虎塔【高雄】·············· 251
龙乃汤【台北近郊・新北投】···· 152
龙山寺【鹿港】·············· 187
龙山寺【台北】·············· 67
庐山温泉【庐山温泉】········ 197
鹿港【鹿港】················ 186
鹿港民俗文物馆【鹿港】······ 187
鹿谷【鹿谷/冻顶】············ 188
鹿野【台东】················ 221
绿岛【绿岛】················ 271
罗东【台北近郊・宜兰】······ 173

M
猫鼻头公园【垦丁】·········· 261
猫空【台北】················ 81
美代温泉饭店【台北近郊・新北投】 153
美丽岛站【高雄】············ 250
美丽华百乐园【台北・士林】··· 79
美仑山公园【花莲】·········· 211
庙口小吃【台北近郊・基隆】··· 171
模范街【金门岛】············ 264
木生昆虫博物馆【埔里】······ 194
木栅【台北】················ 81
木栅观光茶园【台北】········ 82

N
内湾线【内湾线】············ 20
南滨公园【花莲】············ 211
南滨夜市【花莲】············ 211
南华观光购物城【高雄】······ 250
南门市场【台北・台站南部】··· 64
宁夏路夜市【台北・迪化街】··· 72
牛津学堂【台北近郊・淡水】··· 147

P
澎湖岛【澎湖岛】············ 267
平溪线【平溪线】············ 18
坪林茶业博物馆【坪林】······ 155
埔里【埔里】················ 194
埔里酒厂【埔里】············ 194
旗后灯塔【高雄】············ 252
旗津【高雄】················ 252
启明堂【高雄】·············· 251
桥头糖厂【高雄】············ 254
青草巷【台北・西门町/龙山寺】· 67
清水岩祖师庙【台北近郊・淡水】 147
清水祖师庙【台北近郊・三峡】· 166

R
饶河街观光夜市【台北・信义/市政府】 77
日月潭【日月潭】············ 190
日月潭缆车【日月潭】········ 13
榕堤【台北近郊・淡水】······ 148
榕堤八角亭【台北近郊・淡水】 148

S
三代木【阿里山】············ 202
三凤宫【高雄】·············· 250
三凤中街观光商圈【高雄】···· 250
三峡【台北近郊】············ 166
三峡蓝染展示中心【台北近郊・老街区】 145
三峡老街【台北近郊・老街】··· 144、166
三峡历史文物馆【台北近郊・老街】 145
三仙台【花东海岸公路】······ 228
沙港【澎湖岛】·············· 268
深坑黄氏长安居【台北近郊・老街区】 145
深坑老街【台北近郊・老街区】 144
胜安宫【花莲】·············· 211
十三行博物馆【台北近郊・淡水】 149
石猴石【阿里山】············ 202
士林【台北・士林】·········· 78
士林官邸【台北】············ 79
士林夜市【台北】············ 79
士林夜市美食广场【台北】···· 79
市政府【台北】·············· 76
树灵塔【阿里山】············ 202
竖崎路【台北近郊・九份】···· 159
双城街夜市【台北・中山北路】 69
双连早市【台北・中山北路】·· 69
双狮岩【兰屿岛】············ 270
水都温泉会馆【台北近郊・新北投】 152
水火同源【关子岭温泉】······ 207
水往上流【花东海岸公路】···· 228
顺承门【澎湖岛】············ 268
顺益"台湾原住民博物馆"【台北・士林】 79
四维路夜市【台东】·········· 220
祀典武庙【台南】············ 235
苏澳【台北郊外】············ 174
苏澳冷泉公园【台北郊外】···· 174
苏澳区鱼会市场【台北郊外】·· 174

孙中山纪念馆【台北·信义/市政府】 ………… 77
孙中山史迹纪念馆【台北站南部】 ………… 63

T
台北101【台北·信义/市政府】 ………… 77
台北故宫博物院【台北】 ………… 83
台北故事馆【台北·圆山周边】 ………… 71
台北孔庙【台北·圆山周边】 ………… 71
台北啤酒工场【台北·忠孝新生/忠孝复兴】 ………… 75
台北世界贸易中心【台北·信义/市政府】 …… 77
台北市立动物园【台北·木栅/猫空】 ………… 82
台北市立美术馆【台北·圆山周边】 ………… 70
台北戏棚【台北·中山北路】 ………… 69
台北县立莺歌陶瓷博物馆【台北近郊】…… 163
台北小巨蛋（台北）【台北·信义/市政府】 …… 76
台北站南部【台北】 ………… 62
台北之家【台北·中山北路】 ………… 68
台东【台东】 ………… 219
台东铁道艺术村（台东旧站遗址）【台东】… 221
台东县政府文化局【台东】 ………… 220
台南【台南】 ………… 233
台南东站（台南站）【台南】 ………… 235
台南公园【台南】 ………… 235
台湾博物馆【台北·台北站南部】 ………… 63
台湾地理中心碑【埔里】 ………… 194
台湾故事馆【台北·台北站南部】 ………… 63
台湾史前文化博物馆【台东】 ………… 219
台湾自然科学博物馆【台中】 ………… 182
台中【台中】 ………… 180
太鲁阁峡谷【太鲁阁峡谷】 ………… 215
天后宫【鹿港】 ………… 187
天后宫【澎湖岛】 ………… 267
天后宫【台东】 ………… 220
天母【台北】 ………… 80
天主教玫瑰圣母堂【高雄】 ………… 246
通梁大榕树【澎湖岛】 ………… 268

W
文武庙【日月潭】 ………… 190
乌来【台北近郊】 ………… 156
乌来瀑布【台北近郊】 ………… 156
五分埔【台北·信义/市政府】 ………… 77
五孔洞【兰屿岛】 ………… 270
五里亭【高雄】 ………… 251
雾社【雾社】 ………… 196

X
西门红楼【台北·西门町/龙山寺】 ………… 67
西门町【台北】 ………… 67
西台古堡【澎湖岛】 ………… 268
西子湾观景平台【高雄】 ………… 252
溪头森林游乐区【鹿谷/冻顶】 ………… 189
仙洞岩【台北近郊·基隆】 ………… 170
小北成功夜市【台南】 ………… 238
小川源【台北近郊·乌来】 ………… 157
小野柳【花东海岸公路】 ………… 228
新北投【台北近郊】 ………… 151

新竹【台北近郊】 ………… 168
信义【台北】 ………… 76
行天宫（恩主公庙）【台北·中山北路】…… 69
袖珍博物馆【台北·忠孝新生/忠孝复兴】… 75
玄光寺【日月潭】 ………… 191

Y
延平郡王祠【台南】 ………… 236
延平老街【台南】 ………… 238
阳明山【台北近郊】 ………… 154
野柳【台北近郊】 ………… 162
野柳风景特定区【台北近郊】 ………… 162
野银村【兰屿岛】 ………… 270
伊达邵【日月潭】 ………… 191
宜兰【台北近郊】 ………… 172
宜兰酒厂【台北近郊】 ………… 172
亿载金城【台南】 ………… 237
莺歌【台北近郊】 ………… 163
迎曦东门城【台北近郊·新竹】 ………… 168
永康街【台北】 ………… 65
永乐市场【台北·迪化街】 ………… 72
玉山登山【阿里山】 ………… 204
圆山周边【台北】 ………… 70
云仙乐园【台北近郊·乌来】 ………… 157

Z
占卜小巷【台北·中山北路】 ………… 69
正气路水果市场【台东】 ………… 219
知本温泉【知本温泉】 ………… 225
指南宫【台北·木栅/猫空】 ………… 81
至善园【台北故宫博物院】 ………… 87
中山北路 ………… 68
中山公园（台中公园）【台中】 ………… 181
中正公园【台北近郊·基隆】 ………… 170
忠烈祠【台北·圆山周边】 ………… 71
忠孝复兴【台北】 ………… 74
忠孝新生【台北】 ………… 74
祝山【阿里山】 ………… 202

餐厅·菜馆

A
阿才的店【台北】 ………… 116
阿柑姨芋园【台北近郊·九份】 ………… 160
阿兰草仔　【台北近郊·九份】 ………… 160
阿妹茶酒馆【台北近郊·九份】 ………… 160
阿婆寿司【台北近郊·莺歌】 ………… 164
阿水狮猪脚大王【台中】 ………… 183
阿霞饭店【台南】 ………… 240
阿香阿给【台北近郊·淡水】 ………… 150

B
白腹浮水鱼羹【台南】 ………… 241
北平都一处【台北】 ………… 105
北平西来顺【台北】 ………… 105
波克【台北】 ………… 124

C
菜根乡素食馆【高雄】…… 255
禅园【台北近郊·新北投】…… 153
长脚海鲜楼【台北】…… 113
超大碗【高雄】…… 253
朝昔庐客栈【澎湖岛】…… 269
陈记状元粥铺【花莲】…… 213
成吉思汗【台北】…… 115
诚品书店【台北】…… 126
吃饭食堂【台北】…… 103
赤嵌点心店【台南】…… 239
春水堂（朝富总店）【台中】…… 183

D
DFS环球免税店【台北】…… 129
DOZO Izakaya Dining Bar【台北】…… 116
大立精品百货【高雄】…… 257
大三元酒楼【台北】…… 109
大新银楼【台北】…… 123
德利豆干专卖店【花莲】…… 213
德也茶吃【台北】…… 93
登山友商行【台北】…… 126
邓师傅卤味【高雄】…… 255
点石斋图章店【台北】…… 123
点水楼复兴店【台北】…… 108
点水楼南京店【台北】…… 107
鼎泰丰【台北】…… 106
东京小城【高雄】…… 256
度小月【台北】…… 103
度小月【台南】…… 239

E
儿时窝【台北】…… 124

F
肥前屋【台北】…… 114
福林餐厅【鹿谷／冻顶】…… 189
福州新利大雅餐厅【台北】…… 111
富贵陶园【台北近郊·莺歌】…… 164
馥园餐厅【台北】…… 112

G
高雄牛乳大王【高雄】…… 256
耕读园书香茶坊【高雄】…… 256
耕读园书香茶坊【台中】…… 183
公正包子【花莲】…… 212
鼓波洋楼【高雄】…… 253
故宫晶华【故宫博物院】…… 88
光华观光玉市【台北】…… 121
光华商场（光华数位新天地）【台北】…… 121
广东楼【台北】…… 109
国宝大饭店川菜厅【台北】…… 110

H
海霸王【台北】…… 113
海湾咖啡馆【台北近郊·淡水】…… 149
海艺珊瑚珠宝【台北】…… 122
海忠宝【高雄】…… 253
汉声窑业【台北近郊·莺歌】…… 165
好记担仔面【台北】…… 104
好小子海鲜【台北】…… 112
合欢茶宴风味餐厅【台北近郊·坪林】…… 155
河边曼波【高雄】…… 253
鹤浦院【台北】…… 122
红豆食府【台北】…… 107
红翻天【台北】…… 112
红楼【台北近郊·淡水】…… 150
红毛港海鲜餐厅【高雄】…… 256
鸿星时装旗袍专门店【台北】…… 124
华泰茶庄【台北】…… 91
回留【台北】…… 92
惠比须饼铺【花莲】…… 213

J
鸡家庄【台北】…… 103
骥园川菜【台北】…… 110
金合利实业（金城工场）【金门岛】…… 266
金龙餐厅【台北】…… 109
金门酒厂【金门岛】…… 266
金蓬莱【台北】…… 104
金三角海鲜餐厅【金门岛】…… 265
金上园餐厅【埔里】…… 195
京华城【台北】…… 119
京兆尹【台北】…… 105
九份茶坊【台北近郊】…… 160
九户茶语【台北近郊·九份】…… 160

K
KiKi餐厅【台北】…… 110
康喜轩【台北近郊·三峡】…… 167
可口鱼丸【台北近郊·淡水】…… 149
矿工食堂【台北近郊·九份】…… 161

L
来成排骨面【花莲】…… 213
兰花厅【台北】…… 102
老东台【台东】…… 222
老家福餐厅【高雄】…… 255
老邵饺馆【花莲】…… 213
老污香【台北近郊·宜兰】…… 173
乐陶屋（林荣华陶艺）【台北近郊·莺歌】…… 165
李尧棉衣店【台北】…… 124
林臭豆腐【台东】…… 222
林华泰茶行【台北】…… 128
林永泰兴蜜饯行【台南】…… 241
领事馆【台北近郊·淡水】…… 149
琉璃工房【台北／天母】…… 122
六安堂【台北】…… 128
龙口樱花名产店【庐山温泉】…… 197
龙涎居【台北】…… 112
鹿鼎庄【鹿谷/冻顶】…… 189
鹿谷茶业【台北】…… 91

M
茂雄虾仁肉圆【台南】…… 239
茂园【台北】…… 102
梅子餐厅【台北】…… 23、102

湄河【台北】	115
美娥海产店【台东】	222
美丽华百乐园【台北】	119
美霖古玩文物【台北】	122
明福餐厅【台北】	102
明兴商行【台南】	241
明月汤包【台北】	107

N
NOVA【台北】	121
你家我家客家菜【台北】	114
女娘的店【台北】	116

P
PLUSH Lounge bar and club【台北】	116
帕沙米那【台北】	125
排骨大王【台北】	104
喷水鸡肉饭【嘉义】	206
彭园湘菜馆【台北】	111

Q
沁园春【台中】	183
青叶【台北】	102
清香活海鲜餐厅【澎湖岛】	269
秋山堂精品茶庄【台中】	184
全丽行珠宝【台北】	123
全省茶行【台北】	90

R
人和园云南菜【台北】	111
人间泉五·泉【台北】	116

S
shawnyi【台北】	125
三角涌碧螺春茶坊【台北近郊·三峡】	145
三晋古骨董商场【台北】	121
三四味屋【台北】	114
三希堂【台北故宫博物院】	89
三协成糕饼铺【台北近郊·淡水】	150
三鱼食府【台北】	106
森茂碗【台南】	239
上海乡村【台北】	106
上海小吃【台北】	107
声声慢【台北】	125
升恒昌免税店【台北】	129
胜大庄【台北】	122
士林名刀【台北】	123
市拿陶艺【台北近郊·莺歌】	165
蜀鱼馆老店【台北】	110
水晶超市【台北】	124
水秀美食坊【日月潭】	192
四八高地【花莲】	212
四川吴抄手【台北】	110
四五六上海菜馆【台北】	106
随缘居【台北】	111

T
台北101【台北】	118
台北犁记饼店【台北】	127
台北鱼市【台北】	113

台华陶瓷【台北近郊·莺歌】	165
台南担仔面【台北】	113
台铁本铺【台北】	127
台湾伞店【台北】	127
台湾香蕉新乐园【台中】	183
太阳堂饼店【台中】	184
坦都【台北】	114
陶作坊莺歌文化店【台北近郊·莺歌】	164
天厨菜馆【台北】	105
天工陶窒【台北近郊·莺歌】	165
天香回味【台北】	115
天香楼【台北】	108
停云【台北故宫博物院】	89
统一元气馆【台北】	121
涂姆埔里小吃【台北】	105

V
VIEW【台北近郊·淡水】	149

W
王朝【台北】	108
葳臻(地下街)【台北】	126
微风广场【台北】	119
围炉酸菜白肉火锅【台北】	106
伟克商人【台北】	115
温泉乡饭店【庐山温泉】	197
文化壶艺茗坊【台北近郊·莺歌】	164

X
戏棚脚【高雄】	256
闲居赋【台北近郊·台北故宫博物院】	89
小格格鞋坊【台北】	125
小花园【台北】	125
小牛家食堂【台北】	104
小熊妈妈DIY【台北】	123
欣叶【台北】	103
欣叶101食艺轩【台北】	112
新纯香【台北】	91
新东阳【台北】	127
新崛江商场【高雄】	257
新同乐餐厅【台北】	109
新旺陶艺纪念馆【台北近郊·莺歌】	165
信宝专业烘焙点心坊【高雄】	257
信裕轩【台南】	241
秀兰小吃【台北】	108
鲟之屋【高雄】	255

Y
养心堂【台中】	184
冶堂【台北】	92
液香扁食【花莲】	212
一家餐厅【台东】	222
衣锦园【台北】	124
宜姿旗袍工作室【台北】	125
怡园【台北】	109
义丰阿川冬瓜茶【台南】	239
义美食品【台北】	127
银翼餐厅【台北】	108

永康街高记【台北】	107
玉山商行【台北】	127
玉珍斋饼铺【鹿港】	187
钰善阁【台北】	111
圆融坊【台北】	126
远企购物中心【台北】	119
玥饮轩【台北】	93
允芳【台东】	222

Z
再发号【台南】	240
再生园餐厅【台北近郊·新北投】	153
张富钦茶庄【鹿谷／冻顶】	189
彰艺坊·古典戏偶工作室【台北】	123
掌柜酒菜茶馆【台北】	115
中华工艺馆【台北】	122
忠明自行车（捷安特民权店）【台北】	126
周氏虾卷【台南】	240
竹里馆【台北】	114
滋和堂【台北】	128

酒店·旅馆

A
| 阿里山宾馆【阿里山】 | 204 |
| 阿里山阁大饭店【阿里山】 | 204 |

B
| 百世多丽花园酒店【澎湖岛】 | 269 |
| 宝华大饭店【澎湖岛】 | 269 |

C
灿路都饭店【台北】	137
长春大饭店【澎湖岛】	269
长荣桂冠酒店【台北】	132
长荣桂冠酒店【台北近郊·基隆】	171
长荣桂冠酒店【台中】	185
朝代大饭店【台南】	242
城市商旅【台北】	135
春天酒店【台北近郊·新北投】	153

D
大城【台北】	139
大亿丽致酒店【台南】	242
帝后大饭店【台北】	137
第一大饭店【台北】	137
东台温泉饭店【知本温泉】	226
东亚楼大饭店【台南】	243
东之乡大饭店【台东】	223

F
| 福康大饭店【台东】 | 223 |
| 富园国际商务饭店【台北】 | 136 |

G
高山青大饭店【阿里山】	204
高雄福华大饭店【高雄】	258
高雄国宾大饭店【高雄】	258
高雄汉王洲际饭店【高雄】	259
高雄金典酒店【高雄】	258
国光大饭店【台北】	138
国际大旅馆【台北近郊·阳明山】	154
国联大饭店【台北】	133
国统大饭店【高雄】	259

H
海福大饭店【金门岛】	266
涵碧楼大饭店【日月潭】	192
寒轩国际大饭店【高雄】	259
汉宫大饭店【台南】	243
汉来大饭店【高雄】	258
弘宫大饭店【台北】	139
红叶温泉假山庄【关子岭温泉】	207
红叶温泉旅社【花东纵谷公路】	228
宏福大饭店【金门岛】	266
花莲亚士都饭店【花莲】	214
华光大饭店【台南】	243
华华大饭店【台北】	138
华泰王子大饭店【台北】	133
华园大饭店【高雄】	258
皇爵大饭店【嘉义】	206

J
剑桥大饭店【台南】	243
剑潭海外青年活动中心【台北】	139
金龙大饭店【嘉义】	206
京城大饭店【高雄】	259
京都商务旅馆【台北】	136
晶品大饭店【台中】	185
景大度假庄园【关子岭温泉】	207
景圣楼饭店【日月潭】	192
九重町客栈【台北近郊·九份】	161

K
凯统大饭店【台北】	138
康华大饭店【台北】	136
柯达大饭店（基隆）【台北近郊】	171
柯达大饭店（一店）【台北】	136
垦丁福华度假饭店【垦丁】	262
垦丁恺撒大饭店【垦丁】	262
垦丁青年活动中心【垦丁】	262

L
兰屿海洋国际度假饭店【兰屿岛】	270
老爷大酒店【台北】	132
六福皇宫【台北】	131
六福客栈【台北】	138
绿峰大饭店【台北】	137

M
美丽信花园酒店【台北】	134
美仑大饭店【花莲】	214
孟宗山庄【鹿谷/冻顶】	189
蜜月馆大饭店【庐山温泉】	197
明玉大饭店【台东】	223

N
| 那鲁湾温泉度假饭店【台北近郊·乌来】 | 157 |
| 娜路弯大酒店【台东】 | 223 |

索引

317

P
澎湖海悦大饭店【澎湖岛】……………… 269
普悠玛商务旅店【台南】…………………… 243

Q
巧合大饭店【台中】………………………… 185
青山农场【台东】…………………………… 224
青山农场【台东】…………………………… 224
庆泰大饭店【台北】………………………… 136
全国大饭店【台中】………………………… 185

R
日月潭富豪群度假民宿【日月潭】………… 192
日月潭青年活动中心【日月潭】…………… 192
瑞穗温泉山庄【花东纵谷公路】…………… 228

S
三德大饭店【台北】………………………… 135
山水阁大饭店【台北】……………………… 139
山中传奇【花莲】…………………………… 224
神旺大饭店【台北】………………………… 135
石牛溪农场【垦丁】………………………… 262
水美温泉会馆【台北近郊·新北投】……… 153

T
台北碧瑶饭店【台北】……………………… 137
台北富华大饭店【台北】…………………… 132
台北馥华商旅【台北】……………………… 135
台北国宝大饭店【台北】…………………… 133
台北国际大饭店【台北】…………………… 134
台北国际青年旅舍【台北】………………… 139
台北华国大饭店【台北】…………………… 133
台北华丽饭店【台北】……………………… 137
台北晶华酒店【台北】……………………… 131
台北君悦大饭店【台北】…………………… 130
台北恺撒大饭店【台北】…………………… 134
台北商旅庆城馆【台北】…………………… 134
台北市中华基督教青年会【台北】………… 139
台北西华饭店【台北】……………………… 131
台北喜来登大饭店【台北】………………… 131
台东县公教会馆【台东】…………………… 223
台南大饭店【台南】………………………… 242
台中福华大饭店【台中】…………………… 185
太鲁阁晶英酒店【太鲁阁溪谷】…………… 216
天成大饭店【台北】………………………… 136

天后宫香客大楼【鹿港】…………………… 187
天庐大饭店【庐山温泉】…………………… 197
天水莲大饭店【埔里】……………………… 195
天下大饭店【台南】………………………… 242
天祥青年活动中心【太鲁阁峡谷】………… 216
天一大饭店【埔里】………………………… 195
统帅大饭店【花莲】………………………… 214

W
万泰大饭店【嘉义】………………………… 206
王朝大酒店【台北】………………………… 133
乌来大饭店【台北近郊·乌来】…………… 157
吴凤宾馆【阿里山】………………………… 204
浯江大饭店【金门岛】……………………… 266

X
喜臻艺术精品饭店【花莲】………………… 214
香格里拉台北远东国际大饭店【台北】…… 132
香格里拉台南远东国际大饭店【台南】…… 242
新仕商务旅店【台北】……………………… 138
新知本大饭店【知本温泉】………………… 226
新竹福华大饭店【新竹】…………………… 169
新竹国宝大饭店【新竹】…………………… 169
兄弟大饭店【台北】………………………… 135

Y
丫一丫旺温泉渡假村【知本温泉】………… 226
雅客之家度假旅馆【垦丁】………………… 262
亚都丽致大饭店【台北】…………………… 132
阳光大饭店【高雄】………………………… 259
优美饭店【台北】…………………………… 138
圆山大饭店【台北】………………………… 134
云仙大饭店【台北近郊·乌来】…………… 157

Z
哲园名流会馆【日月潭】…………………… 192
镇宝大饭店【埔里】………………………… 195
知本老爷大酒店【知本温泉】……………… 226
中信花莲大饭店【花莲】…………………… 214
庄脚所在【宜兰】…………………………… 224

乐游全球丛书 翻译委员会

丛书翻译统筹
　　潘寿君

翻译审订（以音序排名）
陈燕生　程长善　侯越　潘寿君　王怡
谢立群　张文颖　张志军　周洁

翻译成员（以音序排名）
陈晨　迟晓春　董娜娜　宫静　郭攀霞　郭文雅　韩佳梅
黄叶清　黄奕纬　凌艳　刘东婧　刘芳　柳慕云　罗芳芳
满新茹　潘丽　裴玺　任二青　王丽珠　吴媛媛　徐超
徐琳　徐珊珊　阎婷婷　杨欢　张静超　张楠　张亚林
张永　张玉　赵丽　钟萍萍　周微　宗文玉

Staff

Producer	㈲海风 Hyfong Ltd.
	横山 透 Toru YOKOYAMA
Writers & Editors	川合章子 Shoko KAWAI
	国永美智子 Michiko KUNINAGA
	高砂雄吾 Yugo TAKASAGO
	張 素嚳 Suluan ZHAN
	古屋順子 Junko FURUYA
	岩城真衣子 Maiko IWAKI
	倉島姿寿賀 Shizuka KURASHIMA
	福村晃司 Koji FUKUMURA
	㈲スリージャグス 3Jags
	服部好江 Yoshie HATTORI
	下西由紀子 Yukiko SHIMONISHI
	梶山憲一 Kenichi KAJIYAMA
	鈴木武生 Takeo SUZUKI
	片倉佳史 Yoshifumi KATAKURA
	内海 彰 Akira UTSUMI
	陳 惠玲 Ellie CHEN
	松本ゆかり Yukari MATSUMOTO
	新井由己 Yoshimi ARAI
	草野英一 Eiichi KUSANO
	黄 貞 Jenny KOH
	安部晃司 Koji ABE
Photographers	淵崎昭治 Aki FUCHISAKI
	福村晃司 Koji FUKUMURA
	菅原史子 Fumiko SUGAWARA
	鈴木克宏 Katsuhiro SUZUKI
	若林正幸 Masayuki WAKABAYASHI
	四宮義博 Yoshihiro SHINOMIYA
	作山 昇 Noboru SAKUYAMA
	三浦憲之 Noriyuki MIURA
Designers	保田 薫 Kaoru YASUDA
	遠藤健二 Kenji ENDO
	オムデザイン OMU
	道信勝彦 Katsuhiko MICHINOBU
	山戸公尚 Kimihisa YAMATO
	岡本倫幸 Tomoyuki OKAMOTO
	浅石久美子 Kumiko ASAISHI
Cover Designer	鳥居満智栄 Machie TORII
Map Production	㈱千秋社 Sensyu-sya
	細田晶 Akira HOSODA
Map Design	㈱チューブグラフィックス TUBE
	木村博之 Hiroyuki KIMURA
Desktop Publishing	㈱千秋社 Sensyu-sya
	北原菜美子 Namiko KITAHARA
Editorial Cooperation	㈲ナノネット NANO-NET
	宮川典子 Fumiko MIYAKAWA
	阿多静香 Shizuka ATA

北京市版权局著作权合同登记图字：01-2011-1622
审图号：GS（2013）2657号

总策划：刘　权
执行策划：陈凤玲
责任编辑：陈凤玲

WAGAMAMA ARUKI series:（台湾）

Copyright © 2011 by Jitsugyo no Nihon Sha, Ltd. All rights reserved. Original Japanese editions published by Jitsugyo no Nihon Sha, Ltd. This Simplified Chinese edition is published by arrangement with Jitsugyo no Nihon Sha, Ltd, Tokyo,Japan through Tuttle-Mori Agency, Inc., Tokyo, Japan in association with Eric Yang Agency Beijing Representative Office, Beijing.

图书在版编目（CIP）数据

台湾 / 实业之日本社海外版编辑部编著 ；阎婷婷，徐琳译. --北京 ：旅游教育出版社，2014.6（2015.4）
（乐游全球）
ISBN 978-7-5637-2432-1

Ⅰ. ①台… Ⅱ. ①实… ②阎… ③徐… Ⅲ. ①旅游指南—台湾 Ⅳ. ①K928.958

中国版本图书馆CIP数据核字（2012）第135999号

乐游全球

台湾（第2版）

实业之日本社海外版编辑部　编著

阎婷婷　徐琳　译

潘寿君　审订

出版单位：旅游教育出版社
地　　址：北京市朝阳区定福庄南里1号
邮　　编：100024
发行电话：（010）65778403 65728372
　　　　　65767462（传真）
本社网址：www.tepcb.com
E-mail：tepfx@163.com
印刷单位：北京利丰雅高长城印刷有限公司
经销单位：新华书店
开　　本：880毫米×1230毫米　1/32
印　　张：10
字　　数：341千字
版　　次：2015年4月第2版
印　　次：2015年4月第1次印刷
定　　价：58.00元

（图书如有装订差错请与发行部联系）